ZHESHANG
DEVELOPMENT
OUTLOOK

浙商发展报告

2010

——金融危机与浙江企业发展

李建华 著

浙江工商大学出版社

图书在版编目(CIP)数据

浙商发展报告：2010 / 李建华著. —杭州：浙江
工商大学出版社，2010.9
ISBN 978-7-81140-195-0

Ⅰ.浙… Ⅱ.①李… Ⅲ.商业经营－研究报告－
浙江省－2010 Ⅳ.F715

中国版本图书馆 CIP 数据核字(2010)第 182443 号

浙商发展报告：2010

李建华 著

责任编辑	钟仲南　许　静
责任校对	张振华
封面设计	刘　韵
责任印制	汪　俊
出版发行	浙江工商大学出版社
	(杭州市教工路 198 号　邮政编码 310012)
	(Email：zjgsupress@163.com)
	(网址：http://www.zjgsupress.com)
	电话：0571－88904980,88831806(传真)
排　版	杭州朝曦图文设计有限公司
印　刷	杭州杭新印务有限公司
开　本	787mm×1092mm　1/16
印　张	18.25
字　数	369 千
版 印 次	2010 年 9 月第 1 版　2010 年 9 月第 1 次印刷
书　号	ISBN 978-7-81140-195-0
定　价	42.00 元

序　一

改革开放以来,浙江个体私营经济发达。进入新世纪后,浙江经济社会发展走在全国前列。在这一背景下,浙商走遍全国、走出国门,在经济舞台上展示了当代中国私营领域发展。然而,浙商在发展历程中也经历过不少挫折和损失,在近年来的热点炒作中浙商既有成功获利之喜也不乏惨遭损失之痛,更有走向未来之忧。

"草根"浙商的崛起,是中国社会主义市场经济发展进程中一个独特的现象,研究浙江经济走在前列和浙商崛起为中国私营领域重要群体的历程、原因,全面分析当代浙商的现状,研究浙商在国际金融危机冲击下的新变化、新发展、新情况,有助于启迪浙商发展的未来,有助于为浙江经济发展提供有益的建议。

转型升级和应对国际金融危机冲击,是近年来浙江经济发展的重要主题。《浙商发展报告:2010》显示:"创新强省、创业富民"、结构调整,通过努力践行科学发展观和构建和谐社会,实现企业的新发展、新突破,已经成为不少浙江私营企业的主动追求。实际上,在应对国际金融危机冲击过程中,浙江私营大企业在缺乏营业收入增长支撑的情况下实现了企业规模和素质的提升。

《浙商发展报告》系列,以当代浙商为研究对象,归纳、总结、分析浙商发展的新做法、新经验、新挑战、新突破,致力于把成功的浙商实践提升为理论研究成果,对浙商未来发展提供警示、启迪和建议。

李建华博士组织开展以大样本调研和企业资料为主要内容的微观总体研究,从当代中国私营领域发展的视角审视浙商现象和浙商发展,从而把浙商崛起置于改革开放和社会主义市场经济发展的时代背景下。这一思路将丰富当代浙商研究。

相信《浙商发展报告》能对企业发展提供智力支持,对研究浙江经济和浙商发展的学者提供直接资料和启发,对关心浙江经济社会发展的人们提供参考。

祝愿《浙商发展报告》系列越做越好。

史　晋　川

浙江大学社会科学学部主任

2010 年 9 月

序 二

在建立和完善社会主义市场经济体制的进程中,民营经济是当代中国经济最具成长潜力和发展前途的领域,而浙商则是当代中国民营经济领域中规模最大、分布最广、绩效最为突出的群体之一。

当代浙商内生于中国改革开放和社会主义市场经济发展进程,从最广大、最普通民众中走来。研究当代浙商崛起之路,分析浙商发展现状,预示浙商发展未来,为浙商发展提供理论支撑,对浙江经济社会发展提供建议和参考,发挥浙商研究对工商企业和政府机构的智力支持作用,具有非常重要的理论意义和实际价值。

在国际金融危机冲击下,以出口导向为重要特征的浙江经济和浙商发展,面临很大压力。在浙江"两创"战略和转型升级的主题下,及时跟踪研究浙商发展面临的新问题、新突破、新进展、新成就,服务于工商企业和政府机构,就成为浙商研究的新任务。

本书作者李建华博士,作为浙江省社会科学重点研究基地——浙江工商大学浙商研究院的研究人员,一直致力于经济学和工商管理学的研究,在知识生产、企业理论等领域多有创见。近年来,在浙商研究院吕福新院长的领导下,以研究院集体调查研究为基础,李建华博士把中国民营领域发展作为主要研究方向,持续开展微观群体研究,初步形成了一定的研究路线,并提出了若干重要见解。

该书主要考察了 2008 年以来国际金融危机冲击下,浙商和浙江经济发展的新进展、新趋势,并对未来几年发展做了预警和对策性建议。报告从国际比较和微观群体考察的视角对金融危机冲击下浙江民营领域大企业和上市公司的变化做了比较详细系统的分析,以回顾和前瞻性的视角对经济热点、经济成长阶段、体制改革等与浙商发展的关系做了预测与对策研究,从个案分析的角度进一步丰富和形象化地提供了深入认识浙商长盛不衰和创新发展的原因。

我相信,该书将对浙江经济和浙商发展提供启发和建议,对相关学科的研究提供参考和借鉴。

张 旭 昆

浙江省社会科学重点研究基地——浙江工商大学浙商研究院

2010 年 9 月

目 录 • contents

目录 • contents

前　言

　　2007 年起，源于美国，其后在多个国家发生的债务事件形成了新一轮金融危机，2008 年下半年以来，国际金融危机冲击开始对中国经济发展进程产生影响。宏观经济政策由促进经济结构调整转型升级迅速转向"保增长、调结构"，中央政府发起空前规模的经济刺激计划，并强力敦促各地方政府迅速行动应对国际金融危机冲击。这对近两年来中国乃至全球经济发展影响重大。

　　《浙商发展报告：2010》主要考察自 2008 年中以来到 2010 年中这两年时间里，浙江经济和浙商发展的新情况、新变化、新进展。从市场主体数量和结构变化考察国际金融危机冲击是否以及如何影响浙商发展；从私营大企业两年来的变化分析企业对国内外环境冲击的反应；从浙江上市公司财务数据变化考察全球化进程中企业经营所受影响程度；从浙江社会经济发展、政府和政策调整、体制改革等视角审视当代浙商发展与社会环境相互促进、共同进步的关系。

　　30 多年来，浙商之所以成长为中国私营领域最具特色的群体，有其特定背景条件，从历史回顾、现状分析和前瞻预警的视角，讨论了经济热点、发展阶段、体制改革等与浙商发展的关系。浙商中涌现了许多独具特色的企业和企业家，作为案例还讨论了中国私营领域发展中的长盛企业和企业家、创新企业和企业家。

　　从两年来的变化中可以发现：在产业领域、企业类型、经营理念上，浙江企业正在发生着许多深刻而重要的变化，其中有令人欣喜的进步，也有值得警惕和担忧的倾向。浙商发展取得了不少突破，也存在着诸多困境。浙江经济和浙商发展正处于一个关键的转折阶段。

　　保持谨慎的乐观，可能是对浙商未来发展应当抱持的合理态度。

　　让我们共同为促进浙商和当代中国私营领域发展努力！

李 建 华

2010 年 9 月

总　论

自 2007 年以来,在国内,以"促转型、调结构、惠民生"为主题的一系列法律和政策开始实施,劳工权益保障、出口退税政策调整、能源原材料等基础产品价格上涨,形成了对浙江经济和浙商发展的现实挑战。2008 年下半年,国际金融危机对中国大陆尤其是东部沿海出口导向型特征显著地带的冲击开始显现,在来自国内外、市场需求和经营成本双向压力下,此前已经受到高度质疑的出口导向型的浙江经济和浙商发展模式,开始面临最严重的基础性威胁。

为应对国际金融危机冲击,自 2008 年下半年起,中央政府发起了规模庞大的经济刺激计划,宏观经济政策的中心开始由"调结构"转向"保增长",宏观经济政策转变的突然性和坚决性为改革开放 30 年来所罕见。中央政府并敦促地方政府迅速行动,在沿海外向型经济特征明显的地区,保外贸出口更是成为"保增长"的关键。此前刚刚取消的出口退税政策被恢复执行,劳动者权益保护法律中某些关键措施事实上被停止执行或者处于半中止状态。

近两年来的浙商发展,正是在这一背景下展开的。

私营企业的总体变化

根据浙江省工商行政管理局提供的资料,2006—2009 年,各年末浙江省私营企业实有数量分别为 494142 户、534468 户、517852 户、566595 户,其中,2007 年是经济高涨的一年,2007 年末浙江私营企业保有数量比 2006 年末增加超过 4 万户,增幅较大;2008 年末浙江私营企业实有数量比 2007 年末实有数量减少,2009 年浙江私营企业数量增长很大,新注册成立企业和注销企业相抵,2009 年末浙江私营企业数量比上年末净增接近 5 万户。在国际金融危机冲击下,浙江私营企业数量经历波动但仍然保持了强劲增长势头。在私营企业保有数量增长的同时,2009 年末私营企业户均注册资本规模从 2008 年末的每户 209 万元提高到每户 229 万元,户均注册资本规模提升幅度接近 10%。

2008—2009 年,分行业看,除采矿业、其他类别的企业数量减少外,各行业年末实有企业数量都是增加的;而在所有行业里,私营企业注册资本合计都是增加的。在保持数量增长的同时,企业注册资本规模也有不小幅度的提升。然而,私营企业整体的注册资本规模,还是低于全部内资企业注册资本的平均水平,在不少行业,私营企业户均注册资本甚至低于 2006 年内资企业户均注册资本,更远远低于国有或国有控股企业户均注册资本。鉴于国有企业历史积累长、多集中于特殊产业领域,私营企业集中于竞争性领域,私营企业在数量上的绝对多数地位与国有企业的规模优势并存的基本格局,将在较长时间内存在。

新世纪以来,浙江实有企业数量增幅一直处于高位,2008 年实有企业数量出现绝对减少,2009 年实有企业数量增幅很大,年末私营企业数达历史最高位。2006—2009年末私营企业实有数量增长处于合理范围。

表1 近年来浙江私营企业数量和规模变化

行业分类	私营企业数(户)				注册资本合计(万元)		户均注册资本(万元)		
	2009	2006	2007	2008	2009	2008	2009	* 2006	2008
农、林、牧、渔业	10796	12142	6658	7627	894778	1150808	111	134	151
采矿业	1909	1768	1134	1051	202501	254475	134	179	242
制造业	239894	258205	242572	255687	45941185	52657644	192	189	206
电力、燃气及水的生产与供应业	3451	3512	1915	2041	660703	738451	1501	345	362
建筑业	13273	15381	17414	19989	7944500	9825131	681	456	492
交通运输、仓储和邮政业	10058	10937	10082	11305	2192089	2724566	751	217	241
信息传输、计算机服务和软件业	13298	15183	15510	16857	1390440	1671374	290	90	99
批发和零售业	118335	127957	138898	155331	19484142	22706149	179	140	146
住宿与餐饮业	6430	6529	5918	6476	1059946	1220227	257	179	188
金融业	770	831	1561	1782	2180347	2929824	4224	1397	1644
房地产业	9055	10988	10252	12245	9349974	12387478	1291	912	1012
租赁和商务服务业	29323	35589	35303	41528	12366044	15955497	497	350	384
广告业			8096	9084	394930	490676	—	49	54
科学研究、技术服务和地质勘探业	2089	2094	9158	12601	1720598	2566323	242	188	204
水利、环境和公共设施管理业	872	863	1724	1892	561416	706896	777	326	374
居民服务和其他服务业	18950	17346	14631	15028	1458853	1471083	225	100	98
教育	211	175	553	624	64678	65196	339	117	104
卫生、社会保障和社会福利业	750	791	711	748	91288	100509	207	128	134
文化、体育和娱乐业	3053	3040	2397	2613	270637	341983	197	113	131
其他	11625	11138	1461	1170	334016	273514	177	229	234
合计	494142	534469	517852	566595	108168135	129757128		209	229

注:* 2006 年户均注册资本数对应全部内资企业,公共管理和社会组织户均943,国际组织户均 618 未包含在内,不含广告业数据。

资料来源:浙江省工商行政管理局。

在浙江,每百人口市场主体数 8 个,平均每个市场主体每年创造 40.7 万元 GDP。浙江私营企业数量和密度已经处于全国领先地位,私营企业数量经过比较长时期高速增长后,将逐渐步入平稳增长期。在当前社会经济状况下,浙江的创业密度已经达到相当高水平,继续小幅增长一段时间,然后在较高水平上维持基本稳定的状态,可能是企业数量变化的基本趋势。

近年来,私营注册资本增幅保持高位,显示企业规模在提高,规模提高往往伴随着企业兼并重组、增资,企业兼并重组发生频率在提高,尤其是大企业之间的兼并重组发生率,未来将有较大幅度提高。如上表 1 所示。

从浙江全省就业人员分布状况看,制造业处于绝对优势地位,其次是建筑业,再次是批发和零售业。教育、文化等行业就业人数偏低,这也是浙江面临提高劳动者素质、改善就业人口结构的重要挑战和艰巨任务。这种社会化的公共服务水平提高,是浙商未来发展必须考虑和必须应对的一项重要任务。社会事业领域对民营企业和民间投资开放,既为浙商发展提供机会,也是解决浙商整体发展的智力支持和技术支撑体系的基础性工作。

从发展的视角看,全部就业人口的学历知识技术结构,仍然滞后于浙江经济社会发展水平在全国的地位。进一步提高劳动者素质,将是浙江经济社会发展尤其是浙江私营企业未来发展面临的主要约束条件。这进一步说明,随着规模、质量、素质的提升,浙江私营经济发展越来越离不开社会整体进步的支撑,越来越融入整体社会经济发展过程。科学发展观、构建和谐社会的时代主题,对浙江发展越来越具有现实影响和实际关联。

应对国际金融危机冲击的浙商实践

两年来,在应对国际金融危机冲击的实践中,浙商化“危”为“机”的实践取得不少收获。部分浙商以“走出去”实现从商品输出到资本输出、从国际贸易到跨国投资的转变,在规避和利用国际金融危机冲击中大幅提升自身综合实力;部分生产加工型企业沿着价值链扩展向市场营销和研发设计两端延伸,成为更具自生能力的企业;地方政府推动浙江企业扩展国内外营销网络。

在产业集群发展方面,在减少政府审批放松管制的同时,发挥行业协会职能、构建良好产业环境、建立价格联盟等。商会、行业协会等推动企业共建公共技术平台、检测中心等,提供技术、质量、标准等生产性服务或实行行业管理,都获得实质性进步。

浙江生产的领带占全球市场 34%,打火机占全球市场 51%,温州生产的太阳镜占全球市场的 40%,浙江生产的玩具占全球的 50%,浙江生产的拉链占全球的 1/4。浙江每年生产袜子 120 亿双,全球平均每人两双。浙江不产皮毛,却有全国最大的皮革市场,浙江不产棉,却有全国最大的纺织业和服装生产基地。

2009 年浙江民营企业进出口占全省外贸比重首次超五成,出口占比 50.1%,经营外贸出口的民营企业 2.7 万家,占全省出口企业总数的 74.6%。民营外贸企业的业绩表现好于整体外贸进出口。

金融危机冲击下，美国实体经济最先受到影响，大量企业濒临倒闭。不少浙商企业抓住机遇，勇敢地推进"走出去"战略，兼并收购同行业领先企业，或者兼并收购关键配套零部件生产企业，或者收购兼并研发机构，或者收购兼并分销商以及营销网络等渠道资源。金融危机的特定条件，提供了中国企业通过并购手段进入发达国家、获得新的核心能力、超常规地提升自身实力的机会，"小鱼吃大鱼"的国际收购案例在金融危机中频频发生。

只要低成本模仿模式的基础和依据仍然存在，试图提升浙商发展水平的良好愿望，就很难实现。近年来，国内经济社会发展主题和政策法律环境，已经开始动摇低成本模仿发展模式的经济基础，国际金融危机对出口导向型发展模式的冲击和"倒逼"机制，成为浙商脱离低成本模仿、走向现代市场经济和参与全球化竞争，实现发展模式"蜕变"最强大的动力。正是在此种背景下，知识产权、品牌战略等，成为当前浙商发展中的显著趋势。

在"2009中国商标发展百强县"榜单中浙江占33席，均集中在民营经济强县。在提升区域经济竞争力、优化区域产业结构、引领区域产业集群发展方面，品牌战略发挥着越来越重要的作用。至2009年底，浙江累计注册国际商标3.8万件，居全国各省市区第一。浙江医药股份有限公司成为中国首家马德里体系申请量世界排名第八的企业。区域品牌发展也有重要突破。

在国际金融危机冲击的"倒逼"机制下，企业股权出资出质、商标权质押、小额贷款公司、村镇银行等等作为化解企业融资难的举措，有了实质性启动发展。

面对国际经济危机冲击和外需不振的威胁，国内中西部地区与沿海发达地区的产业梯度和发展梯度则成为浙商发展的潜在机会。两年来，政府机构、商会、行业协会等，积极促进浙商向中西部地区拓展新发展空间，谋求实现浙商发展空间、发展方式、发展阶段的突破。浙江省工商行政管理局、浙江省私营企业协会牵线，浙江民营企业大规模抱团挺进重庆、新疆、河南等地。

需要注意的是，当前浙商进行的区域间产业转移，不仅仅是既有产业和企业的地域转换，同时伴随地域转换发生的，还有投资领域转变，具有资本产业间转移特征。在轻纺、制造领域的富裕资本，在流出浙江、挺进中西部的过程中，很大程度上伴随着向重化工、采矿业、房地产开发乃至基础设施、现代农业等产业领域的转移。

政府机构和行业协会推动企业构建面向国内外的营销网络，尤其是面向海外的营销机构，以纺织、服装、化工、家电等优势行业为多，投资目的地主要在经济相对比较发达的国家或地区，平均每个已经设立的境外营销机构带动企业出口557万美元。

在浙商全国市场联合会积极促进下，浙商今后两年将在全国建立100个"浙货"展贸中心，打造100个轻纺、针织服装、小商品、小五金、家电、皮革皮具等浙货展贸中心。

大企业类型变化

从企业史和国际经验来看，大企业往往与多元化经营相伴，经济高涨往往是多元化战略被普遍接受的重要条件。紧随多元化之后的往往是回归主业和专业化趋势。新世纪以来体制优势和融入全球贸易体系,为中国经济高速成长、也为浙商多元化经营和规模扩张,提供了历史机遇。随着国内外经济环境的变化,实力得到提高的中国私营领域,回归主业和多元化并举趋势将更加突出,在实体业务发展的同时,企业兼并重组等资本运营将越来越活跃。

2010 年中,在全部考察的 243 家浙商大企业中,近 1/4 的大企业属于专业化经营;近 1/3 大企业属于主业突出的不相关多元化,近三成大企业属于相关多元化,不相关多元化大企业占全部样本企业的 16%。如图 1 所示。

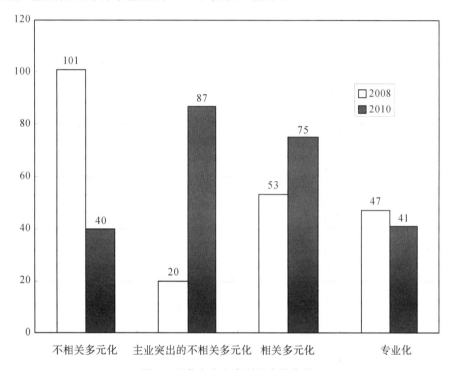

图 1　私营大企业类型分布的变化

两年来,多元化和回归主业两种基本战略取向,在浙江私营大企业中并存。在应对国际金融危机冲击过程中,浙商大企业一方面通过更加多元化以分散投资风险,一方面通过业务领域收缩走向专业化。企业涉足产业领域数从过去的多峰分布转变为当前的双峰分布。大企业主营业务数变化显示,以业务集中和专业化趋势为主。专业化程度加深,多元化程度明显下降。相关多元化经营的企业数大幅上升,不相关多元化企业数量大幅下降。如图 2、图 3 所示。

大企业产业领域分布变化

依涉足产业领域划分,房地产依然是当今大企业最青睐的产业领域,两年来对房地产业的进入是大企业的主要趋势,2010 年中涉足房地产的大企业接近样本企业总数

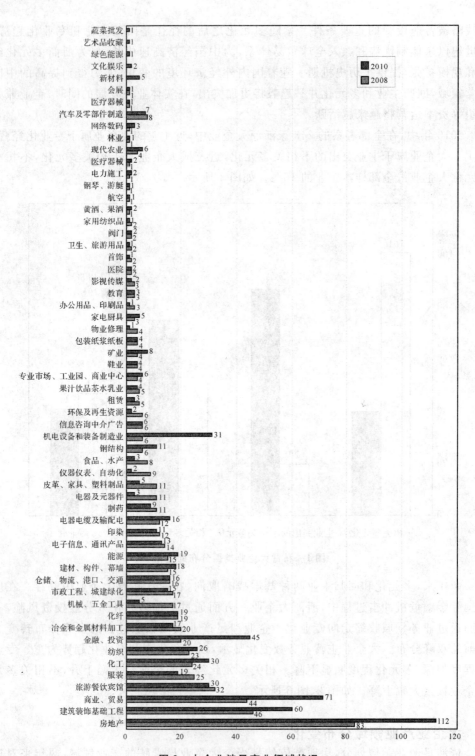

图 2　大企业涉足产业领域状况

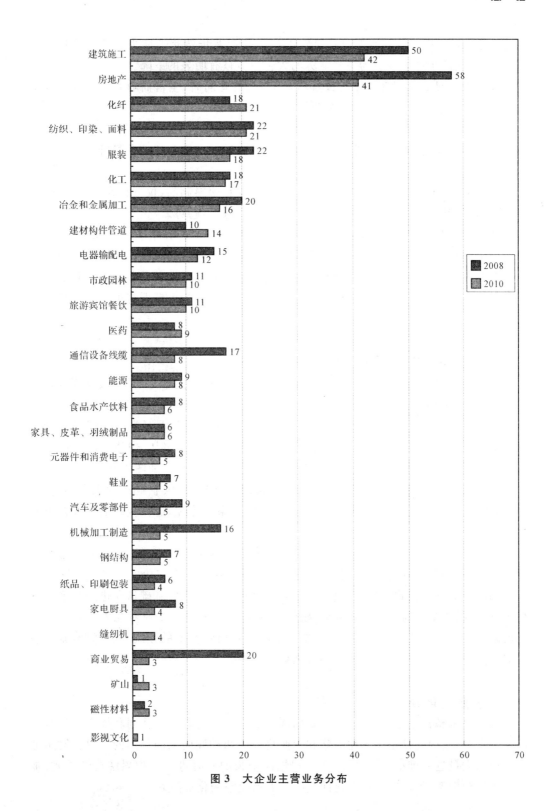

图 3　大企业主营业务分布

的 1/2,比 2008 年有显著增加。建筑施工和房地产业仍然是浙商大企业最集中的领域,但是以这两个产业领域为主营业务的大企业数量有明显的下降。

大企业涉足商业贸易领域的数量明显上升,与此同时,主营商业贸易的大企业数量明显降低。涉足金融领域的大企业数量有明显增加。

对化工、机电设备和装备制造业的进入,以及对钢结构、矿业、现代农业、电器电缆输配电、能源、建材构件幕墙等领域的进入趋势明显,显示重化工业化特征对浙商大企业发展影响深刻。

在服装、机械五金工具、电器及元器件、皮革家具塑料制品、仪器仪表和自动化、食品水产、环保和再生资源等领域,大企业表现了明显退出趋势。

化纤、纺织印染面料和服装等传统强势产业变化不大。在冶金和金属加工、电器和输配电、通信设备线缆、元器件和消费电子等近年来发展迅猛的产业领域,以此为主营业务的企业数量有所下降,以通讯设备线缆、元器件和消费电子产业为主营业务的企业数量下降最显著。以机械加工制造、汽车及零部件等为主营业务的企业数量有显著下降。

大企业经营理念变化

在经历金融危机冲击的 2008—2010 年间,"开拓进取、追求卓越"是接受程度最高的经营理念,"信誉"和"诚信"也是普遍被接受的经营理念,对"创新"、"务实、高效、效率"、"社会"、"和谐"的追求在金融危机后略有提高,对"质量、品质"、"技术"的强调略有降低,对"服务"、"市场"的强调有比较大的增加,对"团结、服从、纪律、效忠"的强调增加最显著,反映企业普遍存在指挥、领导和组织方面脆弱性。如图 4 所示。

对开拓进取追求卓越、创新、信誉的高度认同,反映浙商大企业经营理念的主流。然而,30 年来发展模式的惯性以及与此伴生的僵化保守传统,也在金融危机冲击下有被强化的倾向。

强化组织控制,无疑在任何时候都是企业发展的基本支撑力量。在国际金融危机冲击下,原有的低技术、低成本、低附加值,以资源消耗和环境代价实现规模扩张和利润增加的企业发展模式基础受到更严峻挑战,这种发展模式的基础遭受进一步削弱的情况下,试图更多地通过传统方式强化组织控制,反映浙商大企业对几十年来的基本发展思路和传统经营理念的超越是非常有限的。对质量技术的强调略有降低,则可能是对一贯模仿、缺乏核心能力的一种负强化式反映。

大企业变化分析

从两年来私营企业的变化来看,结构调整已经为企业界广泛认同和接受并进行着的探索实践,结构变化是多元化战略和专业化战略两种倾向共同作用的结果。对房地产领域的大量进入推动房价高涨,在实现短期增长的同时进一步积累结构性矛盾,加剧经济结构失衡,促进经济虚拟化同时隐含着产业空洞化危险。

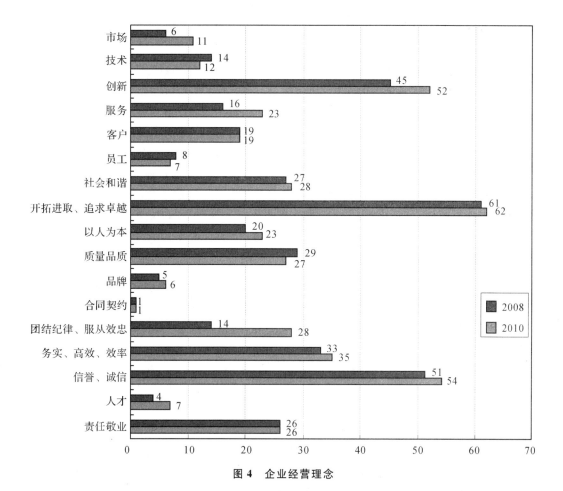

图4　企业经营理念

在私营经济强势的化纤、轻纺、印染、服装等产业领域，以满足内需为主要市场方向的企业较少受到国际金融危机影响。汽车和装备制造业产业集中度提高，可能是大企业数减少的原因。

通信设备线缆、元器件和消费电子、机械加工制造为主业的企业数量减少，可能是跨区域产业转移和产业集中度降低的结果。

在旅游业发展旺盛的时期，涉足该产业领域的浙商大企业数下降，可能是兼并重组的原因，或者外地连锁经营机构发展挤出了本地大企业。

在应对金融危机冲击和"调结构、保增长"过程中，私营企业对金融投资领域进入显著增加。这种状况具有"双刃剑"意义：它既可能作为脱离传统产业领域和传统发展模式的产业升级转型的探索，也可能是私营领域产业空洞化的反应。如果私营领域在实现"去产业化"的同时，又难以在新进入的金融投资领域获得可持续性发展，易于导致几十年来积累起来的私人资本陷入资本虚拟化的陷阱。

涉足建筑装饰基础工程领域企业数量的增加，可能与扩张性的宏观经济政策有关。在房地产领域的大量进入是一种风险积累性的变化，在建筑施工领域的进入则比房地产领域的风险相对小些。

从大企业变化看浙江经济社会发展

浙江私营大企业两年来的变化表明:在一定意义上,宏观政策在"调结构"和"保增长"两者之间的两难选择,是凯恩斯体系失灵的反映。

实际上,30多年来的经济体制改革和促进中国日益融入全球经济进程,都是通过不断地为中国经济注入外来创新、不断地促进中国经济自由化进程,为中国社会经济发展开辟道路,支撑中国经济社会可持续地高速发展。注意到企业生产所依据的知识基础及其变化,根据知识创新及其扩散过程的经济性,从创新及其扩散来理解宏观经济政策的作用机理,分析当前经济发展的主要矛盾,把创新促进和提供更自由的经济环境,作为至少与基础设施建设并重的政策重点,可能有助于制定更加有效的宏观经济政策措施。

1. 30年来,以低技术、低成本、劳动密集型和出口导向为其特色的产业,随着沿海地带收入水平和经济社会整体水平的提高,已经越来越失去那些先前支撑其发展的条件,从国内市场需求和技术梯度的视角来看,这些产业领域向内地转移是一种不可回避的选择。

2. 中国经济发展进入工业化中后期的事实,突出重化工业化的阶段性特征。在地理上,沿海经济带不具有重化工业需要的资源能源条件,私营企业对重化工业、采矿业的进入,意味着投资重点向中西部经济地带转移,实力强大的私营企业投资于这些资本密集产业,必然从原有积累中吸纳大量资本。在为剩余资本寻找新的投资领域开辟新产业的同时,也将伴随资本向中西部地区流动。

3. 大企业对房地产领域的大量涉足,助推了资产价格高估,金融化的房地产投资,越来越脱离实际需求成为经济虚拟化的重要表征,并将成为导致地区经济空洞化的一种力量。前述三个因素,都将削弱其30年来积累起来的实业发展的可持续性,导致浙江经济的地区产业空洞化。

4. 财富货币化倾向将伴随沿海私营经济产业空洞化倾向出现,引导和管理金融财富将是沿海地带区域经济发展中的重要主题。30多年来,沿海地带私营经济主要集中在低知识、低成本、外向型、劳动密集的加工领域和主要面向国内市场的化纤轻纺服装领域,伴随沿海地区经济发展水平和收入水平升级,在这些领域以产业资本形式积累的财富,其中的相当大部分将随着企业退出转化为流动性更强的货币金融财富。这些新增货币金融财富寻求新投资领域,将会增加流动性管理的难度,会对社会经济形成一定冲击。流动性一旦不受约束,很容易成为助长经济泡沫的力量。一线城市的房价高涨,与沿海地带伴随产业空洞化出现的财富货币化及其流动性冲击,有很大关系。

5. 在面临国内外环境压力的情况下,尽管创新、进取等企业家精神仍然是私营企业的主流,然而,对30年发展经验和僵化的坚守,仍然具有相当大的比例,而且在国际金融危机冲击下有强化的趋势。这种保守思维,不利于私营企业走向未来。

6．在应对国际金融危机冲击过程中，分别采取分散投资的多元化战略和业务领域集中的专业化战略，两种倾向都有其阶段合理性。即使没有国际金融危机冲击，多元化和专业化，也是私营企业实现"转型升级"的两种基本取向，其中必然伴随企业的优胜劣汰和新陈代谢，可以预见，未来在私营企业间将阶段性地集中出现兼并重组。

大企业变化分析

在制度变革中崛起的私营领域，以模仿和跟随融入国际经济循环，低成本优势是中国经济要素禀赋的内在属性和比较优势，但是，这种以低知识和低成本、劳动密集和出口补贴为依托的外向型经济发展模式，具有其历史合理性和不可持续性。在国际金融危机爆发之前，浙江省提出"创业富民、创新强省"、"转型升级"的判断，对浙江经济和浙商发展都是深思熟虑和富有远见的。基于上述前瞻性判断，对沿海私营经济发达地区的经济发展有如下建议：

1．为应对产业梯度转移和遏制产业空洞化倾向带来的不利影响，引导和促进企业总部建设，将私营企业总部建设成为财富运营中心、投资中心、管理中心和信息中心，引导浙商大企业总部培育和逐步形成参与金融运作的能力。

2．在私营企业集中但又没有列入国家战略产业的领域，地方政府应当发挥作用，选择先进基础技术或者通用技术，为突破转型升级的关键技术瓶颈，建议公共财政主导投资、大企业或企业联盟主导研发，以获得原创性、改进型或模仿型创新，通过创新的正外部性，为这些企业提供创新来源支撑，由此启动大量企业的模仿和复制性生产。改革开放以来，私营领域和浙江经济正是通过从国有机构、外资企业等其他市场主体的正外部性和知识溢出，才获得发展源动力的。持续地为擅长模仿的企业提供可模仿的源泉，不失为支撑私营领域和浙商发展的成功之路，其合理性应当给予足够的关注。

3．进一步完善市场经济体制，更彻底地贯彻自由市场经济原则，给私营企业更自由的发展环境，自由进入、自由退出，大幅度解除、取消不合理审批，进一步放松政府管制。引导私营企业参与公共服务领域和提供公益性服务。

4．对沿海私营经济发达地区来说，货币金融财富流动性管理将是一个新挑战，流动性管理主题具有宏观全局意义。引导这些金融财富向创新投资，使之成为为中国经济社会引进和注入创新因素做出贡献；促进货币金融形态资本联合，形成对基础创新的支撑力量；促进产业资本退出过程中产生的、处于分散状态的货币金融资本联合，开发新金融投资工具，以有效地避免或减轻其流动性带来不良冲击。

5．引导民间金融合法化，尊重民间金融形成的历史合理性，以诚信和信息公开为主要原则实施有效监管，增强民间金融的公开性，是抑制其负面影响的最重要手段。

6．着眼于可持续发展和公众福利，退税型的出口补贴政策应当取消，作为政策权限受到约束的地方政府，至少不应当把强化出口补贴作为促进地区经济发展的选择。

浙江上市公司经营业绩

至2010年上半年，浙江上市公司数量合计达到152家，包括上海A股63家、深圳

A股9家、中小企业板71家、创业板9家。

从整体上看，2008年，浙江上市公司营业收入出现下滑，2009年有一定恢复性增长，但尚未达到2007年水平。虽然营业收入整体波动幅度并不很大，考虑到中国经济以往高速成长的经济社会背景，可以看出，国际金融危机冲击对浙江上市公司营业收入增长的影响还是比较明显的。从上市公司每股收益合计数变动状况来看，2008年有小幅下降，2009年很快恢复并且超出2007年水平。从上市公司每股净资产合计数变动状况来看，2007年以来，保持持续稳定增长，2008年略微增长，2009年增幅大大超过20%，至2010年一季度比2009年末增幅超过10%。从浙江上市公司净资产收益率变动来看，2007年最高，2008年和2009年的净资产收益率基本持平，低于2007年水平；根据2010年一季度净资产收益率估计，2010年净资产收益率有望超过上年水平。在国际金融危机冲击下，虽然营业收入小幅下滑，但是，股东权益在略微波动中增长势头不错，净资产的盈利水平基本稳定。这反映上市公司质量明显提高。

所有上市公司盈利水平有向上海A股上市公司盈利水平靠拢的趋势。这可能意味着，上市这一融资渠道在迅速推进企业规模扩张的同时，在资本利润率平均化的作用下，也促使企业盈利水平向大公司整体盈利水平上靠拢。先前小企业的高盈利率、高收益率，将伴随企业公众化和规模扩张而降低。

2007年至今，浙江63家上海A股上市公司合计营业收入增幅显著下降，9家深圳A股上市公司合计营业收入很不稳定，71家浙江中小企业板上市公司营业收入合计稳步提升，9家创业板上市公司合计营业收入降幅明显。如表2所示。

表2　上市公司整体财务状况

营业收入（万元）

	2007年	2008年	2009年	2010年一季度
合计（152家）	17479272.86	16739422.11	17155269.86	
沪A股（63家）	14635642.20	15786472.20	15983071.78	
深A股（9家）	99567.60	42947.53	171744.58	25900.53
中小企业板（71家）	531878.07	578512.07	635722.53	182928.55
创业板（9家）	212184.99	331490.31	364730.97	84204.05

每股收益（元）

	2007年	2008年	2009年	2010年一季度
合计（152家）	31.09	28	33.61	22.03
沪A股（63家）	17.53	19.85	20.56	16.77
深A股（9家）	5.74	1.13	2.85	0.50
中小企业板（71家）	2.89	3.24	4.53	3.84
创业板（9家）	4.93	3.78	5.67	0.92

每股净资产(元)

	2007 年	2008 年	2009 年	2010 年一季度
合计(152 家)	225.33	233.76	287.88	314.53
沪 A 股(63 家)	183.11	187.35	200.19	213.93
深 A 股(9 家)	18.38	17.59	20.59	21.32
中小企业板(71 家)	9.54	15.53	19.03	36.43
创业板(9 家)	14.30	13.29	48.07	42.85

净资产收益率*

	2007 年	2008 年	2009 年	2010 年一季度
合计(152 家)	13.80%	11.98%	11.68%	7.00%
沪 A 股(63 家)	9.57%	10.60%	10.27%	7.84%
深 A 股(9 家)	31.23%	6.42%	13.84%	2.35%
中小企业板(71 家)	30.29%	20.86%	23.80%	10.54%
创业板(9 家)	34.48%	28.44%	11.80%	2.15%

	当前总股本(万股)	流通股(万股)	
沪 A 股(63 家)	3174656.79	3016774.0	注:创业板 2007 年的每股净资产和每股收益只包括 6 家公司,2008 年、2009 年和 2010 年一季度相应数据包括 7 家公司。
深 A 股(9 家)	418749.74	418749.74	
中小企业板(71 家)	59900.00	72950.00	
创业板(9 家)	92590.00	18571.20	

农民专业合作社

2007 年中,《农民专业合作社法》付诸实施,浙江推出促进农民专业合作社发展的 10 大举措,农民专业合作社最低成员数放宽至 5 人;取消注册资金限制,由合作社成员根据需要自行约定出资总额;免除法定验资机构验资程序,凭出资清单可直接到登记机关办理登记手续;农民专业合作社免费登记,取消设立、变更和年度检验费用;工商部门专门设置专人专窗、开通绿色通道提供法律政策咨询以及申请、受理、审核一站式服务。

2009 年,浙江省对农村土地承包经营权和林地承包经营权出资作价成立农民专业合作社,进行规范,促进了农民专业合作社的发展。

2009 年底,浙江全省实有农民专业合作社 20686 户,出资总额 1067749 万元,分别比上年增长 88.91% 和 140.76%,新登记农民专业合作社 9954 户出资总额 615875 万元,分别比上年增长 24.52% 和 99.29%。农民专业合作社业务范围通常是种植业、农产品销售和与农业生产经营相关的技术信息服务业,这三类农民专业合作社分别有 10495 户、9160 户、8799 户。如表 3 所示。

表3　2009年农民专业合作社业务构成

农业生产资料购买	6091	29.45%
农产品销售	9160	44.28%
农产品加工	554	2.68%
农产品运输	152	0.73%
农产品贮藏	259	1.25%
与农业有关的技术信息服务	8977	43.40%
种植业	10495	50.73%
养殖业	4109	19.86%
其他	2829	13.68%
合　　计	20686	100%

资料来源:浙江省工商行政管理局,《2009内资企业统计分析报告》。

　　2010年3月,《浙江省农村土地承包经营权作价出资农民专业合作社登记暂行办法》发布,颁发了全国首份以土地承包经营权作价出资设立的合作社营业执照。2010年4月,《浙江省林地承包经营权作价出资农民专业合作社登记暂行办法》发布,安吉尚林毛竹专业合作社等7家合作社正式领取营业执照。

　　根据登记办法规定,林农可以林地承包经营权作价出资新设农民专业合作社,也可以林地承包经营权作价向农民专业合作社增资;出资人可以是户主或者其他家庭成员,根据家庭成员意思自治的原则确立;林地作价由全体社员根据承包经营期限、预期收益等评估,合作社申报出资总额,不需验资;设立大会纪要、章程、出资清单,林地出资作价的数额比例等,作为工商登记事项,"成员出资总额"后需加注"林地承包经营权作价出资＊＊＊万元"。

小额贷款公司

　　中国人民银行的统计数据显示,2010年上半年小额贷款公司数量及贷款余额快速增长,半年内新增606家小额贷款公司,新增贷款余额474.6亿元;截至6月底,小额贷款公司数量达到1940家,贷款余额1248.9亿元,其中短期贷款余额1234.9亿元,短期贷款新增471.4亿元。贷款余额中,个人贷款余额758.6亿元,比年初新增326.4亿元,单位贷款余额487.2亿元,比年初新增150.9亿元。

　　2009年底,浙江有小额贷款公司105家,注册资本合计144.22亿元。2009年全年发放贷款551.7亿元,惠及全省5万多中小企业与农户。小额贷款公司户均规模1.33亿元,近40%小额贷款公司注册资本达到上限。这些小额贷款公司累计发放49713笔贷款,平均每笔贷款规模达到111万元,年均贷款利率13.83%,资本收益率9%—11%,近半数贷款期限在一个月以内。90%以上的小额贷款公司贷款逾期率为

0,显示小额贷款公司信贷风险控制能力很强[①]。2009 年下半年,受政策鼓励,新出现很多小额贷款公司,9 月份新增 14 家,全年新增 63 家,占年底小额贷款公司实有数的 60%。

至 2009 年 3 月,浙江省累计发放小额贷款 97.24 亿元,其后增长迅猛,12 月放贷金额创新高达 68.99 亿元。企业或个人在短期内的现金流短缺,是小额贷款的主要用途。就省内各地的情况来看,期限半年以上的贷款金额占比普遍小于 15%,在绍兴、宁波、衢州三地,三个月之内的贷款量占到总量的 2/3 以上。

2009 年,小额贷款公司最高年利率为 21.24%,最低年利率 1.458%,利息总收入 15.55 亿元,年均资本收益率预计在 9%—11%。年平均贷款利率从年初的 14.33% 下降到年末的 13.83%。利率趋向理性合理,向全社会总体利率水平靠拢,同时也形成对民间高利贷强有力的竞争,有助于抑制高利贷。

小额贷款公司遍及全省 11 个市,覆盖 90 个县(区)行政区划中的 81 个县(市、区)以及 3 个开发区,其中 21 个县(市、区)有两家以上的小额贷款公司。图 5 表示浙江省内各地小额贷款公司情况。

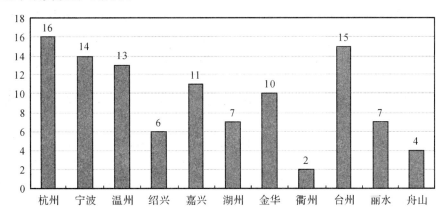

图 5　浙江省内小额贷款公司情况

从贷款用途上看,种养殖业贷款金额较年初增长近 2.5 倍,农副产品加工及其他农业有较大增长,流向工业的贷款占比从年初的 60% 逐渐减少到 12 月份的近 45%,但工业仍然是小额贷款的主要流向,这与浙江省的经济结构基本一致。

浙江特色的主发起人发起设立制度,对主发起人的要求是,当地实力雄厚、管理规范、信用优良、具备持续出资能力的民营企业,对主发起人的净资产、资产负债率和盈利能力提出了较高的要求。小额贷款公司的注册资本提高到不低于 5000 万元(欠发达县域不低于 2000 万元),主发起人的持股比例由试点开始的最高 20% 提高到增资后不超过 30%。20 多家小额贷款公司的主发起人为上市公司或上市公司的控股公司,有近 40% 的小额贷款公司设立之初注册资本就达到上限(2 亿元)。

---

① 浙江省工商行政管理局:《2009 年度浙江省小额贷款公司监管报告》。

多数小额贷款公司都参照银行基本架构设立从客户调查到贷款回收的全流程内控制度,机构设置精简高效,一般 8—15 人,运营成本低;业务经营合规性好,尚未发现非法集资、异地经营、高利贷等情况;公司治理机制规范,股东会、董事会、监事会、经理系统,分工协同、职责清晰,决策有序,发展目标明确。温州、湖州、嘉兴等地的小额贷款公司通过建立客户档案,对成功贷款并按期还款 3 笔以上的客户开辟绿色通道,可以在几个小时内完成放贷过程。

在创新业务发展方面,杭州、嘉兴等地小额贷款公司推出"农户联保贷款"、"邦联贷款"等信用互保贷款,湖州、嘉善等地的小额贷款公司推出"兴农—创业贷款"、"农户信用贷款"、"农户保证抵押贷款"等业务,对部分经营当地优势产业的中小企业推出"胡奥雅贷款"业务,丽水小额贷款公司积极探索股权、商标权质押贷款途径。

浙江村镇银行发展

银监会在 2007 年 7 月 29 日发布的《新型农村金融机构 2009 年—2011 年工作安排》中提出,2009 年—2011 年全国 35 个省(区、市,西藏除外)、计划单列市共计划设立 1294 家新型农村金融机构,其中村镇银行 1027 家,贷款公司 106 家,农村资金互助社 161 家。自 2007 年 3 月首家村镇银行成立以来,2009 年底全国已成立村镇银行超过 110 家,距离规划目标还有很大差距。根据来自监管部门的信息,2010 年村镇银行发展将进入快速扩张期。

至 2009 年 12 月,中国工商银行、中国农业银行、中国银行、中国建设银行、交通银行等五大国有商业银行都参与开办村镇银行,这五家国有商业银行共组建开业村镇银行 7 家。中国建设银行的目标,是在全国范围内建立百家村镇银行网络。上海浦东发展银行在已经成立 5 家村镇银行的基础上,计划再发起设立资兴浦发村镇银行、华西浦发村镇银行、甘井子浦发村镇银行等。交通银行关于成立十几家村镇银行的计划已经得到银监会批准。

浙江被列入第二批村镇银行试点,目前已经成功组建开业村镇银行 7 家,民间资本十分活跃的温州地区,只有永嘉和苍南两县进行了试点。如表 4 所示。

2009 年 6 月,中国银监会发布《小额贷款公司改制设立村镇银行暂行规定》,明确了小额贷款公司改制为村镇银行的准入条件、改制工作的程序和要求、监督管理要求等。小额贷款公司转制为村镇银行,有望在一定程度上解决困扰其发展的资金来源问题。按照 2008 年 5 月中国银行业监督管理委员会与中国人民银行发布的《关于小额贷款公司试点指导意见》,小额贷款公司成立后须持续营业满 3 年以后,可以改制为村镇银行。未来一年,将出现符合条件的小额贷款公司改制为村镇银行趋势。

表 4 浙江村镇银行

名称	开业时间	注册资本金	主发起人或控股股东大股东持股比例	其他股东状况
长兴联合村镇银行	2008 年 5 月	20000 万元	杭州联合农村合作银行 40%	15 户长兴企业持股合计 40%，9 户杭州企业合计持股 20%
玉环永兴村镇银行	2008 年 5 月	16000 万元	萧山农村合作银行 40%	玉环农村信用联社 10%，7 户萧山企业合计持股 11%，22 户玉环企业合计持股 49%
象山国民村镇银行	2008 年 8 月	8000 万元	鄞州农村合作银行 36%	象山农村信用合作联社 10%，8 户企业合计持股 42%，1 位自然人持股 2%
苍南建信村镇银行	2009 年 5 月	15000 万元	建设银行	12 家企业
永嘉恒升村镇银行	2009 年 4 月	20000 万元	瓯海农村合作银行	22 家企业
嵊州瑞丰村镇银行	2008 年 12 月	17600 万元	绍兴农村合作银行	18 家法人公司
慈溪民生村镇银行	2008 年 12 月	10000 万元	民生银行 35%	
慈溪建信村镇银行	2010 年 8 月		建设银行	

资料来源：根据散布资料整理。

追逐热点的历程

当代浙商，萌芽于改革开放，成长于建立社会主义市场经济体制的进程中，在国有经济战略性调整中崛起，在新世纪一系列经济热点进一步壮大并展示力量。

走遍全国乃至全球的当代浙商，尤以温州人最早最多。在一系列热点问题中，也往往是以温州人的先进先行代表和影响着浙商形象。改革开放之初，温州商人为谋生计，从不起眼的行当做起，走遍全国。随后在 20 年左右时间里，迅速积累资本。

新世纪以来，有一定实力的温州民间资金开始游离企业生产经营领域，追逐投资热点。2000 年前后，温州民间资本首先从炒房开始。温州炒房客，几乎遍布全国所有城市。其后，在屡受关注的新疆炒棉花、中西部炒小水电站与油井、投资煤矿、海南"国际旅游岛"淘金等诸多经济热点中，几乎没有不涉及浙商的。

追逐和推动制造热点，是新世纪浙商发展的重要特征。不仅在国内连续参与和推动经济热点事件，而且还把这种天性带出国门，从商品贸易起步涉足进入迪拜开始，到跻身迪拜房地产投资和追逐房产泡沫。

通过参与众多热点领域及其不俗表现，浙商迅速实现了资本积累。正是在追逐一系列热点领域的过程中，当代浙商在中国私营领域的实力获得广泛认同。

据媒体报道，这一说法与温州金融办的估计接近：2009 年温州民间流动资本规模达到 7500 亿元，较 10 年前的 2000 亿元增加了 5000 多亿元。这与其追逐热点的表现不无重大关系。

在追逐热点的历程中,浙商收获颇丰,也不乏遭遇损失。

2009年是浙商的多事之秋:俄罗斯查封切尔基佐沃大市场让浙商损失惨重,迪拜危机中浙商损失30亿,山西煤改涉及500亿浙江资本,损失超过150亿。

山西煤炭产业重组与浙商投资

20世纪80年代开始,在"大矿大开,小矿小开,有水快流"政策指导下,山西境内县以下的乡、村煤矿纷纷出现,随后承包制、个体小煤窑也逐渐出现,并发频频矿难。1998年开始,市场经济体制下的矿权改革展开,山西逐步推进煤矿探矿权、采矿权有偿转让,推进煤矿技术进步、采煤方法改革,并进行资源整合、打击违法私开煤矿。"煤老板"开始出现。

2004年起,为遏制矿难频发,山西开始整顿煤炭开采行业,关停年产3万吨以下的小煤矿,共关闭4000座。2006年,山西省要求年产9万吨以下煤矿出局。2009年,山西确认,至2010年底,进一步压缩矿井数量由2598座到1000座,煤炭企业数量从2200个缩减至130个左右,兼并重组整合后的煤炭企业规模原则上不低于每年300万吨,矿井生产规模原则上不低于每年90万吨;到2015年,矿井数进一步压缩到800座。煤炭行业重组后,山西将形成三个亿吨级和四个5000万吨级的大型煤炭企业集团,矿井采区平均回采率达到80%,现有资源开采年限可延长一倍多。

在山西煤改之后,全国各地的煤炭行业整顿重组相继进入实施状态。内蒙古、河南、四川、黑龙江等省区都开启整顿小煤矿政策。基本思路都是在行政主导下促成本地私营煤矿企业尽快与本地国有煤炭集团完成整合。

根据国际经验,发达国家煤炭行业集中度都很高。当前中国煤炭开采规划和产业政策也并无不当。然而,公众和媒体对山西煤改的担心主要来自于是否存在"国进民退"和不对等谈判等不符合市场经济基本原则的问题。在政府主导和国有企业扩张客观上淘汰了"小煤窑"代表的私营经济,是一种逆市场化现象,煤改补偿原则涉嫌违反民事法律关系原则。在初步形成的社会主义市场经济体制框架内,人们有足够的理由怀疑其是否具有起码的合法性。

浙江省银监局调查显示,山西60%的中小煤矿,包括地方国有煤矿和乡镇煤矿被温州投资者购买或承包经营,合计煤炭年产量达到8000万吨以上,占山西煤炭年产量的1/5以上;其中3000万至5000万吨煤炭直接或间接运往浙江。据浙江省国土资源厅调查,浙商在省外投资的煤矿超过450家,投资规模在500亿元以上;其中平阳县民间资本投资煤矿260多座,资金规模达300亿元。温州的平阳、苍南两县投资山西煤矿最普遍。平阳县政府在2009年11月前往山西进行调查后得出的数据是:平阳在山西投资煤矿共400多处,总资产超过300亿,在山西从事煤矿业人员约1.5万,遍及山西各地。2005年到2006年两年间,仅平阳县水头镇进入山西投资煤炭的资金就在300亿元以上;在山西估计有500多座温州人投资的小煤矿,总投资在500亿元以上。

2009年11月,浙商资本投资促进会向全国人大、国务院、全国政协、山西省人大、山西省政府等发出《关于要求对山西省人民政府规范性文件内容的合法性、合理性问题进行审查处理的公民建议书》,浙江省经信委下属浙商资本投资促进会在杭州召开"地方产业政策延续性与企业投资信心"研讨会,2010 年 1 月 9 日,在杭州举行的"2010 中国经济走势解析"论坛上,"致浙商资本投资促进会会员及全球浙商的公开信暨浙商年度投资预警"提示:"2010 浙商投资预警区域"有两个,即山西省和迪拜。

尽管缺乏统计数据支撑,仍然可以合理推测:仅从可计量收益上看,浙商在山西"炒煤"这一历史事件中,经济上是获利的。在温州 10 年 5000 亿元的资本积累中,"炒煤"事件贡献一定不菲。

更重要的,在抗争不平等交易过程中,浙商开始通过集体力量展示其形象,并且开始学习在现有法律框架内运用合法形式来维护自身利益。尽管结果不甚理想,有表现树形象获得的声誉,仍然是中国商业文明发展进程不可逾越、需要付出艰苦努力的阶段,也获得道义力量。

工业化、信息化和城市化与浙商发展

中国经济发展处于新型工业化、信息化、城市化交互作用融合发展的阶段,处于由出口导向型向内需拉动型的经济发展方式转型的关键阶段,处于由关注内部发展和内外并举、在参与全球化中发展自身的阶段,处于从单纯追求 GDP 增长向提高居民收入水平、关注资源环境社会可持续发展、提高生活质量转变的阶段。

中国经济成长阶段性特征,是浙商发展的基本约束环境条件,浙商发展也作为私营领域的参与者影响中国经济发展的阶段性特征及其演变。30 多年来,浙商之所以萌芽、成长并崛起为中国私营领域最突出的群体,与其契合中国经济社会发展阶段、总能抓住和追随中国经济发展先机关系密切。展望浙商发展未来,把浙商发展置于中国经济发展阶段性特征上,是继续保持浙商在中国私营领域特色和领先地位的基础。

当代中国的工业化,是在世界进入信息时代和知识经济社会、全球化不断深化背景下展开的新型工业化道路。以信息化带动工业化,谋求跨越式发展。

物联网发展,是融合信息化与工业化的未来发展趋势,也是未来一个时期中国经济增长的一个热点领域。30 多年来,浙商崛起的过程,部分的是融合初级工业化进程。浙商参与重化工业发展、进入采矿业,是当前阶段浙商发展的一种趋势。物联网发展则是今后比较长时期内,中国私营领域发展的新兴热点领域,浙商务必该有所作为。

当代浙商主要起源于农业、农村和农民,在初期阶段,浙商发展与城市化关系甚微。直至进入新世纪以来,住房制度改革以后,伴随住房商品化发展,房地产作为"支柱产业"促进地方经济发展的功能被普遍地过度放大,房地产业成为中国私营领域高度集中的产业。浙商发展与城市化进程的关系开始密切起来,众多浙商"炒房者"和房地产开发企业,从中国大陆蓬勃发展的城市化中迅速积累起天量财富。

中国大陆的城市化落后于工业化进程,近年来迅速扩张的城市化,在大中城市积累的泡沫,已经足以令人担心。从国际经验看,无论是发达国家还是发展中国家,现代

国际金融危机的发生,往往与缺少产业化支撑的城市化进程中的房地产泡沫伴生。

中国大陆城市化还有很长的道路要走,还需要一系列更为艰巨的深层次改革来支撑城市化进程的可持续性。当代浙商的未来发展,既要积极参与城市化,尤其要积极参与中小城市和城镇建设,也要警惕和避免受到当前与城市化进程相伴随的金融泡沫冲击。

发展模式转型:结构调整和体制改革

东部沿海地带,出口导向型发展模式在长达大约 20 年时间里,为中国提供了大量就业机会,填补了国有经济退出带来的生产损失并充填了资源产能,迅速增加中国大陆的外汇储备,为参与国际贸易和国际金融奠定了更厚实的基础。

然而,长期奉行这一政策的东亚国家无一例外地出现货币超发、流动性泛滥、泡沫生成等现象。提振内需、改善民生、减少净出口,是实现经济转型、可持续发展的关键,也是避免陷入更深刻困境的关键。

转变增长方式是中国经济发展中具有全局性、长期性、艰巨性的战略,体制改革是建立和完善社会主义市场经济体系过程中同样具有全局性、长期性、艰巨性的任务。两者相互促进、相辅相成,都处于尚未完成的状态,都需要持续地继续付出艰苦努力。

在增长方式转型和体制改革进程中,投资和出口主导向消费主导转型、工业化进程主导向城市化进程主导转型、增加公共服务和公共品供给、发展低碳经济、政府转型,既是增长方式转型和结构调整也是体制改革的基本要求。提振内需和消费,以增加群众收入为前提,增加劳动者报酬需要分配制度改革、政府改革、财税体制改革配套;目前工业化和城市化进程遇到的阻碍,也主要依靠体制机制改革消除;增加公共服务和公共品供给(如医疗保障、教育等),更需要在医疗卫生体制和教育体制改革推进中实现;发展低碳经济,涉及环境产权等基础性制度安排,更需要产业政策、财政税收政策等保障和支持;政府转型则是全社会体制改革、运行机制转变、管理理念形成的关键和枢纽。

转变经济增长方式存在的主要障碍,既要克服现存体制的弊端和症结,改变政府权力支配过多资源推动短期 GDP 快速增长的体制,又要培育富有活力、创新涌现、自由竞争的新体制,发展更好的融资机制、创新创业环境。时至今日,消除体制性障碍,鼓励创新创业,仍然是体制转型的关键,改革最核心的问题仍然是市场化,更彻底地贯彻落实市场在资源配中发挥基础性作用。企业是最重要的创新主体,政府应当提供适合企业发展的环境。

从东亚与拉美的国际比较看,国有经济比重高和人民群众创业不足的国家和地区基尼系数高,收入差距越大,反之,基尼系数低,收入分配越公平。从国内不同省区比较看,越是国有经济比重高和人民群众创业不足的省区(贵州、甘肃等),在政府管理方式受计划经济体制影响较深、市场化程度不高的省区(东北、西部一些省区),城乡居民收入差距越大,基尼系数越高;在国内市场经济发展较为成熟的省区,越是创业活跃和个体私营经济比重大的省区,如浙江、江苏等地,城乡居民收入差距越小,基尼系数越低。

从结果上看,个体私营经济发展中崛起的当代浙商,既融入出口导向发展模式,又紧贴消费,既积极参与经济热点也与比较公平的地区分配结构相联系。这与国际经验和国内地区比较的结果是一致的。

与同等发展水平国家相比,中国大陆服务业发展潜力巨大,城市化水平提升空间巨大,与发达国家在技术创新和前沿产业的差距意味着巨大学习空间,中国大陆内部区域发展梯度等,都提供了未来继续支撑中国大陆长期可持续增长的潜在可能性。同时,金融领域和资产价格、土地问题、经济发展增速趋缓、企业发展、政府主导投资发展模式等等隐忧,也威胁着中国经济社会发展的可持续性。

在民间资本积累已经达到相当能量的时候,进一步对内开放,释放民间投资、发展民营经济是解决诸多问题的突破口。然而,这需要巨大的勇气突破体制机制上的羁绊。一个有远见、有魄力、负责任的政府,有紧迫感地推动体制改革和市场机制完善,至关重要。

中国经济地位提升与浙商发展

随着巨额外汇储备积累、国际贸易份额提升、人民币坚挺和人民币走向国际化,中国在全球经济中的地位持续上升,同时也增加了中国发展空间扩展与外部冲突的机会。随着国际社会上认同、理解、学习中国发展模式的人增加,中国企业走向世界的渠道越来越宽广。浙商率先以中国大陆私营领域的角色走向世界,从单纯贸易业务起步,至今已经发展为贸易扩展、直接投资、参与境外资本市场、兼并收购、区域开发、经营模式输出等,几乎覆盖所有的国际经济交往形式。

中国作为经济大国的崛起,为浙商走向全球提供了更好的条件。然而,随着中国经济触角越伸越长,中国企业活动领域越来越广,中国企业尤其是众多私营企业遭遇国际贸易磨擦的机会也大大增加。随着中国私营企业尤其是浙商在国外开办市场这种形式越来越多,在欧洲频频发生冲击中国消费品市场的状况,发达国家发起的针对中国的反倾销、反补贴调查增加。此外,在环保、气候变化等名义下发生贸易壁垒案件,甚至对中国资本投资、收购兼并行为进行司法审查等。

浙商率先走向全球,自然也率先遭遇国际贸易摩擦,而且未来遭遇国际贸易摩擦的机会更要比现在更严重。近年来,针对中国大陆的各种贸易摩擦案件中,牵涉浙江和浙商发展的比例处于高位。这是未来浙商务发展务必需要特别注意警惕的。

金融危机过后的短期问题与浙商发展

浙商崛起与浙江经济社会发展融合在一起,个体私营经济发达是浙江经济的特色,浙江发展水平也走在全国前列。在一定程度上说,中国经济在本轮国际金融危机冲击中的主要问题,是东部沿海发达地带的特殊问题。然而,由于东部发达地区在当前中国经济社会发展进程中的重要性,这一特殊区域的问题成为关乎中国大陆经济社会发展全局的一般问题。

在国际金融危机冲击过后,中国经济面临诸多矛盾:控制房价与支柱产业选择、保持经济增长与控制通货膨胀、保增长与调结构、个人国家企业收入分配关系、货币政策和汇率问题、出口与内需、地方政府债务问题、资源价格改革与管理通胀冲突、节能减排与重化工业发展冲突、土地市场调控、财税改革等等。这些矛盾及其解决,既为浙商发展提供了机遇,也使浙商发展面临更多政策风险。

在浙江工业转型升级构建大产业大企业大平台的进程中,在着力发展商贸、金融、物流、信息、科技、商务、旅游、文化、房地产和社区服务等与经济转型升级和改善民生密切相关的 10 大重点产业进程中,在致力于发展成为海洋经济大省的过程中,在推进杭州、宁波、温州区域金融中心建设进程中,在浙中城市群发展进程中,都提供了浙商发展的新空间。

近年来浙江经济发展状况

改革开放 30 年来,浙江在迈向市场经济、融入全球化的贸易和生产体系的进程中,一直以独特的方式走在全国前列。在金融危机对全球经济产生巨大负面影响的情况下,中国经济实现了保持经济发展平稳较快增长的势头不减。浙江经济社会发展也经受了最严峻的考验。

2004—2009 年间,浙江省生产总值、固定资产投资、消费品零售总额三项主要经济指标持续稳定增长,呈线性增长趋势;不同年度的增长幅度有波动,经济发展属于增长型波动;生产总值年均增长幅度高于固定资产投资和消费品零售总额的年均增长幅度。无论是消费状况的纵向比较,还是消费与固定资产投资增幅变化、生产总值增幅变化的比较,2008 年浙江省消费增长旺盛。如图 6 所示。

2008—2009 年间,在金融危机冲击下,浙江省工业领域增加值仍然有增长,但是,无论是大企业还是整个工业系统,无论是国有或国有控股企业、集体企业,还是外商及港澳台资企业、私营企业,工业增加值的增幅都有显著回落。

与工业领域增加值增幅的变动情况相反,两年间建筑业和房地产投资的增幅也有显著提高。2008 年,建筑业和房地产投资增幅既低于全部工业领域增加值的增幅,也低于重工业、国有及国有控股企业、私营企业增加值的增幅,仅高于轻工业、集体企业和外商投资企业增加值的增幅。2009 年,建筑业增加值和房地产投资增幅都远高于全部工业和各类工业企业增加值的增幅。如图 7 所示。

2005—2009 年间,浙江省常住人口由 4894 万人增加到 5180 万人[①],同时人均

---

① 根据抽样调查的人口数据,2005 年 11 月 1 日居住在城镇的人口 2742 万人,占总人口的 56.02%;居住在乡村的人口 2152 万人,占总人口的 43.98%;2009 末居住在城镇的人口为 2999.2 万人,占总人口的 57.9%;居住在乡村的人口为 2180.8 万人,占总人口的 42.1%。

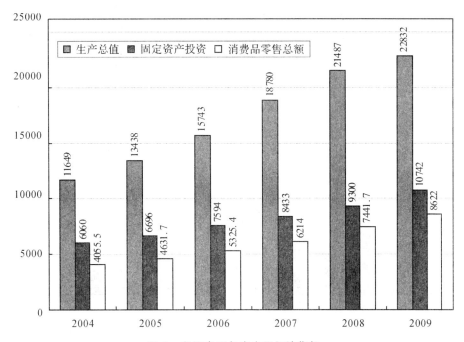

图6　浙江省近年来主要经济指标

GDP 水平由 27552 元提高到 44335 元。城镇人均可支配收入由 16294 元提高到 24611 元,农村居民纯收入由 6660 元提高到 10007 元。人均 GDP、城镇居民人均可支配收入、农民人均纯收入都保持了持续递增。从人均收入水平增幅来看,人均 GDP 增幅经历了小幅波动,总体上呈下降趋势。

农民人均纯收入增幅变化比城镇居民人均可支配收入增幅波动要小,但两者波动趋势基本一致。在 2004—2008 年,人均 GDP 增幅一直高于城镇人均可支配收入增幅和农民人均纯收入增幅,这显示在收入分配中不均等状况持续加深;2009 年开始,城镇居民人均可支配收入增幅、农民人均纯收入增幅两项开始超越人均 GDP 增幅,显示居民收入在收入分配中份额逐步提高,有利于缩小收入分配差距,分配不均的局面开始改变。如图8所示。

2005—2009 年间,浙江恩格尔系数(居民家庭食品消费支出占生活消费总支出的比重)在城乡之间有比较明显的差异,城镇家庭的恩格尔系数低于农村家庭的恩格尔系数,这是正常的。城镇家庭历年恩格尔系数依次为 0.338、0.329、0.347、0.364、0.336,农村家庭历年恩格尔系数依次为 0.386、0.372、0.364、0.380、0.374,城镇居民家庭的恩格尔系数在期初和期末基本持平,期间经历略有降低到逐步提高再恢复的过程,农村家庭的恩格尔系数经历了下降、上升再回落的过程,总体水平有所降低。此间恩格尔系数波动很小,从收入水平上,看不出金融危机冲击的影响。

2005—2009 年间,浙江的基尼系数(衡量居民内部收入分配差距的指标)在城镇和乡村之间也存在显著差异,农村基尼系数高于城镇基尼系数。2006—2009 年间城镇基

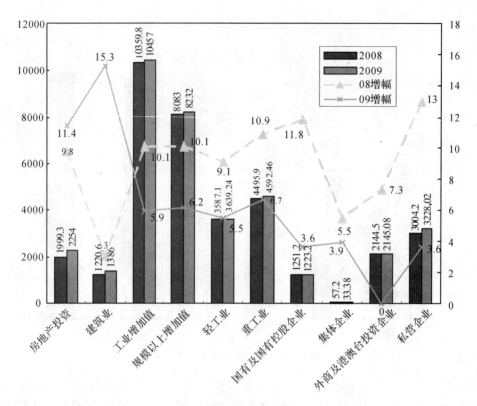

图7　近年来浙江经济结构

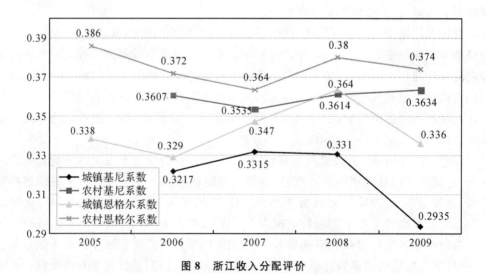

图8　浙江收入分配评价

尼系数依次为0.3217、0.3315、0.3310、0.2935,农村基尼系数依次为0.3607、0.3535、0.3614、0.3634。农村基尼系数基本保持平稳,城镇基尼系数在2009年出现明显下降。综合比较,2009 年城乡居民实际生活水平有一定程度提高。

2006—2009 年,浙江金融机构年末各类存款余额、贷款余额均呈现稳定持续增长,历年末存贷款差额明显上升。

浙江国际贸易变化

浙江省国际贸易发达,2004—2009 年间,历年国际贸易总额依次为 852.3 亿美元、1074 亿美元、1391.5 亿美元、1768.4 亿美元、2111.5 亿美元、1877.3 亿美元,历年国际贸易顺差依次为 310.9 亿美元、462 亿美元、626.5 亿美元、797.6 亿美元、974.3 亿美元、782.9 亿美元。巨额的国际贸易顺差,支撑着浙江成为国内经济发展领先的地区。

经过近 30 年的外向型经济发展,2009 年浙江省国际贸易总额出现回落,进口额和出口额都有显著下降。进出口总额下降 11.1%,出口额下降 13.8%,进口额下降 3.7%,国际贸易顺差下降 19.6%。在出口中,一般贸易下降 12.5%,加工贸易下降 13.5%,机电产品出口下降 18.4%,高新技术产品出口下降 28.2%。

在国际金融危机蔓延的情况下,浙江经济社会发展的所有主要领域,只有国际贸易出现绝对的下降。就浙江经济整体状况来看,如果说国际金融危机带来经济波动的话,只有在国际贸易领域带来了古典型经济波动,即存在绝对额的降低。在除此之外的所有其他领域,即是说国际金融危机对社会经济形成冲击的话,也只是引起了社会经济的增长型波动,也就是说,金融危机最多只是影响了增长速度。

2008—2009 年,浙江三次产业结构、增长格局基本保持稳定。工业增加值和利润保持合理的增幅,工业生产结构变化明显;建筑业增加值增幅变化很大,房地产投资和商品房销售变化剧烈;固定资产投资增幅差异显著,非国有控股主体的固定资产投资占据大部分;物价在合理区间变动,升降幅度不大;消费增长强劲并显示出消费品零售结构变化;浙江特色的商品交易市场数量略有增加,网上市场兴起;利用外资下降幅度很大;处于起步阶段的对外经济发展迅猛,对外承包工程、对外劳务合作、对外设计咨询,境外投资项目总额显著增长;旅游业快速发展,上市公司数量保持较快增长。

前进中的政府和政策:浙江发展的重要推动力量

浙江地方政府在应对国际金融危机冲击过程中前进,中央政府关于中小企业促进、重大产业规划、长江三角洲一体化、全国功能区规划等一系列政策、措施和规划,在浙江被具体化为诸多产业政策和规划,把浙江经济和浙商发展融入全局和长期发展规划中。

2007 年 6 月,中共浙江省十二大上提出,突出走创业富民、创新强省之路,作为坚持科学发展、促进社会和谐、全面建设小康社会、继续走在前列的总战略。转变经济发展方式,是创业富民、创新强省的主攻方向。全面推进个人、企业和其他各类组织的创业再创业,大力培育创业创新主体,把创业富民、创新强省落实到经济建设、政治建设、文化建设、社会建设和党的建设各个方面,贯穿于改革开放和现代化建设全过程,加快建设全民创业型社会,努力打造全面创新型省份。

几年来,在经济转型升级、经济管理调整、省级综合配套改革"11+1"、中小企业发展、外贸促进、金融改革、制度推进等方面取得明显进展。加快中介机构改革发展、政策性农业保险、促进外贸发展、金融业深化改革加快发展、企业上市、小额贷款公司试点、做好行业龙头企业资金链安全保障工作、加快发展服务业、节能降耗推进工业循环经济、力促开拓国际国内市场、中小企业扶持资金使用、中小商贸企业融资担保费用补贴、促进中小企业加快创业创新发展等方面,实施了许多积极措施。

为促进转型升级,浙江省大力发展服务业,着力发展商贸、金融、物流、信息、科技、商务、旅游、文化、房地产和社区服务等与经济转型升级和改善民生密切相关的 10 大重点产业;编制和组织实施《浙江省服务业发展规划》、《浙江省现代服务业集聚区总体布局与建设规划》。

第一部分

2008 年下半年,国际金融危机开始对中国大陆尤其是沿海地带产生实际影响。

近两年来,浙江私营企业数经历了小幅下降并迅速回升的过程,浙江私营企业数量波动是典型的增长型波动,企业保有数量绝对值波动并不明显。

比较 2006 年末和 2009 年末数据,实有内资企业数量增加近两万户,全部内资企业户均注册资本升幅超过百万元,然而 2009 年新设内资企业户均注册资本规模在降低。

2009 年末,浙江私营企业实有户数和注册资本总额合计都为历史最高,私营企业户均注册资本规模远低于全部内资企业户均注册资本规模。2009 年新设私营企业户均注册资本规模也远低于全部私营企业户均注册资本规模。近年来新设企业数在不同行业的分布没有显著变化。

2008-2009 年,制造业和房地产业的企业数量经历了"高-低-高"过程。2008 年全省实有私营企业集团显著增加,但 2009 年实有企业集团数量略有下降。

杭州、宁波、绍兴、温州以及浙中地区,是私营企业、个体工商户,以及就业人员密集区域。制造业、批发零售业仍然是个体私营经济富集领域。

2009 年底,全省实有个体工商户接近 199 万户,资金数额 850 亿元,81%的个体工商户集中在第三产业,批发和零售业、工业领域、交通运输业、居民服务和其他服务业、住宿和餐饮业。

从发展的视角看,全部就业人口的学历知识技术结构,仍然滞后于浙江经济社会发展水平在全国的地位。进一步提高劳动者素质,将是浙江经济社会发展尤其是浙江私营企业未来发展面临的主要约束条件。

两年来,浙商化"危"为"机"的实践取得收获:以"走出去"实现从商品输出到资本输出、从国际贸易到跨国投资的转变;生产加工型企业沿着价值链扩展向市场营销和研发设计两端延伸;在地方政府推动下部分浙江企业扩展国内外营销网络。

知识产权和品牌战略开始成为浙商发展普遍的趋势;行业协会发挥中介组织职能取得重要进展;产业公共技术平台建设取得重要进展,为产业集群发展提供了技术、质量、标准等生产性服务和可持续发展基础;价格联盟,开始成为商会等组织发挥行业中介组织力量的重要形式。

企业股权出资出质、商标权质押、小额贷款公司、村镇银行等作为化解企业融资难的举措,获得实质进展但仍与社会需求差距很大。

中西部地区与沿海发达地区的产业梯度和发展梯度支持区域间产业转移的合理性,当前浙商进行的区域间产业转移,具有资本在产业间转移的特征。

第一章

作为市场主体的浙商

自 2007 年以来,在国内,以"促转型、调结构、惠民生"为主题的一系列法律和政策开始实施,劳工权益保障、出口退税政策调整、能源原材料等基础产品价格上涨,形成了对浙江经济和浙商发展的现实挑战。2008 年中以后,国际金融危机对中国大陆尤其是东部沿海出口导向型特征显著地带形成冲击,外贸出口订单减少,工厂停产,集中在沿海地带来自中西部广大农村的"打工者"和"农民工"特定群体,突然间失业,几乎影响到社会稳定。在来自国内外、市场需求和经济环境成本双向压力下,此前已经受到高度质疑的高度依赖外需的浙江经济和浙商发展模式,开始面临最严重的基础性威胁。

自 2008 年下半年起,根据媒体和政府发布的信息,中国大陆尤其是沿海外向型的经济发达地带,开始遭受国际金融危机的严重冲击。中央政府发起了庞大的投资计划,中央政府政策的中心开始由"调结构"转向"保增长",宏观经济政策由适度从紧迅速转向扩张性,宏观经济政策转变的突然性和坚决性为改革开放 30 年来所罕见。中央政府并敦促地方政府迅速行动,在沿海外向型经济特征明显的地区,保外贸出口更是成为"保增长"的关键。此前刚刚取消的出口退税政策被恢复执行,劳动者权益保护法律中某些关键措施事实上被停止执行或者处于半中止状态。

作为市场主体的浙商总体

2008 年下半年,国际金融危机开始对中国大陆尤其是沿海地带产生实际影响。浙江私营企业数量经历先一个下行小幅波动然后恢复的过程。

浙商根据浙江省第二次经济普查数据公报(第一号)①,2008 年末,浙江全省共有从事第二、三产业②的法人单位 56.02 万个,列江苏、广东、山东之后,居全国第四位;产

---

① 普查标准时间为 2008 年 12 月 31 日。

② 三次产业划分:第一产业是指农、林、牧、渔业。第二产业是指采矿业,制造业,电力、燃气及水的生产和供应业,建筑业。第三产业是指除第一、二产业以外的其他行业。具体包括:交通运输、仓储和邮政业,信息传输、计算机服务和软件业,批发和零售业,住宿和餐饮业,金融业,房地产业,租赁和商务服务业,科学研究、技术服务和地质勘查业,水利、环境和公共设施管理业,居民服务和其他服务业,教育,卫生、社会保障和社会福利业,文化、体育和娱乐业,公共管理和社会组织,国际组织。本次普查未包括国际组织。

业活动单位 63.92 万个,其中,第二产业 26.95 万个,第三产业 36.94 万个;个体经营户 310.48 万户,其中,有证照个体经营户为 165.90 万户,个体经营户中从事第二产业的有 77.30 万户,从事第三产业的有 233.18 万户。2008 年末,浙江企业法人单位数 45.10 万个,占全部单位数的 80.5%,表明浙江经济的特色:企业和个体经营户数量众多、涉及面广。如表 1－1 所示。

表 1－1　单位数与个体经营户数

	单位数(万个)	比　重(%)
一、法人单位	56.02	100.0
企业法人	45.10	80.5
机关、事业法人	3.61	6.4
社会团体法人	1.40	2.5
其他法人	5.91	10.5
二、产业活动单位	63.92	100.0
第二产业	26.95	42.2
第三产业	36.94	57.8
三、个体经营户	310.48	100.0
第二产业	77.30	24.9
第三产业	233.18	

资料来源:浙江省第二次经济普查数据公报。

从产业活动单位和个体工商户的分布来看,与经济发展水平相适应,全省第二、三产业法人单位数名列前三位的地区依次是杭州、宁波和温州。三市共拥有法人单位 29.54 万家,占全省的 52.7%;拥有产业活动单位 33.68 万家,占 52.7%。个体经营户较多的前 5 个地区是:温州市占 14.9%;杭州市占 13.5%;金华市占 12.8%;宁波市占 12.4%;绍兴市占 11.2%,如表 1－2 所示。地区经济规模和地区经济发展水平,与单位和个体工商户的地区分布相关联。

表 1－2　单位与个体经营户的地区分布

	法人单位(万个)	产业活动单位(万个)	个体经营户(万户)
合　计	56.02	63.92	310.48
杭　州	11.85	13.70	41.87
宁　波	10.29	11.48	38.47
温　州	7.40	8.50	46.27
嘉　兴	4.91	5.60	31.11

续表

	法人单位(万个)	产业活动单位(万个)	个体经营户(万户)
湖　州	1.99	2.30	15.76
绍　兴	4.90	5.49	34.64
金　华	4.86	5.58	39.66
衢　州	1.48	1.76	12.63
舟　山	1.15	1.43	5.56
台　州	5.53	6.16	33.50
丽　水	1.66	1.93	11.01

资料来源:浙江省第二次经济普查数据公报。

2008 年末,在全部产业活动单位[①]中,从事制造业的单位 24.75 万个,占 38.7%;从事批发和零售业的单位 12.36 万个,占 19.3%;公共管理和社会组织 7.85 万个,占 12.3%。以上三个行业合计占全部产业活动单位数的 70.3%(表 1-3)。这反映了浙江个体私营经济主要集中于制造业和商业领域的现状。同时也与这些行业资本投资特征相关,制造业或者商业投资规模可大可小,基本没有行政性进入壁垒限制,也无地区差别限制。在知识、技术和经验准备等方面,适合从事此类行业的人,具有直接经验基础的人比较多。此外,刚刚从短缺经济中走出来、逐步向小康过度的中国经济,也为这些行当提供了最广大的社会需求基础。30 多年来,浙江经济正是由于个体私营经济在这两个最重要行业的迅速发展,取得领先地位的。浙江经济社会发展继续保持领先地位,其着力点,仍然需要继续促进制造业和商业贸易发展、促进制造业转型升级,而不能脱离这一基础。

---

① 单位的划分:法人单位是指具备以下条件的单位:(1)依法成立,有自己的名称、组织机构和场所,能够独立承担民事责任;(2)独立拥有和使用(或授权使用)资产,承担负债,有权与其他单位签订合同;(3)会计上独立核算,能够编制资产负债表。在有关部门登记为法人,但不符合上述条件的单位,普查中未作为法人单位统计。产业活动单位是法人单位的附属单位,且具备以下条件:(1)在一个场所从事一种或主要从事一种社会经济活动;(2)相对独立组织生产经营或业务活动;(3)能够掌握收入和支出等业务核算资料(生产核算资料)。个体经营户是指除农户外,生产资料归劳动者个人所有,以个体劳动为基础,劳动成果归劳动者个人占有和支配的一种经营单位。包括:(1)经各级工商行政管理机关登记注册并领取《营业执照》的个体工商户。(2)经民政部门核准登记并领取证书的民办非企业单位。(3)没有领取执照或证书,但有相对固定场所、年内实际从事个体经营活动三个月以上的城镇、农村个体户。但不包括农民家庭以辅助劳力或利用农闲时间进行的一些兼营性活动。

表 1-3 不同行业的产业活动单位分布

	单位数(万个)	比 重(%)
合 计	63.92	100.0
农、林、牧、渔业*	0.02	…
采矿业	0.16	0.3
制造业	24.75	38.7
电力、燃气及水的生产和供应业	0.49	0.8
建筑业	1.55	2.4
交通运输、仓储和邮政业	1.34	2.1
信息传输、计算机服务和软件业	1.43	2.2
批发和零售业	12.36	19.3
住宿和餐饮业	0.88	1.4
金融业	1.45	2.3
房地产业	1.55	2.4
租赁和商务服务业	4.10	6.4
科学研究、技术服务和地质勘查业	1.38	2.2
水利、环境和公共设施管理业	0.40	0.6
居民服务和其他服务业	0.66	1.0
教育	1.83	2.9
卫生、社会保障和社会福利业	1.16	1.8
文化、体育和娱乐业	0.55	0.9
公共管理和社会组织	7.85	12.3

注:* 号标记农、林、牧、渔业为第二、三产业法人兼营的第一产业活动单位。

资料来源:浙江省第二次经济普查数据公报。

企 业

在全部市场主体中,无论在数量、规模,还是实际影响力上,企业都处于主流和主导地位。企业是市场主体的最典型代表。近两年来,浙江私营企业数经历了小幅下降并迅速回升的过程,但私营企业的规模质量在持续提升。这印证了外部冲击尤其是来自市场的冲击,往往是促进企业转型升级最强有力的因素。在国际金融危机爆发之前,结构调整已经进行多时,但实际上进展不大。

2008 年末,浙江省内全部企业法人单位共计 45.1 万个,其汇总内资企业 43.33 万个,占 96.1%。按登记类型划分,国有企业、国有联营企业、国有独资公司共 0.66 万个,集体企业、集体联营企业、股份合作企业共 1.98 万个,其他有限责任公司、股份有限公司 3.86 万个,私营企业 36.40 万个,其他内资企业 0.42 万个,港澳台商投资企业和外商投资企业 1.77 万个。浙江私营企业数量占全部企业法人单位数的 80.7%,处于绝对数量优势。集体企业和股份合作企业仍有一定份额,分别占全部企业数的2.4% 和 2.0%,如表 1-4 所示。

表 1-4　按登记注册类型分组的企业法人单位

	单位数(万个)	比重(%)
合　　计	45.10	100.0
内资企业	43.33	96.1
国有企业	0.53	1.2
集体企业	1.07	2.4
股份合作企业	0.89	2.0
联营企业	0.04	0.1
国有联营企业	0.01	…
集体联营企业	0.02	…
国有与集体联营企业	0.01	…
其他联营企业	…	…
有限责任公司	3.57	7.9
国有独资公司	0.12	0.3
其他有限责任公司	3.45	7.6
股份有限公司	0.41	0.9
私营企业	36.40	80.7
其他内资企业	0.42	0.9
港、澳、台商投资企业	0.78	1.7
外商投资企业	0.99	2.2

注:"…"表示数据不足最小计量单位。

资料来源:浙江省第二次经济普查数据公报。

2008 年末,浙江省第二、三产业 45.10 万个企业法人单位的资产总额[①]为133863.66 亿元,其中国有企业资产总额为 16781.95 亿元,集体企业资产总额1628.55 亿元,股份合作企业资产总额 5537.60 亿元,私营企业资产总额 33185.05 亿

---

① 资产总计:指企业拥有或控制的能以货币计量的经济资源,包括各种财产、债权和其他权利。此项不含金融业企业法人的资产总计。

元，港、澳、台商投资企业资产总额 6669.02 亿元，外商投资企业资产总额 9034.56 亿元，国有企业资产总额、集体企业资产总额都比 2004 年末下降，股份合作企业、私营企业、港澳台资企业、外商投资企业的资产总额比 2004 年末都有大幅增加。如表 1-5 所示。

表 1-5　按登记注册类型分组的企业资产构成(%)

	实收资本①		国家	集体	个人	港澳台	外商
合　计	133863.66 亿元	100.0	19.9	4.7	53.5	10.0	11.9
国有企业	16781.95 亿元	100.0	89.7	0.8	6.8	1.2	1.4
集体企业	1628.55 亿元	100.0	1.4	93.7	4.0	0.4	0.5
股份合作企业	5537.60 亿元	100.0	4.6	23.0	68.6	1.8	2.1
国有联营企业		100.0	94.6	2.4	2.3	0.7	
集体联营企业		100.0	24.2	70.8	4.0	0.2	0.7
国有与集体联营企业		100.0	40.9	58.6	0.5		
其他联营企业		100.0	5.6	90.2	4.2		
国有独资公司		100.0	100.0	…	…		…
其他有限责任公司		100.0	22.3	7.5	58.7	5.3	6.2
股份有限公司		100.0	24.9	7.7	57.5	4.5	5.4
私营企业	33185.05 亿元	100.0	4.6	1.3	88.9	2.4	2.8
其他内资企业		100.0	14.6	10.9	60.4	7.0	7.2
港澳台商投资企业	6669.02 亿元	100.0	5.4	1.6	16.1	73.9	2.9
外商投资企业	9034.56 亿元	100.0	6.6	1.8	14.3	3.9	73.4

资料来源：浙江省第二次经济普查数据公报。

　　2009 年新登记内资企业 100947 户，同比增长 20.79%，注册资金 22333797 万元，同比增长 26.89%，其中私营企业 93991 户，同比增长 24.40%，新设私营企业注册资本总额 14971368 万元，同比增长 39.61%。2008—2009 年两年，新设内资企业数排名前三位的行业是：批发和零售业，2008—2009 年分别为 26412 户、33579 户，分别占全部新设企业数的 31.60%、33.26%；制造业 24901 户、28981 户，分别占全部新设企业数的 29.8%、28.71%；租赁和商务服务业分别为 10026 户、12071 户，分别占当年新设企业户数的 11.99%、11.96%。2009 年新设内资企业的行业分布见表 1-6。2008—

　　① 实收资本：是指企业投资者实际投入的资本（或股本），包括货币、实物、无形资产等各种形式的投入。实收资本按投资主体可分为国家资本、集体资本、法人资本、个人资本、港澳台资本和外商资本等。此项不含金融业企业法人的实收资本。

2009 年,当年新设企业数在不同行业的分布没有显著变化。

表 1-6　新设企业的行业分布

	新设企业户数		行业占比	
	2009	2008	2009	2008
合　　计	100947	83574	100%	100%
农、林、牧、渔业	1672	1484	1.66%	1.78%
采矿业	88	90	0.09%	0.11%
制造业	28981	24901	28.71%	29.8%
电力、燃气和水的生产供应	297	174	0.29%	0.21%
建筑业	4516	3908	4.47%	4.68%
交通运输、仓储和邮政	2345	1830	2.32%	2.19%
信息传输、计算机服务和软件	2722	2354	2.70%	2.82%
批发和零售业	33579	26412	33.26%	31.60%
住宿和餐饮业	1217	961	1.21%	1.15%
金融业	1176	1999	1.17%	2.39%
房地产业	3336	2361	3.30%	2.83%
租赁和商务服务业	12071	10026	11.96%	11.99%
科学研究、技术服务和地质勘查	4195	2980	4.16%	3.57%
水利、环境和公共设施管理业	414	430	0.41%	0.51%
居民服务和其他服务业	3518	2635	3.49%	3.15%
教育	109	148	0.11%	0.17%
卫生、社会保障和社会福利	103	81	0.10%	0.09%
文化、体育和娱乐业	566	465	0.56%	0.55%
其他	42	335	0.04%	0.40%

资料来源:浙江省工商行政管理局,《2009 年内资企业统计分析报告》。

　　比较 2006 年末和 2009 年末数据,实有内资企业数量由 671371 户上升到 690103 户,全部内资企业户均注册资本由 233.7 万元大幅上升到 339.8 万元。然而,2009 年新设内资企业户均注册资本只有 221.2 万元,远远低于全部内资企业户均注册资本规模,显示新增内资企业注册资本规模在降低。2009 年末,私营企业实有 566595 户,注册资本总额合计 129757128 万元,私营企业户均注册资本规模 229 万元,远远低于全部内资企业户均注册资本规模。2009 年新设内资企业 93991 户,新设内资企业注册资本合计 14971368 万元,新设私营企业户均注册资本规模 159.3 万元,也远低于全部私营企业户均注册资本规模。新设企业注册资本低于平均水平的状况表明,新设企业对维持后续发展和转型升级的贡献可能不足,通过新设企业保持强劲后续发展能力,不具有现实可行性。如表1-7所示。

表1-7　私营企业基本信息

	2006 内资企业	2009 内资企业	2009 私营企业
实有数(户)	671371	690103	566595
注册资本总额(万元)	156872900	234474732	129757128
当年新设数(户)	96699	100947	93991
当年新设企业注册资本总额(万元)		22333797	14971368
户均规模(万元)	233.7	339.8	229
当年新设户均规模(万元)		221.2	159.3

资料来源:浙江省工商行政管理局。

根据浙江省工商行政管理局提供的资料,2006—2009年,各年末浙江省私营企业实有数量分别为494142户、534468户、517852户、566595户,其中,2007年是经济高涨的一年,2007年末浙江私营企业保有数量比2006年末增加超过4万户,增幅较大;2008年末浙江私营企业实有数量比2007年末实有数量减少,2009年浙江私营企业数量增长很大,新生注册成立企业和注销企业相抵,2009年末浙江私营企业数量比上年末净增接近5万户。在国际金融危机冲击下,浙江私营企业数量经历波动但仍然保持了强劲增长势头。在私营企业保有数量增长的同时,2009年末私营企业户均注册资本规模从2008年末的209万元/户提高到229万元/户,户均注册资本规模提升幅度接近10%。如表1-8所示。

表1-8　近年来浙江私营企业数量和规模变化

行业分类	私营企业数(户)				注册资本合计(万元)		户均注册资本(万元)		
	2009	2006	2007	2008	2009	2008	2009	* 2006	2008
合　　计	494142	534469	517852	566595	108168135	129757128		209	229
农、林、牧、渔业	10796	12142	6658	7627	894778	1150808	111	134	151
采矿业	1909	1768	1134	1051	202501	254475	134	179	242
制造业	239894	258205	242572	255687	45941185	52657644	192	189	206
电力、燃气及水的生产与供应业	3451	3512	1915	2041	660703	738451	1501	345	362
建筑业	13273	15381	17414	19989	7944500	9825131	681	456	492
交通运输、仓储和邮政业	10058	10937	10082	11305	2192089	2724566	751	217	241
信息传输、计算机服务和软件业	13298	15183	15510	16857	1390440	1671374	290	90	99
批发和零售业	118335	127957	138898	155331	19484142	22706149	179	140	146

续表

行业分类	私营企业数(户)				注册资本合计(万元)		户均注册资本(万元)		
	2009	2006	2007	2008	2009	2008	2009	* 2006	2008
住宿与餐饮业	6430	6529	5918	6476	1059946	1220227	257	179	188
金融业	770	831	1561	1782	2180347	2929824	4224	1397	1644
房地产业	9055	10988	10252	12245	9349974	12387478	1291	912	1012
租赁和商务服务业	29323	35589	35303	41528	12366044	15955497	497	350	384
广告业			8096	9084	394930	490676	—	49	54
科学研究、技术服务和地质勘探业	2089	2094	9158	12601	1720598	2566322	242	188	204
水利、环境和公共设施管理业	872	863	1724	1892	561416	706896	777	326	374
居民服务和其他服务业	18950	17346	14631	15028	1458853	1471083	225	100	98
教育	211	175	553	624	64678	65196	339	117	104
卫生、社会保障和社会福利业	750	791	711	748	91288	100509	207	128	134
文化、体育和娱乐业	3053	3040	2397	2613	270637	341983	197	113	131
其他	11625	11138	1461	1170	334016	273514	177	229	234

注:* 2006年户均注册资本数对应全部内资企业,公共管理和社会组织户均943,国际组织户均618未包含在内,不含广告业数据。

资料来源:浙江省工商行政管理局。

2008—2009年,分行业看,除采矿业、其他类别的企业数量减少外,各行业年末实有企业数量都是增加的;而在所有行业里,私营企业注册资本合计都是增加的。在保持数量增长的同时,企业注册资本规模也有不小幅度的提升。然而,私营企业整体的注册资本规模,还是低于全部内资企业注册资本的平均水平,在不少行业,私营企业户均注册资本甚至低于2006年内资企业户均注册资本,更远远低于国有或国有控股企业户均注册资本。这种局面将持续较长时间。

从近年来数量变化情况来看,浙江省内企业数量在经历了长期持续大幅增长之后,开始进入平稳增长阶段。在当前社会经济状况下,浙江的创业密度已经达到相当高水平,继续小幅增长一段时间在较高水平上维持基本稳定的状态,可能是企业数量变化的基本趋势。数据变化表明,新世纪以来,实有企业数量增幅一直处于高位,2008年增幅回落明显,2009年实有企业数量恢复性增长,增幅比2008年大幅提高。企业数量波动是典型的增长型波动,即波动是企业数量增加幅度(即增长率)的波动,企业保有数量绝对值波动并不明显。2009年末实有企业数量与2006年相比处于合理增幅范围内。即使没有国际金融危机冲击,企业保有数量也应当趋于平稳变化,企业数增幅呈明显下降趋势,这种趋势是与浙江经济发展阶段性变化特征相关的。在企业数量增长趋缓的情况下,注册资本增幅仍然保持高位,显示企业规模在提高,规模提高往往伴随着企业兼并重组、增资等等。

在企业保有数量趋于稳定的同时,企业兼并重组发生频率在提高,尤其是大企业之间的兼并重组发生率，未来将有较大幅度提高。

个体工商户

个体工商户，是当代浙商的起源，也是当代浙商中为数最众的群体。个体工商户数量众多、实力强大，是浙江经济最显著的特色之一。截止 2009 年底，全省实有个体工商户 1986913 户，资金数额 8499857 万元，分别比 2008 年增长 4.59％和 14.99％；其中 2009 年新登记个体工商户 427051 户，资金数额 2435036 万元，分别比上年增长 10.31％和 31.60％。个体工商户主要集中在第三产业，2009 年底从事第三产业的个体工商户有 1609221 户，占总数的 80.99％。2009 年个体工商户在三次产业的分布如表 1－9 所示。

表 1－9　2009 年个体工商户在三次产业的分布情况

	当年新设数	比　例	年末实有数	比　例
第一产业	4234	0.99％	16331	0.82％
第二产业	74260	17.39％	361361	18.19％
第三产业	348557	81.62％	1609221	80.99％
合　计	427051	100％	1986913	100％

资料来源：浙江省工商行政管理局，《2009 内资企业统计分析报告》。

通常，商业贸易、交通运输、居民服务、餐饮住宿等行业，是适合个体经营的行业，个体工商在此类行业比较集中。2008 年末，个体经营户较为集中的三个行业是：批发和零售业 143.80 万户，占 46.3％；工业 69.05 万户，占 22.2％；交通运输业 35.70 万户，占 11.5％；居民服务和其他服务业，22.35 万户，占比 7.2％；住宿和餐饮业个体户 20.46 万户，占比 6.6％；建筑、文化体育和娱乐业、租赁和商业服务业、卫生和社会福利事业等领域，都有不少个体工商户涉足，如表 1－10 所示。其中，个体工商户在工业领域集中的局面，可能更反映浙江经济特征。

表 1－10　个体经营户的行业分布

	户数（万户）	比重（％）
合　计	310.48	100.0
工业 *	69.05	22.2
建筑业	8.25	2.7
交通运输业	35.70	11.5
信息传输、计算机服务和软件业	1.01	0.3
批发和零售业	143.80	46.3

续表

	户数（万户）	比重（%）
住宿和餐饮业	20.46	6.6
金融业	0.09	…
房地产业	1.56	0.5
租赁和商务服务业	2.32	0.7
科学研究、技术服务和地质勘查	0.12	…
水利、环境和公共设施管理业	0.02	…
居民服务及其他服务业	22.35	7.2
教育	0.72	0.2
卫生和社会福利业	1.88	0.6
文化、体育和娱乐业	3.15	1.0

注：＊ 包括采矿业、制造业和电力、燃气及水的生产和供应业。

资料来源：浙江省第二次经济普查数据公报。

劳动者结构及其分布

随着发展水平提升和发展阶段转变，提升劳动者素质改善劳动者就业结构，把浙商发展置于更好的知识、文化、技能基础上，是经历国内外冲击后沿海发达地区个体私营经济发展面临的更现实、更迫切的时代要求。

2008 年末，浙江省第二、三产业的就业人员[①]数为 2900.61 万人，其中，第二产业 1906.83 万人，占 65.7%；第三产业 993.40 万人，占 34.3%。单位就业人员 2079.05 万人，占 71.7%；个体经营人员 820.78 万人，占 28.3%。就业人员排名靠前的地区依次是：杭州市 534.14 万人，占 18.4%；宁波市 472.74 万人，占 16.3%；绍兴市 364.77 万人，占 12.6%；温州市 354.50 万人，占 12.2%；金华市 317.13 万人，占 10.9%；台州市 281.28 万人，占 9.7%；嘉兴市 261.67 万人，占 9.0%。如表 1-11 所示。第二、三产业就业人口分布，与地区发展水平基本一致。浙江省内劳动就业分布状况，支持浙中城市群发展规划。

---

① 就业人员：是指 2008 年 12 月 31 日在第二、三产业的法人单位和个体经营户在岗的就业人员，未包括上述范围之外的就业人员。

表1-11　第二、三产业就业人员地区分布

	就业人员(万人)	比重(%)
合　计	2900.61	100.0
杭　州	534.14	18.4
宁　波	472.74	16.3
温　州	354.50	12.2
嘉　兴	261.67	9.0
湖　州	121.47	4.2
绍　兴	364.77	12.6
金　华	317.13	10.9
衢　州	71.14	2.5
舟　山	48.56	1.7
台　州	281.28	9.7
丽　水	73.21	2.5

资料来源:浙江省第二次经济普查数据公报。

　　单位就业人员的行业分布,制造业1049.83万人,占50.5%;建筑业472.71万人,占22.7%;批发和零售业101.49万人,占4.9%;公共管理和社会组织91.63万人,占4.4%;教育69.67万人,占3.4%。从就业人员分布状况看,制造业处于绝对优势地位;其次是建筑业,再次是批发和零售业。教育、文化等行业就业人数偏低,这也是浙江面临提高劳动者素质、改善就业人口结构的重要挑战和艰巨任务。这种社会化的公共服务水平提高,是浙商未来发展必须考虑和必须应对的一项重要任务。社会事业领域对民营企业和民间投资开放,既为浙商发展提供机会,也是解决浙商整体发展的智力支持和技术支撑体系的基础性工作。如表1-12所示。

表1-12　单位就业人员行业分布

	就业人员(万人)	女性比重(%)
合　计	2079.82	35.4
农林牧渔业	0.37	31.9
采矿业	5.12	14.5
制造业	1049.83	45.5
电力、燃气及水的生产和供应业	15.22	24.1
建筑业	472.71	8.0
交通运输、仓储和邮政业	42.08	25.4

续表

	就业人员（万人）	女性比重（％）
信息传输、计算机服务和软件业	18.15	37.8
批发和零售业	101.49	44.0
住宿和餐饮业	32.09	55.1
金融业	27.94	53.7
房地产业	26.26	34.8
租赁和商务服务业	45.76	31.5
科学研究、技术服务和地质勘查	20.72	27.6
水利、环境和公共设施管理业	11.66	36.8
居民服务和其他服务业	7.57	40.4
教育	69.67	56.1
卫生、社会保障和社会福利业	31.25	60.5
文化、体育和娱乐业	10.30	41.6
公共管理和社会组织	91.63	24.2

资料来源：浙江省第二次经济普查数据公报。

　　在单位就业人员中，具有研究生及以上、大学本科、专科、高中、初中及以下学历的人员分别占0.6％、7.7％、12.0％、26.9％和52.7％。在具有技术职称的人员中，具有高级、中级、初级技术职称的人员分别占9.0％、34.6％和56.5％。在具有中高技术等级资格证书的人员中，具有高级技师、技师、高级工和中级工资格证书的人员分别占5.1％、14.1％、25.8％和55.1％，如表1-13所示。从发展的视角看，全部就业人口的学历知识技术结构，仍然滞后于浙江经济社会发展水平在全国的地位。进一步提高劳动者素质，将是浙江经济社会发展尤其是浙江私营企业未来发展面临的主要约束条件。这进一步说明，随着规模、质量、素质的提升，浙江私营经济发展越来越离不开社会整体进步的支撑，越来越融入整体社会经济过程。科学发展观、构建和谐社会的时代主题，对浙商发展越来越具有现实影响和实际关联。

表1-13　单位就业人员学历、职称、技术等级情况

	就业人员（万人）	比重（％）
一、就业人员合计	2079.82	100.0
具有研究生及以上学历者	13.25	0.6
具有大学本科学历者	161.18	7.7
具有大专学历者	249.38	12.0

	就业人员（万人）	比重（%）
具有高中学历者	560.28	26.9
具有初中及以下学历者	1095.73	52.7
二、具有技术职称的人员合计	261.31	100
具有高级技术职称者	23.46	9.0
具有中级技术职称者	90.32	34.6
具有初级技术职称者	147.53	56.5
三、具有中高技术等级证书人员合计	104.03	100
高级技师	5.26	5.1
技师	14.62	14.1
高级工	26.87	25.8
中级工	57.29	55.1

资料来源：浙江省第二次经济普查数据公报。

2008—2009 年的变化

2008 年，全省制造业受到多种因素的冲击，新设企业数为 24901 户，比上年减少 27.01%，但 2009 年新设制造业企业数为 28981 户，同比增长 16.38%，制造业回暖态势明显。房地产业经历了由低转高的过程，2008 年新设房地产企业达 2361 户，同比减少 0.63%，2009 年新设房地产企业达 3336 户，同比增长 41.30%，比 2007 年增长 40.40%。

2008 年上半年，浙江全省新增个私经济 21.88 万户，扣除注、吊销户数，上半年净增个私经济 52589 户。其中，全省个体工商户数量增幅明显，1—6 月新增个体工商户 17.69 万户，同比增长 5.12%，扣除注、吊销户数，个体工商户数比年初净增 40895 户，同比增长 50.27%。私营企业通过兼并、重组、联合及增资方式，规模不断扩大，质量有所提高，1—6 月新登记私营企业 41943 户，扣除注销、吊销户数，私营企业户数比年初净增 11694 户；注册资本总量净增 1344.32 亿元，比年初户均增加 24.23 万元。全省私营企业注册资本的各项指标均比去年同期有所提高，上半年注册资本 500 万元至 1000 万元的私营企业达 82882 户，同比增长 13.61%；1000 万元至 1 亿元的私营企业 22568 户，同比增长 23.19%；亿元以上的私营企业 980 户，同比增长 74.38%；全省实有私营企业集团 1436 户，同比增长 28.1%。

2009 年，浙江省实有内资企业 690103 户，比 2008 年增长 7.05%，注册资本金总额达 234474732 万元，比上年增长 17.76%。其中法人企业 593804 户，比上年增长 7.97%。私营企业 566595 户，比上年增长 9.41%，私营企业注册资本总额达

129757128 万元,比上年增长 19.96％,其中法人企业 520072 户,比上年增长 9.76％。2009 年新登记非私营企业,无论从数量上看还是从注册资本额来看,四个季度呈稳定平缓上升态势;四个季度新登记私营企业注册资本额呈持续上扬态势,表明企业家的乐观态度。

2009 年一季度,全省实有内资企业 644007 户,比上年同期增长了 8.21％,其中私营企业 519840 户,同比增长了 10.80％,注册资本 20464.80 亿元,同比增长 11.83％,其中私营企业注册资本 11100.93 亿元,同比增长 14.33％。新设个体工商户 94644 户,资金数额 57.54 亿元,同比分别增长 18.40％和 71.77％。截至一季度末,实有个体工商户数达 1916926 户,资金数额达 759.16 亿元,同比分别增长 9.31％和 17.61％。

第二章

企业突破与产业转移

两年来,在应对国际金融危机冲击的实践中,地方政府和浙商企业各自和共同做出了新探索,也取得一些新经验和新成绩。部分浙江企业以"走出去"来应对出口贸易的困境,变国际金融危机的"危"为"机",实现从商品输出到资本输出、从国际贸易到跨国投资的转变,在规避和利用国际金融危机冲击中大幅提升自身综合实力。浙江地方政府推动下,部分生产加工型企业沿着价值链扩展向市场营销和研发设计两端延伸,成为更具自生能力的企业。地方政府还推动浙江企业在国内外建立营销网络,扩展浙江企业和商品的影响力。产业集群发展方面,地方政府推动企业共建公共技术平台、检测中心等。在减少政府审批放松管制的同时,发挥行业协会职能,构建良好产业环境方面,也做出了实质性进步。

在浙江经济总量中,民营经济贡献了全省 GDP 的 70%,税收的 60%,新增就业人口的 90%以上在民营经济领域。在浙江,平均每个市场主体每年创造 40.7 万元GDP。每百人口市场主体数 8 个。目前在外省经营发展的浙江人达 390 万人之多,加上境外的近 100 万人,近 500 万浙江人已经走出浙江。

浙江生产的领带占全球市场的 34%,打火机占全球市场的 51%,温州生产的太阳镜占全球市场的 40%,浙江生产的玩具占全球的 50%,浙江生产的拉链占全球的 1/4。浙江每年生产袜子 120 亿双,平均全球每人两双。浙江不产皮毛,却有全国最大的皮革市场,浙江不产棉,却有全国最大的纺织业和服装生产基地。

根据杭州海关统计,2003 年,浙江民企出口占比首度超过外企和国企,占当年全省出口总额比重达到 36%;2009 年浙江民营企业进出口占全省外贸比重,首次超五成,出口占比 50.1%,经营外贸出口的民营企业 2.7 万家,占全省出口企业总数的74.6%,民营企业进出口和出口同比降幅好于全省平均水平,进口大幅逆势上扬。

转"危"为"机"的企业突破

金融危机冲击下,美国实体经济最先受到影响,大量企业濒临倒闭。不少浙商企业抓住机遇,勇敢地推进"走出去"战略,兼并收购同行业领先企业,或者兼并收购关键配套零部件生产企业,或者收购兼并研发机构,或者收购兼并分销商以及营销网络等渠道资源。金融危机的特定条件,提供了中国企业通过并购手段进入发达国家、获得新的核心能力、超常规地提升自身实力的机会,"小鱼吃大鱼"在金融危机中被创造出来。

浙江省在全国较早设立对发展中国家投资贸易的专项资金,2005—2008 年专项资金规模分别为 2 亿美元、3.9 亿美元、6.6 亿美元、9.2 亿美元,年均增长 66.3%。[①] 2010 年初,浙江境外投资规模位居全国第二,已核准企业在境外投资的机构达 2980 家,连续多年位居全国第一,其中民营企业占比 95%,浙江海外投资已经覆盖 129 个国家和地区。2008 年全省新增有出口实绩的企业 7039 家。

浙江越美集团从建立海外贸易公司、开设加工工厂、建立配套产业链直至开办工业园区,规避金融危机冲击,2007 年,越美集团投资 4980 万美元,在尼日利亚国家级保税区建立了我国第一个境外纺织工业园区——越美纺织工业园,占地 600 亩,建设标准厂房及办公、宿舍楼 28 万平方米,预计 2010 年上半年竣工开园,并与 20 多家企业达成招商意向,涉及棉纺、织造、服装、针织、印染、绣花等行业。越美集团从 2000 年销售收入不足 4000 万元发展到 2008 年的 21 亿元,年均增长 65%。

达亨集团在博茨瓦纳投资成立一个融保税区、出口加工区、物流园区为一体的现代自由贸易区,被博茨瓦纳政府列为国家级项目,受到世界银行关注。计划占地 5 平方公里,一起启动的纺织工业园区,总投资 5180 万美元,吸引国内企业 66 家,招商企业总投资 2.8 亿美元,已经获得国家发展改革委员会、商务部批准进入实施阶段。海亮集团有限公司参与建设的中国—越南龙江经济贸易合作区成为我国面积最大的境外经济贸易合作区。

2009 年 3 月,吉利集团成功收购全球第二大自动变速器公司——澳大利亚自动变速器公司,填补我国汽车自动变速器的空白,被称为此轮金融危机以来中国企业"海外抄底第一单"。2009 年 7 月,浙江新杰克缝纫机公司成功收购德国两家老牌裁床制造企业——Bullmer(奔马)和 Topcut(托卡),收购价格为 4500 万元。杭州海兴电器公司是国内电能表产品出口系列最全、出口累计量最大的企业,2008 年,该公司签订了 4 家海外工厂投资协议,这 4 家海外企业在金融危机中逆势上扬,使得"海兴"保持了 30% 的出口增速。

宁波海伦乐器制品有限公司生产的立式钢琴、三角钢琴,80% 以上出口欧洲、日本、美国,海伦钢琴是中国大陆生产的第一架进入维也纳金色大厅演奏的钢琴。宁波音王集团有限公司音响设备和相关演艺器材远销美国、欧洲等 70 多个国家和地区,2009 年该公司逆势上扬,斥资 4000 万元人民币收购英国"录音大师"和"卡迪克"两大知名品牌。

浙江锦裕袜业花巨资与香港合作,聘请 20 多名专业人才,在香港建立产品设计开发公司,已经累计开发 1500 多种袜子新款式。"锦裕"设计制造的袜子,经欧洲经销商分销至欧洲各大超市商场。阮仕珍珠、三水珠宝、山下湖珍珠集团等在香港设立贸易和研发机构,加快新产品研发和销售,成效明显。

[①]　应雄:《实施"浙江海外制造"大有可为》,载于《政策瞭望》2010 年第 2 期。

　　2008 年,浙江美邦服饰有限公司收购兼并美国两家居全球前三位的无缝内衣企业,成为该行业全球最大的跨国企业,获得被并购企业占有的近 50% 的美国无缝内衣市场和这两家公司的知名品牌,也获得相应产业领域内大批人才。

知识产权和品牌战略

　　萌芽于个体经营,以农民创业者为主流成员的当代浙商,长期以起点低、底子薄的低成本模仿为特色。经过几十年积累,虽然已经初步摆脱创业初期的假冒伪劣形象,以模仿、低成本、低技术、加工生产型为最显著特征的基本状况,仍未能有根本改变。多年来,学术界和政府对培养可持续发展的核心能力、走创新型道路的强调,几乎变成了陈词滥调,然而浙商达到这种追求目标的距离仍然很远。其根源在于:当代浙商发展的基本社会经济环境尚未发生根本转变,低成本模仿模式的基础和依据仍然存在。试图提升浙商发展水平的良好愿望,需要有促进其改变的社会经济基础。

　　近年来,国内经济社会发展主题和政策法律环境,已经开始动摇低成本模仿发展模式的经济基础,这是迫使浙商发展转型最强有力的促进因素。国际金融危机冲击下,出口导向型发展模式首当其冲。"倒逼"机制,成为浙商脱离低成本模仿、走向现代市场经济和参与全球化竞争,实现发展模式"蜕变"最强大的动力。知识产权、品牌战略等,正是在此种背景下,才成为当前浙商发展中最显著的一种趋势和特征。

　　2009 年,浙江省民营企业掀起依靠提升品牌战略推进转型升级的新一轮高潮,在中华商标协会根据注册商标数、驰名商标数、著名商标数三个指标评选,发布的"2009中国商标发展百强县"榜单中,浙江独占 33 席,均集中在民营经济强县。榜单前十名中,浙江的义乌、乐清、瑞安、慈溪、诸暨入选。在提升区域经济竞争力、优化区域产业结构、引领区域产业集群发展方面,品牌战略发挥着越来越重要的作用。2008 年,浙江各类经济主体商标申请量 4 万件左右,新注册商标 4.8 万件,累计商标注册总数 33.8万件,比上年增长 17%,约占全国注册商标总量的 1/10。国际商标申请 7709 件,核准7150 件,累计 2.9 万件,涉及 42 个商标大类、200 多个国家和地区,同比增长 53%,跃居全国首位。农产品商标、地理标志证明注册成效显著,"公司＋基地＋农户＋品牌"模式发展迅速。2008 年新增农产品注册商标 4651 件,累计 6.3 万件,驰名商标 6 件,省农产品著名商标 324 件,领先全国。截至 2009 年 3 月,累计拥有 68 件地理标志,属全国最多。至 2009 年底,浙江累计注册国际商标 3.8 万件,居全国第一。

　　医药研究开发领域,是知识产权最集中的一个科学技术领域和产业。浙江医药股份有限公司成为中国首家马德里体系申请量世界排名第八的企业,可以作为浙商赖以自豪的一个案例。即使这样,与全球领先企业比较,中国企业仍然存在很大的差距。2008 年,诺华公司全球销售额 415 亿美元,研发投入 72 亿美元,研究开发密度为17.2%,与国际一流企业相比较,浙商还远不能企及。

　　区域品牌是对特定区域特定类别商品市场竞争力、产业竞争力的反映。一般来说,特定地区、特定产业领域或产业集群、市场占有率和商誉等,比较突出的。区域品牌适应于那些中小企业集中的产业,共同分享类似原产地标志、商标之类的无形资产和知识产权。2007 年,浙江省质监部门已经认定余姚榨菜、永康五金、大唐袜业、绍兴黄酒、嵊州领带、马桥经编、温州(国际)鞋都等 7 个浙江区域名牌,正在培育海宁皮革、新昌阀门、金华火腿、东阳木雕等新区域品牌。

产业公共平台和价格联盟

块状经济和产业集群,是浙江经济社会发展的显著特色。特色产业村、特色产业乡镇等,在浙江几乎随处可见。这些以低成本模仿为主要特征的特色经济,之所以被痛陈缺乏可持续发展的弊端,是因其缺乏起码的质量保证与质量认证、技术支持与技术开发、标准认定等。块状经济或产业集群中,任何单一个体经营者或小企业,既无能力也无实力建立质量、技术、标准等机构。在多数情况下和很长时间里,低级的地方政府也不具有此种能力。

对于块状经济和产业集群的可持续发展来说,技术、质量、标准等生产性服务或行业管理的必要性是毋庸置疑的。对那些主要由基本上同质的小生产者聚集形成的块状经济和产业集群来说,保证其产品质量的同质性,避免劣质商品损害产业集群的声誉,是质量、技术和标准服务的主要任务。对具有比较复杂结构的块状经济和产业集群来说,形成产业集群的企业或个体经营者并非完全同质,块状经济或产业集群包括许多处于价值链不同环节的众多企业,企业间具有上下游产业关系或者能够形成核心企业及其配套企业的前后向产业关联。一个价值链内,在技术衔接、质量保证、标准服务上,一般足以支撑独立的生产性服务机构。需要强调的是,发挥生产性服务机构的规模效应,以降低成本。公共技术平台或共用技术平台,是块状经济或产业集群可持续发展的基础。

价格联盟,对块状经济或产业集群发展也有重要作用,是特色经济中并不罕见的现象。通过价格联盟,众多同质的小生产者可以避免过度竞争造成的产业损害,维护小生产者的基本经济利益,从而维护块状经济或产业集群本身的生存基础。价格联盟的作用是双向的,正像垄断产业的价格联盟有损于社会福利一样,在低成本竞争充分领域,价格联盟有助于维持块状经济和产业集群的存在,并以有竞争力的价格为消费者提供商品和服务。

产业公共技术平台或者价格联盟,需要由特定主体来发挥组织协调作用才能形成。地方政府或者行业协会是充当此种角色最好的主体。在浙江和浙商中,商会或行业协会发育充分,已经开始发挥和承担越来越实在职能。大唐袜业公共服务平台总投资 1000 万元,设备投资 500 万元,监测用房 600 多平方米,检验能力覆盖原材料和成品检验,通过省级质量认证和国家实验室认可[①]。为应对真丝原材料价格波动,嵊州领带行业协会决定,在严格执行嵊州领带行业标准的前提下,33 家大型龙头领带出口企

---

① 林宏:《浙江区域名牌发展现状与对策分析》,载于《政策瞭望》2010 年第 3 期。

业新接单的面料和领带价格在原来基础上统一上浮 10％,各家企业按电脑织机数量交纳保证金,如有报价低于承诺最低价,罚没保证金并在业内曝光①。

股权质押和融资服务

浙江广大中小企业,多年来长期受到融资难题困扰,在当前国内大金融机构格局下,中小企业的融资难题更显严重。破解中小企业金融服务瓶颈,一直是企业界、学术界、金融界和政府关心的主题。小额贷款、股权质押等探索实践,在国际金融危机冲击的"倒逼"机制下推进更快。

近年来在浙江省工商行政管理部门的积极推动下,企业股权出资出质、商标权质押等作为化解企业融资难的举措,有了实质性启动发展。截至 2009 年一季度,工商部门办理股权出质登记 228 户,出质数额 19.6 亿元(股),融资金额 132.3 亿元。股权质押初期,质权人几乎全部是金融机构,集中在少数几家银行。2009 年以来,股权质押已经普遍为银行业金融机构接受,并扩大到非金融机构的企业和个人。非银行金融机构如担保公司、信托公司、实业公司、控股公司以及个人,已经占到质权人的总数的近1/3。

在小额贷款公司发展过程中,工商部门和省政府及时推出扶持措施,对小额贷款公司经营情况和数据信息采取网络监管,非现场监管、报表生成、网络考评机制,保证小额贷款公司健康发展。工商行政管理机构还向小额贷款公司开放信息查询服务,经被查询人授权,小额贷款公司可以查询企业或个体工商户的登记、年检和相关信用信息。在一系列措施引导下,浙江省的小额贷款公司业务发展迅速,成为个体经济、农民专业合作社和中小企业发展的重要支撑条件。

区域间产业转移

面对国际经济危机冲击和外需不振的威胁,国内中西部地区与沿海发达地区的产业梯度和发展梯度则成为浙商发展的潜在机会。"扩大内需"成为浙商在产业转移中获得机会、实现突破的现实选择。政府机构、商会、行业协会等,积极促进浙商向中西部地区拓展新发展空间,谋求实现浙商发展空间、发展方式、发展阶段的突破。

需要注意的是,当前浙商进行的区域间产业转移,不仅仅是既有产业和企业的地域转换,同时伴随地域转换发生的,还有投资领域转变,具有资本产业间转移特征。在轻纺、制造领域的富裕资本,在流出浙江、挺进中西部的过程中,很大程度上伴随着向重化工、采矿业、房地产开发乃至基础设施、现代农业等产业领域的转移。

2009 年 6 月,由浙江省工商行政管理局、浙江省私营企业协会牵线,浙江民营企业大规模抱团进攻重庆市场,广厦控股集团、海亮集团、奥康集团、康恩贝集团、中瑞集团、德力西控股集团等 50 余家浙商佼佼者,在重庆"中国民营企业西南峰会暨渝浙港

---

① 林宏:《浙江区域名牌发展现状与对策分析》,载于《政策瞭望》2010 年第 3 期。

经贸洽谈会"上,签约项目 100 多亿元。重庆浙江商会会长叶定坎说,浙商初入重庆主要是商贸企业,2005 年后,工业企业开始多起来,目前浙商在渝投资最多的是汽摩配、纺织服装和电器产业。

2009 年 8 月,由浙江省工商行政管理局和浙江私营企业协会牵线搭桥,在乌鲁木齐第七届中国民营企业"西部峰会"上,浙商单日签约逾 130 亿元投资项目。

2009 年 8 月,在新疆的浙商有 25 万之多,年经营额在 300 万元以上的企业或者工商户达 1200 多家,浙江商会会员企业固定资产总额达 60 多亿元,浙商在新疆投资总额累计接近 600 亿元。仅 2008 年,浙商在新疆的投资就达到 65.7 亿元,年上缴税金超过 15 亿元。投资涉及商业零售批发、酒店、餐饮、房地产、IT 产业、外贸、建材销售及加工制造、养殖业、农副产品加工、棉纺、服装、矿产、石油、煤炭、林果业、旅游、运输等产业,安排就业和临时工 50 多万人次。分别占浙江省参与西部 12 省区市经商总人数的 12%,总投资的 7%,年经营总额的 12.6%,总就业人数的 17%。通嘉集团、金城房产、阳光绿城房产、呈信房产、通用制冷设备工程、和田吴氏投资、国大工贸、弘生家纺、东风电力电缆、绿大地钢结构、喀什温州大厦、汇联实业、博兰水泥、新疆宝山矿业、新疆奥生投资等,都是浙商在新疆的著名企业。

新疆浙江企业联合会会长、通嘉集团董事长葛永品:市场建设和房地产在"质"上提升,向国家鼓励投资的矿业勘探开发和农副产品深加工等资源性领域投资。

国内外营销网络构建

萌芽于开放搞活的当代浙商,以市场开拓见长。然而,以出口导向和低成本模仿为特征、在新世纪经济全球化进程中成长起来的浙商,恰恰由于一开始就面对一个几乎具有无穷吸纳能力的"外需"市场,在金融危机冲击之前很少遇到市场需求问题,企业营销网络并不能成为支撑其发展的核心能力。在国际金融危机冲击下,构建面向国内外的营销网络之重要性,被突显出来。在政府机构和行业协会推动下,国内外营销网络建设,成为浙商发展的突出主题,也成为近年来浙商发展的显著进步之一。

2009 年前 11 个月,浙江企业在境外设立 372 个市场营销机构。根据 40 家境内重点企业在外设立的 124 家境外营销机构初步调查,平均每个境外营销机构带动企业出口 557 万美元。境外项目总投资平均规模和中方投资平均规模分别为 277 万美元和 258 万美元,同比增长超过 20%。传统行业是境外投资的主要领域。省商务厅核准海外并购企业 29 家,总投资额 3.35 亿美元,主要集中在纺织、服装、化工、家电等行业,投资目的地主要在经济相对比较发达的国家或地区。

在浙商全国市场联合会积极促进下,浙商今后两年将在全国建立 100 个"浙货"展贸中心,2010 年首先在中西部地区建立 10—15 个展厅面积 3000—10000 平方米的"浙货"展贸中心。一是依托浙商在全国各地开办的市场开办展贸平台,开设"浙货"专区、名优产品展销中心或者展销专区,在 1500 家省外消费品市场中选出 100 家市场,打造 100 个轻纺、针织服装、小商品、小五金、家电、皮革皮具等浙货展贸中心。

经济管理转型和支持企业发展的政府举措

在转型升级的政策框架下,中央政府和地方政府不断推出新的政策。

国际金融危机冲击对中国经济发展的影响初现之际,浙江企业界和政府已经感受到其冲击和影响,并开始采取措施。2008 年 10 月,浙江省人民政府常务副省长陈敏尔在第三届中国民营经济科学发展论坛上即表示,浙江将对 57 项行政管理费用"开刀",能减则减、能停则停、能免则免,实在不行,可以先暂停征收 3 个月,看暂停征收是否影响行政机关的正常运转。随后在中央政府扩张性宏观经济政策和强力敦促下,地方政府为减轻国际金融危机冲击、保持经济增长、服务企业发展迅速行动采取了多种做法。浙江经济是典型的广大中小企业为主体的出口导向型经济,浙江的各级地方政府都结合实际情况,积极制定政策帮助中小企业摆脱困境,克服困难,转变发展方式。

2009 年浙江省针对那些符合产业结构调整和发展方式转变要求的企业,一方面通过减税以减轻企业负担,另一方面通过设立专项资金扶持企业发展。在为企业减负方面,全面落实各类税收优惠政策,其中增值税转型和出口退税两项可减少企业税收负担 360 多亿元,高新技术企业税收优惠超过 50 亿元,减、免、缓、停和取消地方税费大约 100 亿元,总计为企业减负达到 500 多亿元。在加大引导企业投资和扶持力度方面,一项重要的举措就是整合现有工业类、科技类财政性资金并新增 2 亿元,设立总额为 5 亿元的"工业转型升级专项资金",通过贷款贴息等各种措施,重点引导企业增加产品创新、技术创新、管理创新和节能减排等方面的投资。

在应对国际金融危机冲击过程中,浙江地方政府结合实际,抓投资、促消费、稳出口,实现保增长目标。浙江省政府制定 11 个重点产业转型升级规划,加快发展重大成套技术装备、高性能轻工装备、数控机床和汽车制造业等,择优发展石化、钢铁、船舶等临港重化工业,大力发展新医药、新能源、新材料、信息网络、节能环保等战略性新兴产业;推进 21 个块状经济向现代产业集群转变、扶持 146 家工业龙头企业。积极鼓励民营企业走高端化、品牌化和国际化发展之路。组织实施中小企业成长计划,深入实施"企业精细化管理"和"企业家素质提升计划"。这些都大大促进和提升了企业发展的自生能力。

第二部分

2010年中,在全部考察的243家浙商大企业中,近1/4的大企业属于专业化经营;近1/3大企业属于主业突出的不相关多元化,近三成大企业属于相关多元化,不相关多元化大企业占全部样本企业的16%。

建筑施工和房地产业仍然是浙商大企业最集中的领域,但是以这两个产业领域为主营业务的大企业数量有明显的下降。2010年中涉足房地产的大企业接近样本企业总数的1/2,比2008年有显著增加;与此同时,主营房地产企业数有所减少。

涉足商业贸易领域的大企业数量明显上升,与此同时,主营商业贸易的大企业数量明显降低。涉足金融领域的大企业数量有明显增加。

两年来,浙江私营大企业对化工、机电设备和装备制造业的进入,以及对钢结构、矿业、现代农业、电器电缆输配电、能源、建材构件幕墙等领域的进入趋势明显。

化纤、纺织印染面料和服装等传统强势产业变化不大。在服装、机械五金工具、电器及元器件、皮革家具塑料制品、仪器仪表和自动化、食品水产、环保和再生资源等领域,大企业表现了明显退出趋势。

以机械加工制造、汽车及零部件等为主营业务的企业数量有显著下降。

冶金和金属加工、电器和输配电、通信设备线缆、元器件和消费电子等近年来发展迅猛的产业领域,以此为主营业务的大企业数量有所下降在私营经济强势的化纤、轻纺、印染、服装等产业领域,以满足内需为主要市场方向的企业较少受到国际金融危机影响。

在旅游业发展旺盛的时期,涉足该产业领域的浙商大企业数下降。

两年来,多元化和回归主业两种基本战略取向,在浙江私营大企业中并存,以回归主业和集中性战略为主。专业化程度加深、相关多元化经营的企业数大幅上升,不相关多元化企业数量大幅下降。

从两年来私营企业的变化来看,结构调整已经为企业界广泛认同和接受并进行着探索实践,结构变化是在多元化战略和专业化战略两种倾向共同作用的结果。

浙江私营大企业对房地产、金融、商业贸易等领域的大量进入,与房地产、商业贸易领域主营企业的退出并存,这种状况具有"双刃剑"意义:它既可能作为脱离传统产业领域和传统发展模式的产业升级转型的探索,也可能是私营领域产业空洞化、泡沫积累的反应。普遍涉足房地产的大企业,在推动房价高涨、获得实现短期业绩增长的同时,进一步积累结构性矛盾、加剧经济结构失衡,促进经济虚拟化同时隐含着产业空洞化危险。

在经历金融危机冲击的2008—2010年间,"开拓进取、追求卓越"是接受程度最高的经营理念,"信誉"和"诚信"也是普遍被接受的经营理念,对"创新"、"务实、高效、效率"、"社会"、"和谐"的追求在金融危机后略有提高,对"质量、品质"、"技术"的强调略有降低,对"服务"、"市场"的强调有比较大的增加,对"团结、服从、纪律、效忠"的强调增加最显著。

至2010年上半年,浙江上市公司数量合计达到152家,包括上海A股63家、深圳

A 股 9 家、中小企业板 71 家、创业板 9 家。从整体上看,浙江上市公司营业收入 2008 年出现下滑,2009 年有一定恢复性增长,但尚未达到 2007 年水平。2007 年以来,浙江上市公司每股收益合计经历小幅下降后很快回升并且超出 2007 年水平;每股净资产合计数增幅略有下降后迅速大幅回升;合计净资产收益率也经历 U 型变动。上市公司质量明显提高。

整体上看,所有上市公司盈利水平有向上海 A 股上市公司盈利水平靠拢的趋势。上市前小企业的高盈利率、高收益率,将伴随企业公众化和规模扩张,在资本利润率平均化作用下,促使企业盈利水平向大公司整体盈利水平上靠拢。

新世纪以来,随着制度演进、体制改革等的推进,出现了多种新兴企业形式。农民专业合作社、小额贷款公司、村镇银行等纷纷出现,这些新兴市场主体,为社会经济系统增加了新的活力和增长点。

2009 年底,浙江全省实有农民专业合作社 20686 户,出资总额 1067749 万元。农民专业合作社数量增长的同时,平均规模也在提高。农民专业合作社业务范围通常是种植业、农产品销售和与农业生产经营相关的技术信息服务业。

土地承包经营权和林地承包经营权作价出资农民专业合作社,进一步为农民专业合作社这种新兴组织形式开辟发展空间。

自开办以来,小额贷款公司经历了火热申办—低迷—稳定发展的历程。2009 年底,浙江有小额贷款公司 105 家,注册资本合计 144.22 亿元,小额贷款公司户均规模 1.33 亿元,2009 年全年发放贷款 551.7 亿元。至 2010 年 6 月底,全国小额贷款公司数量达到 1940 家,贷款余额 1248.9 亿元。

从贷款用途上看,种养殖业、农副产品加工及其他农业贷款金额有较大增长,流向工业的贷款占比逐渐下降,但工业仍然是浙江小额贷款的主要流向。

小额贷款公司利率趋向理性合理,向全社会总体利率水平靠拢,形成对民间高利贷强有力的竞争。全部小额贷款公司合计年平均资金周转率为 4 次,年均资金周转率最高达到 17 次。

多数小额贷款公司机构设置精简高效,运营成本低,业务经营合规性好,尚未发现非法集资、异地经营、高利贷等情况。各地小额贷款公司在创新业务发展方面做出许多有益的探索。

浙江被列入第二批村镇银行试点,目前已经成功组建并开业村镇银行 7 家。浙江村镇银行发展严重滞后于民间资本积累状况。2009 年底全国已成立村镇银行超过 110 家,距离监管部门规划目标 1000 家以上还有很大差距。村镇银行发展将进入快速扩张期。预计未来一年,将出现符合条件的小额贷款公司改制为村镇银行的趋势。

第三章

大企业及其企业家

在《浙商发展报告1978—2008——改革开放和社会主义市场经济发展30年侧影》中,以新世纪以来曾经进入全国民营企业500强的浙商私营企业为样本,考察了浙商大企业。本章通过对比2008年中和2010年中这段时间里,243家样本企业的变化,考察在应对国际金融危机冲击的两年来,浙商发展出现的新情况、新变化,置于国际历史经验和中国经济发展阶段的框架中,分析和预测浙商发展并提出政策建议和意见。

新世纪以来浙商发展背景和国际经济危机凸显的问题

新世纪以来,在社会主义市场经济体制不断完善和融入全球贸易体系的过程中,中国经济获得高速成长,其中私营企业发展尤为显著。2008年中以来,为应对国际金融危机冲击,中国采取了非常的宏观经济政策,避免中国经济出现大的波动。

改革开放以来,沿海地带私营经济崛起,是以低知识含量、低成本模仿和出口导向为主要特征的。在这次金融危机爆发及其冲击影响之前,学术界、政府机构和私营企业界已经意识到,以低成本模仿和大量生产大量销售的私营经济发展模式,面临越来越严峻的可持续性质疑,产业升级转型成为共识。国际金融危机冲击成为检验此种模式可持续性的最好机会。

在金融危机冲击来临之际,与国际经济联系紧密的沿海地带私营经济所受冲击状况,一度成为考察整个中国经济发展的重要晴雨表,引起中央核心决策层关注。经过近两年之后,令人关心的是:中国大陆私营领域在应对国际金融危机冲击过程中发生了哪些变化?中国政府采取扩张性宏观政策和庞大投资计划,"保增长、调结构"的政策后果对私营领域和沿海经济产生何种影响结果?

作为当代中国私营领域领先者和佼佼者的浙商,总是在诸多方面领跑私营企业发展,在应对国际金融危机冲击中,浙商遭遇冲击显著,应对举措敏感,也获得显著提升。根据对243家大企业的调研资料,从企业类型变化、产业领域变化、企业理念变化等方面,分析浙江经济和当前浙商发展,可以获得诸多启迪和认识。

关于企业类型变化

2008年中到2010年中,全部样本大企业中,在单一产业领域实行专业化经营的企业数由47家增加到55家,经营领域跨两个产业的企业数由37家减少到33家,经营领域跨 3 个产业的企业数由 68 家减少为 38 家,经营领域跨 4 个产业的企业数由 36 家减少为 28 家,经营领域跨 5 个产业的企业数由 28 家增加为 35 家,经营领域跨 6 个产业的企业数由 10 家增加为 28 家,经营领域跨 7 个产业的企业数有 7 家不变,经营领域跨 8 个产业的由 3 家增加为 10 家,经营领域跨 9 个产业的企业数由 1 家增加为 3 家,经营领域跨 10 个产业的企业数由 3 家增加为 4 家,经营领域涉及 11 个产业的企业数由 0 家增加为 1 家,只有 1 家企业经营领域涉及 12 个产业,两年来没有变化。大企业跨产业经营情况由双峰分布转变为多峰分布。

从大企业的主营业务数来看,两年来,多元化程度有明显下降。2008 年中到 2010 年中,主营业务集中于单一产业领域的企业数由 86 家上升为 166 家,主营业务涉及两个产业领域的企业数由 66 家减少为 42 家,主营业务跨越 3 个产业领域的企业数由 75 家减少为 22 家,主营业务涉及 4 个产业领域的企业数由 15 家减少为 9 家,2010 年主营业务涉及 5、6 个产业的企业数都只有 2 家。

2008 年以来,经历国际金融危机冲击后,此前普遍盛行的多元化经营,在浙商大企业中发生显著改变。实行专业化经营的企业数量有所提高,相关多元化经营的企业数量大幅提升,主业突出的不相关多元化企业数量提升幅度尤为显著,不相关多元化经营的企业数量显著下降。

在国际金融危机来临之前,无论是从企业涉足的产业领域还是从企业的主营业务判断,多元化尤其是不相关多元化,在浙商大企业中占了很大比例。在 2008 年年中,依涉足产业领域划分,不相关多元化的企业有 121 家,占全部样本企业的 50%;相关多元化企业有 53 家,占 22%;除房地产外相关多元化的企业有 15 家,占比 6%;除房地产外专业化的企业有 5 家,占比 2%;47 家是专业化企业,专业化企业占比 20%。根据大企业的主营业务划分,不相关多元化企业有 103 家,占全部样本企业数的 42%;相关多元化企业有 53 家,占 22%;专业化的企业 86 家,占 36%。

根据 2010 年 5 月份获得的企业公开资料,依据企业涉足产业领域状况划分,不相关多元化企业有 40 家,占全部样本企业数的 16%;相关多元化企业有 70 家,占 29%;主业突出的不相关多元化的企业有 78 家,占 32%;专业化的企业 55 家,占 23%。

产业领域分布的变化

依涉足产业领域划分,对 2010 年样本企业的公开数据资料分析表明,房地产依然是当今大企业最青睐的产业领域,有 112 家企业涉足,接近样本企业总数的 1/2,比 2008 年有显著增加;有 51 家企业进入建筑、装饰、基础工程等施工领域,比 2008 年略有增加;有 71 家企业涉足商业贸易领域,比 2008 年的 44 家有显著增加;25 家企业涉足旅游、宾馆、餐饮行业,比 2008 年有下降;17 家企业涉足服装行业,比 2008 年也有下降;在化工行业,2010 年有 30 家大企业涉足,比 2008 年有显著增加;2010 年涉足纺织类的企业有 26 家,与 2008 年基本持平;2010 年有 45 家大企业涉足金融投资领域,比 2008 年的 20 家有显著增加;机电设备和装备制造业是近年来大企业进入比较多的产业领域,2010年有31家企业涉足,远超过2008年的6家;2008—2010年间,在钢结构、矿业、现代农业、电器电缆输配电、能源、建材构件幕墙等领域,大企业表现明显的进入趋势。

在服装、机械五金工具、电器及元器件、皮革家具塑料制品、仪器仪表和自动化、食品水产、环保和再生资源等领域,是大企业退出的产业,2010年涉足这些产业的大企业数比2008年有显著下降。其他各产业领域状况近年来没有显著变化。

需要说明的是,与2008年的分析指标比较,2010年的产业分类略有调整,若干产业类别不再单列。国际贸易不再单列,并入商业贸易类;家用纺织品并入纺织类;金属制品并入冶金和金属材料加工;游艇和钢琴生产都是同一家企业涉足,归入一类不再分列;模具生产是一家装备制造企业的业务,并入机电设备和装备制造业;锅炉、钢绳钢缆、箱包、软件,2008统计中都只有一家企业涉足,2010统计中没有企业涉足,未再列出。

从主营业务分布来看,2008年,分别有50家和58家企业以建筑施工和房地产为主营业务,2010年,以这两个产业为主营业务的企业数量分别下降为42家和41家。2008年和2010年,以化纤、纺织印染面料、服装为主营业务的企业数量分别为18家和21家、22家和21家、22家和18家。以化工为主营业务的企业数量由18家减为17家。以冶金和金属加工为主业的企业数量由20家减为16家。以建材构建管道为主业的企业数量由10家增加为14家。以电器和输配电、通信设备线缆、元器件和消费电子为主业的企业数量分别由15家、17家、8家变为12家、8家、5家。以市政园林、旅游宾馆餐饮为主营业务的企业数量都由11家减为10家。以医药为主营业务的企业数量由8家增为9家。以能源为主业的企业数由9家减为8家。以食品水产饮料为主业的企业数由8家减为6家。以家具皮革羽绒制品为主业的有6家企业,两年来没有变化。以鞋业为主营业务的企业数由7家减为5家。以汽车及零部件、机械加工制造、钢结构为主业的企业数分别为9家和5家、16家和9家、7家和5家。以纸品包装印刷为主业的企业数由6家减为4家。以家电厨具为主营业务的企业数由8家减为4家。以商业贸易为主业的企业数由20家减为3家。主营矿业的企业数由家增为3家。主营磁性材料的企业由2家增为3家。新出现一家以影视文化为主营业务的企业。

主营业务分布的变化,2008—2010年间,建筑施工和房地产业仍然是浙商大企业最集中的领域,但是以这两个产业领域为主营业务的大企业数量有明显的下降。传统强势产业的化纤、纺织印染面料和服领域,以这些产业为主营业务的企业数量略有变化。冶金和金属加工、电器和输配电、通信设备线缆、元器件和消费电子等近年来发展迅猛的产业领域,以此为主营业务的企业数量有所下降,以通讯设备线缆、元器件和消费电子产业为主营业务的企业数量下降最显著。以机械加工制造、汽车及零部件等为主营业务的企业数量有显著下降。以商业贸易为主营业务的大企业数量下降最为显著。

企业经营理念变化

企业经营理念反映企业追求,首先体现高层管理人员对期冀理想状态的共识或者对企业精神的期盼,强有力的企业理念潜移默化地体现在每个员工的行为之中。对当代中国大陆的私营企业来说,企业经营理念很大程度上反映着融企业股东和企业家精神于一体的企业领袖们灵魂深处的人生理想。根据198家可从公开资料中获得的企业经营理念信息,并对经营理念做要点分类,统计若干项经营理念要点被企业接受的程度,可以发现:在经历金融危机冲击的2008—2010年间,从总体上看,虽然企业经营理念的变化并不显著,但还是有若干明显的变化。

在2008年中和2010年5月的两次调查中,"开拓进取、追求卓越"是接受程度最高的经营理念,前后两次分别有61家和62家企业经营理念中包含此种追求;"信誉"和"诚信"也是普遍被接受的经营理念,两次调查分别有51家和54家企业持有此种经营理念;在经历金融危机冲击前后,对"创新"的强调在企业经营理念中获得的认同略有提高但并不显著,两次调查分别有45家和52家企业的经营理念中突出此种追求;企业经营理念中对"务实、高效、效率"的追求在金融危机前后也没有显著变化,两次调查分别有33家和35家企业持此经营理念;对"社会"、"和谐"的强调,在两次调查中分别体现在27家和28家企业的经营理念中,在金融危机前后没有发现显著差异;对"质量、品质"的强调,在两次调查中分别体现为29家和27家企业的经营理念中;对"技术"的强调,两次调查中分别体现为14家和12家企业的经营理念中;在企业经营理念中强调"敬业、责任"、"客户"、"合同、契约"三项追求的企业数量,在两次调查中没有发现变化,分别为26家、19家、1家;企业经营理念中强调"以人为本"的企业数由20家增加到23家,强调"人才"的由4家增加到7家,强调"员工"的由8家变为7家;经营理念中强调"服务"的企业数由16家增加到23家,强调"市场"的企业数由6家增加到11家;企业经营理念中强调"团结、服从、纪律、效忠"的企业数由14家增加到28家;两次调查中,强调"品牌"的企业数分别为5家和6家。

2008年中到2010年5月,对开拓进取追求卓越、信誉、诚信等企业家精神基本内涵的强调,在企业经营理念中保持稳定;对质量技术的强调稳定中略有下降,同时对市场、创新、服务的强调有提高;在对和谐社会的时代主题的认同保持基本稳定的情况下,以人为本和人才的强调稳定中略有上升,对员工的关注没有提高;对团结纪律服从效忠的强调却有显著提高,反映企业普遍存在指挥、领导和组织方面的脆弱性。

对两年来大企业实践的分析与讨论

两年来,在应对国际金融危机冲击和"调结构保增长"的宏观政策作用下,私营领域正发生着一些显著而深刻的变化,关于这些变化有如下分析和讨论:

1. 关于多元化或者专业化

大企业往往与多元化经营相伴。在20世纪中期,二战后的国内恢复和欧洲重建等提供的无尽需求和巨大投资机会,曾经促使美国企业出现了多元化经营潮流,不相关多元化经营也曾经盛行。紧随多元化潮流之后,在20世纪后期国际贸易环境变化后,回归主业、培育核心竞争力,又成为美国企业界的普遍趋势,很多在多元化潮流中被兼并的业务又被重新出售。近年来,中国私营经济发展迅猛,多元化曾经是一种普遍现象,在应对金融危机冲击的过程中,浙商大企业的多元化趋势发生了显著变化。

新世纪以来,私营经济规模扩张与多元化发展相伴,大企业普遍实行跨产业经营。社会主义市场经济体制的初步建立和不断完善、中国经济融入全球化,从制度增进和国际贸易环境改善两个方面,为私营企业发展提供了难得的机遇。在扩大内需的宏观政策导向和国际贸易扩张的拉动下,私营领域发展出现高速成长。新世纪以来,普遍存在的大量投资机会,为私营企业实施多元化经营提供了良好的经济环境,多元化经营盛行。然而,主要依据需求高涨和低成本支撑的大企业,很少有领先的技术和领先的管理,缺少核心竞争优势支撑的多元化发展是脆弱的。在应对国际金融危机冲击过程中,浙商大企业一方面通过更加多元化以分散投资风险,一方面通过业务领域收缩走向专业化,两种策略、两种发展趋势并存,以业务集中和专业化趋势为主。专业化和相关多元化得到强化,不相关多元化明显弱化。

2. 关于产业领域和产业发展

在私营经济强势的化纤、轻纺、印染、服装等产业领域,主营企业数量略有变化但并不显著,国内产业机会仍然给这些企业留有足够的发展空间,以满足内需为主要市场方向的企业,较少受到国际金融危机影响。冶金和金属加工、电器和输配电企业的发展,反映了改革开放后浙江特色的、私营企业主导的装备制造业,以此为主业的企业数量下降,可能意味着产业集中度的提高,向材料原料产地、技术中心等国内其他地区的迁移,或者受到技术质量和资本实力等方面具有优势地位的外资企业"挤出"。出口依存度高、国内市场竞争加剧、普及程度提高、需求增幅有限,可能是造成以通信设备线缆、元器件和消费电子为主业的企业数量减少的原因。在汽车需求旺盛、销售持续高涨的情况下,以汽车及其零部件为主业的企业数量减少,可能是对产业集中度提高、竞争剧烈的反映。以机械加工制造为主业的企业数量减少,可能是跨区域产业转移和产业集中度降低的结果。在旅游业发展旺盛的时期,涉足该产业领域的浙商大企业数下降,可能是兼并重组的原因,或者外地连锁经营机构发展挤出了本地大企业。

在应对金融危机冲击和"调结构、保增长"过程中,私营企业对金融投资领域进入显著增加。这种状况具有"双刃剑"意义:它既可能作为脱离传统产业领域和传统发展模式的产业升级转型的探索,也可能是私营领域和产业空洞化反应。两年来,涉足商业贸易企业数大幅增长的同时,以商业贸易为主业的企业数量减少程度是剧烈的,这可能是一种必然的结果,是对在低技术、低劳动成本、出口加工型的浙江经济和浙商企业发展模式的一种最严重的警示和警告。如果私营领域在实现"去产业化"的同时,又难以在新进入的金融投资领域获得可持续性发展,易于导致几十年来积累起来的私人资本陷入资本虚拟化的陷阱。防止这种灾难性结果,关乎沿海私营经济发达地区的未来。

3. 关于房地产相关领域的变化

在国际金融危机爆发之前,房地产就已经是受到高度关注的产业领域,中央宏观调控政策已经出台。作为应对国际金融危机冲击、实现"保增长"的重要举措,2010年前房地产宏观调控政策在执行上有所放松。2009年房地产价格出现前所未有的飙涨,诱发了2010年来更强劲的针对房地产的宏观调控。事实上,2008年中—2010年5月,在243家浙商大企业中,涉足房地产的企业数大幅增长,然而,以房地产为主业的企业数量却明显减少。这表明:一方面房地产业内企业意识到该行业的风险,部分企业退出转行;另一方面,大量企业在应对国际金融危机冲击的特定时期进入房地产业,必然与它们主业经营状况有关,意味着原有主业盈利状况不如房地产,许多大企业在特定时期对房地产业的集中性进入,对原有主业产生消极影响,可能导致浙江经济的产业空洞化。在大量企业为追求短期收益率而进入房地产领域并推高房价的同时,这些企业面临的系统风险也在增加。

涉足建筑装饰基础工程领域企业数量的增加,可能与扩张性的宏观经济政策有关。庞大的投资计划,主要集中在交通、通讯等基础设施等领域,建筑施工基础工程等是私营领域可以参与的方式。在房地产领域的大量进入是一种风险积累性的变化,在建筑施工领域的进入则比房地产领域的风险相对小些。

4. 关于经营理念

相对于企业实体性的变化来说,处于无形状态的经营理念,既可能在企业发展的关键时刻先于实体性变化迅速发生,也可能滞后于企业的实体性变化缓慢地、悄悄地发生。由于资料可获得性的限制,这里只获得198家企业的经营理念资料。可以发现,在应对国际金融危机冲击前后,浙商大企业经营理念中比较明显的变化是:对"团结、纪律、服从"的强调巨幅上升,对"市场、创新、服务"的强调上升,对"质量、技术"的强调下降。对开拓进取追求卓越、创新、信誉的高度认同,反映浙商大企业经营理念的主流。

强化组织控制,无疑在任何时候都是企业发展的基本支撑力量。在国际金融危机冲击下,原有的低技术、低成本、低附加值,以资源消耗和环境代价实现规模扩张和利润增加的企业发展模式基础受到更严峻挑战,这种发展模式的基础遭受进一步削弱的情况下,试图更多地通过传统方式强化组织控制,反映浙商大企业对几十年来的基本发展思路和传统经营理念的超越是非常有限的。对质量技术的强调略有降低,则可能是对一贯模仿、缺乏核心能力的一种负强化式反映。

5. 关于应对国际金融危机冲击的宏观经济政策后果

在国际金融危机爆发前后,"调结构"、"保增长"的优先次序,是宏观经济政策争论的焦点。2008 年前,以强调科学发展、结构调整为主,2008 年下半年开始,以强调刺激国内经济增长、执行庞大投资计划为主。从两年来私营企业的变化来看,结构调整已经为企业界广泛认同和接受并进行着探索实践,结构变化是在多元化战略和专业化战略两种倾向共同作用的结果。对房地产领域的大量进入推动房价高涨,在实现短期增长的同时进一步积累结构性矛盾,加剧经济结构失衡,促进经济虚拟化同时隐含着产业空洞化危险。这是非常值得引起高度关注的。在一定意义上,宏观政策在"调结构"和"保增长"两者之间的两难选择,是凯恩斯体系失灵的反映。

实际上,30 多年来的经济体制改革和促进中国日益融入全球经济进程,都是通过不断地为中国经济注入外来创新、不断地促进中国经济自由化进程,为中国社会经济发展开辟道路,支撑中国经济社会可持续地高速发展。注意到企业生产所依据的知识基础及其变化,根据知识创新及其扩散过程的经济性,从创新及其扩散来理解宏观经济政策的作用机理,分析当前经济发展的主要矛盾,把创新促进和提供更自由的经济环境,作为至少与基础设施建设并重的政策重点,可能有助于制定更加有效的宏观经济政策措施。

前瞻和政策建议

中国私营领域起步于并且至今仍然集中于非战略性产业领域,技术、管理、人才等起点低,企业改制使得私营领域承接了竞争性领域国有企业留存下来的大部分既有技术基础,包括人才和知识等,在国有经济战略性调整过程中私营经济的技术基础获得长足发展。新世纪以来,社会主义市场经济体制初具雏形,在大多数竞争性领域,私营企业已经是主要力量。从知识发展视角看,跨国公司进入、出口代工、贴牌生产等,为广大私营企业提供了有益的外部性和学习机会。从构成沿海经济带私营企业发展依托的知识状况和知识演进来看,私营经济未来走向中有如下一些值得关注的倾向,并将对浙江经济产生重要影响。

1. 30 年来,以低技术、低成本、劳动密集型和出口导向为其特色的产业,随着沿海地带收入水平和经济社会整体水平的提高,已经越来越失去那些先前支撑其发展的条件,从国内市场需求和技术梯度的视角来看,这些产业领域向内地转移是一种不可回避的选择。

2. 中国经济发展进入工业化中后期的事实,突出重化工业化的阶段性特征。在地理上,沿海经济带不具有重化工业需要的资源能源条件,私营企业对重化工业、采矿业的进入,意味着投资重点向中西部经济地带转移,实力强大的私营企业投资于这些资本密集产业,必然从原有积累中吸纳大量资本。在为剩余资本寻找新的投资领域开辟新产业的同时,也将伴随资本向中西部地区流动。

3. 大企业对房地产领域的大量涉足,助推了资产价格高估,金融化的房地产投资,越来越脱离实际需求成为经济虚拟化的重要表征,并将成为导致地区经济空洞化的一种力量。前述三个因素,都将削弱其 30 年来积累起来的实业发展的可持续性,导致浙江经济的地区产业空洞化。

4. 财富货币化倾向将伴随沿海私营经济产业空洞化倾向出现,引导和管理金融财富将是沿海地带区域经济发展中的重要主题。30多年来,沿海地带私营经济主要集中在低知识、低成本、外向型、劳动密集的加工领域和主要面向国内市场的化纤轻纺服装领域,伴随沿海地区经济发展水平和收入水平升级,在这些领域以产业资本形式积累的财富,其中的相当大部分将随着企业退出转化为流动性更强的货币金融财富。这些新增货币金融财富寻求新投资领域,将会增加流动性管理的难度,会对社会经济形成一定冲击。流动性一旦不受约束,很容易成为助长经济泡沫的力量。一线城市的房价高涨,与沿海地带伴随产业空洞化出现的财富货币化及其流动性冲击,有很大关系。

5. 在面临国内外环境压力的情况下,尽管创新、进取等企业家精神仍然是私营企业的主流,然而,对30年发展经验和僵化的坚守,仍然具有相当大的比例,而且在国际金融危机冲击下有强化的趋势。这种保守思维,不利于私营企业走向未来。

6. 在应对国际金融危机冲击过程中,分别采取分散投资的多元化战略和业务领域集中的专业化战略,两种倾向都有其阶段合理性。即使没有国际金融危机冲击,专业化和多元化,也是私营企业实现"转型升级"的两种基本取向,其中必然伴随企业的优胜劣汰和新陈代谢,可以预见,未来在私营企业间将阶段性地集中出现兼并重组。

在制度变革中崛起的私营领域,以模仿和跟随融入国际经济循环,低成本优势是中国经济要素禀赋的内在属性和比较优势,但是,这种以低知识和低成本、劳动密集和出口补贴为依托的外向型经济发展模式,具有其历史合理性和不可持续性。在国际金融危机爆发之前,浙江省提出"创业富民、创新强省"、"转型升级"的判断,对浙江经济和浙商发展都是深思熟虑和富有远见的。基于上述前瞻性判断,对沿海私营经济发达地区的经济发展有如下建议。

1. 为应对产业梯度转移和遏制产业空洞化倾向带来的不利影响,引导和促进企业总部建设,将私营企业总部建设成为财富运营中心、投资中心、管理中心和信息中心,引导浙商大企业总部培育和逐步形成参与金融运作的能力。

2. 在私营企业集中但又没有列入国家战略产业的领域,地方政府应当发挥作用,选择先进基础技术或者通用技术,为突破转型升级的关键技术瓶颈,建议公共财政主导投资、大企业或企业联盟主导研发,以获得原创性、改进型或模仿型创新,通过创新的正外部性,为这些企业提供创新来源支撑,由此启动大量企业的模仿和复制性生产。改革开放以来,私营领域和浙江经济正是通过从国有机构、外资企业等其他市场主体的正外部性和知识溢出,才获得发展源动力的。持续地为擅长模仿的企业提供可模仿的源泉,不失为支撑私营领域和浙商发展的成功之路,其合理性应当给予足够的关注。

3. 进一步完善市场经济体制,更彻底地贯彻自由市场经济原则,给私营企业更自由的发展环境,自由进入、自由退出,大幅度解除、取消不合理审批,进一步放松政府管制。引导私营企业参与公共服务领域和提供公益性服务。

4. 对沿海私营经济发达地区来说,货币金融财富流动性管理将是一个新挑战,流动性管理主题具有宏观全局意义。引导这些金融财富向创新投资,使之成为为中国经济社会引进和注入创新因素做出贡献;促进货币金融形态资本联合,形成对基础创新的支撑力量;促进产业资本退出过程中产生的、处于分散状态的货币金融资本联合,开发新金融投资工具,以有效地避免或减轻其流动性带来的不良冲击。

5. 引导民间金融合法化,尊重民间金融形成的历史合理性,以诚信和信息公开为主要原则实施有效监管,增强民间金融的公开性,是抑制其负面影响的最重要手段。

6. 着眼于可持续发展和公众福利,退税型的出口补贴政策应当取消,作为政策权限受到约束的地方政府,至少不应当把强化出口补贴作为促进地区经济发展的选择。

2010 年大企业调研部分主要信息

现任企业领袖的学历结构:具有大学学历者有 41 人,包括各种各类大学本科和大学专科;具有研究生学历者有 33 人,包括攻读硕士、博士学位者;中学及中学以下学历者 17 人。如图 3 - 1 所示。

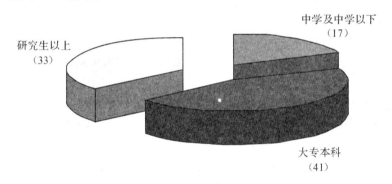

图 3 - 1 现任企业领袖的学历结构

在成为企业领袖之前,企业家们的职业经历与企业高度相关。对 2010 年样本企业的公开数据资料分析得到,有 43 人从事企业中高层经营管理,包括综合经营、财务、生产管理等,比 2008 年调查结果显著增加;有 10 人曾经从事工程技术和生产管理,与2008 年调查结果差异不大;有 6 人是基层政府或者当地工业负责人,是 2008 年调查结果的 2 倍;有 44 人本来就是企业负责人,也同样表现出与 2008 年调查结果显著的差异;有 6 人是技工和普通工人,与 2008 年结果相近;推销员 7 人,是 2008 年调查结果的2 倍多;教师 3 人,军人有 2 人,留学生 1 人,与 2008 年结果差异较小。如图 3 - 2所示。

根据 151 家可获得资料的样本企业公开信息,分析他们各自成长的关键年份,对企业发展关键时间的判断在 1998 年、1999 年、2000 年、2002 年、2003 年、2004 年、2005年、2006 年、2007 年显示集中性峰值,分别有超过 15 家企业认为这一年是他们发展中的重要年份。鉴于对过去更久事件的记忆评价会衰减和对近期事件的强调,近年来重要时间的峰值比以前要高许多。企业关键年份的分布如图 3 - 3 所示。

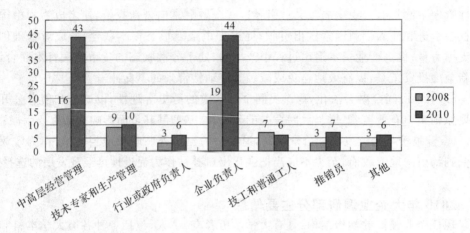

图 3－2　成为本企业领袖之前的身份

从大企业的地区分布上看，以大中城市、小城市、县城划分，大企业注册地集中在比较大的城市，以杭州、绍兴、宁波、温州城区为注册地的大企业分别有 51 家、43 家、24 家、24 家。若干中小城市相对集中，以台州、湖州、诸暨、上虞为注册地的大企业分别有 15 家、8 家、6 家、7 家。其他中小城市和县城也有散布。大企业注册地分布如图 3－4 所示。

在可获得资料的 179 家大企业中，以注册地经营为主的大企业有 138 家，注册地和主要经营地不一致、异地经营的大企业有 8 家，有多个主要经营地、主要经营地包括注册地的大企业有 33 家。大企业注册地和经营地关系如图 3－5 所示。

企业经营理念反映企业的企业追求，也体现企业领袖灵魂深处的人生理想，企业理念可能潜移默化地体现在每个员工的行为中。对 198 家大企业经营理念的分析表明，62 家企业经营理念中含有"开拓进取、追求卓越"，是接受程度最高的经营理念；54 家企业经营理念中包含"信誉"和"诚信"，52 家企业经营理念中包含"创新"，对"务实、高效、效率"的追求体现在 35 家企业的经营理念中，27 家企业的经营理念强调"质量、品质"，28 家企业的经营理念强调"社会"、"和谐"，26 家企业的经营理念强调"敬业、责任"，23 家企业强调"以人为本"，19 家企业强调"客户"，23 家企业强调"服务"，强调"技术"和"团结、服从、纪律、效忠"的企业各有 12 家，有 7 家企业强调"员工"，有 11 家企业强调"市场"，有 6 家企业强调"品牌"，有 7 家企业强调"人才"，只有 1 家企业表明合同和"契约精神"。大企业经营理念要点分布如图 3－6 所示。

根据 2010 年 243 家样本企业的资料分析，很多大企业涉及多个产业领域，跨 12 个产业领域的企业 1 家，跨 11 个产业领域的企业 1 家，跨 10 个产业领域的企业 4 家，跨 9 个产业领域的企业 3 家，跨 8 个产业领域的企业 10 家，跨 7 个产业领域的企业 7 家，跨 6 个产业领域的企业 28 家，跨 5 个产业领域的企业 35 家，跨 4 个产业领域的企业 328 家，跨 3 个产业领域的企业 38 家，跨 2 个产业领域的企业 33 家，集中于 1 个产业领域的企业 55 家。与 2008 年统计结果相比，企业涉及产业领域数的变化表现出企

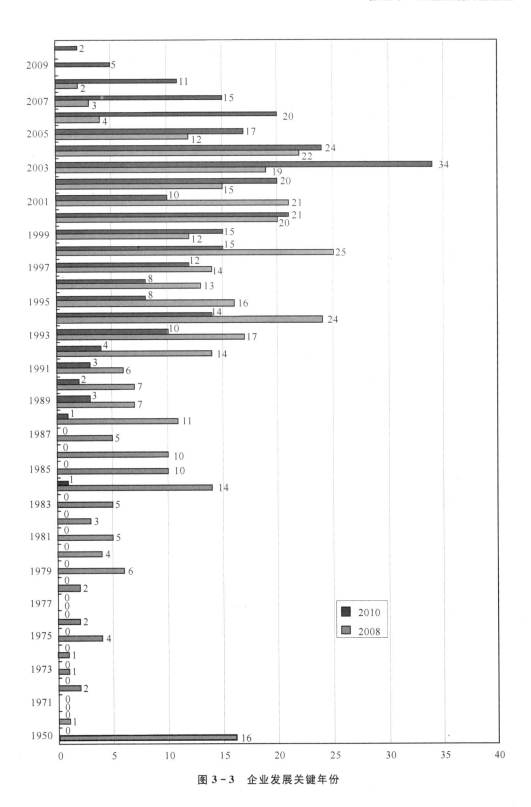

图 3 - 3 　企业发展关键年份

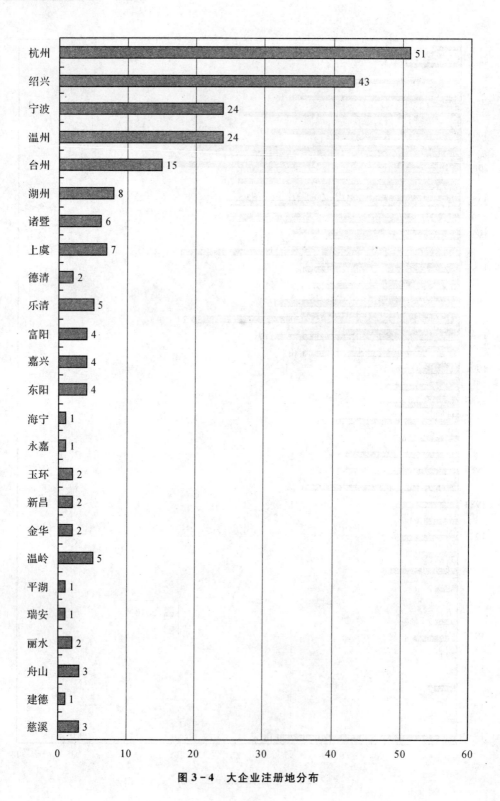

图 3 - 4　大企业注册地分布

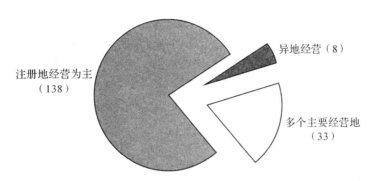

图 3-5　大企业经营地和注册地关系

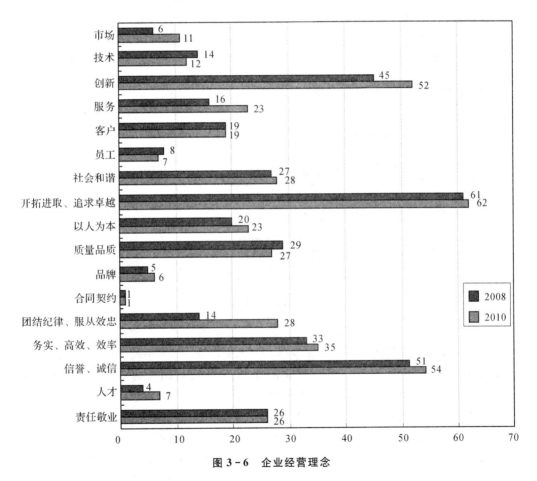

图 3-6　企业经营理念

业多样化与专业化经营局面并存。两次调查大企业涉足产业领域数的比较如图 3-7 所示。

　　相比较涉足的产业领域数,大企业的主营业务表现相对集中趋势,有 166 家企业从事单一主营业务,而 2008 年统计结果为 86 家;有 42 家企业的主营业务在两个产业

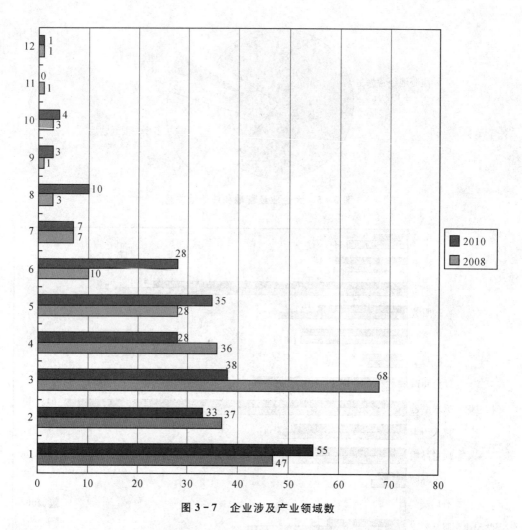

图 3-7　企业涉及产业领域数

领域,2008 年统计结果为 66 家;有 22 企业的主营业务涉及 3 个产业领域,2008 年统计结果为 75;有 9 家企业的主营业务涉及 4 个产业领域,2008 年统计结果为 15 家;仅有 2 家企业主营业务跨越 5 个、6 个产业领域,2008 年统计结果为 1 家。两次统计大企业主营业务数分布的变化如图 3-8 所示。

依涉足产业领域划分,对 2010 年样本企业的公开数据资料分析表明,房地产依然是当今大企业最青睐的产业领域,有 112 家企业涉足,接近样本企业总数的 1/2,比 2008 年有显著增加;有 51 家企业进入建筑、装饰、基础工程等施工领域,比 2008 年略有增加;有 71 家企业涉足商业、贸易领域,比 2008 年的 44 家有显著增加;25 家企业涉足旅游、宾馆、餐饮行业,比 2008 年有下降,在旅游业发展旺盛的时期,进入该产业领域的浙商大企业数下降,可能是兼并重组的原因,或者外地连锁经营机构发展挤出了本地大企业;17 家企业进入服装行业,比 2008 年也有下降;在化工行业,2010 年有 30 家大企业涉足,也比 2008 年有显著增加;2010 年涉足纺织类的企业有 26 家,与 2008

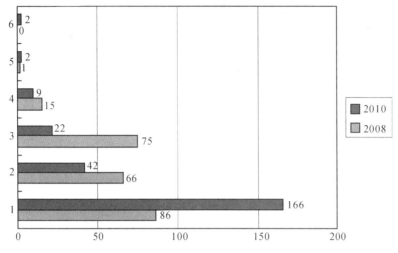

图 3-8　大企业主营业务数

年基本持平;2010 年有 45 家大企业涉足金融投资领域,比 2008 年的 20 家有显著增加;机电设备和装备制造业是近年来大企业进入比较多的产业领域,2010 年有 31 家企业涉足,远超过 2008 年的 6 家;在钢结构、矿业、现代农业、电器电缆输配电、能源、建材构件幕墙等领域,在 2008—2010 年间进入的企业数也有明显增加。

在服装、机械五金工具、电器及元器件、皮革家具塑料制品、仪器仪表和自动化、食品水产、环保和再生资源等领域,是大企业退出的产业,2010 年涉足这些产业的大企业数比 2008 年有显著下降。其他各产业领域状况近年来没有显著变化。

各个产业领域的情况如图 3-9 所示。需要说明的是,与 2008 年的分析指标比较,2010 年的产业分类略有调整,若干产业类别不再单列。国际贸易不再单列,并入商业贸易类;家用纺织品并入纺织类;金属制品并入冶金和金属材料加工;游艇和钢琴生产都是同一家企业涉足,归入一类不再分列;模具生产是一家装备制造企业的业务,并入机电设备和装备制造业;锅炉、钢绳钢缆、箱包、软件,2008 统计中都只有一家企业涉足,2010 统计中没有企业涉足,未再列出。

大企业主营业务数的平均值超过 3,中位数是 3,偏态分布。主营业务在少数产业领域成显著集中趋势,有 42 家企业以建筑工程为主营业务;有 41 家企业以房地产为主营业务;分别以化纤、纺织、印染、面料为主营业务的大企业各有 21 家;以服装为主营业务的大企业有 18 家;以化工为主营业务的企业有 17 家;以冶金和金属加工为主营业务的有 16 家;以建材构件管道为主营业务的企业有 14 家;电器输配电企业有 12家;分别以市政园林、旅游宾馆餐饮为主营业务的企业各有 10 家。化纤、服装、鞋、仪器仪表、钢结构、制药、化工类企业更趋向于采用专业化经营类型,大多表现为专业化的或者相关多元化的。大企业主营业务在各产业领域的分布如图 3-10 所示。

根据大企业的主营业务划分,243 家大企业的专业化程度和相关多元化程度仍然不高。不相关多元化企业有 40 家,占全部样本企业数的 16%;相关多元化企业有 75

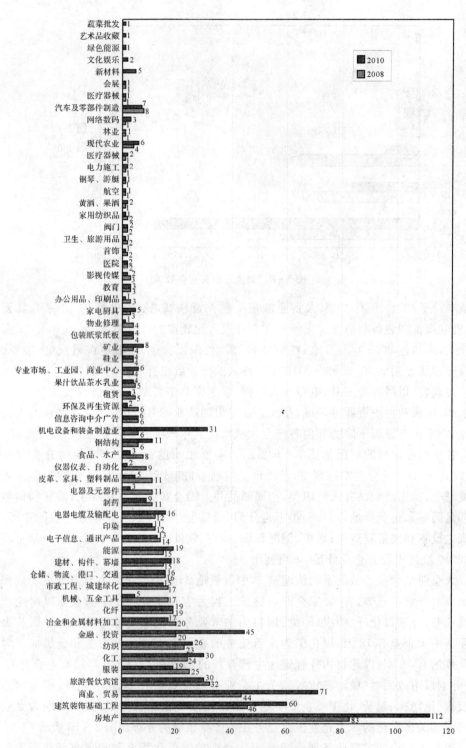

图 3-9 大企业涉足产业领域状况

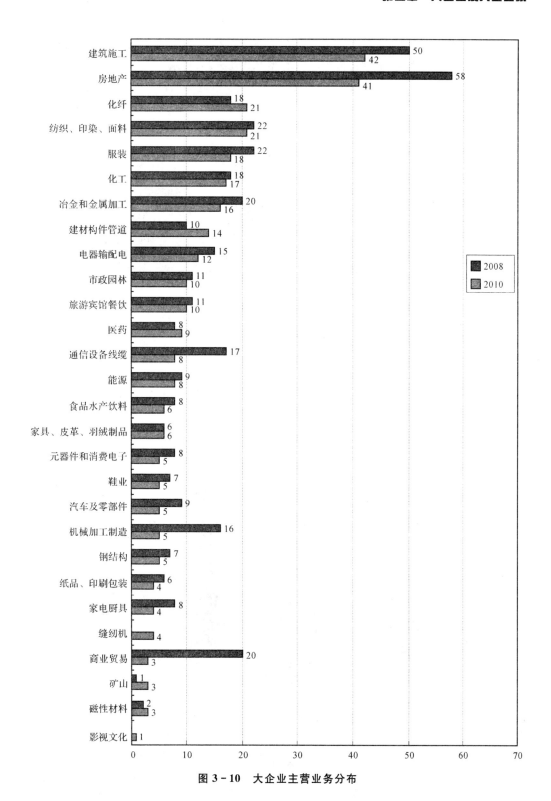

图 3-10 大企业主营业务分布

家,占 31%;主业突出的不相关多元化的企业有 87 家,占 36%;专业化的企业 41 家,占 17%。按主营业务划分的大企业经营类型如图 3 - 11 所示。无论是看涉足的产业领域还是看主营业务,多元化尤其是不相关多元化,都是当前浙商大企业的主要经营类型。2008 年与 2010 年对大企业类型的比较关系如图 3 - 12 所示。

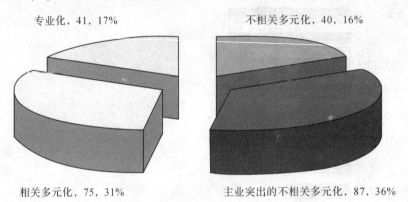

图 3 - 11　按主营业务分类的大企业类型

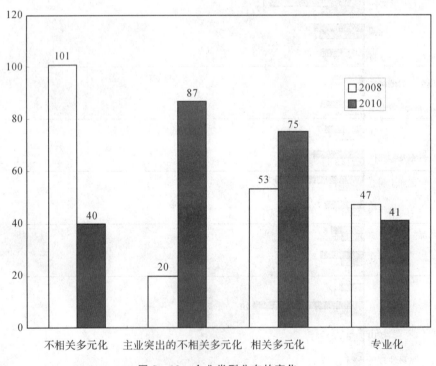

图 3 - 12　企业类型分布的变化

近年来浙商大企业在全国民营企业 500 强中排名变化

从进入中国民营企业 500 强的浙商企业状况来看,根据 2007 年销售收入或营业收入排名,有159家浙江企业入选2008年中国民营企业500强;根据2009年销售收入或营业收入排名,有161家浙江企业入选2010年中国民营企业500强。浙江作为全国民营企业最发达地区的地位仍然保持,但是,入选企业变化幅度有一定变化,一些实力强大足以进入全国民营企业500强的浙江企业,并非总是出现在每年的排名榜中。这显示,某些足以进入全国民营企业500强的浙江企业,并不为500强企业名录全部收录。即使如此,比较2006年及以前的全国民企500强排名,入选的浙江企业从绝对数量到相对比重都在下降。

根据2009年营业收入或销售收入排名,2010版浙江百强企业营业收入总额合计达到16260亿元,资产总额12036亿元,利润总额753.2亿元,税收915亿元;排名第100名的浙江东宸建设控股集团营业收入达到56.5亿元,比按2008年营业收入排名第100名的企业提升了4亿元多。其中,利润总额最高的仍是娃哈哈集团,2009年利润87.8亿元,利润同比增长86.4%。

从地区分布来看,杭州、宁波、绍兴、温州是浙江百强企业比较集中的地区,杭州有40家,宁波有27家,绍兴有16家,温州9家。在行业分布上,石油化工化学原料与制品、化学纤维制造业、冶金、电气机械及器材制造等领域占浙江百强企业的33%,房地产和建筑业占21%,贸易业占17%。其中有20家企业的资产净利润率达到10%—20%。

浙商入选2010年中国民营企业500强名单情况

(中国民营企业联合会、中国统计协会、中国管理科学研究院企业发展研究中心发布)

7. 海亮集团有限公司

9. 广厦控股创业投资有限公司

19. 宁波金田投资控股有限公司

21. 雅戈尔集团股份有限公司

22. 正泰集团股份有限公司

25. 中国人民电器集团

29. 浙江恒逸集团有限公司

34. 中天发展控股集团有限公司

40. 德力西集团有限公司

42. 浙江荣盛控股集团有限公司

44. 奥克斯集团

49. 新世纪控股集团有限公司

52. 浙江建龙钢铁实业有限公司

55. 传化集团有限公司

62. 浙江吉利控股集团有限公司

63. 浙江中成控股集团有限公司

65. 盾安控股集团有限公司

68. 长城电器集团有限公司

83. 华立集团股份有限公司

92. 浙江龙盛控股有限公司

96. 青山控股集团有限公司

97. 杭州富春江冶炼有限公司

108. 浙江大东南集团有限公司

112. 兴乐集团有限公司

118. 浙江新湖集团股份有限公司

119. 浙江广天日月集团股份有限公司

121. 宁波市慈溪进出口股份有限公司

126. 衢州元立金属制品有限公司

127. 升华集团控股有限公司	224. 挺宇集团有限公司
129. 浙江展诚建设集团股份有限公司	225. 富通集团有限公司
134. 浙江富春江通信集团有限公司	227. 浙江中富建筑集团股份有限公司
135. 东方建设集团有限公司	228. 浙江明日控股集团股份有限公司
138. 中设建工集团有限公司	229. 开氏集团有限公司
143. 五洋建设集团股份有限公司	235. 青年汽车集团有限公司
147. 浙江翔盛集团有限公司	238. 龙达集团有限公司
150. 和润集团有限公司	241. 曙光控股集团有限公司
151. 宁波乐金甬兴化工有限公司	242. 铁牛集团有限公司
152. 浙江天能电池有限公司	244. 永兴特种不锈钢股份有限公司
154. 浙江康桥汽车工贸集团股份有限公司	247. 宏润建设集团股份有限公司
155. 中厦建设集团有限公司	248. 华峰集团有限公司
156. 绿都控股集团有限公司	251. 奥康集团有限公司
160. 浙江国泰建设集团有限公司	252. 浙江巨星建设集团
161. 浙江凯喜雅国际股份有限公司	257. 浙江盈都集团有限公司
162. 杭州华三通信技术有限公司	258. 超威电源有限公司
168. 浙江华成控股集团有限公司	260. UT 斯达康通讯有限公司
171. 浙江东南网架集团有限公司	262. 中捷控股集团有限公司
172. 卧龙控股集团有限公司	263. 温州中城建设集团有限公司
173. 浙江金帝集团有限公司	265. 杭州航民实业集团有限公司
176. 亚厦控股有限公司	273. 浙江四通化纤有限公司
177. 光宇集团有限公司	278. 恒元建设控股集团有限公司
178. 浙江栋梁新材股份有限公司	285. 金洲集团有限公司
180. 浙江天圣控股集团有限公司	291. 浙江宏磊控股集团有限公司
185. 杭州锦江集团有限公司	294. 步阳集团有限公司
194. 兴惠化纤集团有限公司	296. 华通机电集团有限公司
198. 胜达集团有限公司	297. 德华集团控股股份有限公司
200. 长业建设集团有限公司	300. 钱江集团有限公司
201. 三花控股集团有限公司	307. 华翔集团股份有限公司
214. 浙江富陵控股集团有限公司	310. 杭州鼎胜实业集团有限公司
215. 方远建设集团股份有限公司	313. 浙江华光冶炼集团有限公司
217. 浙大网新科技股份有限公司	314. 浙江杭叉工程机械集团股份有限公司
218. 万事利集团有限公司	318. 公元塑业集团有限公司
220. 歌山建设集团有限公司	319. 华太建设集团有限公司
221. 新凤鸣集团股份有限公司	320. 浙江凌达实业有限公司

322. 花园工贸集团有限公司
323. 养生堂有限公司
326. 浙江大东吴集团有限公司
335. 天马控股集团有限公司
337. 浙江华达集团有限公司
339. 温州开元集团有限公司
340. 耀华电器集团有限公司
341. 美欣达集团有限公司
344. 浙江东杭控股集团有限公司
345. 浙江红剑集团有限公司
346. 浙江永通染织集团有限公司
348. 瑞立集团有限公司
349. 九鼎建设集团股份有限公司
350. 温州东瓯建设集团有限公司
353. 嘉兴良友进出口集团股份有限公司
354. 富丽达集团控股有限公司
355. 星星集团有限公司
358. 浙江舜江建设集团有限公司
359. 浙江中联建设集团有限公司
360. 杭州巨星投资控股有限公司
366. 浙江天宇交通建设集团有限公司
368. 浙江万马集团有限公司
369. 杭州东华链条集团有限公司
371. 浙江华瑞集团有限公司
375. 浙江江南涤化有限公司
376. 浙江和平工贸集团有限公司
377. 闰土控股集团有限公司
379. 天龙控股集团有限公司
382. 越美集团有限公司
384. 浙江金帆达生化股份有限公司
385. 高运控股集团有限公司
386. 东冠集团有限公司

387. 万丰奥特控股集团有限公司
390. 杭州大东南高科包装有限公司
393. 中博建设集团有限公司
395. 浙江远东皮革有限公司
399. 浙江广博集团
402. 浙江青山钢铁有限公司
403. 杭州诺贝尔集团有限公司
405. 久立集团股份有限公司
407. 浙江巨都集团股份有限公司
411. 浙江华鼎集团有限责任公司
413. 华仪电器集团有限公司
416. 浙江飞虹通信集团有限公司
422. 浙江海威控股有限公司
426. 农夫山泉股份有限公司
428. 晟元集团有限公司
431. 杭州西湖汽车零部件集团股份有限公司
433. 坤和建设集团股份有限公司
441. 宁波浙东建材集团有限公司
444. 腾达建设集团股份有限公司
452. 金龙控股集团有限公司
456. 浙江天马轴承股份有限公司
457. 洛兹集团有限公司
467. 远洲集团有限公司
470. 杭州滨江房产集团股份有限公司
474. 常安集团有限公司
476. 温州奥德斯电梯有限公司
484. 大自然钢业集团有限公司
491. 浙江盛业建设有限公司
493. 阿里巴巴(中国)网络技术有限公司
496. 浙江亚太高科股份有限公司
498. 杭州发达齿轮箱集团有限公司

浙商入选 2008 年中国民营企业 500 强名单情况

6. 广厦控股创业投资有限公司

7. 万向集团

10. 横店集团

11. 杭州娃哈哈集团有限公司

12. 雅戈尔集团股份有限公司

13. 正泰集团

15. 德力西集团有限公司

19. 人民电器集团有限公司

20. 奥克斯集团

24. 华立控股股份有限公司

33. 长城电器集团有限公司

35. 桐昆集团股份有限公司

42. 浙江远东化纤集团有限公司

48. 中天建设集团有限公司

50. 浙江康桥汽车工贸集团股份有限公司

56. 浙江恒逸集团有限公司

58. 五洋建设集团股份有限公司

64. 浙江永通染织集团有限公司

67. 兴乐集团有限公司

68. 浙江卡森实业股份有限公司

70. 纵横控股集团有限公司

80. 新奥集团股份有限公司

84. 荣盛化纤集团

91. 富通集团有限公司

93. 浙江富春江通信集团有限公司

94. 飞跃集团有限公司

95. 华翔集团股份有限公司

101. 浙江赐富化纤集团有限公司

102. 耀华电器集团有限公司

104. 华峰集团有限公司

105. 浙江龙盛集团股份有限公司

112. 浙江海滨建设集团有限公司

113. 西子电梯集团有限公司

114. 亚厦控股有限公司

118. 三花控股集团有限公司

120. 浙江大普集团有限公司

121. 浙江航民实业集团有限公司

122. 神力集团有限公司

124. 浙江富可达皮业集团股份有限公司

125. 浙江亚太高科股份有限公司

129. 杭州道远化纤集团有限公司

130. 宁波海天集团股份有限公司

132. 杭州锦江集团有限公司

135. 美特斯邦威集团有限公司

137. 罗蒙集团股份有限公司

138. 浙江天圣控股集团有限公司

143. 宁波洛兹集团有限公司

148. 浙江华成控股集团有限公司

150. 浙江胜达包装材料有限公司

151. 野风集团有限公司

152. 浙江兆山建材集团有限公司

155. 华通机电集团有限公司

159. 传化集团有限公司

163. 万丰奥特控股集团有限公司

165. 浙江中富建筑集团股份有限公司

170. 东港工贸集团有限公司

171. 苏泊尔集团有限公司

172. 杭州西子奥的斯电梯有限公司

177. 浙江闰土化工集团有限公司

178. 奥康集团有限公司

185. 浙江翔盛集团有限公司

187. 星星集团有限公司

194. 浙江万利工具集团有限公司

195. 金轮集团股份有限公司

196. 华伦集团
199. 报喜鸟集团有限公司
200. 上海君益商贸有限公司
202. 浙江华瑞集团有限公司
204. 光宇集团有限公司
205. 浙江万马集团有限公司
207. 浙江银泰百货有限公司
208. 浙江新中天控股集团有限公司
209. 浙江杭萧钢构股份有限公司
213. 浙江日月首饰集团有限公司
216. 杭州长城机电实业有限公司
220. 方远建设集团
231. 浙江南方集团有限公司
236. 帅康集团有限公司
237. 温州金州集团有限公司
239. 德仁集团有限公司
240. 浙江雄峰实业集团有限公司
246. 腾达建设集团股份有限公司
247. 宁波浙东建材集团有限公司
249. 宁波富达股份有限公司
254. 法派集团有限公司
255. 浙江青山特钢有限公司
256. 徐龙食品集团有限公司
258. 浙江嘉欣丝绸股份有限公司
261. 浙江万亨盛印染有限公司
264. 世纪阳光控股集团有限公司
265. 浙江开氏纺纤集团有限公司
267. 浙江金鹰股份有限公司
270. 开元旅业集团有限公司
274. 浙江永利实业集团有限公司
276. 红蜻蜓集团有限公司
278. 庄吉集团
280. 杭州龙达差别化聚酯有限公司
282. 海宁蒙努集团有限公司
286. 浙江新和成股份有限公司
287. 浙江绍兴华宇印染纺织有限公司

288. 浙江春晖集团有限公司
289. 伟星集团有限公司
290. 宁波兴业电子铜带有限公司
292. 浙江兴惠化纤集团有限公司
293. 浙江中南建设集团有限公司
296. 康奈集团有限公司
300. 浙江江南涤化有限公司
357. 浙江多凌控股集团有限公司
359. 浙江加佰利控股集团有限公司
371. 温州人造革有限公司
373. 浙江华港染织有限公司
374. 奉化市爱伊美服饰有限公司
375. 花园工贸集团有限公司
379. 万事利集团有限公司
380. 绍兴富陵实业集团有限公司
384. 宁波培罗成集团有限公司
385. 东冠集团有限公司
390. 杭州协和陶瓷有限公司
391. 浙江无名皮塑集团有限责任公司
394. 浙江星鹏铜材集团有限公司
403. 荣光集团有限公司
404. 嘉兴市良友进出口有限公司
406. 浙江飞虹通信集团有限公司
408. 温州吉尔达鞋业有限公司
411. 浙江兽王集团有限公司
413. 浙江华达通信器材集团有限公司
414. 浙江富帮集团有限公司
415. 新华电器集团有限公司
416. 南方投资集团有限公司
418. 浙江三元集团有限公司
419. 慈溪市慈客隆超市有限公司
421. 浙江万达集团公司
423. 浙江中誉(控股)集团有限公司
426. 浙江展望控股集团有限公司
431. 浙江钱清热电集团有限责任公司
432. 浙江华川实业集团有限公司

435. 浙江永泰纸业集团股份有限公司
440. 常安集团有限公司
441. 浙江联丰集团公司
445. 浙江一星饲料集团有限责任公司
451. 浙江环洲钢业股份有限公司
455. 台州医药有限公司
456. 浙江东南网架集团有限公司
458. 浙江新亚太机电集团有限公司
461. 杭州萧宏建设集团有限公司
464. 温州市亚泰进出口有限公司
466. 浙江汇宇营建集团
470. 浙江华通控股集团有限公司

471. 浙江华鼎集团有限公司
472. 浙江五洋印染有限公司
476. 浙江禾欣实业股份有限公司
480. 浙江三弘国际羽毛有限公司
481. 浙江威陵金属集团有限公司
483. 杭州施乐事达通讯设备有限公司
485. 浙江彪马集团有限公司
491. 步森集团有限公司
494. 宁波贝发集团有限公司
499. 浙江新风热电有限公司
500. 浙江黄岩洲煌实业有限公司

2010年浙江百强企业名单

按排序名次、企业名称、2009年度销售或营业收入（万元）、所在地区等,依次列示如下:

1. 浙江省物产集团公司,11321946.00,杭州
2. 中国石油化工股份有限公司镇海炼化分公司,7425213.85,宁波
3. 中国塑料城,7017800.00,宁波
4. 万向集团公司,5148040.00,杭州
5. 广厦控股创业投资有限公司,5085054.00,杭州
6. 杭州钢铁集团公司,4395508.00,杭州
7. 杭州娃哈哈集团有限公司,4320417.42,杭州
8. 浙江省能源集团有限公司,4062852.00,杭州
9. 海亮集团有限公司,3726055.00,绍兴
10. 浙江省兴合集团公司,3557197.00,杭州
11. 浙江中烟工业有限责任公司,3013689.00,杭州
12. 浙江省国际贸易集团有限公司,3010101.00,杭州
13. 雅戈尔集团股份有限公司,2743699.85,宁波
14. 浙江恒逸集团有限公司,2607402.00,杭州
15. 浙江省建设投资集团有限公司,2576015.00,杭州
16. 正泰集团股份有限公司,2439300.00,温州
17. 中天发展控股集团有限公司,2202733.00,杭州
18. 浙江省商业集团有限公司,2190215.00,杭州

19. 浙江省交通投资集团有限公司,2184321.22,杭州

20. 宁波金田投资控股有限公司,2100207.00,宁波

21. 人民电器集团有限公司,2092837.00,温州

22. 杭州汽轮动力集团有限公司,2034952.00,杭州

23. 奥克斯集团有限公司,2012845.00,宁波

24. 德力西集团有限公司,1980445.00,温州

25. 浙江荣盛控股集团有限公司,1928387.00,杭州

26. 天正集团有限公司,1860118.00,温州

27. 杭州橡胶(集团)公司,1685786.40,杭州

28. 浙江吉利控股集团有限公司,1651127.00,杭州

29. 桐昆集团股份有限公司,1549948.77,嘉兴

30. 浙江中成控股集团有限公司,1530995.00,绍兴

31. 盾安控股集团有限公司,1509244.00,杭州

32. 中海石油宁波大榭石化有限公司,1445154.60,宁波

33. 青山控股集团有限公司,1409042.00,温州

34. 浙江宝业建设集团有限公司,1391756.00,绍兴

35. 宁波富邦控股集团有限公司,1379058.00,宁波

36. 宁波银亿集团有限公司,1315122.00,宁波

37. 浙江昆仑控股集团有限公司,1305463.00,杭州

38. 浙江远大进出口有限公司,1298642.00,宁波

39. 杉杉投资控股有限公司,1288597.00,宁波

40. 环宇集团有限公司,1250098.00,温州

41. 春和集团有限公司,1240805.00,宁波

42. 华立集团股份有限公司,1202252.00,杭州

43. 维科控股集团股份有限公司,1183817.00,宁波

44. 浙江八达建设集团有限公司,1162267.00,绍兴

45. 浙江元立金属制品集团有限公司,1154721.32,丽水

46. 西子联合控股有限公司,1150000.00,杭州

47. 传化集团有限公司,1149299.00,杭州

48. 中基宁波对外贸易股份有限公司,1146424.00,宁波

49. 杭州华东医药集团有限公司,1091486.60,杭州

50. 浙江前程投资股份有限公司,1056625.00,宁波

51. 巨化集团公司,1052903.63,衢州

52. 浙江龙盛控股有限公司,1017056.00,绍兴

53. 杭州富春江冶炼有限公司,996295.00,杭州

54. 浙江国大集团有限责任公司,994784.92,杭州

55. 精功集团有限公司,975406.00,绍兴

56. 杭州联华华商集团有限公司,928500.00,杭州

57. 浙江天圣控股集团有限公司,904660.00,绍兴

58. 浙江广天日月集团股份有限公司,903208.00,宁波

59. 浙江大东南集团有限公司,889787.60,绍兴

60. 兴乐集团有限公司,882707.00,温州

61. 银泰百货(集团)有限公司,879600.00,杭州

62. 宁波宝新不锈钢有限公司,861896.00,宁波

63. 升华集团控股有限公司,856700.00,湖州

64. 世纪华丰控股有限公司,850365.00,宁波

65. 华通机电集团有限公司,836523.00,温州

66. 东方建设集团有限公司,835287.00,绍兴

67. 宁波华东物资城市场建设开发有限公司,822000.00,宁波

68. 浙江富春江通信集团有限公司,807059.00,杭州

69. 浙江百诚集团股份有限公司,789817.07,杭州

70. 森马集团有限公司,785101.00,温州

71. 百隆东方有限公司,781606.00,宁波

72. 天能集团,765192.00,湖州

73. 五洋建设集团股份有限公司,749829.00,绍兴

74. 浙江康桥汽车工贸集团股份有限公司,740709.00,杭州

75. 杭州金鱼电器集团有限公司,733749.34,杭州

76. 宁波市慈溪进出口股份有限公司,729157.89,宁波

77. 利时集团股份有限公司,724814.00,宁波

78. 中设建工集团有限公司,724759.00,绍兴

79. 中球冠集团有限公司,720195.00,杭州

80. 华升建设集团有限公司,717684.00,绍兴

81. 卧龙控股集团有限公司,707661.00,绍兴

82. 长业建设集团有限公司,703061.00,绍兴

83. 浙江东南网架集团有限公司,691513.14,杭州

84. 浙江华成控股集团有限公司,685557.00,杭州

85. 富通集团有限公司,681470.00,杭州

86. 兰溪自立铜业有限公司,680148.16,金华

87. 中厦建设集团有限公司,674181.00,绍兴

88. 龙元建设集团股份有限公司,657397.00,宁波

89. 星星集团有限公司,650687.00,台州

90. 浙江翔盛集团有限公司,634787.00,杭州

91. 浙江国华浙能发电有限公司,628855.60,宁波
92. 杭州锦江集团有限公司,628570.00,杭州
93. 浙江精工建设产业集团有限公司,616105.18,绍兴
94. 宁波申洲针织有限公司,610162.00,宁波
95. 宁波乐金甬兴化工有限公司,606527.00,宁波
96. 宏润建设集团股份有限公司,599136.00,宁波
97. 宁波神化化学品经营有限责任公司,591301.00,宁波
98. 龙达集团有限公司,577761.00,杭州
99. 祐康食品集团有限公司,570652.00,杭州
100. 浙江东宸建设控股集团,565172.00,绍兴

第四章

上市公司经营状况

至 2010 年上半年,浙江上市公司数量合计达到 152 家,包括上海 A 股 63 家、深圳 A 股 9 家、中小企业板 71 家、创业板 9 家。本章以微观总体数据统计分析考察这些上市公司整体经营状况。

总体表现

2007 年、2008 年、2009 年,浙江 152 家上市公司营业收入合计分别为 17479272.86 万元、16739422.11 万元、17155269.86 万元;2007 年末、2008 年末、2009 年末、2010 年一季度末,浙江 152 家上市公司每股收益合计分别为 31.09 元、28 元、33.61 元、22.03 元;2007 年末、2008 年末、2009 年末、2010 年一季度末,浙江 152 家上市公司每股净资产合计分别为 225.33 元、233.76 元、287.88 元、314.53 元;2007 年末、2008 年末、2009 年末、2010 年一季度末,浙江 152 家上市公司合计净资产收益率分别为 13.80％、11.98％、11.68％、7.00％。如表 4-1 所示。

从整体上看,2008 年,浙江上市公司营业收入出现下滑,2009 年有一定恢复性增长,但尚未达到 2007 年水平。虽然营业收入整体波动幅度并不很大,考虑到中国经济以往高速成长的经济社会背景,可以看出,国际金融危机冲击对浙江上市公司营业收入增长的影响还是比较明显的。从上市公司每股收益合计数变动状况来看,2008 年有小幅下降,2009 年很快恢复并且超出 2007 年水平。从上市公司每股净资产合计数变动状况来看,2007 年以来,保持持续稳定增长,2008 年略微增长,2009 年增幅大大超过 20％,至 2010 年一季度比 2009 年末增幅超过 10％。从浙江上市公司净资产收益率变动来看,2007 年最高,2008 年和 2009 年的净资产收益率基本持平,低于 2007 年水平;根据 2010 年一季度净资产收益率估计,2010 年净资产收益率有望超过上年水平。在国际金融危机冲击下,虽然营业收入小幅下滑,但是,股东权益在略微波动中增长势头不错,净资产的盈利水平基本稳定。这反映上市公司质量明显提高。

全部 152 家浙江上市公司包括 63 家上海 A 股上市公司、9 家深圳 A 股上市公司、71 家中小企业板上市公司、9 家创业板上市公司。2007—2009 年,上海 A 股 63 家上市公司营业收入合计分别为 1463.56 亿元、1578.65 亿元、1598.31 亿元;2007 年末、2008 年末、2009 年末、2010 年第一季度末,上海 A 股 63 家上市公司每股收益合计分别为 17.53 元、19.85 元、20.56 元、16.77 元,每股净资产合计分别为 183.11 元、187.35

表 4-1　上市公司整体财务状况

营业收入（万元）

	2007 年	2008 年	2009 年	2010 年一季度
合计（152 家）	17479272.86	16739422.11	17155269.86	
沪 A 股（63 家）	14635642.20	15786472.20	15983071.78	
深 A 股（9 家）	99567.60	42947.53	171744.58	25900.53
中小企业板（71 家）	531878.07	578512.07	635722.53	182928.55
创业板（9 家）	212184.99	331490.31	364730.97	84204.05

每股收益（元）

	2007 年	2008 年	2009 年	2010 年一季度
合计（152 家）	31.09	28	33.61	22.03
沪 A 股（63 家）	17.53	19.85	20.56	16.77
深 A 股（9 家）	5.74	1.13	2.85	0.50
中小企业板（71 家）	2.89	3.24	4.53	3.84
创业板（9 家）	4.93	3.78	5.67	0.92

每股净资产（元）

	2007 年	2008 年	2009 年	2010 年一季度
合计（152 家）	225.33	233.76	287.88	314.53
沪 A 股（63 家）	183.11	187.35	200.19	213.93
深 A 股（9 家）	18.38	17.59	20.59	21.32
中小企业板（71 家）	9.54	15.53	19.03	36.43
创业板（9 家）	14.30	13.29	48.07	42.85

净资产收益率*

	2007 年	2008 年	2009 年	2010 年一季度
合计（152 家）	13.80%	11.98%	11.68%	7.00%
沪 A 股（63 家）	9.57%	10.60%	10.27%	7.84%
深 A 股（9 家）	31.23%	6.42%	13.84%	2.35%
中小企业板（71 家）	30.29%	20.86%	23.80%	10.54%
创业板（9 家）	34.48%	28.44%	11.80%	2.15%

	当前总股本（万股）	流通股（万股）	
沪 A 股（63 家）	3174656.79	3016774.0	注：创业板 2007 年的每股净资产和每股收益只包括 6 家公司,2008 年、2009 年和 2010 年一季度相应数据包括 7 家公司。
深 A 股（9 家）	418749.74	418749.74	
中小企业板（71 家）	59900.00	72950.00	
创业板（9 家）	92590.00	18571.20	

元、200.19 元、213.93 元,两者都保持稳定上升状态;2007 年末、2008 年末、2009 年末、2010 年一季度末,浙江 63 家上海 A 股上市公司净资产收益率合计分别为 9.57%、

10.60％、10.27％、7.84％,基本保持稳定。总体来看,浙江63家上海A股上市公司在国际金融危机冲击下,实现持续稳定增长。

2007年、2008年、2009年、2010年一季度,浙江9家深圳A股上市公司营业收入合计分别为99567.6万元、42947.5万元、171744.6万元、25900.5万元,2008年营业收入合计降幅高达57％,2009年增幅则高达300％,波动剧烈;各期末每股收益合计分别为5.74元、1.13元、2.85元、0.50元,在波动中显著下降到低水平;各期末每股净资产合计分别为18.38元、17.59元、20.59元、21.32元,在略微波动中有明显提高。这反映:浙江9家深圳A股上市公司的营业收入状况极不稳定,在为股东积累资产的同时,资产盈利水平在降低。

2007年、2008年、2009年、2010年一季度,浙江71家中小企业板上市公司营业收入合计分别为531878万元、578512万元、635723万元、182929万元,营业收入连年持续增加、增长幅度基本稳定;各期末每股收益合计分别为2.89元、3.24元、4.53元、3.84元,在波动中明显提高;各期末每股净资产合计分别为9.54元、15.53元、19.03元、36.43元,持续大幅稳定提高,几年来将近翻两番。浙江71家中小企业板上市公司营业收入稳定增长、净资产迅速增长、盈利能力明显提高。中小企业是浙江经济发展最突出的特色,浙江中小企业板上市公司整体表现再次印证了这一点。

2007年、2008年、2009年、2010年一季度,浙江9家创业板上市公司营业收入合计分别为212185万元、331490万元、364731万元、84204万元,营业收入连年持续增加,2008年增幅超过56％;各期末每股收益合计分别为4.93元、3.78元、5.67元、0.92元;各期末每股净资产合计分别为14.30元、13.29元、48.07元、12.85元;每股收益合计和每股净资产合计,在2008年略有下降,2009年显著提高。显示2008年创业板上市公司可能有大规模的股本扩张,企业质量也在提高。

2007年末、2008年末、2009年末、2010年一季度末,浙江63家上海A股上市公司净资产收益率合计分别为9.57％、10.60％、10.27％、7.84％,保持稳定;浙江9家深圳A股上市公司合计净资产收益率分别为31.23％、6.42％、13.84％、2.35％,明显下降;浙江71家中小企业板上市公司合计净资产收益率分别为30.29％、20.86％、23.80％、10.54％,盈利水平在波动中显著降低;浙江9家创业板上市公司净资产收益率合计分别为34.48％、28.44％、11.80％、2.15％,显著下降到一个低水平。中小企业板盈利能力最好,但也显著向低水平靠拢。所有上市公司盈利水平有向上海A股上市公司盈利水平靠拢的趋势。这可能意味着,上市这一融资渠道在迅速推进企业规模扩张的同时,在资本利润率平均化的作用下,也促使企业盈利水平向大公司整体盈利水平上靠拢。先前小企业的高盈利率、高收益率,将伴随企业公众化和规模扩张而降低。

营业收入变动情况

在全部浙江上市公司中,63家上海A股合计营业收入2007—2009年分别为1463.6亿元、1578.6亿元、1598.3亿元。以2010年一季度营业收入的4倍估算2010

年全年收入,63家上海A股上市公司合计营业收入2008、2009、2010年增长率分别为7.86%、1.25%和-3.10%,显示业务增幅的显著下降。

9家深圳A股合计营业收入2007、2008、2009、2010一季度分别为99567.6万元、42947.5万元、171744.6万元、25900.5万元。以2010年一季度营业收入的4倍估算2010年全年收入,9家深圳A股上市公司合计营业收入增长率2008、2009、2010年分别为7.86%、1.25%和-3.10%,显示深圳A股九家浙江上市公司营业收入很不稳定。

目前,71家浙江中小企业板上市公司2007、2008、2009、2010年一季度营业收入合计分别为531878万元、578512万元、635722.5万元、182928.5万元。以2010年一季度营业收入的4倍估算2010年全年收入,71家中小企业板上市公司合计营业收入增长率2008、2009、2010年分别为8.77%、9.89%和15.10%,显示71家浙江中小企业板上市公司营业收入稳步提升。

至2010年中,浙江有9家创业板上市公司,它们合计营业收入2007、2008、2009、2010一季度分别为212185万元、331490万元、364731万元、84204万元。以2010年一季度营业收入的4倍估算2010年全年收入,浙江9家创业板上市公司合计营业收入增长率2008、2009、2010年分别为56.23%、10.03%和-7.65%,显示9家浙江创业板上市公司营业收入降幅明显。

如表4-2、图4-1所示。

表4-2　营业收入增长率波动

	2008年	2009年	2010年预计
沪A股(63家)	7.86%	1.25%	-3.10%
深A股(9家)	-56.87%	299.89%	-39.68%
中小企业板(71家)	8.77%	9.89%	15.10%
创业板(9家)	56.23%	10.03%	-7.65%

注:2010年营业收入以一季度的4倍来计算,其中沪A股以44家可获得数据的公司的增长率替代。

每股收益变动

在全部浙江上市公司中,63家上海A股合计每股收益2007年末、2008年末、2009年末、2010年一季度末分别为17.53元、19.85元、20.56元、16.77元。浙江63家上海A股上市公司合计每股收益2008年末、2009年末、2010年一季度末比上期年末的变动分别为13.23%、3.58%、-18.43%,企业保有每股收益水平持续下降。

浙江9家深圳A股上市公司合计每股收益2007年末、2008年末、2009年末、2010年一季度末分别为5.74元、1.13元、2.85元、0.50元。浙江9家深圳A股上市公司合计每股收益2008年末、2009年末、2010年一季度末比上期年末变动分别为-

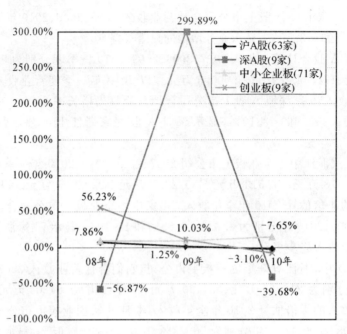

图 4-1 营业收入增长率波动

80.31%、152.21%、-82.46%,企业保有的每股收益水平变化剧烈。

浙江 71 家中小企业板上市公司 2007 年末、2008 年末、2009 年末、2010 年一季度末每股收益合计分别为 2.89 元、3.24 元、4.53 元、3.84 元。2008 年末、2009 年末、2010 年一季度末,浙江 71 家中小企业板上市公司合计每股收益比上期末变动分别为 12.11%、39.81%、-15.23%,企业保有的每股收益水平波动幅度较大。

列入这次资料范围的有 9 家浙江创业板上市公司,它们合计每股收益 2007 年末、2008 年末、2009 年末、2010 年一季度末分别为 4.93 元、3.78 元、5.67 元、0.92 元。2008 年末、2009 年末、2010 年一季度末,浙江 9 家创业板上市公司合计每股收益比上期末变动分别为 -23.33%、50%、83.77%,企业保有的每股收益水平稳步提高。

如表 4-3、图 4-2 所示。

表 4-3 每股收益变动

	2008	2009	2010
沪 A 股(63 家)	13.23%	3.58%	-18.43%
深 A 股(9 家)	-80.31%	152.21%	-82.46%
中小企业板(71 家)	12.11%	39.81%	-15.23%
创业板(9 家)	-23.33%	50.00%	-83.77%

注:2010 年每股收益以一季度数据替代。

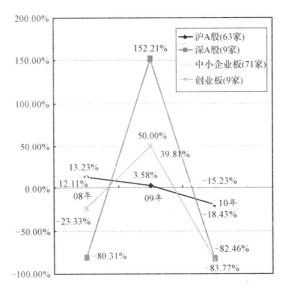

图 4-2　每股收益增长率波动

每股净资产变动

2007 年末、2008 年末、2009 年末、2010 年一季度末,浙江 63 家上海 A 股上市公司每股净资产合计分别为 183.11 元、187.35 元、200.19 元、213.93 元。2008 年末、2009 年末、2010 年一季度末,浙江 63 家上海 A 股上市公司合计每股净资产比上期末变动分别为 2.32%、6.85%、6.86%,企业保有的每股净资产水平稳定增长。

2007 年末、2008 年末、2009 年末、2010 年一季度末,浙江 9 家深圳 A 股上市公司每股净资产合计分别为 18.38 元、17.59 元、20.59 元、21.32 元。2008 年末、2009 年末、2010 年一季度末,浙江 9 家深圳 A 股上市公司每股净资产合计比上期末变动分别为 4.30%、17.06%、3.55%,企业保有的每股净资产水平稳定增长。

2007 年末、2008 年末、2009 年末、2010 年一季度末,浙江 71 家中小企业板上市公司每股净资产合计分别为 9.54 元、15.53 元、19.03 元、36.43 元。2008 年末、2009 年末、2010 年一季度末,浙江 71 家中小企业板上市公司每股净资产合计比上期末变动分别为 62.79%、22.54%、91.43%,企业保有的每股净资产水平有很大幅度增长。

2007 年末、2008 年末、2009 年末、2010 年一季度末,浙江 9 家创业板上市公司每股净资产合计分别为 14.30 元、13.29 元、48.07 元、12.85 元。2008 年末、2009 年末、2010 年一季度末,浙江 9 家创业板上市公司每股净资产合计比上期末变动分别为 -7.06%、261.70%、-10.86%,企业保有的每股净资产波动剧烈。

如表 4-4、图 4-3。

表 4 - 4　每股净资产变动

	2008	2009	2010
沪 A 股(63 家)	2.32%	6.85%	6.86%
深 A 股(9 家)	-4.30%	17.06%	3.55%
中小企业板(71 家)	62.79%	22.54%	91.43%
创业板(9 家)	-7.06%	261.70%	-10.86%

注:2010 年每股净资产以一季度数据。

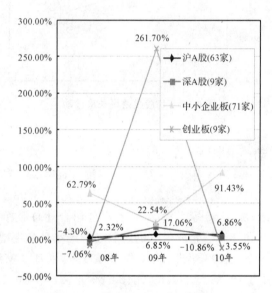

图 4 - 3　每股净资产增长率波动

附表　浙江上市公司经营状况

公司名称	营业收入（万元）				每股收益（元）				每股净资产（元）				净资产收益率（%）			
	2007	2008	2009	2010一季度	2007	2008	2009	2010一季度	2007	2008	2009	2010一季度	2007	2008	2009	2010一季度
浙江英特集团股份有限公司	1451.13	1903.89	3140.83	779.09	0.07	0.092	0.151	0.0376	1.017	0.649	0.823	0.859	13.59	15.12	20.57	4.47
荣安地产股份有限公司	2614.33	-6833.31	81163.93	138.75	0.1162	0.0358	0.8252	0.0013	0.8849	1.0602	1.5632	1.5645	14.05	3.92	64.35	0.08
万向钱潮股份有限公司	26320.37	22080.84	26608.22	11528.07	0.257	0.215	0.259	0.112	1.799	1.437	1.597	1.709	14.41	13.31	17.30	6.80
浙江震元股份有限公司	772.98	1224.45	1779.13	547.05	0.0617	0.0977	0.1420	0.0436	3.83	3.86	3.99	4.06	1.61	2.53	3.62	1.07
数源科技股份有限公司	42.38	-1859.35	2026.14	77.87	0.01	-0.0949	0.1034	0.0040	2.82	2.65	2.72	2.72	0.43	-3.48	3.86	0.15
浙江钱江摩托股份有限公司	7705.05	4065.57	11848.94	3902.43	0.17	0.09	0.26	0.09	2.63	2.75	2.96	3.05	6.67	3.35	9.17	2.86
浙江众合机电股份有限公司	39105.10	4329.96	9350.71	657.92	4.35	0.24	0.34	0.02	1.14	1.38	1.98	2.00	0.0	18.98	17.26	1.19
华东医药股份有限公司	17316.02	16860.97	37842.12	8306.61	0.40	0.39	0.87	0.1914	1.34	1.73	2.60	2.80	33.94	25.31	40.20	7.09
浙江上风实业股份有限公司	4240.24	1174.51	-2015.44	52.74	0.31	0.06	-0.10	0.003	2.92	2.07	2.36	2.56	11.19	2.89	-4.89	0.11
浙江新和成股份有限公司	7707.12	137451.14	101833.91	25725.05	0.23	4.02	2.98	0.73	2.44	5.35	8.13	11.10	9.62	95.41	44.37	7.86
浙江伟星实业发展股份有限公司	11571.58	15642.85	17247.62	1445.51	0.64	0.80	0.86	0.07	3.83	4.82	4.67	4.74	23.71	18.55	18.68	1.50
浙江精功科技股份有限公司	520.57	-4793.21	2322.31	465.86	0.05	-0.33	0.16	0.03	3.81	1.94	2.18	2.21	2.05	-14.88	8.18	1.47
浙江传化股份有限公司	8267.18	7458.50	14089.39	2292.98	0.48	0.37	0.69	0.11	4.09	2.80	3.43	3.54	16.43	11.65	22.26	3.24
浙江盾安人工环境股份有限公司	16164.01	14973.39	16038.14	4274.74	0.5014	0.4648	0.4789	0.1148	6.92	3.38	13.32	5.30	23.18	12.59	11.37	2.21
浙江凯恩特种材料股份有限公司	-1646.20	2479.31	6104.42	2452.06	-0.08	0.11	0.31	0.13	1.71	1.82	1.92	2.04	-4.84	6.49	15.85	6.35
杭州鑫富药业股份有限公司	24018.93	4123.70	3036.96	300.50	1.26	0.22	0.15	0.01	2.87	2.99	4.14	4.16	55.22	7.39	4.54	0.33

续表

公司名称	营业收入(万元)				每股收益(元)				每股净资产(元)				净资产收益率(%)			
	2007	2008	2009	2010一季度	2007	2008	2009	2010一季度	2007	2008	2009	2010一季度	2007	2008	2009	2010一季度
浙江京新药业股份有限公司	150.38	-1772.98	375.26	189.02	0.015	-0.175	0.037	0.0186	2.936	2.947	2.984	3.003	0.506	-5.754	1.246	0.62
中捷缝纫机股份有限公司	7170.32	680.20	-8618.97	677.79	0.33	0.02	-0.19	0.02	3.93	3.82	1.92	1.94	12.38	-0.03	-0.18	0.80
浙江苏泊尔股份有限公司	17193.96	23650.70	31041.68	10582.67	0.45	0.54	0.70	0.24	7.56	4.35	4.84	5.08	15.94	13.19	15.33	4.81
浙江美欣达印染集团股份有限公司	2280.92	-5773.21	1958.28	-314.40	0.20	-0.71	0.24	-0.04	5.50	4.78	5.03	4.59	5.15	-13.89	4.92	-0.77
宁波宜科科技实业股份有限公司	1657.95	1731.54	778.20	456.66	0.12	0.13	0.14	0.02	2.50	2.52	1.64	1.67	4.93	5.09	2.32	1.36
德华兔宝宝装饰新材股份有限公司	3682.05	2653.83	2214.80	311.73	0.20	0.15	0.12	0.02	3.11	2.22	2.25	2.27	9.25	6.75	5.43	0.75
宁波华翔电子股份有限公司	14361.82	14397.17	35777.82	8245.08	0.291	0.29	0.72	0.17	3.56	2.23	2.88	4.16	15.39	14.01	28.33	5.63
浙江三花股份有限公司	4911.71	25809.69	23785.39	7202.19	0.43	0.98	0.90	0.27	3.89	4.43	4.75	5.02	11.57	23.60	19.83	5.59
横店集团东磁股份有限公司	17744.97	14946.49	16233.74	4716.06	0.48	0.36	0.40	0.11	10.33	5.53	5.87	5.92	13.63	6.80	6.93	1.94
浙江江山化工股份有限公司	7208.80	-5384.94	6964.31	129.20	0.5150	-0.38	0.50	0.009	3.6619	2.8772	3.3748	3.38	14.42	-11.89	15.92	0.27
宏润建设集团股份有限公司	15490.30	24764.06	30944.46	5324.56	0.70	1.28	1.03	0.18	4.22	6.16	5.09	5.27	17.90	23.17	22.35	3.43
浙江华峰氨纶股份有限公司	38046.24	16363.72	10736.56	7788.87	1.03	0.44	0.29	0.21	6.25	3.54	3.73	3.95	38.78	13.29	7.99	5.49
浙江景兴纸业股份有限公司	8250.37	-20811.24	3188.80	3188.80	0.27	-0.53	0.08	0.08	4.83	4.30	4.37	4.46	10.45	-11.63	1.87	1.92
浙江栋梁新材股份有限公司	6361.39	7404.74	12104.83	2397.46	0.30	0.32	0.51	0.10	3.08	2.96	3.37	3.34	16.67	12.03	16.09	2.94

续表

公司名称	营业收入（万元）				每股收益（元）				每股净资产（元）				净资产收益率（%）			
	2007	2008	2009	2010一季度	2007	2008	2009	2010一季度	2007	2008	2009	2010一季度	2007	2008	2009	2010一季度
浙江万丰奥威汽轮股份有限公司	6363.84	2154.30	6739.31	2912.27	0.22	0.08	0.24	0.10	2.87	2.81	2.94	3.05	8.07	2.68	8.29	3.42
浙江网盛生意宝股份有限公司	4216.32	3123.22	4099.78	1549.00	0.47	0.35	0.46	0.17	5.734	4.07	4.43	4.60	12.87	8.76	10.74	3.74
浙江海翔药业股份有限公司	3105.09	2559.73	3030.18	3030.18	0.19	0.16	0.19	0.11	3.33	3.39	3.48	3.59	5.90	4.75	5.51	3.12
浙江广博集团股份有限公司	7699.14	6685.70	6883.31	843.68	0.35	0.306	0.315	0.04	2.74	2.95	3.13	3.17	13.57	10.66	10.38	1.23
三变科技股份有限公司	2648.31	2354.16	3980.53	866.79	0.24	0.21	0.36	0.08	4.76	4.98	3.89	3.95	7.50	6.05	9.55	1.96
三维通信股份有限公司	4191.37	5653.53	7734.77	2066.52	0.3810	0.4711	0.6262	0.1541	4.0820	3.0591	4.8905	5.0446	14.76	16.43	17.15	3.10
宁波康强电子股份有限公司	5407.26	638.58	4721.98	1437.59	0.3	0.03	0.24	0.07	5.73	2.66	3.06	3.19	11.27	1.14	8.73	2.39
宁波新海电气股份有限公司	4283.51	4122.08	3117.00	436.38	0.29	0.27	0.21	0.03	1.98	2.25	2.37	2.39	16.47	12.93	9.01	1.21
浙江天马轴承股份有限公司	25703.12	51761.73	55372.41	12415.64	1.01	0.95	0.94	0.21	11.78	7.69	6.37	6.57	20.80	28.08	16.68	3.23
宁波天邦股份有限公司	2223.83	8923.64	5307.98	196.75	0.17	0.65	0.39	0.01	4.33	2.7	2.81	2.82	9.16	26.79	14.40	0.51
浙江银轮机械股份有限公司	3415.11	4354.05	5398.04	2620.76	0.38	0.44	0.54	0.26	9.40	9.26	10.88	5.42	4.587	4.74	5.15	4.96
浙江利欧股份有限公司	4785.78	7021.81	9735.96	2084.10	0.35	0.65	0.47	0.14	5.49	3.18	3.53	3.67	15.51	15.76	19.40	3.84
广宇集团股份有限公司	15221.07	11780.63	16629.35	2309.76	0.33	0.24	0.33	0.05	4.52	2.23	2.48	2.41	17.79	10.92	14.22	1.85
浙江东南网架股份有限公司	5145.08	2830.80	4192.24	2151.07	0.29	0.14	0.21	0.11	4.52	4.60	4.75	4.86	7.47	3.11	4.48	2.24
宁波银行股份有限公司	95107.28	133173.74	145744.60	49805.20	0.43	0.53	0.58	0.20	3.21	3.52	3.90	4.10	18.15	15.91	15.79	4.86
浙江宏达经编股份有限公司	2092.99	694.31	1123.95	578.11	0.23	0.06	0.10	0.05	2.75	2.71	2.72	2.77	10.21	2.38	3.87	1.96

续表

公司名称	营业收入（万元）				每股收益（元）				每股净资产（元）				净资产收益率（%）			
	2007	2008	2009	2010一季度	2007	2008	2009	2010一季度	2007	2008	2009	2010一季度	2007	2008	2009	2010一季度
浙江报喜鸟服饰股份有限公司	8293.02	12290.50	18498.40	2055.96	0.40	0.49	0.74	0.07	5.60	3.45	5.51	5.59	27.07	20.75	25.35	1.28
宁波东力传动设备股份有限公司	5602.10	8338.73	8231.96	962.20	0.37	0.46	0.46	0.0553	3.79	2.89	3.25	3.30	14.94	17.15	20.46	1.65
浙江山下湖珍珠集团股份有限公司	3542.91	3735.94	1178.44	803.36	0.35	0.37	0..12	0.08	4.76	5.30	3.65	3.73	20.63	11.09	3.26	2.17
浙江新嘉联电子股份有限公司	2402.65	1324.51	1668.59	307.45	0.26	0.11	0.14	0.03	3.87	3.88	2.73	2.75	18.53	4.27	5.24	0.93
浙江方正电机股份有限公司	3086.36	1700.65	439.13	581.47	0.54	0.22	0.06	0.08	3.43	3.35	3.29	3.36	25.15	6.55	1.72	2.27
浙江东晶电子股份有限公司	2794.29	2499.11	2557.12	862.66	0.29	0.27	0.28	0.09	10.60	9.36	9.35	3.2	3.61	3.83	3.11	2.93
浙江海亮股份有限公司	2614.26	19785.57	20206.85	17773.33	0.4355	0.4430	0.4384	0.06	2.01	3.44	3.58	3.64	15.16	13.72	11.98	1.66
浙江海利得新材料股份有限公司	9636.32	10652.83	16037.75	3415.38	0.311	0.435	0.602	0.34	3.034	3.368	4.942	7.87	10.68	13.65	16.30	3.10
浙江大立科技股份有限公司	3783.74	4206.02	5156.19	446.01	0.5	0.4	0.45	0.04	1.99	3.34	3.7	3.74	28.33	12.83	12.93	1.06
浙江三力士橡胶股份有限公司	3215.05	2253.20	5551.56	429.74	0.38	0.24	0.53	0.04	2.567	4.32	4.34	4.38	19.30	7.68	13.72	1.00
浙江大华技术股份有限公司	9726.72	11110.79	12784.99	2009.83	1.8	1.74	1.75	0.28	5.25	10.87	12.41	12.68	41.31	19.40	15.10	2.21
杭州滨江房产集团股份有限公司	71389.74	81041.97	83580.36	19502.40	0.51	0.61	0.48	0.14	2.42	2.78	2.52	2.66	54.45	28.75	20.53	5.27
浙江帝龙新材料股份有限公司	3942.15	2823.40	4298.06	654.52	0.81	0.43	0.59	0.08	2.3710	5.92	6.41	6.50	36.71	9.82	9.57	1.31
联化科技股份有限公司	8124.46	9794.20	16695.22	5925.96	0.60	0.66	1.00	0.34	2.55	4.93	5.62	5.96	26.12	16.92	19.19	5.88
浙江大东南包装股份有限公司	8052.32	6557.09	7150.47	2575.67	0.20	0.15	0.15	0.05	2.41	3.21	1.97	1.92	12.74	9.69	6.85	2.59

续表

公司名称	营业收入（万元）				每股收益（元）				每股净资产（元）				净资产收益率（%）			
	2007	2008	2009	2010一季度	2007	2008	2009	2010一季度	2007	2008	2009	2010一季度	2007	2008	2009	2010一季度
浙江富春江水电设备股份有限公司	9086.01	13103.01	14282.88	1303.15	0.79	0.98	0.89	0.08	2.01	5.76	6.42	6.50	64.32	25.03	14.73	1.20
浙江水晶光电科技股份有限公司	5535.13	6269.20	6675.88	2272.51	0.67	0.88	0.66	0.23	1.99	5.73	4.84	5.07	55.98	26.15	14.41	4.58
浙江万马电缆股份有限公司	7503.46	8547.61	10054.52	821.39	0.45	0.50	0.51	0.0177	2.06	2.57	4.96	4.90	24.33	21.37	13.73	0.71
杭州新世纪信息技术股份有限公司	3454.80	4000.23	4427.09	674.36	0.80	0.90	0.87	0.10	2.55	3.25	8.46	8.56	37.46	31.86	15.90	1.2
浙江亚大机电股份有限公司	7227.69	5428.84	9889.41	3194.27	0.97	0.68	1.14	0.29	4.73	5.20	9.14	9.43	21.86	13.77	16.46	3.16
浙江久立特材科技股份有限公司	12591.23	9269.30	12028.66	1923.60	0.67	0.68	0.80	0.10	2.36	3.04	8.27	8.37	33.26	25.07	23.71	1.21
浙江仙琚制药股份有限公司	9371.35	8311.50	11600.35	2332.60	0.25	0.25	0.35	0.06	17.95	17.86	22.66	3.22	1.47	1.49	3.17	1.73
宁波理工监测科技股份有限公司	5672.89	5096.92	8258.51	48.95	1.04	0.94	1.52	0.01	2.20	3.06	12.82	12.82	62.74	35.90	39.97	0.04
浙江永太科技股份有限公司	5793.99	4759.59	7010.41	1465.36	0.41	0.43	0.57	0.09	1.43	1.86	6.47	6.56	34.09	26.34	26.68	1.37
浙江禾欣实业集团股份有限公司	8662.06	7409.23	13422.01	2141.17	0.68	0.67	1.18	0.1469	3.37	3.84	4.72	10.37	9.17	18.99	28.16	1.59
海宁中国皮革城股份有限公司	12427.58	13415.10	13347.57	1104.85	0.39	0.40	0.46	0.035	1.69	2.10	2.59	6.77	47.69	19.80	21.26	1.63
浙江伟星新型建材股份有限公司	11879.80	11531.52	16442.17	2728.29	0.46	0.5	0.7	0.11	1.2	1.7	1.6	5.59	29.35	34.5	41.35	3.96
浙江亚厦装饰股份有限公司	134367.01	161847.5	248733.88	78001.89	0.51	0.54	0.84	0.27	1.93	2.47	3.31	10.36	39.75	24.58	28.95	7.7
浙江双箭橡胶股份有限公司	54798.67	69545.5	62688.59	15919.82	0.7	0.64	1.05	0.134	20.36	3.8577	4.8	10.69	20.36	16.72	21.94	2.76

续表

公司名称	营业收入（万元）				每股收益（元）				每股净资产（元）				净资产收益率（%）			
	2007	2008	2009	2010一季度	2007	2008	2009	2010一季度	2007	2008	2009	2010一季度	2007	2008	2009	2010一季度
浙江南洋科技股份有限公司	21928.97	22381.4	21408.7	5371.87	0.25	0.59	0.83	0.27	2.1	2.68	3.48	3.75				7.5
浙江爱仕达电器股份有限公司	147520.4	173780.25	158996.67	48900.55	0.34	0.42	0.47	0.12	1.27	1.69	2.15	2.27	26.91	24.81	21.65	5.14
浙江嘉欣丝绸股份有限公司	173263.02	150957.42	143894.69	34734.42	0.63	0.55	0.64	2.94	3.04	3.13	3.69	3.77	23.9	17.98	18.82	2.94
银江股份有限公司	18825.35	34911.22	52461.56	12335.12	0.58	0.61	0.78	0.13	1.91	2.72	7.18	7.32	55	27.32	19.95	1.85
杭州华星创业通信技术股份有限公司	7743.19	11705.73	15561.99	3071.29		0.58	0.83	0.22		1.96	6.43	6.65	58.78	38.44	26.77	3.28
华谊兄弟传媒股份有限公司	23477.86	40934.68	60413.77	10009.83	2.43	0.57	0.64	0.06	2.95	1.97	8.81	8.87	67.34	31.42	17.55	0.68
金龙机电股份有限公司	20121.06	21630.56	32719.81	6356.2	0.2524	0.2668	0.5483	0.0801	4.64	1.13	5.79	5.86	21.43	18.18	37.1	1.37
浙江核新同花顺网络信息股份有限公司	8640.86	11736.14	11736.14	5209.3	0.96	0.76	1.48	0.18	2.2	1.91	15.08	7.58	100.45	44.9	55.96	2.42
浙江南都电源动力股份有限公司	90344.19	156709.87	130426.39	35493.91	0.36	0.63	0.86	0.12	1.41	2.05	2.71	4.37	31.72	36.39	34.89	4.37
浙江金利华电气股份有限公司	9641.88	14064.67	16889.23		0.35	0.36	0.53	0.13	1.19	1.55	2.07	2.07	26.86	23.27	25.42	5.77
宁波联合集团股份有限公司	367615.19	316931.22	314171.37	59188.71	0.27	0.41	0.42	0.182	4.41	4.03	4.82	5.136	7.08	9.7	9.5	3.657
浙江广厦股份有限公司	277782.21	339423.29	438710.57	5891.56	0.23	0.42	0.5	-0.03	1.3	1.7	2.2	2.17	14.43	28.11	25.69	-1.46
浙江古越龙山绍兴酒股份有限公司	8931.8	9811.21	7649.72	3011.72	0.16	0.176	0.137	0.054	5.18	3.37	2.39	3.18	7.54	8.02	5.91	2.23
浙江富润股份有限公司	52509.01	66198.11	82128.96	20942.31	0.36	0.04	0.29	0.03	3.07	3	3.15	3.18	12.03	1.44	9.41	0.85
上海开创国际海洋资源股份有限公司	58130.92	103223.65	811134.42	5352.36	0.03	1.8	0.7508	-0.004	1.56	2.21	2.97	2.9616	2.02	30.63	28.98	-0.14
浙江东日股份有限公司	11974.9	20797	22748.26	6150.54	0.1	0.13	0.19	0.04	3.28	2.71	2.85	2.89	3.77	4.88	6.91	1.38

续表

公司名称	营业收入（万元）				每股收益（元）				每股净资产（元）				净资产收益率（%）			
	2007	2008	2009	2010一季度	2007	2008	2009	2010一季度	2007	2008	2009	2010一季度	2007	2008	2009	2010一季度
东睦新材料集团股份有限公司	68670.24	66832.69	66475.93	22594.97	0.1	0.06	-0.04	0.0605	3.06	3.03	2.89	2.95	3.41	2	-1.47	2.07
浙江东方集团股份有限公司	563836.84	491562.9	425132.44	97852	0.24	0.17	0.21	0.04	2.29	2.22	2.33	2.37	11.08	7.16	9.24	1.72
杭州钢铁股份有限公司	1628101.86	2206138.29	1571124.18	472785.73	0.42	0.04	0.17	0.12	4.17	4.02	4.09	4.21	10.05	1.07	4.3	2.98
宁波波导股份有限公司	456869.31	202477.76	115368.17	28547.29	-0.77	-0.22	0.02	0.01	0.99	0.74	0.76	0.77	-57.33	-25.18	2.73	0.67
宁波维科精华集团股份有限公司	252436.23	245923.97	219796.48	49912.53	0.3764	0.0152	0.0777	-0.0404	2.9303	2.8445	2.929	2.8873	13.49	0.53	2.69	-1.39
浙江巨化股份有限公司	520221.3	532869.74	369961.02	107510.53	0.372	0.157	0.166	0.173	3.42	3.5	3.57	3.74	11.36	4.56	4.7	4.74
美都控股股份有限公司	229175.93	156043.16	204471.47	80639.69	0.34	0.17	0.29	0.11	2.58	1.8	3.32	3.42	13.68	9.61	10.6	3.15
雅戈尔集团股份有限公司	703389.71	1078054.24	1227862.22	212244.95	1.11	0.71	1.47	0.0787	7.07	4.25	6.48	6.5	21.54	12.8	27.32	1.21
新潮中宝股份有限公司	300628.06	479374.98	637936.24	104096.08	0.19	0.32	0.34	0.06	1.25	1.57	1.86	1.86	20.84	23.05	19.72	2.92
浙江医药股份有限公司	220882.56	376102.93	418374.08	118839.86	0.13	2.16	2.7	0.663	1.93	4	6.33	7.41	6.78	72.57	55.47	9.64
浙江升华拜克生物股份有限公司	204467.15	275611.26	151701.73	46674.04	0.2928	0.459	0.5269	0.1194	3.7314	4.0471	4.3629	4.4823	8.07	11.93	12.65	2.7
浙江金鹰股份有限公司	154209.56	112358.23	78370.3	17167.75	0.17	-0.12	0.03	0.01	4.48	3.36	3.36	3.36	5.08	-3.63	0.82	0.15
民丰特种纸股份有限公司	111443.49	119655.68	117034.36	36889.06	0.1	0.04	0.4	0.057	3.23	3.28	3.58	3.64	3.1	1.38	11.86	1.58
浙江阳光集团股份有限公司	174494.55	189073.64	174311.23	42912.08	0.45	0.41	0.48	0.185	4.76	3.94	4.05	4.24	12.99	11.4	10.01	4.464
浙江海正药业股份有限公司	283877.07	318197.83	400347.04	101448.43	0.311	0.435	0.602	0.137	3.034	3.368	4.942	5.079	10.68	13.65	16.3	2.73
钱江水利开发股份有限公司	38710.26	38811.15	62288.59	13199.88	0.12	0.18	0.19	0.02	3.57	3.45	3.45	3.47	3.59	5.32	5.46	0.54
天通控股股份有限公司	125849.4	172458.27	80539.39	22271.59	0.16	0.02	-0.49	0.01	2.78	2.65	2.14	2.15	7.5	0.75	-20.58	0.27

续表

公司名称	营业收入（万元）				每股收益（元）				每股净资产（元）				净资产收益率（%）			
	2007	2008	2009	2010一季度	2007	2008	2009	2010一季度	2007	2008	2009	2010一季度	2007	2008	2009	2010一季度
浙江国祥制冷工业股份有限公司	30635.71	30207.79	18338.42	2132.66	-0.22	-0.27	-0.05	-0.04	2.09	1.82	1.88	1.84	-10	-13.65	2.78	-2.01
浙江龙盛集团股份有限公司	334543.61	422540.93	461940.74	150324.85	0.2903	0.3521	0.5078	0.1442	2.0648	2.3998	3.0352	3.5822	25.53	15.75	19.06	4.35
宁波韵升股份有限公司	462026.62	188743.21	99716.33	39773.57	0.2815	0.2689	1.6364	0.1	4.9191	3.3821	4.1106	4.4056	8.7	6.79	41.35	2.31
浙江海越股份有限公司	106859.15	106900.48	91186.77	27524.97	0.54	-0.12	0.75	0.09	3.48	2.38	3.31	3.36	17.76	-4.12	26.2	2.83
浙江中国小商品城集团股份有限公司	290618.86	264002.42	376256.5	72750.79	0.73	1.08	1.35	0.34	12.17	16.25	9.37	9.68	27.07	20.32	15.38	4.09
杭州士兰微电子股份有限公司	97181.88	93309.58	95986.54	30039.26	0.05	0.03	0.19	12	2.33	1.78	2.01	2.12	2.93	1.63	10.02	5.79
浙江杭萧钢构股份有限公司	283487.24	363224.03	284578.05	62850.82	0.113	0.211	0.312	0.036	1.811	1.991	2.247	2.29	6.42	11.1	14.75	1.57
龙元建设集团股份有限公司	711622.17	728713.54	657397.11	212696.83	0.49	0.31	0.41	0.09	3.62	3.83	4.89	4.8	11.96	6.94	3.11	1.89
腾达建设集团股份有限公司	157488.19	181373.16	193492.15	34696.89	0.16	0.08	0.11	0.027	1.76	2.77	2.88	2.91	9.07	2.91	3.96	0.94
浙江华海药业股份有限公司	70698.1	80143.22	92796.7	22861.82	0.57	0.5	0.55	0.14	4.17	3.64	3.98	4.12	13.76	13.79	13.84	3.29
浙江菲达环保科技股份有限公司	138333.94	161532.89	144331.71	32047.18	0.09	0.07	0.09	0.04	3.52	3.588	3.677	3.744	2.51	1.91	2.43	0.98
海通食品集团股份有限公司	37711.47	39578.49	38775.99	9799.38	0.09	0.03	0.01	-0.03	2.15	2.13	2.14	2.1	4.14	1.19	0.48	-1.6
恒生电子股份有限公司	57242.83	66868.17	72971.18	10795.88	0.43	0.45	0.46	0.0787	3.18	2.13	1.81	1.89	21.38	21.23	25.43	4.16
信雅达系统工程股份有限公司	42631.12	56883.87	59427.67	8007.31	0.043	-0.15	0.13	0.023	1.81	1.65	1.78	1.8	2.35	-9.15	7.26	1.26
浙江康恩贝制药股份有限公司	123759.43	109491.57	140654.16	43826.52	0.63	0.28	0.31	0.11	4.7	2.81	3.08	3.18	12.54	10.09	10.15	3.35

续表

公司名称	营业收入（万元）				每股收益（元）				每股净资产（元）				净资产收益率（%）			
	2007	2008	2009	2010一季度	2007	2008	2009	2010一季度	2007	2008	2009	2010一季度	2007	2008	2009	2010一季度
卧龙电气集团股份有限公司	145651.95	213692.82	223224.65	65532.49	0.36	0.4562	0.6964	0.1246	3.24	3.57	4.39	3.43	11.16	12.79	15.76	3.63
浙江新安化工集团股份有限公司	382797.02	721922.5	384982.76	113736.51	1.7347	5.8584	1.002	0.1713	5.14	10.45	12.79	12.9877	33.76	56.05	7.46	1.32
浙江尖峰集团股份有限公司	142390.41	119305.96	132391.56	25493.78	0.12	0.09	0.21	0.0059	2.53	2.62	2.78	2.7857	4.84	3.35	7.73	0.21
杭州天目山药业股份有限公司	26522.89	25397.82	24533.69	5541.52	0.1242	0.0335	-0.429	0.0012	1.8729	1.8463	1.4173	11.4186	6.63	1.81	-30.27	0.08
航天通信控股集团股份有限公司	339812.64	358104.28	352295.91	79898.07	1.7779	0.04	-0.0308	-0.0519	2.39	2.4124	2.4513	2.3994	74.29	1.49	1.26	-2.16
京投银泰股份有限公司	66397.6	79521.65	65476.08	5808.06	0.07	0.21	0.25	0.022	3.2	2.16	3.12	2.05	2.31	9.74	7.03	1.06
浙江中大（集团）股份有限公司	397876.04	420317.67	2419984.08		0.39	0.48	0.63	0.3084	4.59	4.93	5.55	5.8272	8.57	9.8	11.34	5.29
宁波富达股份有限公司	140295.67	130263.35	144002.34		0.1	0.12	0.16	0.0152	1.65	5.85	1.65	1.667	5.78	6.57	9.61	0.91
通策医疗投资股份有限公司	8850.57	13805.34	18791.02		0.06	0.1	0.14	0.06	1.0746	1.1622	1.2971	1.35711	5.86	8.27	10.69	4.42
宁波富邦精业集团股份有限公司	87900.78	69763.22	51340		0.029	-0.445	0.016	0.003	0.59	0.894	1	0.98	0.85	-49.8	1.64	0.27
东方通信股份有限公司	1273078.15	873899.45	361320.66		0.138	0.077	0.078	0.021	1.85	1.88	1.89	1.91	7.46	4.11	4.16	1.08
浙江中国轻纺城集团股份有限公司	35822.18	56459.87	25885.12		0.29	0.12	0.11	0.027	2.4	1.83	2.07	2.1	12.17	6.35	5.39	1.29
浙江钱江生物化学股份有限公司	41567.28	37731.15	35567.76		0.118	-0.283	0.1	0.42	2.038	1.521	1.58	1.613	5.81	-18.58	6.06	2.58
浙大网新科技股份有限公司	540705.66	521188.63	480764.62		0.19	0.09	0.04	0.01	1.74	1.78	1.95	1.97	10.79	4.93	2.17	0.07
宁波海运股份有限公司	118382.67	146332.8	89306.49		0.339	0.352	0.0341	0.0061	2.256	2.285	2.16	2.17	15.03	15.42	1.58	0.28

续表

公司名称	营业收入（万元）				每股收益（元）				每股净资产（元）				净资产收益率（%）			
	2007	2008	2009	2010一季度	2007	2008	2009	2010一季度	2007	2008	2009	2010一季度	2007	2008	2009	2010一季度
杭州解百集团股份有限公司	147684.56	165246.8	164452.32		0.2	0.25	0.21	0.09	1.65	1.75	1.87	1.95	12.07	14.32	11.12	4.63
香溢融通控股集团股份有限公司	153652.01	110272.29	79543.41		0.218	0.114	0.137	0.035	1.691	2.781	2.885	2.924	12.9	3.98	4.47	1.2
哈工大首创科技股份有限公司	84610.77	92465.02	73233.55		0.18	0.05	0.04	0.03	1.8	1.86	1.89	1.92	10.12	2.62	2.27	1.55
百大集团股份有限公司	150190.12	127946.08	107292.83		0.28	0.23	0.28	0.07	2.84	2.09	2.28	2.35	9.83	9.71	12.07	3.01
宁波杉杉股份有限公司	211945.66	245175.05	210539.55		0.27	0.206	0.139	0.058	3.81	4.79	8.491	8.407	7.21	4.88	2.73	0.44
宁波热电股份有限公司	84673.14	87424.57	93818.08		0.2015	0.1724	0.1114	0.039	2.27	2.33	2.51	2.6	8.87	6.93	10.97	3.55
浙江航民股份有限公司	172791.9	185181.93	181100.44		0.27	0.3	0.38	0.077	2.58	2.73	2.95	3.03	10.34	10.84	12.84	2.53
晋亿实业股份有限公司	122994.66	173609.4	167736.67		0.52	0.127	-0.002	0.022	2.06	2.1893	2.19	2.21	2.46	5.81	-0.1	11.01
浙江正泰电器股份有限公司			467538.49		0.41	0.43	0.58	0.15	1.36	1.14	1.42	3.87	41.37	37.71	40.73	3.96
杭州中恒电气股份有限公司	3589.24	3728.87	4793.79	924.61	0.60	0.64	0.82	0.11				8.13				2.08
浙江亚太药业股份有限公司	5006.49	4861.04	5703.41	1692.20				0.16				5.72				6.12
宁波GQY视讯股份有限公司	15968.19	17594.68	21273.55	4830.51												
杭州中瑞思创科技股份有限公司	17422.41	22202.76	23248.53	6897.89												

第五章

新兴市场主体

新世纪以来,随着制度演进、体制改革等的推进,出现了多种新兴企业形式。农民专业合作社、小额贷款公司、村镇银行等纷纷出现,这些新兴市场主体,为社会经济系统增加了新的活力和增长点。

在浙江,自改革开放以来的市场开放和个体私营经济发展,从广大农村地区起步,浙江经济高速成长过程中,大部分地区的农村、农民问题自然得到比较好的解决。一个繁荣的市场经济和领先全国的发展水平,为农民专业合作社等新型组织的发展提供了比较好的社会经济基础。改革开放30多年来的积累,为开办和发展小额贷款公司、村镇银行提供了相对比较充裕的资金来源。

2010年5月,《国务院关于鼓励和引导民间投资健康发展的若干意见》(即"新36条")明确提出,鼓励民间资本发起或参与设立村镇银行、贷款公司、农村资金互助社等金融机构,适当放宽小额贷款公司单一投资者持股比例限制,对小额贷款公司的涉农业务实行与村镇银行同等的财政补贴政策,大大刺激此类金融机构蓬勃发展。

农民专业合作社

合作社是由其社员拥有并使用其服务的组织。根据国际合作社联盟(1995)的定义,合作社是由自愿联合的人,通过一个共同拥有和民主控制的企业组织,满足成员共同的经济、社会、文化需要和抱负的自治协会。美国农业部有关机构则强调,合作社是"用户所有、用户控制和用户受益的公司型企业"。根据国际经验,合作社可以提供任何产品和服务,可以涉及社会生活的任何方面,它既可以是非盈利企业也可以为赚钱而成立。

在20世纪中期以后至80年代的改革开放初期,新中国逐步建立的遍布中国大陆几乎所有农村地区的合作社。合作社曾经长期主导广大农村地区的生产资料和商品流通,并且在农村流通领域几乎一统天下,是中国最广大农民的最主要、最广泛、最方便的消费品和生产资料流通渠道。现今中国劳动年龄人口的90%都应该曾经直接与合作社打过交道、从合作社买过东西,体验过和感受过合作社。然而,随着承包制的不断推进、市场经济体制的建立、现代企业制度的形成,以及日益开放的统一市场形成,合作社在流通领域和经济社会生活中影响力逐渐下降。即使在长期作为供销合作社传统领地的广大农村,合作社在流通领域和金融服务领域的地位也大大减弱。

在计划经济时代的合作社,以解决农业生产资料供销和农村地区居民消费品供销为主要任务,合作社的职能定位与作为计划经济之外被允许存在的、作为其补充的商品货币关系相关联,并受到计划调节和指导。当前建立和发展的农民专业合作社,是作为社会主义市场经济体制中的一种市场主体身份,在农村土地承包制的前提下、以农村土地承包经营权为基础,以农业种养殖、农产品生产、加工、销售、农资供销、农技服务等为主要业务内容。

合作社建立在自助、自主、民主、平等、公平和团结的基础上。"合作社原则是合作社将它们的价值付诸实施的指导方针"。国际合作社联盟1995年确立的合作社原则:(1)自愿、开放的会员资格,"合作社是自愿组成的组织","对所有能利用它的服务并愿意承担会员义务的人都是开放的";(2)成员民主管理,"合作社是由社员管理的民主的组织,它的事务由积极参与政策制订和决策的成员管理","被选出的男女代表应对成员负责","在基层合作社中,社员拥有平等的投票权(即每成员一票),其他级别的合作社也按民主的方式进行组织";(3)成员经济参与,"成员均摊合作社资本,并对其进行民主管理",均摊实际上是公平承担而非平均化,"部分资产常常表现为合作社的共有资产";(4)独立性与自主性,"合作社是由它们的成员所控制的自主、自助的组织","在它们与其他组织,包括政府,签订协定,或从外部获取资金时,必须要保证它们的成员的民主管理及合作社的自主性";(5)教育、培训与宣传,"合作社为它们的成员、获选代表、管理者和雇员提供教育和培训,以便他们有效地促进合作社的发展";(6)合作社间的合作,"合作社通过地方、国家、地区和国际上的合作才能最有效地服务于其成员并发展合作社运动";(7)关注社区,"合作社通过采用其成员核准的政策促进其所处的社会的可持续发展"。

合作社的基本目标是满足其成员的共同需求,投资者拥有的大多数企业以股东利润最大化为目标。合作社采取一人一票制,而不是商业企业的一股一票制。合作社为成员的共同需求而不是为个人需求服务,由人而不是由资本控制这个组织。合作社按照会员使用合作社服务的多少而不是按照他们拥有股份多少分配利润,通常将利润用于提高对成员的服务和福利。

在西方发达国家,合作社是农业及相关领域最主要的组织形式。加拿大的农业合作组织从1986年的955个发展到2000年的1288个,所雇人数达到3.7万人,比1986年上升35%。2000年,农业合作组织收入196亿美元,其中购销合作社占80%,尤其是奶制品、谷物和含油种子;农场供给合作社人数最众、收入增长最快,社员数占全部46.8万农业合作社员的58%,收入从1996年28亿美元到2000年33亿美元。加拿大大约60%的牛奶产品、49%的家禽和鸡蛋是由合作社提供的。农产品买卖合作社2000年的总交易量达134亿美元。合作社销量几乎占了所有西方的谷物和含油种子的一半份额。

合作社成员必须缴纳身份股金,也可以投资股金。经依法登记注册设立。社员大会或者社员代表大会是合作社的最高权力机构,一般每年召开2次,由理事会负责召集,理事会主任主持。理事会是社员(代表)大会闭会期间的执行机构,根据社员(代表)大会的授权负责合作社的日常工作。理事会成员由社员(代表)大会选举产生。监事会是合作社的监督机构,监事会由社员(代表)大会选举产生,对社员(代表)大会负责。

合作社的经营大致有三种形式:理事会直接经营、合作社企业以独立法人资格从事经营、合作社联合经营。当前开放和引导发展农民专业合作社,一般来说要围绕当地主导产业进行,或者围绕加工企业、销售企业、批发市场发展合作社。

2007年7月1日起,《农民专业合作社法》付诸实施,浙江省工商行政管理局推出促进农民专业合作社发展的10大举措,农民专业合作社最低成员数放宽至5人;取消注册资金限制,由合作社成员根据需要自行约定出资总额;免除法定验资机构验资程序,凭出资清单可直接到登记机关办理登记手续;农民专业合作社免费登记,取消设立、变更和年度检验费用;工商部门专门设置专人专窗、开通绿色通道提供法律政策咨询以及申请、受理、审核一站式服务。

浙江工商部门明确强调农民专业合作社的独立市场主体地位,享有充分生产经营自主权,依法自主选择业务范围,可以从事农业生产资料购买、农产品销售、加工、运输、贮藏以及与农业生产经营有关的技术、信息服务等项目。进一步扩大合作社的自治空间,在成员大会、理事长等法定组织框架下,农民专业合作社可以自主设置其他组织机构。成员150人以上的合作社可以设立成员代表大会,行使全部或部分成员大会职权;因生产经营管理需要可选择设立执行监事或监事、理事会和经理。新举措还规定,允许非农自然人、农民和从事与合作社业务直接相关的生产经营公司、非公司企业法人等共同投资设立农民专业合作社,扩充合作社资金来源。浙江省工商部门鼓励成员申报出资总额200万元以上、跨区域经营的农民专业合作社取冠省名。对认定为驰名商标、浙江省著名商标和知名商号的农民专业合作社所用商号,在本省范围内实行跨登记机关、跨行业保护。

2009年,浙江省对农村土地承包经营权和林地承包经营权出资作价成立农民专业合作社,进行规范,促进了农民专业合作社的发展。2009年底,浙江全省实有农民专业合作社20686户,出资总额1067749万元,分别比上年增长88.91%和140.76%,新登记农民专业合作社9954户出资总额615875万元,分别比上年增长24.52%和99.29%。农民专业合作社业务范围通常是种植业、农产品销售和与农业生产经营相关的技术信息服务业,这三类农民专业合作社分别有10495户、9160户、8799户。2009年底,全部20686户农民专业合作社业务构成情况见表5-1。

2010年3月,《浙江省农村土地承包经营权作价出资农民专业合作社登记暂行办法》发布,颁发了全国首份以土地承包经营权作价出资设立的合作社营业执照。2010年4月,《浙江省林地承包经营权作价出资农民专业合作社登记暂行办法》发布,安吉尚林毛竹专业合作社等七家合作社正式领取营业执照。

表 5－1　2009 年农民专业合作社业务构成

农业生产资料购买	6091	29.45％
农产品销售	9160	44.28％
农产品加工	554	2.68％
农产品运输	152	0.73％
农产品贮藏	259	1.25％
与农业有关的技术信息服务	8977	43.40％
种植业	10495	50.73％
养殖业	4109	19.86％
其他	2829	13.68％
合　　计	20686	100％

资料来源：浙江省工商行政管理局，《2009 内资企业统计分析报告》。

　　根据登记办法规定，林农可以林地承包经营权作价出资新设农民专业合作社，也可以林地承包经营权作价向农民专业合作社增资；出资人可以是户主或者其他家庭成员，根据家庭成员意思自治的原则确立；林地作价由全体社员根据承包经营期限、预期收益等评估，合作社申报出资总额，不需验资；设立大会纪要、章程、出资清单，林地出资作价的数额比例等，作为工商登记事项，"成员出资总额"后需加注"林地承包经营权作价出资＊＊＊万元"。

　　根据省林业厅数据，全省 10019.55 万亩林地，按每亩平均每年作价 350 元计算，林地承包经营权作价出资成立农民专业合作社，实现 350 亿元的财富资本化。家庭承包经营制从耕地延伸到林地，在保证林地承包经营制前提下，大大提高林农组织化程度，促进林业发展走上产业化、规模化经营道路。林地承包经营权出资设立农民专业合作社，实现了林业经营从农户个体经营向法人组织经营的转变，提升林地经营层次和集约化程度，有助于推进林地经营和林业发展的专业化、标准化、品牌化，提高劳动生产率和土地产出率。

小额贷款公司

　　小额贷款和小额贷款公司，起源于作为解决贫困人群的援助性计划。20 世纪 80 年代，孟加拉国的葛来明乡村银行、印度尼西亚农村银行等以提供小额信贷的商业性金融机构，在亚洲和南美等地获得广泛认同和发展，在为农村中低收入者和城镇失业贫困群体提供生产和创业支持方面，发挥了引人注目的作用，也由此成为金融发展史上的一个重要标志。

　　20 世纪末的国有经济战略性调整和金融改革，大大增强了国有和国有控股大金融机构的实力和治理水平，为抵御金融危机、推进国内经济发展起到了关键作用。然而，随着大金融机构从金融服务本就落后的农村地区退出,中国大陆最需要金融扶持、最需要资金支持的小规模和农户生产、最需要提高改善生活状况的大量人群,长期缺乏相应金融服务。既缺少面向这些人群的金融机构,也缺少针对这些人群的金融服务和金融产品。这种局面严重制约了农民、农村、农业的长期可持续发展,也制约了城市低收入群体自谋发展的途径。20世纪最后10年内,发达国家纷纷强调小企业和微小企业的发展。构建促进微小企业创业和农民、农业、农村发展的金融服务体系,作为面向知识经济时代发达国家和发展中国家共同关心的全球性问题,受到更多的关注。

2005年以来,每年的中央一号文件都对农村金融给予关注,强调解决微小企业和农民贷款难的问题,探索建立小额信贷组织。2006年12月,银监会启动农村金融改革进程,小额贷款公司进入试点框架。2008年5月初,银监会联合央行颁布《关于小额贷款公司试点的指导意见》。2008年7月,浙江省颁布《关于开展小额贷款公司试点工作的实施意见》,随后在全国率先颁布《小额贷款公司试点登记管理暂行办法》。2008年,是浙江省小额贷款公司发展元年。

中国人民银行的统计数据显示,2010年上半年小额贷款公司数量及贷款余额快速增长,半年内新增606家小额贷款公司,新增贷款余额474.6亿元;截至6月底,小额贷款公司数量达到1940家,贷款余额1248.9亿元,其中短期贷款余额1234.9亿元,短期贷款新增471.4亿元。贷款余额中,个人贷款余额758.6亿元,比年初新增326.4亿元,单位贷款余额487.2亿元,比年初新增150.9亿元。

小额贷款公司的放贷对象已经由设立之初的目标对象"三农"和县域中小企业,扩展到个体经营户、中小企业主以及普通居民等更大范围。

小额贷款公司放款利率上限是同期央行基准利率的4倍,尽管远高于银行利率,但与年息30%—50%的民间借贷成本相比,仍具有很高的吸引力。

在江苏、浙江和上海等地,一些私募股权投资机构(PE)也纷纷涉足小额贷款公司。浙江一家私募股权投资机构负责人透露,2010年初投入小额贷款业务的资金,半年来收益高出预期水平近3%。

小额贷款公司发展最大问题就是没有吸储能力,变相吸收存款将是小额贷款公司健康发展的隐患。对国有银行、乡镇银行、农村信用社等金融机构给农户贷款的各种税收优惠,并未惠及小额贷款公司。

2009年6月,银监会出台《小额贷款公司改制设立村镇银行暂行规定》,允许合规的小额贷款公司转制为村镇银行,开启小额贷款公司发展和农村金融的新时代。2009年6月,浙江省政府办公厅发布《关于促进小额贷款公司健康发展的若干意见》,进一步放宽融资渠道和贷款额度,并实行减免税政策和补助,诱发民间小额贷款公司发展的第二次高潮。

据统计,浙江省内能获得银行信贷支持的企业不足10%,能从银行融资的个体工商户更少,从数量上看,超过90%的经济主体的融资需求未获满足。其中的大部分,属于小额贷款公司的业务范围,这为小额贷款公司提供了现实的客户需求和广阔的发展空间。

2009 年底,浙江有小额贷款公司 105 家,注册资本合计 144.22 亿元,2009 年全年发放贷款 551.7 亿元,惠及全省 5 万多中小企业与农户。小额贷款公司户均规模 1.33 亿元,近 40% 小额贷款公司注册资本达到上限。这些小额贷款公司累计发放 49713 笔贷款,平均每笔贷款规模达到 111 万元,年均贷款利率 13.83%,资本收益率 9%—11%,近半数贷款期限在一个月以内。90% 以上的小额贷款公司贷款逾期率为 0,显示小额贷款公司信贷风险控制能力很强[①]。2009 年下半年,受政策鼓励,新出现很多小额贷款公司,9 月份新增 14 家,全年新增 63 家,占年底小额贷款公司实有数的 60%。

至 2009 年 3 月,浙江省累计发放小额贷款 97.24 亿元,其后增长迅猛,12 月放贷金额创新高达 68.99 亿元。企业或个人在短期内的现金流短缺,是小额贷款的主要用途。就省内各地的情况来看,期限半年以上的贷款金额占比普遍小于 15%,在绍兴、宁波、衢州三地,三个月之内的贷款量占到总量的 2/3 以上。

2009 年,小额贷款公司最高年利率为 21.24%,最低年利率 1.458%,利息总收入 15.55 亿元,年均资本收益率预计在 9%—11%。年平均贷款利率从年初的 14.33% 下降到年末的 13.83%。利率趋向理性合理,向全社会总体利率水平靠拢,同时也形成对民间高利贷强有力的竞争,有助于抑制高利贷。

小额贷款公司遍及全省 11 个市,覆盖 90 个县(区)行政区划中的 81 个县(市、区)以及 3 个开发区,其中 21 个县(市、区)有两家以上的小额贷款公司。图 5-1 表示浙江省内各地小额贷款公司情况。

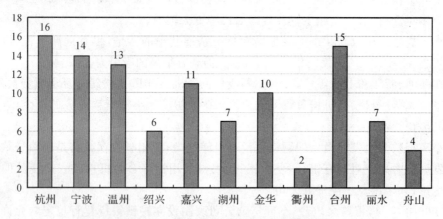

图 5-1 浙江省内小额贷款公司情况

2009 年,浙江省小额贷款公司支持三农、小型和微型企业贷款占全部贷款总额的比例为 53.0%,为农户提供的贷款平均比例为 18.6%,同期全国商业银行为农户提供贷款占比的平均水平为 3.4%。针对三农和中小企业融资的贷款条件宽松,90% 以上的贷款担保方式为保证,仅有 6% 的贷款条件为抵押和质押。中小企业在资金需求上,

---

① 浙江省工商行政管理局:《2009 年度浙江省小额贷款公司监管报告》。

呈现的特点是融资期限短、需求一般都很急迫、融资频率高。小额贷款对象情况见图5-2。

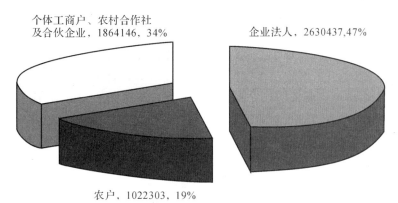

个体工商户、农村合作社
及合伙企业，1864146，34%

企业法人，2630437，47%

农户，1022303，19%

图 5-2 小额贷款对象结构

从贷款用途上看,种养殖业贷款金额较年初增长近 2.5 倍,农副产品加工及其他农业有较大增长,流向工业的贷款占比从年初的 60% 逐渐减少到 12 月份的近 45%,但工业仍然是小额贷款的主要流向,这与浙江省的经济结构基本一致。

多数小额贷款公司在成立后的一个月内,公司资金全部放贷完毕。显示小额贷款公司在放贷手续简便、审查灵活、经营效率高方面具有的显著优势,同时,也表明对小额融资的需求极度旺盛。根据一年多的经验,对新客户来说,小额贷款公司一般 2—3 天就可以完成从业务申请到发放贷款的全部流程,部分老客户只需一天就可以拿到贷款。全部小额贷款公司合计年平均资金周转率为 4 次,年均资金周转率最高达到17 次。

自开办以来,小额贷款公司经历了火热申办—低迷—稳定发展的历程,起初以抢占村镇银行先机、获取高额利润为主,目前已开始趋向理性和务实,以追求适度回报、风险防控和承担社会责任为理念,绝大多数股东没有对小额贷款公司的年盈利能力制定过高的目标要求。对直接农业贷款、小额创业贷款普遍实行较低利率,与同期银行利率接近,最低年利率为 4.4%。合计的平均资本收益率也控制在基本合理水平。

浙江特色的主发起人发起设立制度,对主发起人的要求是,当地实力雄厚、管理规范、信用优良、具备持续出资能力的民营企业,对主发起人的净资产、资产负债率和盈利能力提出了较高的要求。小额贷款公司的注册资本提高到不低于 5000 万元(欠发达县域不低于 2000 万元),主发起人的持股比例由试点开始的最高 20% 提高到增资后不超过 30%。20 多家小额贷款公司的主发起人为上市公司或上市公司的控股公司,有近 40% 的小额贷款公司设立之初注册资本就达到上限(2 亿元)。

多数小额贷款公司都参照银行基本架构设立从客户调查到贷款回收的全流程内控制度,机构设置精简高效,一般 8—15 人,运营成本低;业务经营合规性好,尚未发现非法集资、异地经营、高利贷等情况;公司治理机制规范,股东会、董事会、监事会、经理系统,分工协同、职责清晰,决策有序,发展目标明确。温州、湖州、嘉兴等地的小额贷款公司通过建立客户档案,对成功贷款并按期还款 3 笔以上的客户开辟绿色通道,可以在几个小时内完成放贷过程。

根据要求,小额贷款公司基本符合高管人员"熟悉金融业务,有金融从业经历并具有较强的合规经营意识"的规定,个别高管虽不符合这一规定但来自政府经济管理部门,业务素质比较高。

在创新业务发展方面,杭州、嘉兴等地小额贷款公司推出"农户联保贷款"、"邦联贷款"等信用互保贷款,湖州、嘉善等地的小额贷款公司推出"兴农—创业贷款"、"农户信用贷款"、"农户保证抵押贷款"等业务,对部分经营当地优势产业的中小企业推出"胡奥雅贷款"业务,丽水小额贷款公司积极探索股权、商标权质押贷款途径。

浙江省建立由省金融办、省工商局、省财政厅、浙江银监局和人民银行杭州中心支行等部门参加的小额贷款试点工作联席会议制度,由省工商部门负责各地小额贷款公司的日常监管。工商行政管理部门建立小额贷款公司的监管机制,并将对从业人员进行知识更新和教育,以形成促进和监管结合的长效机制。

村镇银行

村镇银行是指经监管机构依据有关法律、法规批准,由境内外金融机构、境内非金融机构企业法人、境内自然人出资,在农村地区设立的主要为当地农民、农业和农村经济发展提供金融服务的银行业金融机构。

村镇银行可经营吸收 公众存款,发放短期、中期和长期贷款,办理国内结算,办理票据承兑与贴现,从事同业拆借,从事银行卡业务,代理发行、代理兑付、承销政府债券,代理收付款项和保险业务以及经银行业监督管理机构批准的其他业务,可根据国家规定代理政策性银行、商业银行和保险公司、证券公司等金融机构业务。

2006 年 12 月 22 日,中国银行业监督管理委员会发布《关于调整放宽农村地区银行业金融机构准入政策更好支持社会主义新农村建设的若干意见》,对农村地区银行业金融机构的资本准入范围、注册资本限额、投资人资格、业务准入、高级管理人员准入资格、行政审批、公司治理等方面做出突破性规定。农村银行业对所有社会资本和所有金融机构开放,境内外银行资本、产业资本、民间资本都可以到农村地区投资、收购、新设银行业金融机构;所有金融机构在县(市)设立村镇银行的注册资本限制调低为不低于人民币 300 万元,在乡(镇)设立村镇银行的注册资本限制调低为不低于人民币 100 万元,并取消营运资金限制。

在乡(镇)新设立的信用合作组织注册资本不得低于人民币 30 万元,在行政村新设立信用合作组织注册资本不得低于人民币 10 万元。积极支持和引导境内外银行资本、产业资本和民间资本到农村地区投资、收购、新设各类银行业金融机构。新设银行业法人机构总部原则上要设在农村地区,可以设在大中城市但具备贷款服务功能的营业网点只能设在县(市)或乡(镇)和行政村。农村地区各类银行业金融机构尤其是新设机构的金融服务,必须能够覆盖所在地辖内乡(镇)或行政村。

2007 年 3 月,首批村镇银行在 6 个首批试点省诞生,2007 年 3 月 1 日开业的四川省的仪陇惠民村镇银行,是全国第一家村镇银行;2007 年 10 月,银监会宣布试点从 6 个省扩大到 31 个地区;2007 年 12 月,首家外资村镇银行曾都汇丰村镇银行开业;2007 年 12 月,国家开发银行作为主发起人组建的村镇银行挂牌;2008 年 8 月,中国农业银行发起在湖北、内蒙古同时成立村镇银行;2008 年 10 月,全国共开设村镇银行达 20 多家。

在村镇银行出现之前,在广大农村地区开展金融业务的只有信用社和邮政储蓄两家。农村信用社已经过多年发展,人才、客户、管理、安防等方面都有比较好的积累和基础。邮政储蓄只提供存款业务,是"只存不贷"的存款银行,业务简单。村镇银行作为新兴农村金融组织,显然具有其独特的业务定位,也应该有生命力。

至 2009 年底,北京已经开业或批准筹建的村镇银行共有 6 家,覆盖北京大部分郊区,其中,北京银行发起设立的延庆村镇银行和由汇丰银行设立的北京密云汇丰村镇银行在 2008 年底开业,哈尔滨银行发起设立的北京怀柔融兴银行、九江银行作为发起人的北京大兴九银村镇银行、华夏银行组建的大兴华夏村镇银行、包商银行成立的北京昌平兆丰村镇银行,都是在 2009 年最后两个月内获准筹建。新型农村金融机构试点推进初期,异地扩张需求较为迫切的城市商业银行扮演了主力。

银监会在 2007 年 7 月 29 日发布的《新型农村金融机构 2009—2011 年工作安排》中提出,2009—2011 年全国 35 个省(区、市,西藏除外)、计划单列市共计划设立 1294 家新型农村金融机构,其中村镇银行 1027 家,贷款公司 106 家,农村资金互助社 161 家。自 2007 年 3 月首家村镇银行成立以来,2009 年底全国已成立村镇银行超过 110 家,距离规划目标还有很大差距。根据来自监管部门的信息,2010 年村镇银行发展将进入快速扩张期。

至 2009 年 12 月,中国工商银行、中国农业银行、中国银行、中国建设银行、交通银行等五大国有商业银行都参与开办村镇银行,这五家国有商业银行共组建开业村镇银行 7 家。中国建设银行的目标,是在全国范围内建立百家村镇银行网络。上海浦东发展银行在已经成立 5 家村镇银行的基础上,计划再发起设立资兴浦发村镇银行、华西浦发村镇银行、甘井子浦发村镇银行等。交通银行关于成立十几家村镇银行的计划已经得到银监会批准。

在 2009 年 12 月 16 日召开的大中型商业银行参与培育新型农村金融机构工作座谈会上,银监会副主席蒋定之指出,大中型银行要积极探索成立业务部、管理总部等多种方式投资组建村镇银行。中国银行和中国民生银行拟成立"村镇银行集团公司"来统一组建、运作各自在全国的村镇银行网络。国有或国有控股大商业银行广泛参与建立村镇银行,已经开始成为趋势。

村镇银行发展也存在其自身的不足。作为独立企业法人的村镇银行,发起人或出资人不可能抛弃利润最大化目标;农民、农业、农村经济实力相对较弱,"三农"金融服务风险高、效益低;农村地区国有商业银行信贷资金"农转非"现象,难以确定是否不会出现在村镇银行。设立于农村贫困地区的村镇银行接近服务对象，有本土优势，同时制约了村镇银行吸纳储蓄存款等能力。村镇银行业务多以信用贷款为主，易受道德风险影响，承受信用风险的能力也值得考验。相对农业银行、农村信用社等农村金融机构，村镇银行在内控、安防和应对农村地区复杂治安形势的能力都有待提高。虽然银监会允许村镇银行进行同业拆借补充资金缺口，出于拆借成本的考虑在实践中抑制了村镇银行的同业拆借。最早成立的资本金较小的村镇银行，多通过股东增资扩股方式应对资金来源问题。延庆村镇银行2010年获批增资扩股到1亿元，新增股本7000万元，其中大股东北京银行增资2300万元，企业股东也有增资，并且新引入两家企业股东。

国有大银行参与建设村镇银行，有助于在一定程度上克服村镇银行的上述不足，这也许是中国发展村镇银行的特色，但是否会引发其他问题，也值得关注。

浙江被列入第二批村镇银行试点，目前成功组建的总计有6家，民间资本十分活跃的温州地区，只有永嘉和苍南两县进行了试点。如表5-2所示。

表5-2　浙江村镇银行

名　　称	开业时间	注册资本金	主发起人或控股股东大股东持股比例	其他股东状况
长兴联合村镇银行	2008年5月	20000万元	杭州联合农村合作银行40%	15户长兴企业持股合计40%，9户杭州企业合计持股20%
玉环永兴村镇银行	2008年5月	16000万元	萧山农村合作银行40%	玉环农村信用联社10%，7户萧山企业合计持股11%，22户玉环企业合计持股49%
象山国民村镇银行	2008年8月	8000万元	鄞州农村合作银行36%	象山农村信用合作联社10%，8户企业合计持股42%，1位自然人持股2%
苍南建信村镇银行	2009年5月	15000万元	建设银行	12家企业
永嘉恒升村镇银行	2009年4月	20000万元	瓯海农村合作银行	22家企业
嵊州瑞丰村镇银行	2008年12月	17600万元	绍兴农村合作银行	18家法人公司
慈溪民生村镇银行	2008年12月	10000万元	民生银行35%	
慈溪建信村镇银行	2010年8月		建设银行	

资料来源：根据散布资料整理。

2009年6月，中国银监会发布《小额贷款公司改制设立村镇银行暂行规定》，明确了小额贷款公司改制为村镇银行的准入条件、改制工作的程序和要求、监督管理要求等。小额贷款公司转制为村镇银行，有望在一定程度上解决困扰其发展的资金来源问题。按照2008年5月中国银行业监督管理委员会与中国人民银行发布的《关于小额贷款公司试点指导意见》，小额贷款公司成立后须持续营业满3年以后，可以改制为村镇银行。未来一年，将出现符合条件的小额贷款公司改制为村镇银行的趋势。

第三部分

当代浙商,萌芽于改革开放,成长于建立社会主义市场经济体制的进程中,在国有经济战略性调整中崛起,在新世纪一系列经济热点进一步壮大并展示力量。

走遍全国乃至全球的当代浙商,尤以温州人最早最多,温州人的先进先行往往代表和影响着浙商形象。浙商起步于不起眼的行当,起初仅为谋得生计。

随着资本积累,部分浙商和资金开始游离企业生产经营领域,通过追逐、参与和推动制造诸多热点领域,并把这种天性带出国门,展示当代浙商的形象和力量。

浙商民间资本首先从炒房开始,涉及几乎全国所有城市房地产开发领域。在屡受关注的新疆炒棉花、中西部炒小水电站与油井、国企改革改制、投资煤矿、海南"国际旅游岛"等诸多经济热点中,几乎没有不涉及浙商的领域。

2002年起短短四五年,温州民间资本迅速在山西等地煤炭开采领域形成气候,控制山西60%的中小煤矿、合计产能占山西煤炭年产量的1/5。2009年起在更短的时间内,浙商在山西煤改中迅速退出。

通过参与众多热点领域及其不俗表现,浙商迅速实现了资本积累,也获得社会认可与批评。浙商既有收获的喜悦,也有遭遇损失的痛楚。

2009年是浙商的多事之秋:俄罗斯查封切尔基佐沃大市场让浙商损失惨重,迪拜危机中浙商损失30亿,山西煤改500亿浙江资本深陷其中,损失超过150亿。

30多年来,浙商之所以萌芽、成长并崛起为中国私营领域最突出的群体,与其契合中国经济社会发展阶段、总能抓住和追随中国经济发展先机关系密切。展望浙商发展未来,把浙商发展置于中国经济发展阶段性特征上,是继续保持浙商在中国私营领域特色和领先地位的基础。

浙商崛起部分地是融合初级工业化进程,进入重化工业、采矿业是当前阶段浙商发展的一种趋势。工业化与信息化融合发展的时代,物联网将是未来中国社会经济领域的新兴热点,浙商务必该有所作为。

进入新世纪以来,伴随住房商品化、房地产业发展和房价上涨,浙商发展与城市化进程的关系开始密切起来,众多浙商"炒房者"也从中国大陆蓬勃发展的城市化中迅速积累起天量财富。面向未来城市化进程,浙商既要积极参与城市化尤其要积极参与中小城市和城镇建设,也要警惕和规避伴随当前城市化进程的金融泡沫的潜在风险,在未来发展"低碳城市"中有所作为。

当代浙商发展既贴近消费和民生,又融入外向型经济发展进程。出口导向型经济面临的货币超发、流动性泛滥、泡沫生成等问题,以及国际金融危机冲击,形成对浙商转型升级的"倒逼"机制。

从国际比较看,追赶国际技术创新和经济发展前沿,为中国留下很大学习空间;从内部发展梯度看,中西部经济发展为中国经济继续高速增长提供空间;服务业严重滞后、发展潜力巨大;农业人口向城市和城镇转移、中西部地区剩余劳动力向沿海发达地区转移、农村剩余劳动力向工业和服务业转移;都将是未来浙商发展的历史机遇。

中国作为经济大国的崛起,巨额外汇储备的力量结合人民币走向国际化,为面向全球的浙商发展提供了更好背景条件。随着中国企业活动领域越来越广,中国企业尤其是走向海外的私营企业会面临国际贸易摩擦机会大增的挑战,浙商发展务必要警惕未来更严重的国际贸易摩擦。

在国际金融危机冲击过后,中国经济面临诸多矛盾:控制房价与支柱产业选择、保持经济增长与控制通货膨胀、保增长与调结构、个人国家企业收入分配关系、货币政策和汇率问题、出口与内需、地方政府债务问题、资源价格改革与管理通胀冲突、节能减排与重化工业发展冲突、土地市场调控、财税改革等等。这些矛盾及其解决,既为浙商发展提供了机遇,也是浙商发展面临更多政策风险。

改革开放是当代浙商萌芽的历史机遇,没有改革开放就没有当代浙商。以建立社会主义市场经济体制为目标的改革开放,是浙商发展的社会历史背景。进一步深化体制改革,完善社会主义市场经济体制,尽快形成现代文明法治社会,是中国经济社会和私营领域发展面临的紧迫形势,也是浙商未来发展的体制机制条件。

转变增长方式是中国经济发展中具有全局性、长期性、艰巨性的战略,体制改革是建立和完善社会主义市场经济体系过程中同样具有全局性、长期性、艰巨性的任务。两者几乎是同一过程的两个方面,都处于尚未完成的状态,都需要持续地继续付出艰苦努力。两者同时也是相互促进、相辅相成的。

提振内需和消费,以增加群众收入为前提,增加劳动者报酬需要分配制度改革、政府改革、财税体制改革配套;目前工业化和城市化进程遇到的阻碍,也主要依靠体制机制改革消除;增加公共服务和公共品供给(如医疗保障、教育等),更需要在医疗卫生体制和教育体制改革推进中实现;发展低碳经济,涉及环境产权等基础性制度安排,更需要产业政策、财政税收政策等保障和支持;政府转型则是全社会体制改革、运行机制转变、管理理念形成的关键和枢纽。

真正形成以法治社会为基础的民间投资、私营领域自由发展,仍然需要艰巨的体制机制改革任务。改革的关键是处理好放松管制、促进经济自由和适度监管之间的矛盾,掌握好两者的平衡。

改革高度垄断的金融体制,大力发展能给小企业融资的民间小银行;培育小金融机构与放松管制、对民间资本、私人资本开放两者结合起来;尽快促进私人股权主导的风险资本(VC)和私募股权(PE)投资进入良性可持续发展轨道;在放松不当管制、开放市场准入的同时,确立新监管理念、运用新监管手段。

当前,促进创新创业、发展非公有制经济、促进民间投资、发展服务业,最需要突破的是放松管制,在市场准入、公平竞争上作出根本性改变。

在民间资本积累已经达到相当能量的时候,突破体制机制上的羁绊,进一步对内开放,释放民间投资、发展民营经济是解决诸多问题的突破口,也是未来浙商发展面临的最重要约束。

第六章

经济热点与浙商发展

当代浙商,萌芽于改革开放,成长于建立社会主义市场经济体制的进程中,在国有经济战略性调整中崛起,在新世纪一系列经济热点进一步壮大并展示力量。

走遍全国乃至全球的当代浙商,尤以温州人最早最多。在一系列热点问题中,也往往是以温州人的先进先行代表和影响着浙商形象。若追溯当代浙商的起源,20 世纪70 年代末的温州"八大王"是冒险家代表,他们在流通领域异军突起,至今仍然被视为当代浙商光辉历程的重要起源和标志性突破。

追逐热点的历程

温州商人从不起眼的行当做起,走遍全国,起初仅仅是谋得生计。在 20 世纪整个80 年代,温州人的形象都还很难与体面的企业经营联系起来,几乎与体面经营无缘。从 1992 年邓小平"南巡讲话"到 1999 年,温州民营资本的原始积累快速发展。进入2000 年后,有一定实力的温州民间资本开始游离企业生产经营领域,追逐投资热点。

2000 年前后,温州民间资本首先从炒房开始。一批温州商人在温州、杭州初尝炒房甜头后,开始转向上海这个国际化大都市炒楼。据说,这批人 3 天内买下 5000 多万元的房产。在上海楼市得手,开启了此后多年温州民间资本炒房在全国普遍展开的序幕。在苏南的苏锡常,在南京、武汉、重庆、成都,甚至远到新疆伊犁,在厦门、广州、海口、三亚直至越南,在青岛、济南、北京、大连、沈阳、哈尔滨等城市,几乎都出现过来自温州的炒房资本。

短短一两年内,温州民间资本几乎炒遍中国楼市。炒房者的主力也由企业老板这一特定群体,扩展至包括工薪阶层在内的更普遍人群。据称,温州民间参与全国范围内炒房资金达 1000 亿元以上。新世纪以来,在屡受关注的新疆炒棉花、中西部炒小水电站与油井、投资煤矿等诸多经济热点中,几乎没有不涉及温州民间资本的领域。

在 2010 年春的楼市调控措施实施后,绝大多数温州房产投资者并没有大量抛售,也没有退出楼市。他们认为,在通货膨胀预期愈演愈烈、人民币升值压力愈来愈大的情况下,房地产投资仍不失为有利可图的投资渠道。不少持币观望的温州"炒房"者认为,楼市低迷一段时间后,可能有人"顶"不住而"挥泪"抛盘,到那时"抄底"吃进机会还会再来[①]。

平阳、苍南等是浙商投资煤矿的主要来源地。平阳井下施工队工人，在改革开放前就持浙江省级部门直接审批的外出务工证明，进入外省煤矿打工。当时，工人月工资70多元，加上年终三五百元奖金，他们曾经是平阳县集体经济的财源。

21世纪初，能源价格上涨，采煤行业需要资金投入，地方政府开始允许民间资本进入煤矿承包经营领域。已经有了一定资金积累、散布各产煤地区的那些从温州走出来的建井工人，融采煤技术、资本投资、当地人脉资源于一身，成为特定时期"煤老板"中一支可观的力量。

其时，一座煤矿三五十万元投资，殷实的家庭单独投资或者亲朋好友合股投资，并不难实现。平阳、苍南民众几乎是见机会就买煤矿，当时没有考虑也不存在严重的政策风险。一位第一代矿工2004年50万元买的煤矿，到2008年煤矿投资高峰期的转让价格高达1亿元，短短5年增值近200倍，这还不包括期间产煤所赚的钱。

据浙江银监局调查，平阳县水头镇80%民众参与省外煤矿投资经营，资金规模达300亿元。他们的资金来源主要是民间借贷，或以个人抵押、个人经营性贷款和部分保证贷款，通过银行间接融资。在个别产煤大省，60%的中小煤矿，包括地方国有煤矿和乡镇煤矿均由浙商经营或承包，煤矿年产量8000万吨以上，占产煤大省煤炭产量的1/5。

据透露，2007年前后为温州民间资本投资省外煤矿高峰期，有10万大军与1000亿元资金参与。在2009年各地兼并、重组中小煤矿时，涉及温州资本规模有500亿元。那些在转让价格疯涨时期急流勇退的煤矿投资者们，获利颇丰，在煤改进程中被套牢的绝大部分是在2008年第二波次涌进煤矿投资的温州民间资本。

煤矿"淘金梦"破裂之后，温州民间资本又转向海南"国际旅游岛"。2010年1月4日，国务院正式颁布《关于推进海南国际旅游岛建设发展的若干意见》，温州民间资本迅速涌入海南房地产等领域。温州商人阳先生2009年下半年投资省外煤矿败北，之后转投海南楼市。温州中小企业发展促进会会长周德文对记者说："确实有一部分资金从煤炭领域转战到海南，但具体有多少进入楼市一时难以统计。"

追逐和推动制造热点，贯穿于当代浙商发展的整个过程。不仅在国内连续参与和推动经济热点事件，而且还把这种天性带出国门，在全球经济热点领域展示当代浙商的形象和力量。从商品贸易起步涉足进入迪拜开始，到跻身迪拜房地产投资和追逐房产泡沫，浙商既有收获的喜悦，也有遭遇损失的痛楚。

在小商品出口贸易领域，中东和非洲等地是浙商的重要市场，迪拜是浙江小商品出口贸易的重要中转站，是浙商在中东地区最大的贸易集散地。在迪拜集聚了数以万计的浙江商人，浙江商会、温州商会、台州商会等在迪拜的影响，几乎与中国商会并列，浙江商人占据在迪拜中国商人的很大比例。据来自迪拜中国建材城的消息，浙商在迪

---

① 《温州炒房团纷纷解散瞄准二线》，载于《东方早报》2010年4月29日。

拜的贸易主要涉及纺织、汽配、建材、家电等,尤以小商品居多。这些消费品贸易业务远离金融领域,几乎不受国际金融危机和迪拜债务危机的影响。

随着贸易业务开展,浙商在迪拜积聚,其投资领域开始发生变化,浙商加入了向迪拜当地房产领域的投资的行列。投资于迪拜房地产业的浙商,几年前也有不少人获利颇丰。

迪拜奉行自由贸易政策和宽松的商业环境,吸引来十万之众的中国商人前往"淘金",其中绝大部分来自温州、义乌等江浙一带,其中很多人从传统贸易领域转向投资迪拜房地产。曾以收购迪拜当地电视台而成名的阿联酋温州商会会长、亚洲商务卫视董事长王伟胜透露:"从 2003 年开始,迪拜的楼市一路看涨,投资的回报率之高、回报周期之短都是传统贸易所无法企及的。"

2008 年起,随着国际金融危机向全球蔓延,迪拜的房地产泡沫开始破灭。2009 年3 月,在迪拜遭受最严重打击的时期,迪拜部分高端物业甚至已跌去 75％。受国际金融危机冲击影响,2009 年 11 月,迪拜债务危机全面爆发,更冲击了房地产泡沫。

根据来自迪拜华人房屋中介公司的信息,华商在迪拜投资房地产的,主要是民营企业老板以个人名义,很少以企业名义投资迪拜房地产。该公司主要客户大多是来自浙江温州、台州的民营企业负责人。在迪拜楼市看好的时期,投资回报率高、回报周期也短,浙商在迪拜高档住房建筑、别墅建筑投资上可谓争先恐后。在迪拜几乎所有房地产投资都有政府因素,政府债务危机直接影响房地产资金支付,很多项目都已被紧急叫停。非洲投资网总裁王文明对《每日经济新闻》表示:"从现实情况看,许多工程项目的建设的确受到影响,迪拜危机直接影响迪拜方的资金支付,许多政府、民间的项目都将因此放缓脚步,从而企业遭受损失。"。受迪拜房地产泡沫破灭影响,投资迪拜房地产的浙江商人首当其冲。据香港《文汇报》报道,受迪拜债务危机影响,浙商在迪拜楼市投资已损失近半,粗略估计超过 20 亿元人民币。[①]

一位温州商人于 2007 年斥资 2800 万美元(约 1.9 亿元人民币)买下的迪拜"世界地图"中的"上海岛"项目,先是因美国金融风暴被紧急叫停,继而遭遇迪拜债务危机更是雪上加霜。2009 年初开始,不少在迪拜投资受损的中国商人相继回国或转向他国寻找商机,在当地从事房产业的华人也开始倾向于投资民用住宅项目。

阿联酋温州商会会长陈志远,1998 年远渡重洋踏上迪拜土地时,迪拜经济不温不火。从 2002 年开始,迪拜先搞物流,再发展旅游业,都颇有建树。在后来发展金融与房地产业遇到了国际金融危机冲击,并引发了主权债务危机。伴随"哈利法塔"、棕榈岛等著名建筑的,既有浙商投资迪拜房地产获利的喜悦,也有投资迪拜房地产遭遇"腰斩"之痛。

据周德文介绍,高 828 米的"哈利法塔",2004 年开盘时 5—6 万元,到 2008 年每平方米价格涨到 14 万元,最贵的达到每平方米 20 多万元。2010 年初跌回开盘价。周德

---

① 李卓:《十万浙商淘金迪拜 楼市投资遭"腰斩"》,载于《每日经济新闻》2009 年 12 月 1 日。

文正在筹划温州商人组团虎年春节后考察迪拜,以求"抄底"迪拜楼市,期待楼市反弹获利。据说,2009 年 12 月初到次年 2 月初飞往迪拜的国际航班一票难求,几乎成为温州人的"包机"。

"敢为天下先"是温州人的天性。据说 2003 年伊拉克战争期间,其他国家侨民纷纷撤离,温州商人却逆其道而行。当美联社发布战争结束消息的第二天,几十个温州人一下子从巴格达"地底下"钻出来,与惊魂未定的伊拉克人洽谈被战争摧毁的大楼重建、油井恢复生产,以及供应紧缺物资等生意。

在参与众多热点领域的过程中,浙商迅速实现了资本积累。以温州为例,与温州市政府金融办关于民间流动资本统计数据比较接近的一个说法是,"2009 年温州民间流动资本规模达到 7500 亿元,较 10 年前的 2000 亿元增加了 5000 多亿元"。在参与众多经济热点领域过程中,温州人为主要代表的浙商,把握产业发展趋势、引领投资风尚,创造了 10 年增值 5000 亿元的温州资本积累成就。据估计,温州民间资本在全国各地设立了 3.5 万家工厂,在承接产业转移、加强基础设施建设、提高劳动就业率与地方政府税收等方面,做出了积极的贡献。温州人常被各地政府官员称为"可爱的温州人"。

通过参与众多热点领域及其不俗表现,浙商的力量已经得到很大程度上的认可。2010 春夏之交,房产"新政"实施后,成都、沈阳、武汉等二线城市的房地产开发商纷纷到温州,低调宣传自己的优势,鼓动温州人买房,寄希望于温州人"救市"。与此同时,国内外很多五花八门的创投公司、投资基金、私募基金、资产管理公司纷纷与温州中小企业促进会联系,希望与之对接,帮助温州民间资金寻找新的出路。

浙商的在众多经济热点上的投资,经常被称为"炒作"。任何一项投资行为,一旦被视为"炒"这种特定异常现象,就存在另一种含义。若干年前,温州商人北上试图寻找参与北京市国企改革机会的时候,媒体上就出现了"温州资本炒国企"的"偏见"。逐利是资本的天性,"炒房"或者"炒煤",作为一种投资行为需要保持理性而非盲目。投机是难以成就百年老店的。温商创业投资有限公司董事长温邦彦说:"资本投机能得势一时,却成就不了一世。"这也是历经商场风雨的浙商实践提供给人们的经验教训。

在人们的印象中,浙商秉承浙江人低调务实的性情,专注"实业"。近年来,浙商尤其是温商在公众视野中,被称为嗅觉灵敏的游资,炒房、炒煤、炒国企、炒小水电站,乃至漂洋过海到迪拜炒楼。连大蒜、绿豆价格飞涨都被媒体称为是温州资本的背后炒作。"炒"字当头的"游牧资本",遭遇不测是迟早的事情。2009 年是浙商的多事之秋:俄罗斯查封切尔基佐沃大市场让浙商损失惨重,迪拜危机中浙商损失 30 亿,山西煤改有 500 亿浙江资本深陷其中,损失超过 150 亿。

在市场经济体制不断完善与规范进程中,试图游走于政策法规边缘地带的投资策略,终非长久之计。走出国门进入海外市场,当地法制环境和商业风险更是需要高度警惕。温州中小企业促进会会长周德文表示,"到了该反省的时候了。"

山西煤改：一个浙商发展的热点事件

山西煤改，是近年来浙商发展历程中最重大的集中性事件，在浙商投资发展史上，其规模和影响都是空前的。

山西是中国煤炭资源大省和煤炭产量大省，也是煤炭输出和煤炭出口大省。早在明代，山西就已经开始了规模化开采煤炭的历程。新中国成立至改革开放前，乡、村一级都不允许开办煤矿，煤矿都属国有。

改革开放以后，煤炭开采行业才出现了比较多样化的局面。1982—1990年，在"大矿大开，小矿小开，有水快流"的政策指导下，县以下的乡、村煤矿纷纷出现，随后承包制、个体小煤窑也逐渐出现。1990—1998年，非法煤窑"私开矿"在山西"无序发展"，渐呈泛滥之势，矿难明显增多。

1998年开始，市场经济体制下的矿权改革展开，山西逐步推进煤矿探矿权、采矿权有偿转让，推进煤矿技术进步、采煤方法改革，并进行资源整合、打击违法私开煤矿。

山西煤改进程

2003年山西省开始考虑煤矿资源整合。当时，经多年使用消耗，山西省的煤炭基金从最初的40亿元减少到25亿元左右，山西省希望国家能够延长山西煤炭基金征收年限，并没有提出煤矿整合问题。当时已到中央任职的山西省前省委书记王茂林，组织进行历时一年左右的调研形成《建议允许山西省继续执行征收能源基地建设基金的政策》报告，提交全国人大和国务院。当时煤炭行业主要问题有两个：一是关于煤炭行业管理职能及其划分，此前由安监局承担煤炭资源管理职能，显然存在监管责任方面的弊端；二是矿难频发引发的关于安全生产的问题，时常见诸媒体的矿难报道让山西省各级政府和官员们压力很大。报告对此提出了两大政策建议：继续延长征收山西煤炭基金，关闭整合小煤矿。2004年10月，全国人大评审通过该报告，温家宝总理做出专门批示，指示能源局、发改委等在制定能源政策时要注意吸收报告成果。

2004年1月，《山西省人民政府关于继续深化煤矿安全整治的决定》发布，首次提出对全省煤矿进行"资源整合、能力置换、关小上大、有偿使用"原则和意见。为遏制矿难频发进行的煤炭行业整顿，将年产3万吨以下的小煤矿全部关停，共关闭4000多座非法煤矿。

2005年6月，国务院发布《关于促进煤炭工业健康发展的若干意见》，提出要坚持走资源利用率高、安全有保障、经济效益好、环境污染少的可持续发展道路，鼓励大型煤炭企业兼并改造中小型煤矿，鼓励资源储量可靠的中小型煤矿，通过资产重组实行联合改造。

2005年6月27日，《山西省人民政府关于推进煤炭企业资源整合有偿使用的意见（试行）》出台。2006年3月7日，山西省出台《山西省煤炭资源整合和有偿使用办法》，规定煤炭资源的有偿使用主要有三种形式，即转为国有资本金、国有股份和货币缴纳。

2006 年,国务院第 133 次常务会议通过了《国务院关于同意山西省开展煤炭工业可持续发展政策措施试点意见的批复》(国函〔2006〕52 号)。同年,山西省出台《煤炭资源整合和有偿使用办法》,要求年产 9 万吨以下的煤矿出局。

2007 年,山西省发布《煤炭工业可持续发展政策措施试点工作总体实施方案》,鼓励国有煤炭集团重组、合并,鼓励国有煤企托管、兼并私人小煤矿。当年,同煤集团成功兼并重组大同、朔州、忻州 3 市 23 座煤矿。2007 年 11 月,国家发改委发布《煤炭产业政策》,强调要推进煤炭行业的兼并重组,提高产业集中度,形成以大型煤炭企业集团为主体、中小型煤矿协调发展的产业组织结构。还明确提出,中国将建设 13 个大型煤炭基地,在这些基地内,一个矿区原则上由一个主体开发,一个主体也可以开发多个矿区,在大型整装煤田和资源富集地区优先建设大型和特大型现代化煤矿。到"十一五"末,中国将形成 6—8 个亿吨级和 8—10 个 5000 万吨级的大型煤炭企业集团,煤炭产量将占全国 50% 以上。

2008 年 9 月 2 日,《山西省人民政府关于加快推进煤矿企业兼并重组的实施意见(晋政发〔2008〕23 号)》(又称"23 号文")发布,要求:到 2010 年全省矿井个数控制在 1500 座以内,使大集团控股经营的煤炭产量达到全省总产量的 75% 以上。提出"通过大型煤矿企业兼并重组中、小煤矿,形成大型煤矿企业为主的办矿体制"。

2009 年 4 月 16 日,山西省政府发布《关于进一步加快推进煤矿企业兼并重组整合有关问题的通知(晋政发〔2009〕10 号)》,并成立以省长王君为组长的煤矿企业兼并重组整合工作组。《通知》提出,到 2010 年底,全省矿井数量控制目标由原来的 1500 座调整为 1000 座,兼并重组整合后的煤炭企业规模原则上不低于每年 300 万吨,矿井生产规模原则上不低于每年 90 万吨。

2009 年 5 月,《山西省煤炭产业调整和振兴规划》(即"10 号文件")发布,根据规划,山西省内同煤集团、焦煤集团、阳煤集团等六家大型国有集团划分了 18 个主要矿区资源,成为旗舰企业,兼并重组矿区内的各类中小煤矿。到 2010 年底,全省矿井总数削减超过 60%,由 2598 座压缩到 1000 座,煤炭企业数量将从 2200 个锐减至 130 个左右。煤炭生产全部实现机械化开采;煤矿高管逐步实现职业化和专业化,全员培训后上岗。到 2015 年,矿井数进一步压缩到 800 座。

山西省国土资源厅《关于煤矿企业兼并重组所涉及资源权价处置办法》规定,以 2006 年 2 月 28 日为界限,山西省 187 号文实施前缴纳资源价款的被兼并重组煤矿,如按照 187 号令(山西省煤炭资源整合和有偿使用办法)规定标准已经缴纳价款,直接转让采矿权的,兼并重组企业应向其退还剩余资源量(不含未核定价款的资源)的款价,并按原价款标准的 100% 给予经济补偿,或按照资源资本化的方式折价入股;2006 年 2 月 28 日 187 号令实施之后缴纳资源价款的被兼并重组煤矿,直接转让采矿权时,兼并重组企业应向其退还剩余资源量(不含未核定价款的资源量)的价款,并按原价款标准的 50% 给予经济补偿或按照资源资本化的方式折价入股。

山西省关于小煤矿关闭整合方案正是在此种背景下产生的。

与上述过程同时发生了许多探索,临汾市在 2005 年开始进行资源价款有偿转让的尝试(此前,煤老板都是承包集体煤矿),正好契合了国家和省政府"建立一个资源环境的补偿机制"的思路,于是被迅速采纳,并被推向全国。此举使"煤老板"成为名正言顺的投资者。

但另一方面,在山西,对小煤矿的关闭整合也在不断推进。在此轮大规模整合关闭小煤矿行动之前,汾西县煤矿数量已经从 198 个减少到了 22 个。临汾 2007 年发生三起瓦斯爆炸,都是死伤 30 人以上的事故。给临汾的形象造成了不可挽回的损失,一出事故就停产,也严重地制约了地方经济发展。

根据生产规模达到年产 300 万吨、单井规模原则上不低于 90 万吨的标准,客观上达不到要求而被兼并重组的大多都是民企。山西煤炭行业整合中,同煤集团、山西焦煤集团、潞安集团、阳煤集团、山西晋城无烟煤集团、山西煤炭运销集团和山西煤炭进出口集团等七大国有企业,是兼并重组的主体,某些地级市也确立了地方国有和地方民营企业作为整合主体。在此番煤改前,山西省国有和国有控股煤炭开采企业的产量占全省煤炭总量的一半左右、矿井数量只占小部分,煤改之后,国有或国有控股煤炭企业将占绝对主导地位。部分实力强的民营煤炭企业仍然存在并作为兼并重组的主体,严格意义上讲,山西煤改并非"煤矿国有化"。

在山西,如此大规模地整顿煤炭开采行业,是历史上从未有过的。过去的整合一般都是对不符合条件的煤矿强行关闭,没有阶段性地集中出现普遍的企业兼并重组。根据规划进程,到 2010 年底,数千"小煤窑"被兼并、数千名"煤老板"退出,此番山西煤改被称为山西煤炭历史上最大的"经济事变"。

根据山西煤炭资源整合的架构设计,国有企业收编单井产能低于 90 万吨的小煤矿后,在新组建的企业中,国有股比例应不少于 51%,煤老板持股应小于 49%。如果一个煤矿是由七个煤老板来投资的话,那么,平均下来,每个煤老板的股份只有 7%。

2009 年以来,山西煤改在新闻舆论、社会广泛关注和备受争议中强势推进。按照山西省煤矿重组规划,8 月底全部完成兼并重组的协议签订工作,9 月新的企业主体入场开工,新建扩建矿井基本建设全面推开。根据公布的数字,"十一"过后,山西 11 市已确立的兼并主体与被兼并主体、控股企业与被控股企业、收购企业与被收购企业之间,协议签订率为 96%,其中正式转让协议占到 2/3,其余 1/3 还是框架协议。要求 11 月全部通过验收。截至 2009 年 11 月 30 日,在保留下来的 1064 个矿井中,有 776 个已拿到采矿许可证,占保留企业数的 72.9%。

山西省政府发布晋政办发〔2009〕100 号文,要求加快煤企整合审批手续办理工作。山西省煤炭工业厅又发布《关于加快兼并重组整合煤矿改造建设工作的安排意见》,对兼并重组中的四类在建和改造项目简化审批程序,对审批验收等工作予以明确。

在山西煤改进程中,在中央政府层面上,国家安监总局等 14 个部门联合发布《关于深化煤矿整顿关闭工作的指导意见》(以下简称《意见》),重申力争到"十一五"期末把小煤矿数量控制在 1 万家以内。要求各地制定煤矿关闭的转产扶持、经济补助、就业培训、困难补助等政策措施,探索建立小煤矿正常退出机制。对被关闭煤企缴纳的安全风险抵押金等,经有关部门核准后及时返还;应关闭煤矿已经向国家缴纳了采矿权价款的,地方可从采矿权价款分成中安排资金用于支持解决该煤矿关闭后的遗留问题。中央财政将根据关闭小煤矿工作情况,对地方政府给予一定财力支持。各地要研究制定关闭小煤矿有关经济政策和配套措施。

山西省给当地各级政府提出要求,2009 年 9 月 20 日前,各地必须完成所有小煤矿并购接管工作,在规定时间内没有完成并购任务的,要追究各级政府主要领导的责任。在如此严厉的行政压力下,煤改进程当然推进比较快。至 2009 年 12 月,山西省重组整合煤矿企业协议签订率达 97.9%,主体接管到位率 71%。据估算,山西 80% 以上的煤老板都在这次煤改中被清场[①]。

2010 年初,在国家发改委、能源局、山西省政府联合举行新闻通气会上,山西官员宣布:山西省重组整合煤矿正式协议签订率达到 98%,兼并重组主体到位率达到 94%,采矿许可证变更已超过 80%。然而,根据煤老板们的说法,实际上煤矿转让的赔偿并未谈妥,大多数地方只付了一些预付金,大约只有赔偿总数的 30%。山西省律师协会副会长高剑生表示,大多数企业只是签了合作框架性的协议,在法律上是意向书,真正的谈判实际上才开始,意向性协议将遭遇补偿标准谈判的麻烦。

山西煤改后果及其影响

安全生产问题是山西社会发展之痛,矿难事故对山西影响巨大,有人说山西的煤是"带血的煤"、山西发展是"带血的 GDP"。煤矿安全生产事故频发,迫使几任山西省长等许多官员在问责机制中黯然下台。山西终结"小煤矿"体制,意味着我国在过去几十年中靠"有水快流、分散办矿"的粗放式办矿体制在山西退出了历史舞台。

山西省年产 5、6 亿吨煤,每年煤炭出省销量占全国省际间煤炭净调出量的 3/4,却还不能掌握市场话语权。原因就在于产业集中度低、生产和销售的决策过度分散,陷入"煤越产越多、钱越赚越少、市场越来越窄、话语权越来越小"的尴尬境地。山西"小煤窑"数量长期保持在五六千座以上,至 2008 年"23 号文"发文前,山西全省仍有生产和基建煤矿 2820 座,其中 30 万吨以下的小型矿井有 1926 座,占全部井矿总数的 68%,绝大多数中小煤矿由于先天投入不足,保障安全生产能力差,2007 年山西乡镇煤矿事故死亡人数占总死亡人数的 70%。山西煤监局对近两年国有大矿与地方小矿百万吨死亡率进行比较,地方国有煤矿百万吨死亡率是国有重点煤矿的 3.8 倍,乡镇小煤矿百万吨死亡率则高达国有重点煤矿的 11.3 倍。2008 年,全国有 3000 多人死于矿难。

2007 年山西省尚有 2600 多座煤矿,实现机械化综采的只占 11%,四成煤矿还是延续很原始的炮采方式,资源浪费严重。大量中小煤矿的资源回采率只有 15%—

---

① 秦颖:《山西煤改风波》,载于《上海国资》2009 年 12 月。

20％，相当先进水平的1/4左右，这意味着每采1吨煤要破坏和浪费4吨资源，按中小煤矿年产3.5亿吨煤计，每年破坏和浪费的煤炭资源约14亿吨。至煤改前年产30万吨及以下的煤矿仍占矿井总数的80％以上，综合机械化采煤仅占煤矿总数的12％。据不完全统计，大约90％的煤矿事故都发生在地方小煤矿。曾任山西煤炭工业局长、山西焦煤集团董事长的杜复兴曾对媒体指出："山西省煤炭企业是散兵游勇，煤矿主体多达5000—6000家，内部展开无原则的杀价。很多小煤矿凭着原始粗放开采的极低成本和偷税漏税行为，以严重低于市场均价售煤，严重扰乱了正常的煤炭交易秩序。"

与小煤矿伴随的土地浪费惊人。山西省煤矿采空区面积超过5000平方公里，而且每年新增塌陷区面积近百平方公里；煤矿石堆存量超过11亿吨，占地已近1.6万公顷。有专家表示，保守估计，近30年来，山西省因粗放采煤造成的生态环境损失接近4000亿元。

几年前，国家发改委就要求，到2010年全国只保留1万处小煤矿。山西省煤监局局长杜建荣认为，通过煤改提高企业准入门槛和提高生产力水平可以提高安全生产能力。资源枯竭或储量较少、资源赋存条件差、达不到综合机械化开采要求的矿井，将被关闭封存资源。矿井数量从2600座减少到1000座，按简单数学概率推算事故发生率将降低60％，实行标准化作业后井下危险岗位和从业人员将大幅减少，煤矿百万吨死亡人数将减少74％，有望消除超能力生产等安全隐患。

2009年10月24日，山西11个市煤矿重组整合方案已全部审定完毕，重组整合煤矿企业协议签订率达到97.9％。全省矿井个数由2598处减少到1053处，压减比例60％，每年30万吨以下的矿井全部淘汰关闭，保留矿井全部实现机械化开采。其中，每年90万吨及以上的综采机械化矿井占到2/3，平均单井规模由每年36万吨提高到每年100万吨以上。由此，全省将形成4个年生产能力亿吨级的特大型煤炭企业集团，3个年生产能力5000万吨级以上的大型煤炭企业集团，11个年生产能力1000万吨级以上的大型煤炭企业集团，72个300万吨级左右的地方集团公司。全省办矿企业由2200多个减少到近130个，其中央企（不包括中煤）及省外大企业办矿46处。在整合后保留的1053处矿井中，国有办矿占19％，民营办矿占28％，以股份制为主要形式的混合所有制企业办矿占53％。至此，山西省形成了以股份制企业为主要形式，国有、民营并存的办矿格局。民营企业作为接管主体的比例高达30％，"三分天下有其一"。朔州市形成了国有和民营煤炭企业各占半壁江山的办矿格局，吕梁市民营煤炭企业的矿井数和产能都占到了60％。在小煤矿退出的同时，山西省太钢、焦炭集团、能源产业集团、国际电力集团等不以煤炭为主业的大型国有企业，也全部退出了所办煤矿的控股权。2009年前三季度，煤炭产量逐月逐季增长，累计完成原煤产量43135万吨。省属五个国有重点煤矿企业累计完成销售收入1682亿元，实现利润前税金144亿元，同比增加25亿元；吨煤税金78元，同比增加了11元；全省煤炭行业上缴税收454.69亿元，同比增加27.42亿元。煤矿安全生产形势也趋稳趋好，1月至9月份全省煤矿共发生事故45起，死亡159人（不含非法事故），事故起数同比减少39起，下降了46.43％；

死亡人数同比减少 62 人，下降了 28.05％。全省煤炭生产百万吨死亡率为 0.2805。[①]

在煤改后和未来 3—7 年，山西将形成三个亿吨级和四个 5000 万吨级的大型煤炭企业集团，矿井采区平均回采率达到 80％，现有资源开采年限可延长一倍多，这意味着过去能采 100 年的煤田可以延长到 200 年。根据国家晋北、晋中、晋东三大煤炭基地规划和 18 个矿区总体规划，山西将加快建设"煤—电—路—港—航"一体化的晋北动力煤基地，"煤—焦—电—化"一体化的晋中炼焦煤基地，"煤—电—气—化"一体化的晋东无烟煤基地，优先发展煤机装备制造、煤化工、煤矿安全产业、煤—电、煤—焦—钢、煤—热—电、煤—电—铝等大煤炭产业集群。依托国家批准建设的中国（太原）煤炭交易中心，建立与世界煤炭贸易接轨的现代化信息交易平台，筹划煤炭期货交易，提升山西煤炭市场话语权。在围绕煤炭的大物流产业中，加快建设地方铁路、公路运煤通道和矿区公路。

煤矿企业兼并重组整合后有利于实现资源综合利用和环境生态修复。省煤炭工业厅专家说，到 2011 年，山西省矿井采区回采率薄煤层要达到 85％以上、中厚煤层达到 80％以上、厚煤层达到 75％以上，原煤洗选加工率达到 70％，煤层气（瓦斯）抽采量达到 70 亿立方米、利用率达到 50％，资源利用水平达到国内先进水平。实力规模强大的煤炭生产新主体，将有能力发展煤矸石发电、中煤水泥原料、中水净化处理循环利用，还必须承担矿界内的沉陷治理和植被恢复、生态修复和绿化等公共工程。

山西五大煤业的非煤产业已占企业总产值的 40％左右。整合重组以后，50％以上煤矿资源交给五大国有煤业集团经营，山西较为充足的社会民间资本和优秀的企业家就会选择进入大量有市场前景的农业产业化、非煤工业和第三产业。随着国家和山西省统一改造棚户区力度的加大，地方煤矿工人的居住条件进一步改善。

大量小煤矿和非法黑口子存在，使管理部门很难准确掌握全省煤炭实际产量，导致税费流失严重。据山西省煤炭和税务部门估计，山西近年来煤炭实际产量在 8 亿吨左右，而每年的报表产量只有 6.5 亿吨左右，每年大约有 1.5 亿吨煤炭处于监管之外，参照国有重点煤炭企业吨煤近百元的税费负担计算，此项致山西每年流失税费百亿元以上。

从安全生产、资源回收率和资源优化配置角度考虑，实力强劲、历史悠久的国有企业总体上要比中小煤矿好很多。与大量小煤矿安全事故频发相伴随的，很大程度上还有腐败问题。通过大型国有企业兼并重组中小煤炭企业，可有效提高安全生产、资源回收率，改善资源环境，也有助于减少腐败发生。对地方政府来说，直接收益可能还有财政增收的巨额税费利益。

在历史悠久、实力强大的国有大企业主导下，兼并重组后新成立的煤炭开采企业，在推行现代管理、形成董事会、监事会和经理层的治理结构，从而提升采煤企业综合水平上，将有望取得长足进步。小煤矿粗放管理、安全隐患和事故频发现象有望得到改

[①] 安洋：《山西煤矿重组方案审定完毕 民营办矿占 28％》，人民网 2009 年 10 月 24 日。

善。在被视为国企吞并民企或者"大鱼吃小鱼"的煤改中,山西实现了以现代企业制度改造传统煤炭企业。煤炭大集团主推的煤、焦、冶、电、化、建材等循环经济园区将相继建成。山西国土资源厅厅长李建功展望说:"在神华、同煤等大集团看到的'矿区像宾馆,矿工像白领'不再遥远。"山西省社科院能源所所长王宏英说:"大多数新企业是股权多元化结构,以资产为纽带构建有别于过去国有企业的新的体制机制。"

60%左右小煤窑选择的是与省内、中央大型煤炭企业签订兼并重组协议。一部分做大做强的民营煤炭企业也参与了兼并小煤矿。山西大土河焦化有限公司董事长贾廷亮说:"原来我公司 21 个小矿加起来才有 120 万吨的产能,现在整合成 5 个煤矿,产能达到 620 万吨!"

在资源整合过程中,少数"煤老板"转让出售煤矿产权退出煤炭行业,多数"煤老板"选择成为兼并后新企业的股东,一般是小股东,不作为主要高管人员进入企业经营管理班子。山西省左云县水磨湾矿原矿长高华说,他的年产 30 万吨的小矿并入了国有企业——山西省煤运集团。在兼并重组后新成立的公司中,双方商定山西煤运和水磨湾矿股份比例为 6∶4。"咱还是煤矿新主体的股东,但不再直接经营了,而是交给专业的管理团队。"高华说。

山西煤改的强势推进影响的不仅仅是几千个煤老板,其波及的范围突破地域、行业的限制,意义将更为深远。国家发改委联合相关部门强调,加快推进煤炭行业兼并重组,范围将不仅限于山西省。

在山西煤改之后,全国各地的煤炭行业整顿重组相继进入实施状态。

2009 年 10 月 9 日,内蒙古发出煤矿整合通知,煤炭资源配置将重点向国家和自治区重点煤炭转化、综合利用项目倾斜。

2009 年 10 月 26 日,河南省副省长张大卫表示,河南省正在酝酿小煤矿生产安全长效机制,推行由骨干企业对 30 万吨以下产能的小煤矿进行兼并整合。

四川将在一两年内关闭近 1000 个小煤矿,849 处煤矿进行资源整合,全省煤矿数减少到 1300 个。

有消息称,黑龙江省也将出台整顿小煤矿的政策。

尽管各地细则有别,但基本思路雷同,都是在行政主导下促成本地私营煤矿企业尽快与本地国有煤炭集团完成整合。整合理由也不外乎"建设大中型矿源地、大中型矿业集团、高标准现代化矿山",或者是"提高资源就地转化率",或者是"淘汰落后、优化结构"。

问题与争议

煤炭产业集中度低、生产和销售决策过度分散,是导致山西这个煤炭生产大省、输出大省、出口大省陷入尴尬局面的重要原因。作为控制战略资源、提升话语权的举措,致力于提高产业集中度是首先要走的第一步。虽然发达国家能源结构中煤炭占比远低于中国,其煤炭行业集中度仍然远高于中国。美国最大 4 家煤炭公司占全国煤炭产量的 70%，德国近 2 亿吨煤炭全部由一家公司出产。

在安全生产、产业发展、技术进步、资源生态保护以及对外经济关系和国际竞争等视角考察，山西煤改的方向有利于长远发展。从兼并重组整合原则上来看，总量适度、优化布局、产能置换、关小上大、提升水平的原则，也没有明显的不当之处。然而，媒体对山西煤改的关注，也透露着另一种不安和担心。这种担心主要来自于是否存在"国进民退"和不对等谈判等不符合市场经济基本原则的问题。

从山西煤改推进过程和客观效果来看，存在这样一些批评意见：一是通过政府力量和国有企业扩张消火"小煤窑"为代表的私营经济，是一种逆市场化现象；二是山西煤改的示范效应和向全国其他地区推开，可能产生对山西投资环境、煤炭行业乃至资源性产业发展政策的担忧，有可能与推进更多产业领域尤其是资源、能源、基础设施领域向私营领域开放之间产生冲突，对私营企业的投资信心产生不利影响；三是煤改的方案和补偿原则涉嫌违反自愿的民事法律关系原则，由政府指定交易对象、交易时间、交易价格涉嫌违反《物权法》；四是对作为兼并主体和"受益方"的国有企业来说，承担本由政府收取的资源税费的补偿价款，既无依据事实上也难以落实兼并收购对价。仅就结果来看，对大量投资于"小煤矿"的省外投资者来说，低于其获得成本而且难以落实的补偿价格，很可能形成被称为"无偿征收"的结局。在初步形成的社会主义市场经济体制框架内，人们有足够的理由怀疑其是否具有起码的合法性。

争议的焦点问题在于对"煤老板"的补偿机制上。

在此次煤炭资源整合中，国家按照这些煤矿主原来实际缴纳价款的 1.5 倍或者 2 倍给予赔偿，已经是考虑了市场因素。这些补偿是额外的，在省政府制定补偿标准的相关会议上，补偿倍数曾经引起了与会领导的激烈争论，部分省级领导坚决不同意以 1.5 倍或者 2 倍的价格补偿煤老板原来已缴纳的资源价款，因为拿全省人民所属的资源让少数人暴富，并不利于和谐社会的营造。

关于补偿价格的三个部分中，小煤矿在固定资产估价上并无太大的分歧，资源价款补偿、浮动补偿（不同地区的称谓不同）涉及资源增量、可持续性发展方面的分歧，是补偿价格难以谈拢的关键。此外的问题还有：部分小煤矿通过市场交易拿到采矿权，以政府主导定价方式的整合，可能损害部分小矿主利益；政府在这场煤改中占主导地位，在指导意见和整合框架中规定谁兼并谁，肯定要产生利益冲突。

从法律性质上讲，山西各级政府与作为投资者的私营企业之间建立了契约关系。不管这个契约是行政合同还是民事合同，双方当事人都必须遵守。即使山西省政府有权确定被收购兼并企业的补偿价款、支付款项来源，也应当对相关程序进行听证，并由独立的第三方对补偿和入股进行价格评估。不仅要评估被兼并企业资产，还要评估并购主体资产，才能算出公允的入股比例。山西相关文件并未遵守这一常识。

煤改后，将有 80%以上的中小矿消失，而且其中大多将由民营资产转为国有资产，其"买卖"性质被质疑为借助行政手段推进的一次国进民退。煤改受益者，一是国有矿企，二是地方骨干型民营企业。国务院国资委有关负责人表示，山西煤改不能简单地理解为"国进民退"应该是大进小退。煤炭资源并非一定要控制在政府手里,关键要看是否有利于煤炭资源的优化配置。

山西的几千座小煤矿曾经强劲地支撑了我国经济社会的快速发展。这几年,山西的小煤矿一直在整合,9万吨、30万吨、90万吨,门槛在不断提高,但全省煤炭工业"多、小、散、低"的粗放模式仍未彻底改变。这既可以被视为质疑煤改后果的理由,也可以被视为支持煤改的理由。"小煤窑"明显存在生产方式落后、管理水平低下、安全隐患和安全事故多、不符合产业政策甚至违规开采等问题。山西省的一位领导曾指出小煤窑的四大问题:浪费资源、污染环境、草菅人命、腐蚀干部。

由于此次兼并主体企业是同煤集团等国有重点煤炭企业,有人担心,会不会是国有企业吞并了民营企业?

通过企业兼并,能否换得安全生产?

需要引起关注的类似问题,不仅仅限于煤炭开采领域。钢铁行业的情况也颇为相似。

在地方政府行政干预下,私营的日照钢铁被经营能力、管理能力均不如它的山东钢铁(国有企业)并购。2010年上半年,许多国有钢厂亏损之际,日照钢铁盈利18亿元,而按产能衡量规模为日照钢铁3倍的山钢集团同期亏损13亿元。这一并购事件,被质疑为"借行政资源、信贷资源走逆向之路"。

2009年12月上旬,工业和信息化部正式发布《现有钢铁企业生产经营准入条件及管理办法》,明确提出年产能100万吨以下的小钢企或将面临淘汰出局命运。

兼并重组、淘汰落后产能是大势所趋,但在兼并过程中,必须坚持公平、平等的市场经济原则。

在推动淘汰落后企业与落后生产力的同时,也伴随着国有资本扩张。究竟是不是国进民退?究竟能不能提高经济运行效率?能不能扩大国际行业影响力和提升话语权?答案可能需要时间来做出。

有媒体发问:在后煤改时代,当"新国有化"卷土重来时,给中国经济带来的将是机遇还是更多不确定性?

进一步地,这是资源性行业的特殊问题还是普遍倾向?无论资金实力还是资源整合,规模再大的民企都难和国企博弈。几年前转给民资的煤矿可以一夜之间作价收回,有大量民资介入的房地产、食品等竞争性行业,是不是也可以在政策保驾之下,被越来越多财大气粗的国企分食?中粮收购蒙牛又意味着什么?虽然发改委的产业政策里并没有提到重组必须走国有化的路,对民企未来的担心却并不多余。

问题和争议,有助于人们后续行动保持清醒的头脑。

浙商投资山西煤矿情况

从籍贯看,浙江籍"煤老板"占了山西省外籍"煤老板"的绝大多数。浙江省银监局调查显示,山西60%的中小煤矿,包括地方国有煤矿和乡镇煤矿被温州投资者购买或承包经营,合计煤炭年产量达到 8000 万吨以上,占山西煤炭年产量的 1/5 以上;其中 3000 万至 5000 万吨煤炭直接或间接运往浙江。在短短四五年间,温州民间资本迅速在山西等地形成气候,开始改变煤炭开采领域国有资本一统天下的局面。

据浙江省国土资源厅调查,浙商在省外投资的煤矿超过 450 家,投资规模在 500 亿元以上;其中平阳县民间资本投资煤矿 260 多座,资金规模达 300 亿元。在一些产煤大省,只要产煤的地方就有浙商投资的煤矿。这意味着,本次山西"煤改",损失最大的是浙江民间资本。

温州的平阳、苍南两县投资山西煤矿最普遍,平阳和苍南是受煤矿变局影响的"重灾区"。平阳县政府在 2009 年 11 月前往山西进行调查后得出的数据是:平阳在山西投资煤矿共 400 多处,总资产超过 300 亿,在山西从事煤矿业人员约 1.5 万,遍及山西各地。历史上,温州的平阳、苍南两县百姓就有开采矾矿的传统,几百年来,采矿技术和经验代代传承。改革开放初期,两个县的人就带着技术远赴省外挖煤。进入新世纪以来,昔日的矿工中成长起一批矿井承包人。与此同时,浙江省内迅速积累起来的民间资本急寻投资出路,双方共同契合点促成浙商开始投资山西中小煤矿。

20 世纪 90 年代后,随着国家对煤炭开采的放开,许多在山西挖煤的温州人开始以承包、联营等形式投资煤矿,承包年限一般在几年到几十年不等,当时煤矿经营并不好。1996 年,黄益姚岳父和几位朋友一起筹集 200 多万元承包一口矿井。当时煤炭的价格走低直到每吨 10 元,不到两年时间亏损 400 多万元,他们把矿井转让给别人。而今,同样还是当年那口矿井,评估价已达到了 5 亿元。

2000 年后,煤的市场开始有所好转,特别是 2002 年到 2004 年间,煤炭的价格一路攀升,焦煤每吨上升到近 400 元,政策环境比较宽松,煤炭投资作为一个热点,吸引温州资本集中性地涌入山西煤炭行业。到 2002 年,温州资本已成为投资山西煤矿最著名的"民间资本"。

随着煤炭投资的不断升温,同时山西省也出台了许多引导民营资本进入煤炭小企业的政策。据介绍,2005 年到 2006 年两年间,仅平阳县水头镇进入山西投资煤炭的资金就在 300 亿元以上,在山西估计有 500 多座温州人投资的小煤矿,总投资在 500 亿元以上。2004 年前后,温州资本在山西煤炭行业的投资如火如荼,声名鹊起,并被冠以"炒煤团",备受舆论关注。

2005 年前后,浙江资本在省外形成一个买矿高潮,到处都是找矿、买矿的浙商。经济快速发展造成煤电油运全面紧张,能源资源价格攀升;产煤大省资金短缺,招商引资政策优惠。平阳、苍南等地的投资煤矿热潮中,兄弟姐妹、亲戚朋友、左邻右舍纷纷绑在一起筹钱入股煤矿,甚至把房屋资产抵押给银行贷款、借"高利贷"参股。

由于大型煤矿投资巨大,温州民间资本主要投资省外中小煤矿。投资煤矿要取得"六证":采矿许可证、煤炭生产许可证、安全生产许可证、矿长安全生产许可资格证、矿长资格证,以及营业执照,证都拿齐后,还有 6 至 16 个月不等的建设期和验收期,这个期间基本上只有投入,没有产出。

平阳县水头镇在 20 世纪 90 年代兴起制革业，2002 年地方政府治污之举下关停了一批家族作坊，从那时起民间资金积累开始流向投资煤矿。2003 年起煤炭价格持续走高，小煤矿投资也越来越大。到 2005 年，当地教师、机关干部、银行职员等都前赴后继地加入炒煤大军。当地流传：每 10 个水头人就有 8 个搭股在山西煤矿里。人口 30 来万的水头镇，至少 20 万人在山西有煤矿投资。

浙江省平阳县凤卧镇是浙江 100 多个欠发达乡镇之一，其中后山村是一个人口 1000 多的自然村，年轻人大多外出打工，留下的村民不足百人，大多是老人、妇女和小孩，人多以做长寿面（当地人称索面）维持生计，收入微薄。这样的村，10 户里有六七户都有钱投在山西煤矿。

村长黄兆美几年前凭借一辆中巴车来往于凤卧镇和平阳县城之间，每年挣得五六万，过上比较惬意的生活。2007 年前，村里好几个人在山西搞煤矿发大财，2007 年底，黄兆美倾其所有凑足 70 万元，又向亲戚朋友借了 100 多万，总数近 300 万，都交给了在山西投资煤矿的老乡。这些同宗同姓的村民之间相互借钱还钱从来都没有字据或者协议合同。巨额资金投入山西宁武县红土沟（音）煤矿，然而 2008 年起煤矿停产，到 2009 年 5 月，山西省就出台了煤矿重组政策，他投资的煤矿要收归国有。后山村隔壁的凤湾村村长黄方柳说，村里几位老太太连自己卖土鸡蛋攒的钱，都投到了山西。作为贫困乡里的贫困村，村里所有工程的大部分资金都来自煤老板捐助，投资煤矿失利后，很多工程都停工了。

2002 年，平阳人林泰（化名）在大同市南郊区高山镇投资近 2 亿元与高山村联营一家煤矿，经营期 8 年。期间，当地政策不断变动。2005 年，南郊区政府计划把 170 家小煤窑整顿压缩，目标数量从 58 家、42 家、35 家到 24 家。林泰不停地投资增加产能和安全设备，还先后给当地政府缴纳了 3000 万元，直到 2008 年持续不停地投资，2009 年被强制关闭。在大同市区去云冈石窟的路线上，还有另外两座温州人投资超过 4 亿元的煤矿，一天都没有生产就被关闭了。近年来大同市被关闭退出的 600 多个民营小煤矿中，有近 400 个是温州人投资的。

在山西宁武投资煤矿的浙商李松权，当煤矿各项证件办齐时，当地已经不允许小煤矿下井开采了。李松权的煤矿一天都没有开采，就被停产并要被收购。在宁武，温州人投资购买后一天也没有产出的煤矿还有 3 座。这几个煤矿总投资都在 1 亿元以上。在宁武县温州人投资的煤矿有 22 座之多，一年下来的维护费用就近 1.8 亿元。根据李松权的说法，就算拿到相关补偿款，在宁武投资的每一座煤矿至少要损失 3000 万元以上，22 座煤矿直接损失达 6.6 亿元以上。

在煤矿投资高峰期，黄益铫投资近 5 亿元在宁武县收购了 3 座核定年产 15 万吨的小煤矿，其后花了一年多时间至 2008 年春办齐相关手续，遭遇奥运会前所有小煤矿临时停止开采，一直停到被要求兼并，3 座总投资 5 亿元的煤矿前后仅仅开采过 3 个月。

林泰的煤矿有温州股东 35 人，在 35 位股东背后"金字塔"式融资模式下还有更多的小股东。李松权的煤矿有 7 位股东，7 位股东背后有 203 位亲戚朋友的投资。黄益铫的 3 座煤矿投资 5 亿元，所涉及到的股东及其背后投资人更多。500 多座煤矿 500 多亿元的投资，牵连面之广可想而知。

宁武县境内一共 62 座小煤矿，其中温州人投资的有 17 座。参与"收编"宁武县小煤矿的国有企业主要是汾西煤矿集团。根据当地资产评估公司的评估，年产 15 万吨的煤矿资产基本上在 4800 万元左右。根据此轮政策，对小煤矿主的补偿包括资产、已缴纳矿山资源费返还和其他损失三部分，投资亿元以上的小煤矿补偿在 5000 万元—8000 万元，实际支付还不可能按照资产评估结果足额补偿，补偿款也只能分期付款而不是一次付清。

温州平阳人练志成（化名）2007 年在临汾以 2 亿多元购买了一座年产量 30 万吨的煤矿，加上后续投资合计共投入 2.88 亿元，而整合评估价格只有 6500 万元，加上已缴纳矿山资源费的补偿返还和其他损失补偿，损失也将超过 2 亿元。更令人绝望的是，煤矿投入大多属民间借贷——"我拿什么来还？"

一位来自忻州宁武的煤老板告诉《上海国资》记者，这几年一直在忙着应付整合，从 6 万吨到 9 万吨，已经背了不少债。煤改措施"一次比一次强硬"，这次"实在是扛不过来了"。按照协议，实物资产补偿、资源价款补偿两项可以拿到 6000 万元左右，浮动补偿可以拿到 2300 万元左右，全部补偿款合计 8300 万元左右。相比之下——"我前后总共投入了不下 1.5 亿。""价格主要是整合企业说了算。而且现在不签合同，过了期限连这个钱都拿不到。"无奈之情淹没着不少"煤老板"。

在 2009 年的最后一天和朋友一起爬山，在忻州、长治等地投资煤矿几千万的平阳煤老板谢有富说，很多人是欠着高利贷去投资的，身后还有那么多亲戚朋友，以后的路真不敢想。希望山西能尽快出台合理政策，尽快拿到补偿款，如果 1 亿只能赔到 8 千万也认了，拿到钱后赶紧换新领域投资，不会因为这一次失利而气馁。身在北京的林小美说，赔偿拿到手，考虑到南方投资技术含量高一点、风险低一点的领域，比如高科技领域、新能源行业。苍南煤老板陈维鹏则选择坚守矿建——掘井和开挖巷道、矿洞等是苍南人在山西创业老行当，他认为山西煤改国有大矿扩产增容将为井巷业带来新机遇。

2008 年以前，在煤焦产业形势一片大好的情况下，一部分"煤老板"考虑到资源的不可再生性，主动转向"可持续发展"之路；2008 年以后，煤炭产业政策调整逼迫绝大多数的"煤老板"集体退出转型。

浙商的反应

对于山西煤改的影响，众多浙商投资者处于弱势地位，他们做出了寻求保护和补偿的努力。2009 年 10 月底，受山西煤改影响的 30 多位温州"煤老板"曾经在杭州集体呼吁浙江省政府施援其后他们还返回平阳县，希望在投资来源地发起一场"万人签名活动"，但被当地政府劝阻。

山西省浙江企业联合会在《关于在兼并重组活动中切实维护浙商煤矿企业合法权益的紧急报告》中指出,很多民营煤矿都是投资人以高于资源价款几倍甚至是几十倍的代价收购参股的,加上多年来的基础建设、工人工资等,如果被整合时只能得到采矿权价款的一半或最多一倍的补偿,无异于被抢劫,投资者必然血本无归。由于温州人在山西投资的每一座小煤矿,背后都牵连到许许多多的温州家庭,煤改做法会严重影响今后温州民间资本的投资信心,也会让部分已经富起来的投资人重新返贫,还会造成大量民间债务和家庭破产,很容易诱发社会不稳定因素。当地政府在制定资源整合方案中,不顾中小煤矿投资者呼声,强制小煤矿主接受整合,甚至还使出了停产限产拖时间等手段,把小煤矿投资者置于"停产停工是死,被强制整合也是死"的境地。

浙江民企投资煤矿的遭遇,引起了浙江有关部门的高度重视。浙江省国土资源厅、省经济协作办联合调研组走访了晋中、临汾、大同等地浙籍企业。2009 年 10 月份,调研报告送达浙江省司法厅。报告建议,由浙江省国土、司法、各省经济协作办等部门组成协调小组,对外省资本在晋煤矿投资的情况作更深入调查;并与山西省政府商讨,对符合法律规定,手续完备的矿山,建议考虑到历史成因,继续允许开采。对手续不完备或有缺陷的矿山以及手续完备但浙商愿意退出的矿山,商量合理补偿原则。"中央政府应重视煤矿国有化过程中的'地方保护主义'行为"。在这份报告中,浙商资本的采矿权是否合法取得,近年发生严重矿难的是大型国有煤矿还是小型私人煤矿,是山西地方民营煤矿还是外来外资煤矿,对 30 万吨以上矿井国有化是否有法律依据等等,被提出来商榷。

2009 年 11 月,浙商资本投资促进会向全国人大、国务院、全国政协、山西省人大、山西省政府等发出《关于要求对山西省人民政府规范性文件内容的合法性、合理性问题进行审查处理的公民建议书》,要求对《山西省人民政府关于加快推进煤矿企业兼并重组的实施意见》(晋政发〔2008〕23 号,下称"23 号文"),以及 2010 年 4 月出台的《关于进一步加快推进煤矿企业兼并重组整合有关问题的通知》(晋政发〔2009〕10 号,下称"10 号文")的合法性、合理性问题进行审查处理。

由浙江省浙商资本投资促进会和浙江杭天信律师事务所律师联合写就的《建议书》认为,山西煤矿整合的相关文件政策涉嫌"背离国务院文件精神",并违反相关法律规定,侵犯了浙江煤老板的财产所有权,建议全国人大对山西有关文件依法进行必要的审查,希望山西能采取不损害煤炭投资者合法权益的举措,平稳合理地完成整合目标。《建议书》质疑的主要问题是:

晋政发〔2008〕23 号(下称 23 号文)和晋政发〔2009〕10 号(下称 10 号文),均称"根据国务院相关文件精神制定",但经过对照,其内容已在很大程度上严重背离国务院文件精神,两份文件可能存在严重的合法性、合理性问题。

对于中小型煤矿的政策,国务院文件提出"鼓励大型煤炭企业兼并改造中小型煤矿,鼓励资源储量可靠的中小型煤矿,通过资产重组实行联合改造",而山西 23 号文的提法是"通过大型煤矿企业兼并重组中、小煤矿,形成大型煤矿企业为主的办矿体制"。

这涉嫌将国家的引导鼓励政策改为地方行政命令强制,以强制收购为目标将所有中小型煤矿都合并到山西地方国有、地方民营大型煤矿集团,违背依法行政要求。

对煤矿生产规模,国务院文件(国函〔2006〕52号)要求"尽快完善煤矿准入标准。继续推进煤矿的整顿关闭,规范资源整合,整合后矿井规模不低于每年30万吨,新建矿井规模原则上不低于每年60万吨",而山西10号文提出"到2010年底,全省矿井数量控制目标由原来的1500座调整为1000座,兼并重组整合后煤企规模原则上不低于每年300万吨,矿井生产规模原则上不低于每年90万吨"。这使那些原本受到鼓励、符合国务院文件要求并取得合法证件、规模在30万吨以上300万吨以下的煤矿,被强制收购兼并,涉嫌否定国务院文件及省政府规章,违背行政行为级别秩序、行政行为效力稳定和行政行为内容确定的要求。

《建议书》还指出,山西文件违反《宪法》、《物权法》、《合同法》、《煤炭法》、《矿产资源法》、《公司法》以及《立法法》等相关法律规定,"侵犯了被兼并煤矿企业的财产所有权,干涉了被指令作为兼并主体企业的经营自主权"。

浙江民营资本在山西投资的中小煤矿,有相当数量是外来投资者在2006年山西煤炭资源有偿使用改革过程中,根据相关规章和合法手续取得的,"六证齐全,不存在可以被国家强制征收征用的事实依据","山西以行政手段强行推进兼并重组,干涉并侵害了煤老板的合法权益。"

山西有关文件规定,兼并主体要经省政府确认,涉嫌创设"行政许可",根据《立法法》规定,省政府无权创设行政许可,对兼并主体的强制限定违法。

《建议书》指出,山西对被收购兼并企业的补偿价款确定、支付款项来源等规定,违背公平、等价有偿的法律原则。"作为兼并主体的七大国有重点企业以及其他地方国有、本地民营企业集团并没有相关协商确定补偿价款的权限,被兼并企业更没有自主权。""山西相关文件统一规定了由兼并主体支付兼并价款,而承担此种沉重负担的兼并主体并没足够的现款支付能力,必然造成这种收购兼并只有被兼并企业资产的转移接管,而没有收购对价的支付交接,由此将演变成山西地方国有、民营企业对外来民营资本的无偿征收。"

2009年11月18日,浙江省经信委下属浙商资本投资促进会在杭州召开"地方产业政策延续性与企业投资信心"研讨会,该会邀请山西省人民政府、省发改委、省煤炭工业厅等政府机构参加,未果。

"山西煤产业整合的方向是必然趋势,但操作方法值得商榷。"2009年11月30日,在杭州举行的第七届中国民营企业峰会上,浙江省工商局局长郑宇民谈及"山西煤改"时认为,这不是国进民退、大进小退、优进劣退,而是东西部发展时段不对称形成的暂时性摩擦。郑宇民提醒浙商要注意转型升级:"到2008年,山西的私营企业达12万家,产业开始升级,环境开始拥挤。由原来承接东部梯度转移逐渐转向与世界经济直接接轨,开始对早先低层次进入的浙商产生抵触。西部已不是原来的西部,浙商还是原来的浙商。人家进步了,浙商却没有升级,这是我们要认真反思的。"

2010 年 1 月 9 日,一份"致浙商资本投资促进会会员及全球浙商的公开信暨浙商年度投资预警",在杭州举行的"2010 中国经济走势解析"论坛上高调露脸,公开信提名"2010 浙商投资预警区域"两个:山西省和迪拜。

浙商山西"炒煤"事件过后的思考:商人和政府

浙商参与山西煤炭开采投资,前后 10 多年时间。期间不少人获利颇丰,只是在最近的煤改风波中,由于地方政府主导下的做法,客观上给浙商造成损失,并诱发了关于市场经济和政府力量等主题的争论和讨论。总体上看,浙商参与山西煤炭行业历经风雨,尽管缺乏统计数据支撑,我们可推测仅从可计量的收益角度看,浙商在山西"炒煤"这一历史事件中,经济上是获利的。在温州 10 年 5000 亿元的资本积累中,浙商"炒煤"事件贡献一定不菲。

浙籍煤老板中,很多都是 20 世纪 80 年代进晋的平阳、苍南井巷工人,只是机缘巧合加个人努力,拥有亿万资产。煤炭重组过程中,国内知名的经济学者都提出重组需"过程正义",呼吁"煤老板的产权也应得到保护",但仍不能阻止"煤老板"成为历史名词。

在四年时间里,单井产量由每年 9 万吨提高到每年 90 万吨。这样的整合速度超越了煤矿投资者承受能力,也出乎煤矿投资者预料。据传 2015 年煤矿产能规模下限可能是单井年产 120 万吨。单井每年 120 万吨的基建投资是每年 90 万吨的两倍。据业内人士说,年产 60 万吨单井规模是民间资本投资煤矿的一道坎,能跨越此坎者寥若晨星。"浙商在山西投资的煤矿,单井产量都无法达到这个标准——这意味着他们投资的煤矿基本要被兼并或关闭。"曾在 2009 年 7 月间赴山西调研的浙江泽大律师事务所资源与环境部首席律师吴族春说。

温州民营经济崛起之初是悄悄起步的,经历多次政策波动和冲击后,终成大气,是由于改革开放的总体战略方向始终不变。20 世纪 90 年代初,随着"不管白猫黑猫,抓到老鼠就是好猫"的理念深入人心,民间资本投资者才算"吃上定心丸"。在市场经济框架内,勇于闯荡、勇于突破,是浙商之所以崛起的主要内在动因,也是浙商参与众多经济热点的心理基础。对广大私营企业来说,这一心理基础至关重要。对这一心理基础的冲击,对中国大陆私营领域发展将产生极大负面影响。

产业政策调整的目的是促进经济发展,促进资源效益最大化,以牺牲民间资本利益为代价进行的产业重组,其合理性不能不令人怀疑。在市场经济体制日益完善的时代,地方政府行政目标、行政方式需要有更深刻的变化。在新时期,几乎所有政策都不是单一目标导向的,多目标决策将是政策制定面临的常态。任何政策都必须置于社会主义市场经济这个大框架下,尤其注意避免通过有损市场经济基本原则的政策手段和措施达成某种所谓"正确"的目标。

温州资本外流,与温州本地经济发展领先地位不再同时发生。2009 年上半年温州 GDP 增幅为 3.5%,排名浙江省内倒数第二,远远低于全国平均水平。温州人在省外投资的600座煤矿，全部被纳入兼并重组的行列，温州民间资本被迫全线撤退，由此给温州经济带来的创伤可窥一斑。

平阳县水头镇一煤老板透露，水头镇约97%的房子有抵押贷款，其中50%以上的贷款与投资山西煤炭有关。他估计，平阳水头周边几个乡镇投资山西煤矿的资金在300亿元以上。

浙商产业"被国有化"已严重危及浙江民间信贷链条。以温州为例，投资晋煤的浙商中温州人约占90%，他们拥有大约600座私营煤矿，而其资金来自亲友及民间融资。"我们的背后都有很多小股东，涉及的人数以万计。这些以家庭为单位的小股东们的钱，有的是用工资积攒的，有的是向亲戚朋友借的，更多的是用房子抵押向银行贷的。"浙江一家律师事务所参与调研完成的"浙商在晋投资的煤矿企业在山西煤矿企业兼并重组背景下可能遭受重大损失"书面报告也表示，"投资者资金均来自千家万户，若投资血本无归或损失惨重，则可能引起省内一系列的诉讼。"

温州为典型的浙商投资网络，至今仍然基于亲朋好友之间的信任关系，虽然在形式上表现为"资合"的诸多经济活动，实际上是以"人合"为前提的。这种经济行为的文化基础，脱胎于传统农耕社会，在中国农民走进工业文明时代的过程中，有其必然的合理性，其弊端也是自然显见的。

山西浙江商会负责人金松说，温州过剩资本一部分进入了房地产行业，一部分进入了煤炭行业，超过两千亿元的温州资本深陷山西。

山西浙商直接、间接返销煤炭占浙江煤炭消耗总量30%，浙江"煤老板"的退出，不可能不对浙江的煤炭供给产生影响；"煤老板"的投资来源涉及银行资金，也会对银行资产质量造成重大影响。在一个统一的多民族国家，内部各地区之间发展差异巨大，在统一市场中流动的资本，不能不对各地区之间，对经济活动、资本流动关联紧密的地方政府之间的关系产生影响，建立地方政府之间的自动协调机制，对经济社会发展和统一国家政权有利。

私有产权与市场经济两者是内生关联的，从计划经济转型而来的路径依赖，往往会误导人们对各种管制效率损耗的认识。2009年诺贝尔经济学奖得主埃莉诺·奥斯特罗姆（Elinor Ostrom）曾经表达过的一个基本事实是，"那些主张管制的人没有告诉我们，他们应该按照什么方法来组织"，"它将如何获得信息，它的代理人如何选择，怎么激励他们做好工作，以及怎么对他们的工作加以监督、奖励或制裁"。

由政府主导下的山西煤改，提高煤炭产业集中度，产生了"国进民退"的政策效果，地方政府通过行政命令，以最低"改制成本"将80%以上过去为私人"煤老板"拥有的小煤矿兼并重组。面对显然不合理的补偿，不可一世的"煤老板"们，囿于"炒煤"过程中的寻租和违法等"把柄"，默认了地方政府有违法治精神的强势行为。在这种平静背后，"煤老板"先前获取煤矿产权的原罪，似乎成为"煤改"顺利进行的制度潜规则。这是非常可怕的。

在转型社会，任何垄断权利或者资源分配，都依赖于制度寻租。如果"山西煤改模式"扩展至其他领域,以先前原罪作为剥夺合法产权的理由,中国30多年来的进程将有被逆转的危险。山西煤改事件中的直接受损者,一为法治精神,二为改革共识,三为私人资本投资积极性。

山西本地"煤老板":个案对比

王显贵[①],山西人,朔州某煤矿老板,山西煤改中被整合对象之一。

自2008年8月之后,王显贵的煤矿就一直处于停产状态。

把煤矿卖给谁、卖不卖、卖多少钱,都是政府说了算,我们没有任何话语权。政府的评估价格与我们的实际资产价格相差太大,按照这样的交易价格,很多煤老板甚至血本无归。

2008年8月初,奥运前夕,王显贵收到一则通知,令其暂停采煤。这样的通知王显贵早就习以为常,内容要么是限令整改,要么是要求检修设备,这次则是因为奥运会而暂停开采。王显贵觉得很正常,只是没有想到,这一停就是一年多。

停工之后不久,王显贵听说山西省即将对民营煤矿进行重组,但他并没太在意,因为这个说法已经传了快三年了。但是,他的煤矿从此就再没收到允许恢复生产的通知。

2009年4月,王显贵与众多煤老板一样,收到山西省政府关于煤炭行业重组兼并的"10号文件",其核心内容之一就是全力推进山西煤炭产业整合:到2011年,山西全省煤炭矿井总数由2598座减少到1000座,到2015年减少到800座,原则上企业规模不得低于300万吨,单井生产规模不低于每年90万吨。王显贵的煤矿生产规模只有每年30万吨,这意味着,他投资的煤矿将面临被兼并或被关闭的命运。

2003年,王显贵花了1000多万元,拿到了这个煤矿的采矿权,然后又花了2000多万元、用三年时间搞基建,就在即将投产之时,当地监管部门以"设备不符合标准"为由令其整改,为此,王显贵重新购进一批设备得以正式投产。"六年多来,我的矿时不时被停产改造或整顿,基本没有处于正常的生产状态。如今,我的矿又面临中煤集团的收购。现在看,我还不是最倒霉的,我的矿规模小,前后投入了4000多万元,但我周围的煤矿大都投资超过亿元。我们只能坐以待毙,希望能合理地得到补偿。"

据《新财经》记者了解,山西煤炭的重组工作已经进入实施阶段,但由于政府的补偿额度与煤老板的心理价位相差太大,致使工作进度缓慢。根据山西省的政策,对于被兼并煤矿的补偿评估分三部分:一是固定资产,如地面建筑、矿井设备等;二是已缴纳矿山资源费的补偿返还;三是其他损失补偿。但在评估过程中,煤老板们普遍认为自己的矿产被低估。

"我希望能得到2亿左右的补偿款。"高于投入额的五倍是王显贵认为可以接受的补偿额度。但是,记者从一位已被评估过的煤老板处得知,他的煤矿也是年产30多万吨,可采储量为四五百万吨,山西省政府给予的评估是5000多万元,而他对赔偿额度

---

① 王晓慧:《煤老板走的不情愿》,载于《新财经》2009年12月。

的预期是 5 亿元。

为了避免煤老板心存幻想，补偿款没有讨价还价的余地。

至于王显贵最终能拿到多少补偿，目前尚不知晓。2009 年 9 月份，王显贵的煤矿已接受山西省政府的评估，至今尚未收到评估结果。"怎么评估，评估的标准都很模糊，很多煤老板对政府的评估标准都无法接受。而且，评估对象仅限地面建筑、矿井设备投入等，而不是按资源储量进行评估。比如，一座储量 100 亿吨和 1000 万吨的煤矿，评估后的结果没什么区别。这样，评估价往往只有实际投入的 1/4 或 1/3，大多数浙江煤老板将因此血本无归。"

"如果收购价格低于我的预期，也是没有办法的事情，毕竟胳膊拧不过大腿，我们这些小业主根本没有话语权。况且，很多业主的煤矿营业执照到明年年底就到期了。看现在的情况，在到期之前一定无法恢复生产，营业执照一旦作废，煤矿主的损失会更大，最终吃亏的还是我们。不过，即使双方谈妥了价格，也未必能兑现。"

王显贵告诉记者，他周围几个朋友的煤矿在 7、8 月份就已评估完成，但至今未收到任何款项。据说，要等到煤矿重组之后，投产赚了钱，再用分期付款的方式支付。

据记者了解，为了鼓励煤老板投资其他行业，山西省出台了一些相关政策。比如，2009 年 10 月底，山西为了鼓励煤老板投资农业，公布了《关于做大做强农产品加工龙头企业的意见》，提出凡资源型企业转产和省外资本来山西投资农产品加工项目，投资额在 5000 万元以上的，均享受省级龙头企业的政策待遇。其中，专门列出了山西煤矿重组后煤老板的投资政策。

有一些不甘心退出的煤老板变着法子规避被吞并的命运。据记者了解，山西有部分煤老板通过相互联合和吞并小煤矿的方式形成大集团，提高自身的生产规模，用来规避政府的收购。

对此，王显贵也有耳闻："这种形式很容易实现，因为很多煤矿本身就具备一定的生产规模，安全设备也完全是按国家标准来执行的，几家私营煤矿整合后仍然会保持较好的生产状态。但是，政府认为这样做是非法的，结果就是矿主被罚款或没收煤矿等资产，除非发起人拥有雄厚的财力和过硬的人脉关系。"

李志刚，山西人，1998 年投资不到 2000 万在霍州买下两座 30 万吨产量的煤矿，不多久煤价大涨。

"2003 年时，每天每个矿也能带来 40 万元的收入。"李志刚说，后来霍州地区煤矿事故频发，他就将手中的两个煤矿以 6 亿元价格转手给了温州来的老姜。

2005 年下半年，李志刚通过关系又将其中一处煤矿买了回来。这一回，他的手气不是一般地糟。刚买回来，就赶上山西矿难频发，整个区域的煤矿频频被停产整顿。就在这开开停停中，李志刚又当了 4 年煤老板。"这 4 年有赔有赚。"李志刚说，由于看到了老姜的下场，重新买回一座煤矿后，他近两年投入 1 亿多元用于技术改造，打算将产能从 30 万吨提高到 60 万吨。"这些钱都是以 2 分钱的利息借的，停产一年就亏损 7000 万到 8000 万。"就这样，李志刚将自己前几年当矿主赚的钱，多半又倒入了煤矿。

第七章

经济成长阶段与浙商发展

当代浙商内生于中国大陆改革开放和建立社会主义市场经济体制的进程中,当代浙商与中国经济社会发展共同进步。中国经济发展阶段性特征,是对当代浙商发展具有最基础意义的时代背景。中国经济发展处于新型工业化、信息化、城市化交互作用融合发展的阶段,处于由出口导向型向内需拉动型的经济发展方式转型的关键阶段,处于由关注内部发展和内外并举、在参与全球化中发展自身的阶段,处于从单纯追求GDP增长向提高居民收入水平、关注资源环境社会可持续发展、提高生活质量转变的阶段。

中国经济成长阶段性特征,是浙商发展的基本约束环境条件,浙商发展也作为私营领域的参与者影响中国经济发展的阶段性特征及其演变。30多年来,浙商之所以萌芽、成长并崛起为中国私营领域最突出的群体,与其契合中国经济社会发展阶段、总能抓住和追随中国经济发展先机关系密切。展望浙商发展未来,把浙商发展置于中国经济发展阶段性特征上,是继续保持浙商在中国私营领域特色和领先地位的基础。

工业化、信息化与浙商发展

按照《新帕尔格雷夫经济学大辞典》的定义,工业化乃是机器大工业诞生以来经济结构的变动过程。"一种明确的工业化过程的一些基本特征是:首先,一般说来,国民收入(或地区收入)中制造业活动和第二产业所占比例提高了,或许因经济周期造成的中断除外。其次,在制造业和第二产业就业的劳动人口的比例也有增加的趋势。在这两种比率增加的同时,除了暂时的中断以外,整个人口的人均收入也增加了"。

工业化起源于18世纪60年代发生在英国的、以大规模机器生产和市场扩张为特征的一个社会经济的自然进程。在历史上,工业化是从传统农业社会向现代工业社会转变的自然历史过程,在工业化过程中,工业(特别是其中的制造业)或第二产业产值(或收入)在国民生产总值(或国民收入)中的比重不断上升,工业就业人数在总就业人数中比重不断上升,工业在国民经济中获得主导地位。工业化过程,也是以贸易发展、市场范围扩大和产权交易制度完善等的过程。

主要发达国家大都在19世纪完成工业化,殖民掠夺、掠夺性破坏性消耗资源能源、破坏环境,是领先工业化国家的专利。英国、法国、美国的工业化归为私人发动型,苏联归为政府发动型,日本和德国归为政府和私人共同发动型。一般来说,私人发动的工业化往往属于"渐进型"，政府发动的工业化则属于"激进型或革命型"。渐进型工业化往往始于消费品工业如纺织工业和食品工业，激进型工业化则往往始于资本品工业如重工业。

在机器大工业充分发展并在国民经济取得优势地位的过程中，生产日益社会化。工业化进程不仅是经济结构变动过程，也是全社会生产经营方式向标准化、规范化、规模化、社会化、专业化发展的过程，还是由自然经济观念向商品经济观念全面转变的过程。在工业化进程中，专业化分工协作、规模生产、科学管理等工业组织和生产方式的进步和完善，才是更为深刻的变化。

高效率和高效益是工业化取得胜利的根源，传统工业化的标志是在主要工业部门实现生产过程的机械化、电气化、自动化，尤其是装备工业发展（装备自给率）是评价工业化程度的关键指标。衡量一个国家的工业化程度，也只能在和世界各国的横向比较中进行，与世界上先进的工业发展程度相比较的指标体系。主要工业品产量质量、劳动生产率、主要原料和能源消耗水平、资金占用和资金使用效率、先进设备和装备制造水平等，都应该达到当代世界先进水平。

工业化评价标准，工业化初期人均国内生产总值（GDP）一般为 280—560 美元，中期为 560—1120 美元，后期为 2100—3300 美元；制造业增加值占全部增加值的比重低于 20％为非工业国，20％—40％为正在工业化国家，40％—60％为半工业化国家，60％以上为工业国；从就业结构看，农业劳动力占全社会劳动力的比重在工业化初期为80％以上，中期为 50％—80％，后期为 25％以下；从城市化水平看，一般认为工业国的城市化水平应在 60％以上。

在工业化进程中，主导产业更替、产业创新是常态化的现象。20 世纪以来，现代工业管理体制、生产组织、科学管理方法和生产体系、管理手段的信息化程度，劳动者知识基础，专业技术人员和简单体力劳动者的比例关系，技术密集型产业比重、新兴产业发展状况等，都相继成为评价工业化的重要指标。

20 世纪特别是二战后，工业化成为世界各国所共同追求的经济社会发展目标。大规模工业化发展在增进社会福利的同时，也带来日益严重的资源环境问题，自然、生态、社会秩序的破坏，甚至危及人类自身生存。

发生在不同国家和不同历史阶段的工业化，起点不同、道路不同、技术基础不同，工业化速度也不同。英国率先基本实现工业化历时 100 多年，日本基本实现工业化用了 70 年，韩国用了 30 年。自 20 世纪中期开始，中国追求工业化的道路已经持续进行了超过半个世纪，已经建立起独立、比较完整、部分达到现代化水平的工业体系和国民经济体系。传统意义上的工业化基本实现，但是与新的时代背景相联系的新型工业化，差距很大。中国尚未彻底摆脱二元经济格局，产业结构层次低，工业技术基础、知识水平落后。工业化是中国经济社会发展不可逾越的必然阶段，是经济社会发展总体战略的重要组成部分，既有工业经济总量扩张任务，更有经济结构调整任务。

在历史顺序上，信息化建立在高度工业化基础上，信息化与工业化是人类文明进程中两个重要发展阶段。在信息化已经出现的情况下,继续坚守"先工业化后信息化"的发展路线,则是不合时宜的。信息化与工业化融合发展,既是新型工业化的内在要求,也为信息化提供依托和基础。跨越式发展是工业化促进信息化,信息化带动工业化。

当代中国的工业化,是在世界进入信息时代和知识经济社会、全球化不断深化背景下展开的,即所谓新型工业化道路。以信息化带动工业化,谋求跨越式发展,特别强调科技进步和劳动者素质提高,在考虑资源环境可持续发展的工业化;以工业化促进信息化,就是科技含量高、经济效益好、资源消耗低、环境污染少、人力资源优势得到充分发挥的工业化道路。把现代化和新型工业化的思想理念融入社会经济发展各个领域,不仅追求迅速工业化,更要以现代工业规模化经营、满足需求、面向市场扩张的思路发展现代农业和现代服务业。

人口多、劳动力资源丰富的实际出发,在资金技术密集型产业与劳动密集型产业之间做出合理选择,通过教育和培训提高劳动者素质和能力。每一个国家的工业化进程都与特定的时代背景紧密相关,成功的工业化都是吸收和应用当时最先进技术的结果。信息基础设施、信息技术研究和开发、信息产业,与工业化融合发展,是新型工业化道路的内在要求。

物联网发展,是融合信息化与工业化的未来发展趋势,也是未来一个时期中国经济增长的一个热点领域。30多年来,浙商崛起的过程,部分是融合初级工业化进程。浙商参与重化工业发展、进入采矿业,是当前阶段浙商发展的一种趋势。物联网发展则是今后比较长时期内,中国私营领域发展的新兴热点领域,浙商务必该有所作为。

城市化进程与浙商发展

根据《中国城市发展报告(2009)》提供的数据,1949年,中国只有132个城市,城镇化水平仅为10.6%。60年来,中国城镇化水平大幅提高,到2009年底,全国31个省、自治区、直辖市共有设市城市655个,城镇化水平46.59%,城镇人口达到62186万。中国大陆已经进入城镇化加速发展时期,预计到2020年将有50%的人口居住在城市,到2050年将有75%的人口居住在城市。报告同时强调,中国的城镇化水平落后于工业化进程,城市化水平不仅远低于发达国家85%的水平,也低于世界平均50%的水平,未来发展空间很大。

长三角、珠三角、京津冀,是当前中国大陆的三大城镇密集地区,辽中南、中原、武汉、长株潭、成渝、闽东南、山东半岛、北部湾等重要城镇群,其中长三角、珠三角、山东半岛、海峡西岸等六大区域占全部国土面积的12.38%、全国人口的22%、GDP的50.01%、引进外资的78.86%。

改革开放30多年来,随着中国城市经济体制改革的推进,沿海地区改革开放、引进外资、市场化机制的出现,土地转让制度的改革,沿海开放城市对低价劳动力的需求,吸引了大批农村剩余劳动力流向沿海大中城市。在中国大陆,每年有1亿多进城打工的农民,自 1996 年起,中国农业剩余劳动力约为 1.5 亿,2000 年达 1.7 亿,其中大部分流向大城市,2008 年流向城市的农民工尚有 1.4 亿。然而,这批为中国大陆城市化进程做出重要贡献的劳动者大军,受制于诸多制度束缚,不能融入城市,难以享受城市化的福利。这支全世界最大的"钟摆式移民"长期处于城市化边缘,是中国城镇化进程的重要特色。

邹德慈认为,近十几年来依赖"农民工进入大中城市—提供低价劳动力—加上低价土地—创造 GDP—增大城市人口—提高城镇化率",越来越成为中国这个时期城镇化的主要路径。改革开放以来形成的这个中国特色,不符合长期可持续发展的要求。2009 年全国铁路春运人数达 1.92 亿,公路春运人数达 21.1 亿。世界上独特的"春运潮",是社会资源的巨大消耗。

中国的城市发展方针历经变化,到 21 世纪初确立"大中小城市和小城镇协调发展"。事实上,大城市的发展快、变化大,但大城市内部贫富差距扩大,公共服务、住房、交通、环境等方面存在大量问题。2008 年冬至 2009 年春,国际金融危机影响中国沿海出口加工业萎缩,造成 1000 多万农民工"失业",成为一个严重的社会问题。2008 年全国农村人口尚有 7.2 亿,今后农村剩余劳动力数量仍会保持在 1 亿—1.5 亿。持续存在的农民工"失业"现象,挑战大中城市容纳能力潜在提高幅度,积极推进和发展小城镇,就近地和本地化吸纳农村剩余劳动力更具有可行性。城镇化进程中日益扩大的区域差异值得警惕,未来应当致力于大力发展中小城市和小城镇,更加注重城市发展与生态效益,发展"低碳城市"。

《中国城市规划发展报告 2008—2009》预计,2010 年中国总人口约为 13.6 亿,城镇化水平约达到 47%,城镇人口约达到 6.4 亿人;2020 年中国总人口约为 14.5 亿,城镇化水平 56%—58%,城镇人口达到 8.1 亿—8.4 亿;2030 年前后,中国总人口约为 15 亿,城镇化水平约达到 65%,城镇人口约达到 10 亿人。

新中国成立后的第一个 30 年可以称为"非城镇化的工业化"时期,在"大跃进"之后的 1961—1977 年间还出现了"逆城镇化",在精简人员、知青下乡、"三线"建设中城市人口向农村转移。1978 年改革开放后,拥有国有土地代表身份的城市政府,逐步获得并愈加珍视土地积累。1988 年国有土地有偿使用制度确立,1994 年分税制改革,1998 年住房制度改革,为当前的城市发展模式和政府土地财政准备了必要条件和充分条件。有研究机构测算,这些年依靠土地积累所获得的资金总量超过 20 万亿元人民币,远超过引进外资。

2003 年后,房地产作为"支柱产业"促进地方经济发展的功能被普遍地过度放大,住房作为基本生存生活保障的这一更本质功能被严重忽视,以经营土地作为带动投资和经济增长、增加财政收入的畸形的城市增长模式,越走越远。近年来,与中央政府多次采取措施以求稳定住房价格相背离,房价却"越调越高"。此种发展模式下,城市政府通过强制性的征地拆迁,以非市场价格补偿压低被征地农民与被拆迁市民的财产价值,形成城市化初次分配不公的"剪刀差";在房价上涨的阶段,开发商和房产所有者不断吸附社会财富,出现有房者愈富无房者愈穷的局面,形成城市化二次分配不公的"剪刀差"①。与此种发展模式相对应,整个社会成本被日益抬高,同时地方政府并未履行本该承担的公共服务义务。北京、上海、广州的高房价面前发生的即所谓"逃离北上广",表明中国的一线城市已出现代际分化的趋势。

在工业化的中后期,城市化发展将难以获得工业化初中期的强力支撑,城市化进程需要寻求新的支撑力量。住房、商业等是城市化进程首先的、直接的结果,然而,缺少产业发展支撑的城市化,至今没有成为大规模城市化的潮流,经济社会发展是否留给中国大陆在传统城市化模式之外寻求另一种独特创新的城市化道路,目前尚不知道。从整个人类城市化发展历程来看,人们有足够的理由质疑:依靠房地产和商业消费发展的城市化进程是否可行,在产业空洞化状态下能否实现城市化。事实上,近年来迅速扩张的城市化,在大中城市积累的泡沫,已经足以令人担心。从国际经验看,无论是发达国家还是发展中家,现代国际金融危机的发生,往往与缺少产业化支撑的城市化进程中的房地产泡沫伴生。

从经济发展趋势来看,中国城镇化在未来将面临更大的不确定性。在城镇化进程中,实现城乡统筹、区域协调、社会和谐、资源节约、环境友好的目标,受到诸多利益集团的制约,需要在一系列体制机制改革方面深化,采取系统相关配套措施,面临严峻的挑战。

浙商发展与工业化关系尚属密切,中国大陆的城市化落后于工业化进程。当代浙商主要来源于农业农村和中小城镇,在初期发展进程中,作为计划经济体制的补充,扮演着拾遗补缺的角色,浙商发展与城市化关系甚微。直至进入新世纪以来,住房制度改革以后,伴随住房商品化发展,房地产业成为中国私营领域高度集中的产业。浙商发展与城市化进程的关系开始密切起来,众多浙商"炒房者"也从中国大陆蓬勃发展的城市化中迅速积累起天量财富。

中国大陆城市化还有很长的道路要走,还需要一系列更为艰巨的深层次改革来支撑城市化进程的可持续性。当代浙商的未来发展,既要积极参与城市化,尤其要积极参与中小城市和城镇建设,也要警惕和避免受到当前与城市化进程相伴随的金融泡沫冲击。

发展模式转型:调结构惠民生

在经济体制改革和国有经济战略性调整过程中,出口导向的经济发展模式逐步在东部沿海地带兴起。随着中国加入全球贸易体系,出口导向型经济发展模式进一步在中国大陆发展进程中具有了全局意义。当前中国经济发展的重要主题之一,就是解决经济发展高度依赖外需和出口导向的问题。

---

① 王军:《推动这一轮城市化的政策工具必须调整了,否则,这两把"剪刀"就可能剪掉城市的未来》,载于《财经国家周刊》2010 年 5 月 10 日。

出口导向型发展模式在长达大约 20 年时间里，为中国提供了大量就业机会，填补了国有经济推出带来的生产损失并充填了资源产能，迅速增加中国大陆的外汇储备，为参与国际贸易和国际金融奠定了更厚实的基础。出口导向型经济发展模式对提高中国经济整体实力、对提高人民生活水平贡献很大。这些都是出口导向型经济发展模式积极贡献。

然而，任何事物都有其条件和适应范围，出口导向型经济发展模式在做出积极贡献的同时也不断积累矛盾、不断暴露其弊端。正像吴敬琏先生担忧的[①]：在大量人口需要就业、资源没有达到瓶颈、环境也还可以维持这三个前提下，出口导向型经济模式或称新重商主义政策，对发展中国家非常有利；但是，奉行这一政策的东亚国家在持续执行出口导向型经济政策多年后都出现问题，造成货币超发、流动性泛滥、泡沫生成等现象。"所有用这个政策（出口导向政策）的人都错了，2006 年我就说过，我希望祷告上苍，（保佑）中国是个例外。"中国当前在成功执行出口导向政策之后，也面临资源限制越来越重、货币（本币和外币）积累过多、结构问题突出，扩大内需、提振内需、减少净出口，把经济发展从过度依赖出口的局面中拉出来，是解决经济转型、实现可持续发展的关键，也是避免经济发展陷入更深刻困境的关键。

从分配上看，经济结构的主要问题是分配不公[②]。一是"国富民贫"，据央行公布统计数据，从 1999 年到 2008 年间"政府存款"由 1785 亿元猛增 9.5 倍达到 16963.84 亿元，政府预算内财政收入占 GDP 比重从 10.95％升至 20.57％，加上预算外收入、政府土地出让收入以及中央和地方国企未分配利润，政府大预算收入几近 GDP 的 30％。据中国人民银行统计，2007 年我国企业储蓄占国民收入比重从 10 年前的 12％上升到 23％，而家庭储蓄占比一直徘徊在 20％左右。普通居民储蓄不振，医疗及社会保障不到位，严重抑制消费需求。2007 年，中国政府开支占财政收入的 29％，美国为 9％，欧洲为 5％，日本仅占 4％。近年来，中国大陆高达 20—30％税收和行政开支增速，远超过 10％左右的 GDP 年增长率。二是类似"马太效应"的财富分配，全国总工会 2010 年 4 月发布调研信息显示，从 1997 年到 2007 年，劳动者报酬占 GDP 比重从 53.4％下降到 39.74％，企业盈余占 GDP 比重从 21.23％上升到 31.29％，发达国家劳动者报酬占 GDP 比重早已超过 50％，美国是 70％。据国家统计局资料，职工平均工资最高的三个行业中，证券业人均收入 17.21 万元是全国平均水平的 6 倍，其他金融业人均 8.767 万元是全国平均水平的 3.1 倍，航空业人均 7.58 万元是全国平均水平的 2.6 倍；电力、电信、石油、金融、保险、水电气供应、烟草等国有行业的职工不足全国职工总数的 8％，但工资和工资外收入总额却相当于全国职工工资总额的 55％。三是城乡收入差距扩大，城乡人均收入比从改革开放初期的 1.86∶1 扩大到 2007 年的 3.33∶1。2009

---

① 《吴敬琏：担忧中国陷日韩式危机 祷告上苍保佑中国》，载于《21 世纪经济报道》2010 年 6 月 08 日。

② 《收入分配失衡带来社会风险 需遏制政府与民争利》，载于《经济参考报》2010 年 5 月 21 日。

年二季度末,全国农村外出务工者 1.51 亿人中仅有 15.88％参加养老保险、27.5％参加医疗保险、10.1％参加失业保险、33.5％参加工伤保险。若按三口之家一人外出打工计,全部农民工几乎负担着 4.5 亿人的主要生活开支,农民消费能力自然被极度压抑。四是权力"寻租"抑制了中小企业和普通民众的收入提高,据社科院调查显示,2008 年推出的 4 万亿经济刺激计划,主要集中于重工业、基础设施行业,资本密集型产业很少创造就业机会。据统计,2009 年上半年,占全国企业总数 1％的国企获得全国借贷的 91.2％,而民营企业仅获得 8.2％。1978 年东部地区人均生产总值是西部地区的 1.86 倍、中部地区的 1.56 倍,到 2008 年分别扩大到 2.39 倍和 2.05 倍。1990 年至2007 年,居民收入占 GDP 比重从 56.18％下降到 43.42％,在成熟市场经济国家,初次分配中劳动者报酬占 GDP 的比重,美国接近 70％,其他国家和地区普遍在 54％至65％之间。

发达国家消费开支占 GDP 比重达 60％至 75％。中国大陆消费开支占 GDP 比重则由 1985 年的 52％下降到 2008 年的 35.3％。中国工人平均工资至今仍只是美国工人平均工资的 6％。中国大陆的基尼系数从 1982 年的 0.249 上升到 2007 年的 0.48,近两年已超过 0.5。按照国际标准测算,中国贫困人口在世界上排名第二。中国政府2008 年确定的贫困线是人均年收入 785 元,人均每天仅 0.3 美元,世界银行推荐的贫困线是人均每天 1.25 美元。

从作为微观市场主体的企业视角来看,在生产的知识技术基础比较低、商品的知识和技术含量不够的情况下,如果取消外汇政策上优惠,出口企业就会受影响而发生严重问题。实现从出口导向型经济发展模式转型,与转变经济增长方式、提高产品附加值,是同一个问题的两个方面。对出口企业来说,从通过补贴进口国从而获得市场的境况中走出来,通过知识技术水平提高,通过提供更新、更好、更符合发达经济体中需求的产品,获得出口市场和利润来源,是企业转型升级的核心。其中的关键,是附加值提高到什么程度,利润率提高能否抵消对应于本币升值带来的利润下降。

技术进步非常快的时代,迅速实现技术产业化对企业来说很关键,很多领先技术经过几个月或者一两年之后,就变成人人皆知的普通技术。技术发明的产业化很关键,外部性是内生于知识技术本身的,无论何种知识产权保护措施,都不能消除知识的外部性,只是在尽可能大的程度上谋求减少外部性对创新者本人利益的侵蚀,更挡不住别人获得知识技术。

在结构调整和转型升级进程中,重要的抓手有两点:一方面更多地优惠和扶持中小企业,除向民营企业开放许多行业的准入禁区外,还应在税收优惠、资金支持上给予更多的倾斜。另一方面惠民生,把财政当前充足资金用于补充民生欠账,大力度推进医疗、教育、廉租房、环保等公共服务,通过增加保障提高居民实际购买力,为释放消费能力开路,应当不遗余力地推进效仿日本的国民收入倍增计划。

浙商崛起与浙江经济社会发展融合在一起,个体私营经济发达是浙江经济的特色,浙江发展水平也走在全国前列。从结果上看,个体私营经济发展中崛起的当代浙商发展历程,既融入出口导向发展模式,又紧贴消费,既抓住了经济热点,也与比较公平的地区分配结构相联系。这与国际经验和国内地区比较的结果是一致的。从东亚与拉美的国际比较看,国有经济比重高和人民群众创业不足的国家和地区基尼系数高,收入差距越大,反之,基尼系数低,收入分配越公平。从国内不同省区比较看,越是国有经济比重高和人民群众创业不足的省区(贵州、甘肃等),在政府管理方式受计划经济体制影响较深、市场化程度不高的省区(东北、西部一些省区),城乡居民收入差距越大,基尼系数越高;在国内市场经济发展较为成熟的省区,越是创业活跃和个体私营经济比重大的省区,如浙江、江苏等地,城乡居民收入差距越小,基尼系数越低。

经济周期与可持续发展

中国社会科学院学部委员、经济学部副主任刘树成研究员的判断[①],从 2000 年开始至 2009 年,中国经历历时 10 年的第 10 轮经济周期,期间经济增长率连续 8 年处于 8%—13%的上升通道内(2000 年 8.4%,2001 年 8.3%,2002 年 9.1%,2003 年 10%,2004 年 10.1%,2005 年 10.4%,2006 年 11.6%,2007 年 13%),2008 年和 2009 年,经济增长率分别回落到 9.6%和 8.7%。按照国际货币基金组织数据,中国大陆 GDP 在 2005 年超过法国、2006 年超过英国、2007 年超过德国,有望在 2010 年超过日本跃居为世界第二大经济体。20 世纪中期以来,中国大陆经济周期演变的特点是:由短周期向中周期过度、上升期延长、峰值逐步得到控制保持理性、古典波动向增长型波动、峰谷落差减小。

根据我国 1978—2009 年国内生产总值增长指数,利用 HP 趋势滤波法,得到滤波后的趋势增长率大体处于 8%—12%区间内,滤波后的国内生产总值趋势增长年均递增速度为 9.87%,与 1979—2009 年 31 年间国内生产总值实际年均递增速度 9.78%接近。可将 8%—12%区间视为改革开放以来的适度经济增长区间,潜在经济增长率中线为 9.8%。

国际金融危机冲击过后,中国大陆进入第 11 轮经济周期。一定时期内外需仍处于萎缩和低迷状态,全球资源和市场争夺更趋激烈,贸易保护主义明显加剧;资源、能源、环境等约束更进一步强化,提高经济增长质量和效益,转变经济发展方式和调整经济结构,成为更迫切的主题。

在新一轮经济周期,适度经济增长区间把握在 8%—10%。社会主义市场经济体制不断完善、战略性资源能源供给支撑、工业化和城市化进一步发展、收入水平提高和消费结构升级、新兴产业和科技进步以及东、中、西三大地带分工协作、梯度发展的布局,都为保持适度增长率提供了重要条件。

当前宏观经济政策管理的主题,是处理好保持经济平稳较快发展、调整经济结构和管理好通胀预期的关系,把解决短期、中期、长期问题结合起来。加大解决结构性矛

---

① 《中国进入新一轮经济周期》,载于《中国社会科学报》2010 年 4 月 22 日。

盾(内需和出口、投资和消费、产业结构比例关系、城乡及区域发展、经济增长与民生改善等)力度,作为保持短期增长速度的重要抓手。宏观调控两个要点:一是经济增长速度,二是宏观调控政策核心。

中国大陆未来中期可持续发展,仍然存在巨大空间。从结构转型方面,与同等发展水平国家相比,中国服务业增加值比率低于国际水平 20 个百分点左右,服务业占全部就业比例为 33% 左右,也比一般国家水平低 27 个百分点。服务业发展潜力巨大。

从城市化进程看,在当前人均 GDP 达到 3200 美元的水平上,中国大陆比同等国家的城市化水平滞后 15%。农业人口向城市和城镇转移,中西部地区剩余劳动力向沿海发达地区转移,农村剩余劳动力向工业和服务业转移,将是未来一个时期的趋势。农民向城市转移,提高其收益水平的同时,还有助于抑制工资涨幅和成本上升。

从创业和企业发展的视角看,按五个个体户折算一个小企业,加上法人企业,全部人口与全部企业相比,中国大陆每千人拥有企业数为 11 左右,远低于发达国家的每千人拥有企业数 45 左右的水平,也低于发展中国家每千人拥有企业数 25 左右的水平。随着市场经济体制更进一步深入,全国各地,创业活动、自谋职业和中小企业迅速发展将是未来的重要趋势。

从国际经验看,除了日本、韩国、台湾地区等特别重视发展中小企业的国家和地区外,许多国家在工业化和城市化、在从低收入国家发展为中等收入国家进程中,大都经历了居民间收入差距从小到大再到小的过程。经历前些年的扩大后,尽快缩小中国居民收入差距将是未来几年的趋势和经济发展任务。

同时经济社会发展的可持续性,也受到一些隐忧的困扰:金融领域和资产价格问题、土地问题、中低速增长速度下的企业发展、政府主导投资的发展模式问题。①

当前中国经济问题从现象上看,是需求不振、流动性短缺,但是深层次的本质原因,则是货币超发、流动性过度。正如吴敬琏先生指出的,在现象和本质、短期和长期之间出现了很矛盾的状况。在 2008 年 10 月以前的问题,是货币连年超发造成流动性过剩、杠杆化,在美国金融危机冲击之下很快又转化为流动性严重短缺、需求不足。这是全球性结构失衡的结果,更具体地说,美国居民储蓄严重不足和中国投资率过高这两个相反的结构失衡互补,衍生出这场危机。对应办法有两个,一种是短期内以政府信用去取代民间信用来支撑市场,辅以货币政策、财政政策扩大需求,保持市场运行而不至于崩溃,但这仅仅是治标而非治本,如果过度杠杆化和货币超发、流动性过剩的长期问题不解决,造成短期问题的根源将一直存在。国际金融危机发生后,发达国家采取的政策和应对措施,都是在去杠杆化、去泡沫化,消除过分发行的货币。在应对国际金融危机冲击过程中,中国政府扩张性的宏观经济政策和政府主导的投资拉动,虽然实现了"保增长"的目标,然而,消费并没有增长,再杠杆化趋势明显,实际上这是朝着国际金融危机发生前的风险积累方向前进,货币超发、再杠杆化进一步发展的结果就

---

① 《吴敬琏等四专家联合提出:中国经济四大警示》,载于中国新闻网 2009 年 11 月 17 日。

是金融危机。

　　未来 10 年影响中国经济最重要的是土地及与土地相关的各种问题,中国有耕地 18 万亿亩,林地 25 亿亩(还不包括国有林地),集体林权制度改革将激活中国社会巨大能量。城镇化也与土地问题高度相关,如果城镇化率每年增加 1％,就有近 2000 万农民进城镇,盖房子、修马路、办学校、办医院、公共服务设施、水电等工程,在全世界历史上都是空前的市场。但是,在土地资本化进程已经实际发生的情况下,在法律政策层面尚未有意识地认识和组织这一过程,由此埋下不少隐患。

　　前些年有研究表明,当增长速度低于 7％ 或者低于 6％ 时,大部分企业亏损、整个中国经济是不盈利的。美国等发达国家在经济增长 1％,2％,3％ 的常态企业仍然可以盈利。在国际金融危机冲击下,2009 年四季度和 2010 年一季度中国经济增长率下降为 6％ 左右,企业利润持续减少,财政收入大幅度下滑,2000 多万农民工“失业”。在中低速增长的常态化以后怎么办? 主要依靠要素投入和市场扩容中国企业能否经受中低速增长中的生存考验,中国企业能否转变生产方式,将是一个有待付出艰苦努力的任务。寄希望于自主创新和产业升级,新能源、新材料、生物科技、环保产业发展,为提升中国经济实力和国际竞争力做出贡献。

　　政府主导下由投资、补贴驱动的中西部快速增长是否具有可持续性,近年中西部地区增长迅速,同时这些地区制造业的资本密集程度即资本—劳动比率也迅速上升,并且其绝对水平也已经高于沿海地区,但是中西部人均收入依然比较低,防止中西部成为第三个“美左桥诺”是一个重要主题①。在民间资本积累已经达到相当能量的时候,进一步对内开放,释放民间投资、发展民营经济是解决诸多问题的突破口。然而,这需要巨大的勇气突破体制机制上的羁绊。

　　从人口结构看中国是未富先老,从经济发展阶段特征看,中国是未富先强,中国大概是第一个在中等收入水平上就成为经济强国的国家。中等收入就成为经济强国和经济规模庞大,导致几乎所有国内政策、经济表现都会引起国际关注。从经济总体上看,中国没有进入到技术创新和经济发展前沿,这为我们留下了学习空间;从内部发展梯度看,东中西三大地带之间存在巨大地区差距,为地区发展提供了后发优势空间,中西部经济发展继续支撑 30 年的高速增长也是可能的。

中国在全球经济地位变化

　　2010 年,中国大陆外汇储备曾经达到 2.45 万亿美元之巨,它既是巨大财富也是巨

---

　　① 在意大利南部的“美左桥诺”地区,农业经济长期占主导地位,在向现代经济增长转变过程中,意大利南北方之间形成巨大收入差距。第二个“美左桥诺”即德国统一后的东德地区,曾经也有过比较快的增长但是后来慢下来了,政府大量转移投资、补贴并没有诱导出吸纳就业的产业,没有导致这些地区的人均收入水平的提高。过去几年来,中国的中西部增长很快,仔细分析会发现,现阶段中西部发展与东德情况相似。中国的中西部会不会成为第三个“美左桥诺”? 要防止中西部成为第三个“美左桥诺”。

大压力。外汇储备规模需要考虑流动性、收益性、战略性。目前中国外汇储备的流动性极其充裕。在收益性方面,通过中国投资有限公司("中投")等主权投资基金,投资境外项目提升外汇储备资产的收益;国家开发银行和中国进出口银行发起成立、主要投向与中国经济发展战略高度相关领域的股权类投资资金,如中比基金、中非发展基金及中国—东盟基金等。支持中国企业"走出去"拓展海外市场或者收购战略资源,则可以同时实现利用外汇资产的战略性和收益性。对外矿产资源投资,对外股权投资,与企业的海外扩张高度关联,在实现外汇储备使用和金融储备资产保值、在实现中国崛起进程中,是战略协同和密切关联的。

外汇储备运用和人民币走向国际化的结合,是一种有益的探索。推动私人部门广泛参与,尤其是居民、企业和外国商业银行参与人民币业务,是实现人民币国际化道路上最关键突破,而这特别需要企业尤其是广大私营企业的参与和配合。

布雷顿森林体系下,美国以其据有全世界 2/3 黄金储备的底气,确立美元的国际货币地位。在新世纪,中国持有罕见高额的美元储备,支撑着人民币的国际信用,也为人民币国际化提供了一定条件。虽然人民币目前尚不可自由兑换,但充足的外汇储备足以保证人民币可以随时兑换为国际货币,外汇储备是人民币国际信用的保证。巨额外汇储备赋予政府干预外汇市场的强大能力,政府操控下的汇率稳定就是有保证的。在全球化背景下,高额外汇储备为发展中国家在保持汇率稳定可控前提下谋求实行浮动汇率奠定坚实基础,在人民币升值预期下,储备人民币、使用人民币是有利可图的,这对中国企业和金融机构保有足够的稳健性有利,对促进中国的国际贸易和国际直接投资发展有利。

从被动应付国际金融形势变化和国际经济风险、从提升本币国际信用的视角看,外汇储备多是好事。但是,从经济福利和财富视角看,过多的外汇储备是一种损失或者潜在损失。当前,遏制外汇储备继续快速增长势头,防止外汇持有风险,已经成为越来越具体、越来越现实的任务。推动人民币"走出去",已经从理论探讨走向实际操作。

通过积极发展对外贸易和投资等更多地使用人民币计价和结算,逐步推动人民币成为其他国家的储备货币。随着中国国际贸易和国际投资发展,人民币"走出去"成为国际贸易计价、国际结算和国际储备货币的进程,也将逐步深化。人民币与其他货币的国际货币互换协定已经进行多时,2009 年财政部在香港成功发行人民币国债,2010年港企发行人民币债券的尝试,非金融机构通过发行离岸人民币债券再通过直接投资(FDI)渠道回流国内,都是人民币业务发展的突破。相信人民币国际化进程会不断深化。伴随人民币国际化进程发展,是中国国际贸易、国际投资、跨国企业等等诸多领域的大发展,其中尤其需要许多中国企业"走出去"的配合,广大私营企业的"走出去"又是中国企业"走出去"的关键。从诞生之初,当代浙商就已经在走向全国、走出国门方面,不断地取得突破和收获,在中国企业走向世界的进程中,浙商做出了许许多多值得纪念的首创。

中国作为经济大国的崛起,为浙商走向全球提供了更好的条件。然而,随着中国经济触角越伸越长,中国企业活动领域越来越广,中国企业尤其是众多私营企业遭遇国际贸易摩擦的机会也大大增加。浙商率先走向全球,自然也率先遭遇国际贸易摩擦,而且未来遭遇国际贸易摩擦的机会要比现在更严重。浙商发展务必需要注意提前警惕。

2002—2009年,浙江省遭遇来自欧美、印度和土耳其等26个国家和地区发起的反倾销、反补贴、保障措施和特别保障措施等国际贸易摩擦案件412起,直接涉案金额101亿美元。金融危机爆发以来,18个国家和地区对浙江省企业发起的国际贸易摩擦案件190起,涉案金额59.21亿美元,分别占2002—2009年间案件数和涉案金额的46%和57%。2002—2009年间,浙江省遭遇反倾销调查287起,涉案金额57.25亿美元;分别占70%和58%。金融危机爆发以来,对华反补贴调查在急剧上升,2008年美国、加拿大、澳大利亚和南非对浙江省发起的反补贴调查12起,2009年,来自美国、印度的反补贴调查案9起,涉案金额11.76亿美元。近年来,浙江省的国际贸易摩擦数和涉案金额分别占到全国的70%以上和25%。仅2009年,浙江省遭遇的国际贸易摩擦调查案件90起,涉案金额36.07亿美元,分别占同期全国116件的77%和127亿美元的28%。在这些国际贸易摩擦中,机电、轻工和纺织受国际贸易摩擦影响最多。2009年,国际贸易摩擦涉案中机电产品34起,涉案金额16.65亿美元,分别占涉案数和金额的38%和46%;轻工产品25起,涉案金额10.87亿美元,分别占28%和30%;纺织品16起,涉案金额5.36亿美元,分别占18%和15%。2009年涉案金额超过1亿美元的就有10起,美国钢丝层板反倾销反补贴调查浙江省涉案金额4.67亿美元,创个案涉案金额最高;单个企业涉案金额最高的是美国对华油井管反倾销反补贴调查,涉案金额超过2亿美元;土耳其对华窗帘布等纺织品反倾销调查浙江省涉案金额1.33亿美元,创发展中国家涉案金额最高。①

应对国际金融危机冲击后的短期问题

当前中国经济发展阶段,从宏观管理和经济政策的视角来看,集中性地体现为一些具体的矛盾。短期决策与长期规划的冲突,是很多"两难"问题的根源。宏观管理当局如何应对和处理这些矛盾,关系到政策选择和政策走向,从而构成私营领域发展的主要政策风险。

应对国际金融危机冲击后的短期问题包括:(1)控制房价与支柱产业选择的矛盾,房地产业在近期成为少有的经济增长点,而房价上涨积累风险也是再明显不过的;(2)保持经济增长与控制通货膨胀的矛盾,作为应对国际金融危机冲击的重大举措,扩张性宏观经济政策和庞大投资计划伴生的信贷扩张,造成了经济增长与货币超发高度关联的局面,而且这种局面近期难以根本扭转,增长的同时持续增加通胀风险;(3)保增长与调结构的矛盾,结构调整是一项长期的艰巨的任务,在创新不足、工业化未完成、

---

① 董肖:《如何应对"两反两保"的贸易摩擦》,载于《政策瞭望》2010年第4期。

重化工业增长过猛的情况下,保增长和调结构之间的矛盾的确很难处理,温家宝总理多次强调积极推进结构调整、处理好保增长和调结构的关系、把握好结构调整的力度、节奏和方式,在 2003—2008 年间,投资率从 41% 上升到 43.5%,居民消费率却从 56.8% 下降到 48.6%(2007 年仅为 35.4%),比 1985 年下降了 17 个百分点;(4)提高劳动者收入和国家财政收入减少、提高劳动者收入和企业收入减少的矛盾,核心是国民收入分配问题;(5)财政赤字与税负改革的矛盾,2010 年中国拟安排财政赤字 10500 亿元,为新中国最高年度赤字纪录,财政赤字的结果无非两种:转移为税负或者赤字货币化造成通货膨胀,减税财政不能承受,增税则与扩大内需、收入分配体制改革等长期目标相悖;(6)货币政策选择问题,为刺激实体经济需要适度宽松的货币政策,流动性过度导致股市、楼市资产泡沫要求收紧货币,信贷扩张隐含金融风险,收紧货币将损害广大中小企业和农业发展,收紧信贷可能致使中长期项目出现烂尾工程,不加控制又面临通胀威胁,加息的紧缩措施又将引发热钱进入;(7)人民币汇率问题,人民币大幅升值会压抑出口导向型产业,小幅升值将使更多资本进入炒作人民币汇率,美国等西方发达国家要求中国人民币升值压力越来越常态化;(8)扩大出口与扩大内需的矛盾,出口受到贸易保护主义压力,内需提振需要过程;(9)投资扩张与扩大就业的冲突,"铁、公、基"领域投资并未提供很多新增就业;(10)地方政府债务问题,地方投融资平台债务关涉不少长周期投资项目,地方项目和地方债务的可持续性,可能倒逼新一轮财权事权划分甚至分税制改革;(11)资源价格改革与管理通胀的冲突,资源能源价格上涨已经成为中长期趋势,这将大大增加通胀管理难度;(12)节能减排与重化工业发展的冲突,重化工业是现阶段工业化的重点领域,无论是通过技术减排还是结构减排,都增加重化工业化的难度;(13)土地市场调控上的中央和地方目标冲突,地方政府希望在土地出让价格上涨中大幅度增收,中央政府则强调城市化进程与农业发展、粮食安全协调平衡。

第八章

体制改革与浙商发展

改革开放是当代浙商萌芽的历史机遇,没有改革开放就没有当代浙商。以建立社会主义市场经济体制为目标的改革开放,是浙商发展的社会历史背景。进一步深化体制改革,完善社会主义市场经济体制,尽快形成现代文明法治社会,是中国经济社会和私营领域发展面临的紧迫形势,也是浙商未来发展的体制机制条件。

改革开放和建立社会主义市场经济体制的进程与个体私营经济的萌芽、成长、崛起是发生在同一历史进程,并且高度关联。从公有制经济的"必要的有益的补充"到社会主义市场经济的"重要组成部分",个体私营经济从无到有、从小到大、从弱到强,经历了波澜壮阔的发展历程,见证了社会主义市场经济体制建立和完善,推动了市场化改革不断深入。个体私营经济迅速发展是改革开放的重要标志,持续发展完善的个体私营经济已成为中国经济增长、社会主义市场经济发展的重要力量。

个体私营经济在社会主义市场经济框架中迅速发展

个体私营经济已成为就业的主要渠道、创业的重要领域,是我国市场经济体系的有生力量,是推动我国社会主义市场经济体制健全完善和经济社会又好又快发展的重要力量。截至 2010 年第一季度,全国登记注册的私营企业 755.65 万户,占全国注册企业总数的 71.60%;注册资本(金)15.32 万亿元,占全国企业注册资本(金)的 25.72%;从业人员 8698 万人;分别比去年同期增长 13.75%、26.9%、11.19%;实有个体工商户 3229.95 万户,从业人员 6536 万人,资金数额 1.14 万亿元,同比增长 9.56%、12.51%和 25.19%;个体私营经济从业人员达到 15234.78 万人。当前,个体私营等非公有制企业所吸纳的就业,占全部新增就业的 90%。大力发展个体私营经济,是坚持和完善我国社会主义初级阶段"公有制为主体、多种所有制经济共同发展"的基本经济制度,推动各种所有制经济平等竞争、共同发展的需要;是完善社会主义市场经济体制,充分发挥市场配置资源基础性作用的需要;是激发中国经济可持续增长,促进经济平稳较快发展的需要;是扩大社会就业、增加居民收入、解决"三农"问题、拉动国内消费、促进社会和谐稳定的需要。①

个体私营经济是促进经济发展、调整产业结构、繁荣城乡市场、扩大社会就业、提供和创造税收的重要力量。一个地区个体私营经济发展状况与当地经济发展水平密切相关,个体私营经济发展快的地方也往往是经济比较发达的地方。个体私营经济已经走上规范发展轨道,一些优秀企业主和从业者政治素质、社会责任感不断增强,已成长为中国特色社会主义现代化建设的优秀劳动者和先进代表。

在新形势下,大力支持劳动密集型个体私营企业发展,完善促进自主创业、自谋职业的政策措施,引导高校毕业生、农民工、就业困难人员在个体私营经济领域实现就业再就业。大力促进个体私营经济发展,既是解决就业的重要途径,也是促进创业的现实选择。

3000 多万户个体工商户和 700 多万户私营企业中,99％以上是中小企业。个私经济具有市场敏感度高、经营机制灵活、市场转向快等优点,同时也由于规模小、实力弱、融资难、抗风险能力低,面临很多发展困难。个体私营经济在吸纳困难群体就业、解决民生问题、促进社会和谐稳定中发挥着重要的、不可替代的作用。降低准入门槛、拓宽民间投融资领域、提供融资担保服务、开展创业指导培训、落实扶持政策等,对中小企业成长关系重大,这些方面的体制改革、机制再造,是促进中小企业快速发展的现实而迫切的主题。

浙江的个体私营经济发展领先全国。根据浙江省第二次经济普查数据,2008 年底浙江省个体工商户 310.48 万户,其中有证照 165.90 万户。根据浙江省工商行政管理局的数据,2009 年底全省实有个体工商户 1986913 户,资金数额 8499857 万元。个体经营人员 820.78 万人,占全部就业人口的 28.3％;私营企业 566595 户,注册资本总额 129757128 万元。

转变增长方式与体制改革

转变增长方式是中国经济发展中具有全局性、长期性、艰巨性的战略,体制改革是建立和完善社会主义市场经济体系过程中同样具有全局性、长期性、艰巨性的任务。两者几乎是同一过程的两个方面,都处于尚未完成的状态,都需要持续地继续付出艰苦努力。两者同时也是相互促进、相辅相成的。

转变经济增长方式存在的主要障碍,既要克服现存体制的弊端和症结,改变政府权力支配过多资源推动短期 GDP 快速增长的体制,又要培育富有活力、创新涌现、自由竞争的新体制,发展更好的融资机制、创新创业环境。时至今日,消除体制性障碍,鼓励创新创业,仍然是体制转型的关键,改革最核心的问题仍然是市场化,更彻底地贯

---

① 国家工商行政管理总局党组书记、局长 周伯华:《坚持执行国家基本经济制度 大力促进个体私营经济健康发展》——在全国工商行政管理系统促进个体私营经济发展经验交流会上的讲话,2010 年 6 月 10 日。

彻落实市场在资源配中发挥基础性作用。企业是最重要的创新主体,政府应当提供适合企业发展的环境。

从东亚与拉美的国际比较看,国有经济比重高和人民群众创业不足的国家和地区基尼系数高,收入差距越大,反之,基尼系数低,收入分配越公平。从国内不同省区比较看,越是国有经济比重高和人民群众创业不足的省区(贵州、甘肃等),在政府管理方式受计划经济体制影响较深、市场化程度不高的省区(东北、西部一些省区),城乡居民收入差距越大,基尼系数越高;在国内市场经济发展较为成熟的省区,越是创业活跃和个体私营经济比重大的省区,如浙江、江苏等地,城乡居民收入差距越小,基尼系数越低。在曾经实行计划经济体制的苏联等国家,财富向权力阶层分配和集中,不但不能多创造财富,也不能公平地分配财富。

当前中国经济社会发展中的结构性问题累积严重:内需与外需失衡、投资与消费失衡、城市与农村失衡、劳动与资本失衡、垄断与竞争失衡等,政府权力与市场力量之间的失衡是几乎所有问题的根源。在增长方式转型和体制改革进程中,投资和出口主导向消费主导转型、工业化进程主导向城市化进程主导转型、增加公共服务和公共品供给、发展低碳经济、政府转型,既是增长方式转型和结构调整,也是体制改革的基本要求。提振内需和消费,以增加群众收入为前提,增加劳动者报酬需要分配制度改革、政府改革、财税体制改革配套;目前工业化和城市化进程遇到的阻碍,也主要依靠体制机制改革消除;增加公共服务和公共品供给(如医疗保障、教育等),更需要在医疗卫生体制和教育体制改革推进中实现;发展低碳经济,涉及环境产权等基础性制度安排,更需要产业政策、财政税收政策等保障和支持;政府转型则是全社会体制改革、运行机制转变、管理理念形成的关键和枢纽。

建立社会主义市场经济体制,就是要使市场在资源配置中起基础性的作用。只要社会上还存在不利于市场作用发挥的体制干扰,只要市场配置资源的功能发挥还不充分,就存在改革的必要性。市场经济是建立在平等主体的自主、自由交换基础上的经济;政府主导的市场经济里面,存在很大的政府寻租的基础,如果政府借助于这一基础谋求或者强化其对资源、企业和交易的控制,或者说,政府主导一旦损害市场经济的基本准则,社会经济就很难再是市场经济。如果在各个独立产权主体之上还有一个权威来支配整个体系及其交换关系,社会经济就不再是市场经济了。

改革本质上是利益关系调整,其目标是达到或者形成兼顾公平和效率的利益调节机制,决不是重建或者固化某种利益格局。改革开放前,大体属于"平均主义"的利益格局,虽然城乡差别很大,但城市内部或者乡村内部贫富差别并不突出。改革的起点就是打破平均主义、重建分配关系。随着社会主义市场经济体制建立和完善,效率提高和分配差距拉开。但是体制改革尚不彻底,没有形成兼顾公平和效率的利益调节机制,传统体制某些痼疾改头换面出现,使现阶段分配不公问题特别突出,并且开始损害效率,甚至超出社会可容忍的程度,成为影响社会稳定、社会和谐的体制性障碍。

当前体制改革最主要的阻力来自所谓特殊利益集团,也就是那些在现有体制下获得利益的人不愿意改革、阻挠改革。从经济利益上看,政府配置资源、干预经济的权力过大,形成了事实上的双轨制,这种体制提供了几乎无处不在的寻租机会。在20世纪80年代,曾经实行过价格"双轨制",当时就充分暴露了其弊端,并被很快停止。在市场经济体制框架中,"双轨制"的危害非常严重,当前事实上的双轨制在诸多领域泛滥,是中国大陆完善市场经济体制面临的最大障碍。

对于完善社会主义市场经济体制来说,需要一个有远见、有魄力、负责任的政府,勇于和善于克服阻力、牺牲某些既得利益,谋求国家的长治久安;需要改革开放的受益者,提高其觉悟和素质,需要大多数中等收入水平的积极支持和推动改革进程,正像吴敬琏先生批评的,中等收入阶层对于自己的根本利益认识不足,对改革缺乏应有的积极态度;需要公民意识的提高,以国家主人的姿态积极推动改革、监督政府,政府是需要监督的。体制改革是社会转型的具体形式,转型是否成功,关系公民、企业、社团、政府的长期可持续发展利益,转型是否成功,需要所有相关参与者展示其远见、魄力、努力。

体制改革的主要任务

改革至今,传统体制的诸多矛盾仍然延续甚至在某些方面更加突出,转轨和转型中的利益分化又带来新的矛盾,解决这些矛盾需要进一步在一些关键领域深化改革。高尚全提出体制改革的三条主线:以经济发展方式转变为主线的经济体制改革;以公共需求变化为主线的社会体制改革;以政府转型为主线的行政体制改革。体制改革涉及全社会方方面面,任务庞杂,这里简单梳理如下,金融体制改革和非公经济发展单论于后。

改革国民收入的初次分配。当前推进分配制度改革,提高劳动者报酬再分配中的比重,遏制分配差距过大。仿效发达国家建立劳工组织,形成有效的集体谈判机制,是改变中国劳动报酬在国民收入中占比低于发达市场经济国家的重要途径,也是体制机制改革的重要任务。近年来国民收入初次分配构成的变化,只有劳动者报酬占比是下降的,而且降幅很大。要明确工会代表劳动者建立工资协商制度,政府要管好最低工资制度和劳动保护监督。遏制劳动者报酬占比持续走低,需要大力度的工资正常增长机制和就业增长机制。如表8-1所示。根据人力资源和社会保障部国际劳工保障研究所提供的资料,2006—2007年最高和最低行业工资差距,日本、英国、法国约为1.6—2倍,德国、加拿大、美国、韩国在2.3—3倍之间。日本在经济起飞的后期,20世纪80年代,金融行业平均工资水平只是制造业的1.38倍。当前中国大陆工资水平的行业差距世界罕见,工资水平最高的证券业相当于全社会平均工资水平的6倍,其他金融业为平均水平的3.1倍,航空业为平均水平的2.6倍。当前中国不同行业工资差距,在很大程度上根源于市场准入方面的行政限制。行政性垄断是某些特殊行业工资收入水平过高的原因。

表 8－1　1995—2007 国民收入初次分配构成变化　　　　　　单位:亿元

年份	国民生产总值	劳动者报酬	生产税净额	固定资产折旧	营业盈余
1995	45383.69	23235.82	6184.75	5406.88	10556.24
	所占比率	0.511986	0.136277	0.119137	0.2326
2007	275624.62	109532.27	40827.52	39018.85	86245.97
	所占比率	0.397396539	0.148127261	0.141565184	0.31291098

改革行政垄断。作为计划体制遗产的行政性垄断遍布基础产业、公用事业和不少竞争性行业,至今仍保持着相当顽固的力量,是许多领域的短缺、重复建设、产品和服务质次价高的重要原因。企业利用其垄断地位,追求利润和压低成本,既缺乏内部约束,也很少受到外部约束。改革行政垄断,将其严格限制在非营利性的公共品和公共服务领域,根据社会评价而不是经济收益,判断其绩效和管理水平。在严格、完善、高效的法律和社会监督机制下,由政府规范其行为。对多数行政性垄断,通过引入竞争、对民间资本开放、企业改制等,逐步消除不当行政垄断。

约束和规范政府行为促使转变政府职能。在市场经济体制里,首先要确立依法行政理念,政府只能做法律规定由它来做的事情。明确行政权力主体的权限和约束条件,避免随意解释扩大自身权力或者越权行政,谋求与公共利益冲突的不当利益。政府职能在于创造和维护有利于各市场主体平等竞争环境,承担公共产品和公共服务提供者义务,提供社会保障、救助扶贫等,明确政府机构不得直接干预微观经济主体的企业行为。在公开性前提下,确保公共权力行使置于社会监督下。根据权责对称原则,建立和完善政府行为的问责机制。

构建利益调节机制实现社会和谐。全面的体制转型引发利益、价值和观念的分化、冲突,通过建立新型利益调节机制,化解、抑制利益关系冲突和矛盾。建立和形成公民社会的基本行为规范、行为准则,发展和完善社区自治、民间救助和慈善团体,公民充分参与社会治理,形成公民、企业、政府、社会、市场和谐发展的局面。当前特别需要做到,尊重每一个公民基本权利、尊重各阶层人们利益诉求、建立对话协商机制、处理好各种利益关系。限制政府权力,形成社会“自组织”机制。通过有效的利益调节机制,把各阶层、各利益集团纳入组织和结构化的体系,避免社会分裂。人民群众的根本利益,是改革的出发点和根本目的。损害群众利益不符合改革精神。在事关百姓利益的就业、社会保障、教育、医疗、扶贫、环保、安全生产、市政建设等方面,特别注意防止个人或者小集团在“改革”名义下剥夺民众。人民群众利益至上,是改革“合法性”的前提。

破除二元结构统筹城乡发展。改革开放以来,城乡差距进一步扩大。在中国高速城市化进程中,不仅没有实现城乡共同发展,实际上阻断了城乡联系并进一步强化了二元经济格局。城市化进程隐含的基本逻辑是:城市化—农村人口比重减少—农村人均资源占有量增加—农村人均收入水平提高—城乡差距缩小—城乡差距均衡点—城市化完成。中国大陆与户籍相伴的经济、政治、社会体制,都与消除二元经济格局相悖。当前由地方政府主要是城市政府各自管理本地城镇化、在本地居民范围内"统筹城乡"的体制机制,难以有所作为,统筹城乡发展需要由中央政府主导下构建全国统一的体制机制,其中人口自由流动是关键。改革当前极不公平的征地制度,是统筹城乡发展的另一个关键领域。

在宪法框架内稳步推进政治体制改革。政治是经济的集中体现,社会主义市场经济体制和计划经济体制,对应于不同的政治体制,经济体制改革必然意味着政治体制改革。实际上,在改革开放和中国特色社会主义道路发动者邓小平那里,经济体制改革、政治体制改革是高度关联、缺一不可的,两者都是社会主义制度的"自我完善",都需要发动最大多数的公民广泛参与。高尚全认为,执政党的执政方式、对政府权力与责任的有效监督、以个人产权保护为基础的公民基本权利的切实保障,正在成为启动政治体制改革的基本内容。

金融体制机制改革

金融是现代经济的核心。任何市场经济都不能脱离开一个发达的现代金融体系。改革开放以来,中国大陆基本形成了以凯恩斯体系为其理论基础的宏观管理体制,中央银行制度下,商业银行、证券、保险以及其他金融机构并存、共同发展、分业监管的金融体制格局。金融业开放是金融体制改革的主流,但是,对内开放进展缓慢是金融领域最严重的体制机制弊端。国际金融危机冲击下,在高度自由化的金融领域,发达国家引领全球强化金融监管潮流。在当前形势下,中国大陆金融领域体制机制改革面临着双向任务,一是促进金融领域进一步自由化、向私营领域开放发展民间金融,二是跟踪国际金融监管趋势,促进金融监管与时俱进、避免与国际先进的金融体制机制和金融监管差距过大。

改革高度垄断的金融体制,大力发展能给小企业融资的民间小银行。国有大银行主导着中国金融领域,并且足以轻松控制全社会储蓄存款和贷款的绝大部分,选择具有强大垄断地位和政府背景的国有企业作为放贷对象,对商业银行来说,符合稳健和盈利性原则,对银行工作人员个人来说,符合其绩效评价和规避责任、规避风险原则。信贷规模中的大部分流入资本密集型、就业人数很少的大中型国有企业,同时提供最大量就业岗位的广大中小企业,难以从银行体系获得资金来源,影响了大量劳动者创造财富、参与财富分配,同时也为体制外的民间金融发展留足了市场空间。这是经济结构、分配问题等的重要根源,涉及增长方式转型、提高劳动者收入在国民收入分配中份额、实现收入分配公平、提振国内消费等一系列问题。

把培育小金融机构与放松管制、对民间资本、私人资本开放两者结合起来。破解创新创业和中小企业融资难题的可行途径,主要还是通过发展小金融机构来解决。建立股份制银行,或者将一些城市信用合作社改造为城市商业银行,开放允许建立私人银行,都是可行的办法,并且在国内已经有成功案例。台州股份制银行和私人银行等小商业银行,就专注于中小企业贷款和面向农户贷款,几年来风险管理和盈利水平都做得很好。经济学家茅于轼和汤敏在农村做了10多年小额贷款,效果很不错,发展只贷不存的小额贷款公司,已经在很多省区试点推广,发展势头很好。发展私人股权主导的风险资本(VC)和私募股权(PE)投资,风险资本和私募股权的大体框架已经初具雏形,目前相当多的风险资本和私募股权都是在做在短期内通过上市撤出投资迅速赚钱的短期行为,需要在监管和引导上有所突破,尽快促进风险资本和私募股权发展进入良性可持续发展轨道。中国大陆刑法中有一个罪名"非法融资",准确判定非法融资与合法融资界限很难。在很多情况下,所谓"民间非法集资"只是在发生严重债务纠纷或挤兑事件后才被追究。发展和规范中小金融机构,需要相应的法律、法规、行政许可等做出许多改变。

从国际金融危机及其监管改革来看,金融体制机制改革面临新的问题。货币政策之效率递减,与金融市场主体行为有关,应对措施放在微观主体上,并考虑金融监管与货币政策的关联性。在运用中央银行的法定准备金率、公开市场操作等传统、常规货币政策手段同时,配合运用资本充足率、拨备覆盖率等微观监管措施。这是金融领域发展的新趋势。作为应对金融危机的举措,各国财政和中央银行都向市场上投放大量救市资金。中国大陆也是如此,2009年前10个月新增信贷近9万亿元,M2增长29%,这是在法定准备金率和利率不变的情况下发生的,储备货币没有增长,中央银行向市场上投放的货币(包括通过购买外汇、宏观市场操作吐出)也不比2007年和2008年多。实际上,这是当前中国经济全部特征在金融领域的集中体现,高储蓄、高投资、高增长、高出口、高顺差、高外汇储备现象并存。这种局面的发生与目前中国大陆银行业行为特点和体制特征高度相关。

从全球金融业发展状况来看,虚拟经济份额走高、金融体系和实体经济越离越远,在金融体系内部一笔财富之有无发生在瞬间,可以不影响实体经济,也可能影响实体经济。2010年,美国通过了新的"最严厉的"金融监管法案。对中国金融体制改革来说,美国金融监管改革的启示意义可能在于:在放松不当管制、开放市场准入的同时,确立新监管理念、运用新监管手段。

作为应对国际金融危机冲击的紧急扩张性措施,银行体系根据管理当局要求大幅增发贷款,规模在9.6万亿—12万亿之间,贷款增幅达39%。天量贷款集中释放隐含着较大风险,向国有企业特别是中央企业发放贷款,有利于银行及其工作人员规避潜在的坏账责任。2009年前三季度银行信贷的60%投向各级政府的项目。这种放贷机制,对中小企业不可避免地产生挤出效应,广大中小企业融资难题没有任何改观甚至恶化。

国际金融危机爆发以来,适度宽松的货币政策为拉动我国经济回升提供了有力的金融支持,同时也埋下了通货膨胀的货币基础。大幅度投放基础货币和天量贷款所产生的流动性过度,不仅会影响CPI和PPI覆盖的普通商品价格,也会冲击股票和房地产等资产价格。提高银行资本充足率、增加股票交易保证金限制、提高商品房抵押贷款条件、实行差别利率政策等，抑制和避免潜在风险。

促进非公经济发展的体制机制改革

市场是在多种多样的主体参与下形成的，单一所有制形式既无必要也无可能形成市场和交易。确立了市场经济体制的目标，就意味着需要发展其他市场主体，意味着民间投资越来越多，政府投资越来越少。有限的政府投资应当集中于民生工程，政府投资的职能在于为社会提供公共产品和公共服务，有利于民众分享改革发展成果。"政府投资主要用于关系国家安全、市场不能有效配置资源的经济和社会领域"。

改革开放以来，我国民间投资不断发展壮大，成为促进经济发展、调整产业结构、繁荣城乡市场、扩大社会就业的重要力量。没有个体私营经济的稳步发展，就不能确保社会稳定就业，就不能保障改善民生；没有个体私营经济的稳步发展，就不能促进消费，扩大内需就难以实现，转变经济发展方式也将受到掣肘；没有个体私营经济的稳步发展，就难以维护社会稳定、促进社会和谐。

2009 年 11 月份贾庆林同志在非公有制经济的表彰大会上说，民营经济实现了当前 65％的技术创新、75％的专利、80％的新产品。广大非公有制企业在加快经济发展方式转变、保障和改善民生、提升自身素质上有更大作为。无论是调整需求结构、产业结构、城乡和区域结构、要素投入结构，还是扩大内需、扩大居民消费、解决就业问题、大力发展服务业、推进城镇化建设、节能减排、提高自主创新能力等，都与促进个体私营经济健康发展密切相关。

当前中国大陆民间资本越来越多，但投资渠道不多甚至找不到出路。中国人民银行研究局梁冰处长谈到，山西省 2500 亿民间投资要找出路。广大中小企业、微小企业发展急需资金却拿不到贷款。并不缺钱的国有企业很容易拿到贷款，贷款只好流向房地产和股市。调整经济结构，需要民营经济在提升服务业比重中有重要贡献；自主创新能力的提高，需要民营经济成为科技创新的重要推动者。需要尽快形成公平的市场竞争环境，使民营经济成为市场竞争的主体，成为某些垄断行业的平等参与者和竞争者。

多年来，投资偏好、投资导向，以追求 GDP 总量为目标，以国有经济为主体，以重化工业为重点，以行政干预、行政推动为主要手段，是经济发展的基本特征。尽管民营经济在投资、出口导向下也得到较快发展，但促进未来民间投资发展，主要还得改变低成本扩张的民营经济发展模式。

未来几年，由 GDP 导向向国民收入导向的转变是大势所趋。在发展方式转变的大背景下，需要民营经济成为推动服务业发展的重要力量，成为吸纳就业的重要力量，成为扩大社会需求的重要力量。民营经济要积极参与公共领域、社会事业建设，以成为新阶段公平发展的重要力量。

中国经济高速增长时期的结束，中低增长时期的到来，伴随服务业加快发展，制造业比例相对下降。与消费相关的服务业、生产性服务业、与政府公共服务相关的服务业等,整个中国服务业发展滞后特别严重,既包括金融、通讯、运输等行业,也包括教育、医疗、出版、文化等行业,服务业发展最需要突破的,是放松管制,在市场准入、公平竞争上作出根本性改变。

支持符合国家产业政策、具有竞争优势的私营企业组建大型企业集团,支持从事服务业的私营企业开展连锁经营,积极指导个体私营企业利用抵押、质押担保融资。落实放宽市场准入各项政策,凡法律法规和政策未禁止的都要予以支持;利用股权出质、股权出资登记以及动产抵押登记,解决私营企业融资问题;大力支持私营企业参与高新技术产业,参与基础设施建设、生态环境建设;鼓励、引导具备企业和公司登记条件的个体工商业大户向规范的企业和公司方向发展。

创新创业促进,是发展非公有制经济、促进民间投资的重要举措。在政策上,对首次进行创业的人员,3 年内免收登记类和证照类收费;鼓励兴办主要面向国内市场的劳动密集型个体私营企业;指导个私协会举办就业招聘会,组织开展职业技能培训、创业培训。

国务院发布的"新 36 条"进一步强调促进民间投资发展,破除不当管制、向民营经济开放更多产业领域,特别强调民进投资可以进入金融领域、现代服务业等,然而,真正形成以法治社会为基础的民间投资、私营领域自由发展,仍然需要艰巨的体制机制改革任务。改革的关键是处理好放松管制、促进经济自由和适度监管之间的矛盾,掌握好两者的平衡。

中小企业促进

新世纪以来,中小企业基本上都是个体私营经济,经过国有经济战略性调整后,公有制的中小企业已经很难再见到,原来为各级政府代表国家所有的中小企业几乎都在改制改革中退出公有制,公有制的中小企业基本退出市场。然而,建立和完善现代企业制度,提振中小企业的生存发展能力,并不是随着所有制的调整自然而然地就能实现的。振兴中小企业、促进中小企业发展,是全世界发达国家和发展中国家乃至国际组织,共同关心并付出长期努力的主题。在进一步完善社会主义市场经济体制进程中,建立促进中小企业发展的体制机制,仍是新世纪深化体制改革的重要任务。

2009 年 9 月 19 日,《国务院关于进一步促进中小企业发展的若干意见》(国发〔2009〕36 号)发布,其要点:

中小企业是我国国民经济和社会发展的重要力量,促进中小企业发展,是保持国民经济平稳较快发展的重要基础,是关系民生和社会稳定的重大战略任务。受国际金融危机冲击,主要表现在:融资难、担保难问题依然突出,部分扶持政策尚未落实到位,企业负担重,市场需求不足,产能过剩,经济效益大幅下降,亏损加大等。

进一步营造有利于中小企业发展的良好环境。完善中小企业政策法律体系。落实扶持中小企业发展的政策措施,清理不利于中小企业发展的法律法规和规章制度。深化垄断行业改革,扩大市场准入范围,降低准入门槛,进一步营造公开、公平的市场环境。加快制定融资性担保管理办法,修订《贷款通则》,修订中小企业划型标准,明确对小型企业的扶持政策。完善政府采购支持中小企业的有关制度。制定政府采购扶持中小企业发展的具体办法,提高采购中小企业货物、工程和服务的比例。进一步提高政府采购信息发布透明度,完善政府公共服务外包制度,为中小企业创造更多的参与机会。加强对中小企业的权益保护。组织开展对中小企业相关法律和政策特别是金融、财税政策贯彻落实情况的监督检查,发挥新闻舆论和社会监督的作用,加强政策效果评价。坚持依法行政,保护中小企业及其职工的合法权益。构建和谐劳动关系。采取切实有效措施,加大对劳动密集型中小企业的支持,鼓励中小企业不裁员、少裁员,稳定和增加就业岗位。对中小企业吸纳困难人员就业、签订劳动合同并缴纳社会保险费的,在相应期限内给予基本养老保险补贴、基本医疗保险补贴、失业保险补贴。对受金融危机影响较大的困难中小企业,将阶段性缓缴社会保险费或降低费率政策执行期延长至2010年底,并按规定给予一定期限的社会保险补贴或岗位补贴、在岗培训补贴等。中小企业可与职工就工资、工时、劳动定额进行协商,符合条件的,可向当地人力资源社会保障部门申请实行综合计算工时和不定时工作制。

切实缓解中小企业融资困难。全面落实支持小企业发展的金融政策。完善小企业信贷考核体系,提高小企业贷款呆账核销效率,建立完善信贷人员尽职免责机制。鼓励建立小企业贷款风险补偿基金,对金融机构发放小企业贷款按增量给予适度补助,对小企业不良贷款损失给予适度风险补偿。加强和改善对中小企业的金融服务。国有商业银行和股份制银行都要建立小企业金融服务专营机构,完善中小企业授信业务制度,逐步提高中小企业中长期贷款的规模和比重。提高贷款审批效率,创新金融产品和服务方式。完善财产抵押制度和贷款抵押物认定办法,采取动产、应收账款、仓单、股权和知识产权质押等方式,缓解中小企业贷款抵质押不足的矛盾。对商业银行开展中小企业信贷业务实行差异化的监管政策。建立和完善中小企业金融服务体系。加快研究鼓励民间资本参与发起设立村镇银行、贷款公司等股份制金融机构的办法;积极支持民间资本以投资入股的方式,参与农村信用社改制为农村商业(合作)银行、城市信用社改制为城市商业银行以及城市商业银行的增资扩股。支持、规范发展小额贷款公司,鼓励有条件的小额贷款公司转为村镇银行。进一步拓宽中小企业融资渠道。加快创业板市场建设,完善中小企业上市育成机制,扩大中小企业上市规模,增加直接融资。完善创业投资和融资租赁政策,大力发展创业投资和融资租赁企业。鼓励有关部门和地方政府设立创业投资引导基金,引导社会资金设立主要支持中小企业的创业投资企业,积极发展股权投资基金。发挥融资租赁、典当、信托等融资方式在中小企业融资中的作用。稳步扩大中小企业集合债券和短期融资券的发行规模,积极培育和规范发展产权交易市场,为中小企业产权和股权交易提供服务。完善中小企业信用担保体系。设立包括中央、地方财政出资和企业联合组建的多层次中小企业融资担保基金和担保机构。各级财政要加大支持力度,综合运用资本注入、风险补偿和奖励补助等多种方式,提高担保机构对中小企业的融资担保能力。落实好对符合条件的中小企业信用担保机构免征营业税、准备金提取和代偿损失税前扣除的政策。国土资源、住房城乡建设、金融、工商等部门要为中小企业和担保机构开展抵押物和出质的登记、确权、转让等提供优质服务。加强对融资性担保机构的监管，引导其规范发展。鼓励保险机构积极开发为中小企业服务的保险产品。发挥信用信息服务在中小企业融资中的作用。推进中小企业信用制度建设，建立和完善中小企业信用信息征集机制和评价体系，提高中小企业的融资信用等级。完善个人和企业征信系统，为中小企业融资提供方便快速的查询服务。构建守信受益、失信惩戒的信用约束机制，增强中小企业信用意识。

加大对中小企业的财税扶持力度。加大财政资金支持力度。逐步扩大中央财政预算扶持中小企业发展的专项资金规模，重点支持中小企业技术创新、结构调整、节能减排、开拓市场、扩大就业，以及改善对中小企业的公共服务。加快设立国家中小企业发展基金，发挥财政资金的引导作用，带动社会资金支持中小企业发展。地方财政也要加大对中小企业的支持力度。落实和完善税收优惠政策。国家运用税收政策促进中小企业发展，具体政策由财政部、税务总局会同有关部门研究制定。为有效应对国际金融危机，扶持中小企业发展，自 2010 年 1 月 1 日至 2010 年 12 月 31 日，对年应纳税所得额低于 3 万元（含 3 万元）的小型微利企业，其所得减按 50％ 计入应纳税所得额，按 20％ 的税率缴纳企业所得税。中小企业投资国家鼓励类项目，除《国内投资项目不予免税的进口商品目录》所列商品外，所需的进口自用设备以及按照合同随设备进口的技术及配套件、备件，免征进口关税。中小企业缴纳城镇土地使用税确有困难的，可按有关规定向省级财税部门或省级人民政府提出减免税申请。中小企业因有特殊困难不能按期纳税的，可依法申请在三个月内延期缴纳。进一步减轻中小企业社会负担。凡未按规定权限和程序批准的行政事业性收费项目和政府性基金项目，均一律取消。全面清理整顿涉及中小企业的收费，重点是行政许可和强制准入的中介服务收费、具有垄断性的经营服务收费，能免则免，能减则减，能缓则缓。严格执行收费项目公示制度，公开前置性审批项目、程序和收费标准，严禁地方和部门越权设立行政事业性收费项目，不得擅自将行政事业性收费转为经营服务性收费。进一步规范执收行为，全面实行中小企业缴费登记卡制度，设立各级政府中小企业负担举报电话。健全各级政府中小企业负担监督制度，严肃查处乱收费、乱罚款及各种摊派行为。任何部门和单位不得通过强制中小企业购买产品、接受指定服务等手段牟利。严格执行税收征收管理法律法规，不得违规向中小企业提前征税或者摊派税款。

加快中小企业技术进步和结构调整。支持中小企业提高技术创新能力和产品质量。支持中小企业加大研发投入，开发先进适用的技术、工艺和设备，研制适销对路的新产品，提高产品质量。加强产学研联合和资源整合，加强知识产权保护，重点在轻工、纺织、电子等行业推进品牌建设，引导和支持中小企业创建自主品牌。支持中华老字号等传统优势中小企业申请商标注册，保护商标专用权，鼓励挖掘、保护、改造民间特色传统工艺，提升特色产业。支持中小企业加快技术改造。按照重点产业调整和振兴规划要求,支持中小企业采用新技术、新工艺、新设备、新材料进行技术改造。中央预算内技术改造专项投资中,要安排中小企业技术改造资金,地方政府也要安排中小企业技术改造专项资金。中小企业的固定资产由于技术进步原因需加速折旧的,可按规定缩短折旧年限或者采取加速折旧的方法。推进中小企业节能减排和清洁生产。促进重点节能减排技术和高效节能环保产品、设备在中小企业的推广应用。按照发展循环经济的要求,鼓励中小企业间资源循环利用。鼓励专业服务机构为中小企业提供合同能源管理、节能设备租赁等服务。充分发挥市场机制作用,综合运用金融、环保、土地、产业政策等手段,依法淘汰中小企业中的落后技术、工艺、设备和产品,防止落后产能异地转移。严格控制过剩产能和"两高一资"行业盲目发展。对纳入环境保护、节能节水企业所得税优惠目录的投资项目,按规定给予企业所得税优惠。提高企业协作配套水平。鼓励中小企业与大型企业开展多种形式的经济技术合作,建立稳定的供应、生产、销售等协作关系。鼓励大型企业通过专业分工、服务外包、订单生产等方式,加强与中小企业的协作配套,积极向中小企业提供技术、人才、设备、资金支持,及时支付货款和服务费用。引导中小企业集聚发展。按照布局合理、特色鲜明、用地集约、生态环保的原则,支持培育一批重点示范产业集群。加强产业集群环境建设,改善产业集聚条件,完善服务功能,壮大龙头骨干企业,延长产业链,提高专业化协作水平。鼓励东部地区先进的中小企业通过收购、兼并、重组、联营等多种形式,加强与中西部地区中小企业的合作,实现产业有序转移。加快发展生产性服务业。鼓励支持中小企业在科技研发、工业设计、技术咨询、信息服务、现代物流等生产性服务业领域发展。积极促进中小企业在软件开发、服务外包、网络动漫、广告创意、电子商务等新兴领域拓展,扩大就业渠道,培育新的经济增长点。

支持中小企业开拓市场。支持引导中小企业积极开拓国内市场。支持符合条件的中小企业参与家电、农机、汽车摩托车下乡和家电、汽车"以旧换新"等业务。中小企业专项资金、技术改造资金等要重点支持销售渠道稳定、市场占有率高的中小企业。采取财政补助、降低展费标准等方式,支持中小企业参加各类展览展销活动。支持建立各类中小企业产品技术展示中心,办好中国国际中小企业博览会等展览展销活动。鼓励电信、网络运营企业以及新闻媒体积极发布市场信息,帮助中小企业宣传产品,开拓市场。支持中小企业开拓国际市场。进一步落实出口退税等支持政策,研究完善稳定外需、促进外贸发展的相关政策措施,稳定和开拓国际市场。充分发挥中小企业国际市场开拓资金和出口信用保险的作用,加大优惠出口信贷对中小企业的支持力度。鼓励支持有条件的中小企业到境外开展并购等投资业务,收购技术和品牌,带动产品和服务出口。支持中小企业提高自身市场开拓能力。引导中小企业加强市场分析预测,把握市场机遇,增强质量、品牌和营销意识,改善售后服务,提高市场竞争力。提升和改造商贸流通业,推广连锁经营、特许经营等现代经营方式和新型业态,帮助和鼓励中小企业采用电子商务,降低市场开拓成本。支持餐饮、旅游、休闲、家政、物业、社区服务等行业拓展服务领域,创新服务方式,促进扩大消费。

努力改进对中小企业的服务。加快推进中小企业服务体系建设。加强统筹规划,完善服务网络和服务设施,积极培育各级中小企业综合服务机构。通过资格认定、业务委托、奖励等方式,发挥工商联以及行业协会(商会)和综合服务机构的作用,引导和带动专业服务机构的发展。建立和完善财政补助机制,支持服务机构开展信息、培训、技术、创业、质量检验、企业管理等服务。加快中小企业公共服务基础设施建设。通过引导社会投资、财政资金支持等多种方式,重点支持在轻工、纺织、电子信息等领域建设一批产品研发、检验检测、技术推广等公共服务平台。支持小企业创业基地建设,改善创业和发展环境。鼓励高等院校、科研院所、企业技术中心开放科技资源,开展共性关键技术研究,提高服务中小企业的水平。完善中小企业信息服务网络,加快发展政策解读、技术推广、人才交流、业务培训和市场营销等重点信息服务。完善政府对中小企业的服务。深化行政审批制度改革,全面清理并进一步减少、合并行政审批事项,实现审批内容、标准和程序的公开化、规范化。投资、工商、税务、质检、环保等部门要简化程序、缩短时限、提高效率,为中小企业设立、生产经营等提供便捷服务。地方各级政府在制定和实施土地利用总体规划和年度计划时,要统筹考虑中小企业投资项目用地需求,合理安排用地指标。

提高中小企业经营管理水平。引导和支持中小企业加强管理。支持培育中小企业管理咨询机构,开展管理咨询活动。引导中小企业加强基础管理,强化营销和风险管理,完善治理结构,推进管理创新,提高经营管理水平。督促中小企业苦练内功、降本增效,严格遵守安全、环保、质量、卫生、劳动保障等法律法规,诚实守信经营,履行社会责任。大力开展对中小企业各类人员的培训。实施中小企业银河培训工程,加大财政支持力度,充分发挥行业协会(商会)、中小企业培训机构的作用,广泛采用网络技术等手段,开展政策法规、企业管理、市场营销、专业技能、客户服务等各类培训。高度重视对企业经营管理者的培训,在3年内选择100万家成长型中小企业,对其经营管理者实施全面培训。加快推进中小企业信息化。继续实施中小企业信息化推进工程,加快推进重点区域中小企业信息化试点,引导中小企业利用信息技术提高研发、管理、制造和服务水平,提高市场营销和售后服务能力。鼓励信息技术企业开发和搭建行业应用平台,为中小企业信息化提供软硬件工具、项目外包、工业设计等社会化服务。

加强对中小企业工作的领导。成立国务院促进中小企业发展工作领导小组,加强对中小企业工作的统筹规划、组织领导和政策协调,领导小组办公室设在工业和信息化部。各地可根据工作需要,建立相应的组织机构和工作机制。建立中小企业统计监测制度。统计部门要建立和完善对中小企业的分类统计、监测、分析和发布制度,加强对规模以下企业的统计分析工作。有关部门要及时向社会公开发布发展规划、产业政策、行业动态等信息,逐步建立中小企业市场监测、风险防范和预警机制。

促进民间投资和非公有制经济发展

公有制为主体、多种经济成分并存,是中华人民共和国的基本经济制度。在建立社会主义市场经济体制框架下,发展非公有制经济、促进民间投资发展,始终受到关注。新世纪以来,在初步形成并进一步完善的市场经济体制下,个体私营经济实力迅速壮大,民间资本积累已经达到相当规模,鼓励支持引导个体私营经济、非公有制经济、民间投资发展的政策,不断推进和深化。《国务院关于鼓励支持和引导个体私营等非公有制经济发展的若干意见》(国发〔2005〕3号),《国务院关于鼓励和引导民间投资健康发展的若干意见》(国发〔2010〕13号),是近年来在促进民间投资和非公经济发展方面的主要政策文件。

《国务院关于鼓励支持和引导个体私营等非公有制经济发展的若干意见》(国发〔2005〕3号),即老"36条"要点:

公有制为主体、多种所有制经济共同发展是我国社会主义初级阶段的基本经济制度。毫不动摇地巩固和发展公有制经济,毫不动摇地鼓励、支持和引导非公有制经济发展,使两者在社会主义现代化进程中相互促进,共同发展,是必须长期坚持的基本方针,是完善社会主义市场经济体制、建设中国特色社会主义的必然要求。改革开放以来,我国个体、私营等非公有制经济不断发展壮大,已经成为社会主义市场经济的重要组成部分和促进社会生产力发展的重要力量。积极发展个体、私营等非公有制经济,有利于繁荣城乡经济、增加财政收入,有利于扩大社会就业、改善人民生活,有利于优化经济结构、促进经济发展,对全面建设小康社会和加快社会主义现代化进程具有重大的战略意义。

放宽非公有制经济市场准入。贯彻平等准入、公平待遇原则。允许非公有资本进入法律法规未禁入的行业和领域。允许外资进入的行业和领域,也允许国内非公有资本进入,并放宽股权比例限制等方面的条件。在投资核准、融资服务、财税政策、土地使用、对外贸易和经济技术合作等方面,对非公有制企业与其他所有制企业一视同仁,实行同等待遇。对需要审批、核准和备案的事项,政府部门必须公开相应的制度、条件和程序。允许非公有资本进入垄断行业和领域,进一步引入市场竞争机制。对其中的自然垄断业务,积极推进投资主体多元化,非公有资本可以参股;对其他业务,非公有资本可以独资、合资、合作、项目融资等方式进入。允许具备资质的非公有制企业依法平等取得矿产资源的探矿权、采矿权,鼓励非公有资本进行商业性矿产资源的勘查开发。

允许非公有资本进入公用事业和基础设施领域。加快完善政府特许经营制度,规范招投标行为,支持非公有资本积极参与城镇供水、供气、供热、公共交通、污水垃圾处理等市政公用事业和基础设施的投资、建设与运营。在规范转让行为的前提下,具备条件的公用事业和基础设施项目,可向非公有制企业转让产权或经营权。鼓励非公有制企业参与市政公用企业、事业单位的产权制度和经营方式改革。

允许非公有资本进入社会事业领域。支持、引导和规范非公有资本投资教育、科研、卫生、文化、体育等社会事业的非营利性和营利性领域。支持非公有制经济参与公有制社会事业单位的改组改制。通过税收等相关政策,鼓励非公有制经济捐资捐赠社会事业。

允许非公有资本进入金融服务业。允许非公有资本进入区域性股份制银行和合作性金融机构。符合条件的非公有制企业可以发起设立金融中介服务机构。允许符合条件的非公有制企业参与银行、证券、保险等金融机构的改组改制。

允许非公有资本进入国防科技工业建设领域。允许非公有制企业按有关规定参与军工科研生产任务的竞争以及军工企业的改组改制。鼓励非公有制企业参与军民两用高技术开发及其产业化。

鼓励非公有制经济参与国有经济结构调整和国有企业重组。大力发展国有资本、集体资本和非公有资本等参股的混合所有制经济。鼓励非公有制企业通过并购和控股、参股等多种形式,参与国有企业和集体企业的改组改制改造。非公有制企业并购国有企业,参与其分离办社会职能和辅业改制,在资产处置、债务处理、职工安置和社会保障等方面,参照执行国有企业改革的相应政策。鼓励非公有制企业并购集体企业

鼓励、支持非公有制经济参与西部大开发、东北地区等老工业基地振兴和中部地区崛起。

加大对非公有制经济的财税金融支持

逐步扩大国家有关促进中小企业发展专项资金规模,省级人民政府及有条件的市、县应在本级财政预算中设立相应的专项资金。加快设立国家中小企业发展基金。研究完善有关税收扶持政策。有效发挥贷款利率浮动政策的作用,引导和鼓励各金融机构为非公有制经济开发金融产品和金融服务,银行内设中小企业信贷部门,提高对非公有制企业的贷款比重。城市商业银行和城市信用社要积极吸引非公有资本入股;农村信用社要积极吸引农民、个体工商户和中小企业入股。政策性银行开展以非公有制中小企业为主要服务对象的转贷款、担保贷款等业务。

非公有制企业上市与国有企业一视同仁,完善中小企业板块,分步推进创业板市场,证券公司代办股份转让功能为非公有制企业利用资本市场。鼓励非公有制企业境外上市。鼓励非公有制经济开展股权融资、项目融资,建立健全创业投资机制,支持发展中小投资公司发展,允许非公有制企业发行企业债券。

改进对非公有制企业的资信评估制度,发放信用贷款,企业经批准可开展工业产权和非专利技术等无形资产的质押贷款试点。鼓励金融机构开办融资租赁、公司理财和账户托管等业务。保险机构开展面向非公有制企业的产品和服务创新,支持非公有制企业吸引国际金融组织投资。

支持非公有制经济设立商业性或互助性信用担保机构。鼓励有条件的地区建立中小企业信用担保基金和区域性信用再担保机构。建立和完善信用担保的行业准入、风险控制和补偿机制,建立健全担保业自律性组织。

完善对非公有制经济的社会服务

大力发展社会中介服务,支持发展创业辅导、筹资融资、市场开拓、技术支持、认证

认可、信息服务、管理咨询、人才培训等各类社会中介服务机构。按照市场化原则规范和发展各类行业协会、商会等自律性组织。

加大对自主创业的政策扶持,鼓励下岗失业人员、退役士兵、大学毕业生和归国留学生等各类人员创办小企业,开发新岗位。各级政府要支持建立创业服务机构,鼓励为初创小企业提供各类创业服务和政策支持。对初创小企业降低公司注册资本限额,允许注册资金分期到位,减免登记注册费用。

根据非公有制经济的不同需求,形成政府引导、社会支持和企业自主相结合的培训机制。各级政府应给予适当补贴和资助。企业应定期对职工进行专业技能培训和安全知识培训。

加大对非公有制企业科技创新活动的支持,建立信息和共性技术服务平台。引导和支持科研院所、高等院校与非公有制企业开展多种形式的产学研联合。鼓励国有科研机构向非公有制企业开放试验室,支持非公有资本创办科技型中小企业和科研开发机构,鼓励有专长的离退休人员为非公有制企业提供技术服务,切实保护单位和个人知识产权。

在政府采购中非公有制企业与其他企业享受同等待遇,积极为非公有制企业提供国内外市场信息。鼓励和支持非公有制企业扩大出口和"走出去",到境外投资兴业,在对外投资、进出口信贷、出口信用保险等方面与其他企业享受同等待遇。利用好国家中小企业国际市场开拓资金,支持非公有制企业开拓国际市场。

加快建立适合非公有制中小企业特点的信用征集体系、评级发布制度以及失信惩戒机制。对资信等级较高的企业,有关登记审核机构应简化年检、备案等手续。

维护非公有制企业和职工的合法权益

严格执行保护合法私有财产的法律法规和行政规章,任何单位和个人不得侵犯非公有制企业的合法财产,不得非法改变非公有制企业财产的权属关系。按照宪法修正案规定,加快清理、修订和完善与保护合法私有财产有关的法律法规和行政规章。

保护非公有制企业的合法生产经营活动不受任何干预,保护企业主的名誉、人身和财产等合法权益。

依法按时足额支付职工工资,工资标准不得低于或变相低于当地政府规定的最低工资标准,逐步建立职工工资正常增长机制;必须尊重和保障职工的休息休假权利、加班补偿、劳动保护和职业病防治、安全生产等合法权益。

有关部门要根据非公有制企业量大面广、用工灵活、员工流动性大等特点,积极探索建立健全职工社会保障制度。

引导非公有制企业提高自身素质

国家支持非公有制经济投资高新技术产业、现代服务业和现代农业,鼓励发展就业容量大的加工贸易、社区服务、农产品加工等劳动密集型产业。

建立规范的个人独资企业、合伙企业和公司制企业。探索建立有利于个体工商户、小企业发展的组织制度。

引导非公有制企业积极开展扶贫开发、社会救济和"光彩事业"等社会公益性活动,增强社会责任感。各级政府要重视非公有制经济的人才队伍建设,在人事管理、教育培训、职称评定和政府奖励等方面,与公有制企业实行同等政策。建立职业经理人测评与推荐制度,加快企业经营管理人才职业化、市场化进程。

国家支持有条件的非公有制企业通过兼并、收购、联合等方式,发展成为主业突出、市场竞争力强的大公司大集团,有条件的可向跨国公司发展。鼓励非公有制企业实施品牌发展战略,支持发展非公有制高新技术企业,形成自主知识产权。国家关于企业技术改造、科技进步、对外贸易以及其他方面的扶持政策,对非公有制企业同样适用。

引导和支持企业从事专业化生产和特色经营,向"专、精、特、新"方向发展。促进以中小企业集聚为特征的产业集群健康发展。

改进政府对非公有制企业的监管。除国家法律法规和国务院财政、价格主管部门规定的收费项目外,任何部门和单位无权向非公有制企业强制收取任何费用,无权以任何理由强行要求企业提供各种赞助费或接受有偿服务。要严格执行收费公示制度和收支两条线的管理规定。

加强对发展非公有制经济的指导和政策协调。要将非公有制经济发展纳入国民经济和社会发展规划,加强对非公有制经济发展动态的监测和分析,建立促进非公有制经济发展的工作协调机制和部门联席会议制度。

2010年5月7日,《国务院关于鼓励和引导民间投资健康发展的若干意见》(国发〔2010〕13号),即"新36条",进一步强调:民间投资已经成为促进经济发展、调整产业结构、繁荣城乡市场、扩大社会就业的重要力量;强调在毫不动摇地巩固和发展公有制经济的同时,毫不动摇地鼓励、支持和引导非公有制经济发展,进一步鼓励和引导民间投资。以现代产权制度为基础发展混合所有制经济,充分发挥市场配置资源的基础性作用,建立公平竞争的市场环境。

鼓励和引导民间资本进入法律法规未明确禁止准入的行业和领域。规范设置投资准入门槛,创造公平竞争、平等准入的市场环境。市场准入标准和优惠扶持政策要公开透明,对各类投资主体同等对待,不得单对民间资本设置附加条件。

对于可以实行市场化运作的基础设施、市政工程和其他公共服务领域,应鼓励和支持民间资本进入。政府投资主要用于关系国家安全、市场不能有效配置资源的经济和社会领域。国有资本要把投资重点放在不断加强和巩固关系国民经济命脉的重要行业和关键领域,在一般竞争性领域,要为民间资本营造更广阔的市场空间。

将民办社会事业作为社会公共事业发展的重要补充,统筹规划,合理布局,加快培育形成政府投入为主、民间投资为辅的公共服务体系。

鼓励和引导民间资本进入基础产业和基础设施领域

鼓励民间资本以独资、控股、参股等方式投资建设公路、水运、港口码头、民用机场、通用航空设施等项目。鼓励民间资本参与铁路干线、铁路支线、铁路轮渡以及站场设施的建设，允许民间资本参股建设煤运通道、客运专线、城际轨道交通等项目，引入市场竞争，推进投资主体多元化。探索建立铁路产业投资基金，积极支持铁路企业加快股改上市，拓宽民间资本进入铁路建设领域的渠道和途径。

建立收费补偿机制，实行政府补贴，通过业主招标、承包租赁等方式，吸引民间资本投资建设农田水利、跨流域调水、水资源综合利用、水土保持等水利项目。

鼓励民间资本参与风能、太阳能、地热能、生物质能等新能源产业建设。支持民间资本以独资、控股或参股形式参与水电站、火电站建设，参股建设核电站。进一步放开电力市场，积极推进电价改革，加快推行竞价上网，为民营发电企业平等参与竞争创造良好环境。

支持民间资本进入油气勘探开发领域，与国有石油企业合作开展油气勘探开发。支持民间资本参股建设原油、天然气、成品油的储运和管道输送设施及网络。

鼓励民间资本以参股方式进入基础电信运营市场。支持民间资本开展增值电信业务。加强对电信领域垄断和不正当竞争行为的监管，促进公平竞争，推动资源共享。

积极引导民间资本通过招标投标形式参与土地整理、复垦等工程建设，鼓励和引导民间资本投资矿山地质环境恢复治理，坚持矿业权市场全面向民间资本开放。

鼓励和引导民间资本进入市政公用事业和政策性住房建设领域

支持民间资本进入城市供水、供气、供热、污水和垃圾处理、公共交通、城市园林绿化等领域。鼓励民间资本积极参与市政公用企事业单位的改组改制，具备条件的市政公用事业项目可以采取市场化的经营方式，向民间资本转让产权或经营权。

积极引入市场竞争机制，大力推行市政公用事业的投资主体、运营主体招标制度，建立健全市政公用事业特许经营制度。改进和完善政府采购制度，建立规范的政府监管和财政补贴机制，加快推进市政公用产品价格和收费制度改革，为鼓励和引导民间资本进入市政公用事业领域创造良好的制度环境。

支持和引导民间资本投资建设经济适用住房、公共租赁住房等政策性住房，参与棚户区改造，享受相应的政策性住房建设政策。

鼓励和引导民间资本进入社会事业领域

支持民间资本兴办各类医院、社区卫生服务机构、疗养院、门诊部、诊所、卫生所（室）等医疗机构，参与公立医院转制改组。支持民营医疗机构承担公共卫生服务、基本医疗服务和医疗保险定点服务。切实落实非营利性医疗机构的税收政策。鼓励医疗人才资源向民营医疗机构合理流动，确保民营医疗机构在人才引进、职称评定、科研课题等方面与公立医院享受平等待遇。从医疗质量、医疗行为、收费标准等方面对各类医疗机构加强监管，促进民营医疗机构健康发展。

支持民间资本兴办高等学校、中小学校、幼儿园、职业教育等各类教育和社会培训机构。落实对民办学校的人才鼓励政策和公共财政资助政策，加快制定和完善促进民办教育发展的金融、产权和社保等政策，研究建立民办学校的退出机制。

通过用地保障、信贷支持和政府采购等多种形式，鼓励民间资本投资建设专业化的服务设施，兴办养（托）老服务和残疾人康复、托养服务等各类社会福利机构。

鼓励民间资本从事广告、印刷、演艺、娱乐、文化创意、文化会展、影视制作、网络文化、动漫游戏、出版物发行、文化产品数字制作与相关服务等活动，建设博物馆、图书馆、文化馆、电影院等文化设施。鼓励民间资本合理开发旅游资源，建设旅游设施，从事各种旅游休闲活动。鼓励民间资本投资生产体育用品，建设各类体育场馆及健身设施，从事体育健身、竞赛表演等活动。

鼓励和引导民间资本进入金融服务领域

在加强有效监管、促进规范经营、防范金融风险的前提下，放宽对金融机构的股比限制。支持民间资本以入股方式参与商业银行的增资扩股，参与农村信用社、城市信用社的改制工作。鼓励民间资本发起或参与设立村镇银行、贷款公司、农村资金互助社等金融机构，放宽村镇银行或社区银行中法人银行最低出资比例的限制。落实中小企业贷款税前全额拨备损失准备金政策，简化中小金融机构呆账核销审核程序。适当放宽小额贷款公司单一投资者持股比例限制，对小额贷款公司的涉农业务实行与村镇银行同等的财政补贴政策。支持民间资本发起设立信用担保公司，完善信用担保公司的风险补偿机制和风险分担机制。鼓励民间资本发起设立金融中介服务机构，参与证券、保险等金融机构的改组改制。

鼓励和引导民间资本进入商贸流通领域

支持民营批发、零售企业发展，鼓励民间资本投资连锁经营、电子商务等新型流通业态。引导民间资本投资第三方物流服务领域，为民营物流企业承接传统制造业、商贸业的物流业务外包创造条件，支持中小型民营商贸流通企业协作发展共同配送。加快物流业管理体制改革，鼓励物流基础设施的资源整合和充分利用，促进物流企业网络化经营，搭建便捷高效的融资平台，创造公平、规范的市场竞争环境，推进物流服务的社会化和资源利用的市场化。

鼓励和引导民间资本进入国防科技工业领域

引导和支持民营企业有序参与军工企业的改组改制，鼓励民营企业参与军民两用高技术开发和产业化，允许民营企业按有关规定参与承担军工生产和科研任务。

鼓励和引导民间资本重组联合和参与国有企业改制

引导和鼓励民营企业利用产权市场组合民间资本,促进产权合理流动,开展跨地区、跨行业兼并重组。鼓励和支持民间资本在国内合理流动,实现产业有序梯度转移,参与西部大开发、东北地区等老工业基地振兴、中部地区崛起以及新农村建设和扶贫开发。支持有条件的民营企业通过联合重组等方式做大做强,发展成为特色突出、市场竞争力强的集团化公司。

鼓励和引导民营企业通过参股、控股、资产收购等多种形式,参与国有企业的改制重组。合理降低国有控股企业中的国有资本比例。民营企业在参与国有企业改制重组过程中,要认真执行国家有关资产处置、债务处理和社会保障等方面的政策要求,依法妥善安置职工,保证企业职工的正当权益。

推动民营企业加强自主创新和转型升级

贯彻落实鼓励企业增加研发投入的税收优惠政策,鼓励民营企业增加研发投入,提高自主创新能力,掌握拥有自主知识产权的核心技术。帮助民营企业建立工程技术研究中心、技术开发中心,增加技术储备,搞好技术人才培训。支持民营企业参与国家重大科技计划项目和技术攻关,不断提高企业技术水平和研发能力。

加快实施促进科技成果转化的鼓励政策,积极发展技术市场,完善科技成果登记制度,方便民营企业转让和购买先进技术。加快分析测试、检验检测、创业孵化、科技评估、科技咨询等科技服务机构的建设和机制创新,为民营企业的自主创新提供服务平台。积极推动信息服务外包、知识产权、技术转移和成果转化等高技术服务领域的市场竞争,支持民营企业开展技术服务活动。

鼓励民营企业加大新产品开发力度,实现产品更新换代。开发新产品发生的研究开发费用可按规定享受加计扣除优惠政策。鼓励民营企业争创名牌,提高产品质量和服务水平。通过加速固定资产折旧等方式鼓励民营企业进行技术改造、技术升级。

鼓励和引导民营企业发展战略性新兴产业。广泛应用信息技术等高新技术改造提升传统产业,大力发展循环经济、绿色经济,投资建设节能减排、节水降耗、生物医药、信息网络、新能源、新材料、环境保护、资源综合利用等具有发展潜力的新兴产业。

鼓励和引导民营企业积极参与国际竞争

鼓励民营企业"走出去",积极参与国际竞争。支持民营企业在研发、生产、营销等方面开展国际化经营,开发战略资源,建立国际销售网络。支持民营企业利用自有品牌、自主知识产权和自主营销,开拓国际市场,加快培育跨国企业和国际知名品牌。支持民营企业之间、民营企业与国有企业之间组成联合体,共同开展多种形式的境外投资。

完善境外投资促进和保障体系。与有关国家建立鼓励和促进民间资本国际流动的政策磋商机制，开展多种形式的对话交流，发展长期稳定、互惠互利的合作关系。通过签订双边民间投资合作协定、利用多边协定体系等，为民营企业"走出去"争取有利的投资、贸易环境和更多优惠政策。健全和完善境外投资鼓励政策，在资金支持、金融保险、外汇管理、质检通关等方面，民营企业与其他企业享受同等待遇。

为民间投资创造良好环境

清理和修改不利于民间投资发展的法规政策规定，切实保护民间投资的合法权益，培育和维护平等竞争的投资环境。在制订涉及民间投资的法律、法规和政策时，要听取有关商会和民营企业的意见和建议，充分反映民营企业的合理要求。

各级人民政府有关部门安排的政府性资金，包括财政预算内投资、专项建设资金、创业投资引导资金，以及国际金融组织贷款和外国政府贷款等，要明确规则、统一标准，对包括民间投资在内的各类投资主体同等对待。支持民营企业的产品和服务进入政府采购目录。

各类金融机构要在防范风险的基础上，创新和灵活运用多种金融工具，加大对民间投资的融资支持，加强对民间投资的金融服务。各级人民政府及有关监管部门要不断完善民间投资的融资担保制度，健全创业投资机制，发展股权投资基金，继续支持民营企业通过股票、债券市场进行融资。

全面清理整合涉及民间投资管理的行政审批事项，简化环节、缩短时限，进一步推动管理内容、标准和程序的公开化、规范化，提高行政服务效率。进一步清理和规范涉企收费，切实减轻民营企业负担。

加强对民间投资的服务、指导和规范管理

统计部门要加强对民间投资的统计工作，准确反映民间投资的进展和分布情况。投资主管部门、行业管理部门及行业协会要切实做好民间投资的监测和分析工作，及时把握民间投资动态，合理引导民间投资。要加强投资信息平台建设，及时向社会公开发布国家产业政策、发展建设规划、市场准入标准、国内外行业动态等信息，引导民间投资者正确判断形势，减少盲目投资。

建立健全民间投资服务体系。充分发挥商会、行业协会等自律性组织的作用，积极培育和发展为民间投资提供法律、政策、咨询、财务、金融、技术、管理和市场信息等服务的中介组织。

在放宽市场准入的同时，切实加强监管。各级人民政府有关部门要依照有关法律法规要求，切实督促民间投资主体履行投资建设手续，严格遵守国家产业政策和环保、用地、节能以及质量、安全等规定。要建立完善企业信用体系，指导民营企业建立规范的产权、财务、用工等制度，依法经营。民间投资主体要不断提高自身素质和能力，树立诚信意识和责任意识，积极创造条件满足市场准入要求，并主动承担相应的社会责任。

营造有利于民间投资健康发展的良好舆论氛围。大力宣传党中央、国务院关于鼓励、支持和引导非公有制经济发展的方针、政策和措施。客观、公正宣传报道民间投资在促进经济发展、调整产业结构、繁荣城乡市场和扩大社会就业等方面的积极作用。积极宣传依法经营、诚实守信、认真履行社会责任、积极参与社会公益事业的民营企业家的先进事迹。

在参与体制改革中谋划浙商发展

浙商之崛起为当代中国私营领域中最富特色的群体，与其"敢为人先"、"把握机会"、"创造机会"，勇闯体制改革先行先试区关系密切。回顾几十年来的浙商发展，几乎每一波重大体制改革，都有浙商积极参与的经典实例。开放个体经营的改革起步中浙商率先萌生，《公司法》实施初期，浙商就迅速采用现代企业制度框架实现大发展；国有经济战略性调整中浙商承接了中国经济的技术基础、组织体系和市场；矿权改革时期浙商是"煤老板"中的重要力量；商品房制度确立以来，浙商成为在房地产领域暴富并备受关注的群体。在当前诸多领域深化体制改革的进程中，关注体制改革、参与体制改革，仍然是实现浙商迅速发展的主要机会和主要途径。

国务院批转的国家发展改革委员会《关于2010年深化经济体制改革重点工作意见》强调，围绕转变经济发展方式、保障和改善民生深化改革，着力增强发展的内在动力和可持续发展能力，加大改革力度，进一步破除制约经济结构调整和经济发展方式转变的体制机制障碍。

把保持经济增长与调整经济结构结合起来，着力完善促进经济发展方式转变的体制机制；把完善政府调控与充分发挥市场作用结合起来，着力激发经济发展内在动力与活力；把推进社会建设与创新公共服务体制结合起来，着力健全改善民生的保障机制；把提高经济效益与促进社会公平结合起来，着力形成促进社会和谐稳定的体制机制；把加快国内发展与提升开放水平结合起来，着力形成国际合作与竞争新优势。

鼓励支持和引导非公有制经济发展。落实鼓励和引导民间投资健康发展的政策措施，进一步消除制约民间投资的制度性障碍，支持民间资本投向基础产业和基础设施、公用事业、社会事业、金融服务等领域，有效激发市场投资活力。推动国有资本从一般竞争性领域适当退出，切实把国有资本投资重点放在关系国家安全和国民经济命脉的重要行业和关键领域，拓宽非公有制经济发展的市场空间。继续完善对小企业的支持政策，健全小企业信用担保体系，开展支持小企业融资的金融产品创新试点，研究制订促进小企业发展的政府采购政策。

深化国有企业和垄断性行业改革。以推进广电和电信业务双向进入为重点，制订三网融合的政策体系和体制机制。推进电网企业主辅分离、输配电和农电等电力体制改革试点。推动形成新型食盐供给体制和盐业管理体制。加快推进大型国有企业特别是中央企业母公司层面的公司制股份制改革。加强国有资产监督管理等基础性制度建设。

深化资源性产品价格和环保收费改革。简化电价分类结构和水价改革,推行居民用电用水阶梯价格制度,健全可再生能源发电定价和费用分摊机制。逐步理顺天然气与可替代能源的比价关系。继续完善成品油价格形成机制。推进农业节水与农业水价综合改革。全面推行城市污水、垃圾及医疗废物等处理收费制度,研究建立危险废物处理保证金制度,推进排污权交易试点,完善排污费征收使用管理制度。

深化财税体制改革。出台资源税改革方案,统一内外资企业和个人城建税、教育费附加制度,逐步推进房产税改革,个人所得税制度改革,完善消费税制度,研究开征环境税方案。全面编制中央和地方政府性基金预算,试编社会保险基金预算,完善国有资本经营预算,加快形成覆盖政府所有收支、完整统一、有机衔接的公共预算体系。推进预算公开透明,健全监督机制。研究建立地方政府财政风险防控机制。建立行政事业单位国有资产统计报告和收入管理制度。完善中央企业国有资本经营收益上缴和使用管理制度。

深化金融体制改革。借鉴国际监管标准的改革完善金融监管体制。建立宏观审慎管理框架,强化资本和流动性要求,确立系统性金融风险防范制度。建立健全部门间协调配合、信息共享机制和国际合作机制。完善跨境资本流动监管机制。探索规范地方金融管理体制。修订出台《贷款通则》,积极引导民间融资健康发展,加快发展多层次信贷市场。尽快出台存款保险制度和存款保险条例。加快股权投资基金制度建设,出台股权投资基金管理办法,完善新兴产业创业投资管理机制。健全创业板市场相关制度,推进场外交易市场建设。加快推进政策性金融机构改革,开展资产管理公司商业化转型试点,深化国有控股商业银行改革。全面深化农村信用社改革,引导社会资金投资设立适应"三农"需要的新型农村金融组织,研究制订偏远山区新设农村金融机构费用补贴等办法,研究制订农村抵押担保条例,充分发挥商业性金融、政策性金融和合作金融在支持"三农"中的作用。

协调推进城乡改革。研究制订农村集体建设用地管理条例,逐步建立城乡统一的建设用地市场,规范农村土地整治,深化国有建设用地有偿使用制度改革。加快放宽中小城市、小城镇特别是县城和中心镇落户条件,逐步在全国范围内实行居住证制度。加快农垦改革发展,推进国有农场与当地经济社会发展融合。制订出台重点国有林区森林资源管理体制改革总体思路,进一步推进国有林场改革试点。推进农村水利建设管理体制改革和农村小型水利设施产权制度改革。深化农村公路管理养护体制改革。

深化民生保障体制改革。提出优化国民收入分配格局、提高居民收入比重改革的目标、重点和措施。积极稳妥实施事业单位绩效工资制度,推进企业职工工资集体协商和支付保障制度,改革国有企业特别是垄断行业工资总额管理制度,完善国有企业、金融机构高管人员薪酬分配和监管制度。完善城乡养老保险,全面实施城镇企业职工基本养老保险关系转移接续制度,研究解决城镇集体企业职工、退休人员及城市无收入老年居民养老保险问题,继续推进事业单位养老保险制度改革试点,完善新型农村社会养老保险相关配套政策并扩大试点范围。建立健全保障性住房规划建设管理体制,加快廉租住房、公共租赁住房和经济适用住房建设,推进城市和工矿区棚户区改造,出台关于促进房地产市场长远健康发展的综合性政策。

深化社会领域改革。出台并实施国家中长期教育改革和发展规划纲要,推进人才培养体制、考试招生制度、现代学校制度和办学体制等改革。扎实推进基本医疗保障制度、初步建立国家基本药物制度、健全基层医疗卫生服务体系、促进基本公共卫生服务逐步均等化、推进公立医院改革试点。加快国有文艺院团体制改革,推进非时政类报刊改革,制订出台公益性新闻出版单位改革意见,基本完成中央经营性出版社转制任务。探索完善社会主义市场经济条件下科技创新举国体制,全面推进国家创新体系建设。

深化涉外经济体制改革。研究制订关于加快转变外贸发展方式的指导意见,研究修订外商投资相关法律法规,进一步简化和规范外资审批程序,建立外资并购安全审查制度。制订出台境外投资条例,加快完善境外投资促进政策和服务体系。

深化行政管理体制改革。按照政事分开、事企分开和管办分离的原则,分类推进事业单位改革,扩大试点范围,为全面启动改革创造条件、积累经验。深化投资体制改革,出台政府投资条例,加快制定企业投资项目核准和备案管理条例,制定中央政府投资项目决策责任追究指导意见和代建制管理办法,建立重大项目专家评议制度。研究推进中央国家机关公务用车制度改革。研究提出深化政府机关后勤服务社会化改革的意见。

在浙江率先推进经济体制改革中实现浙商新发展

在全国乃至浙江体制改革迅速推进的阶段,浙商应当抓住机会、率先尽快突破瓶颈,实现大发展。企业家们应当结合浙江 10 大产业发展规划、产业升级促进政策,考虑具体的企业实际,利用好政策。在用地改革和规范影响下,企业应该考虑选址、成本影响,及时应对。金融改革和金融创新,既为大浙商提供新业务扩张机会,也为中小浙商、个体创业者等提供融资途径。节能减排、区域限批等显著增加成本的因素,企业家们需要特别抓紧产业升级转型,主动适应可持续发展、和谐社会主题的要求。推进城乡一体化,小城市、县城、中心镇扩权改革,将减少审批环节,提高行政效率,为低成本办企业、在小地方发展大企业创造更好、更多的有利条件。公立医院和医疗卫生体制改革,为剩余资本进入医疗卫生服务领域提供机会。教育改革和文化事业单位改革,为浙商进入教育和文化产业领域,提供机会。劳动者权益保护与社会保险制度推进,与企业成本控制关联,同时也提高用人便利性。政府预算和收支管理改革,需要企业注意调整行为方式、在新的制度框架下参与政府采购。

2010 年 4 月 21 日发布《2010 年浙江省体制改革要点》,其主要内容包括:

积极开展转变经济发展方式综合配套改革。继续推进三大省级综合配套改革试点,编制实施"7+1"个市试点总体方案,排出年度重点先行先试。制定转变经济发展方式评价指标体系,力争在重点领域和关键环节改革取得新突破。编制完成义乌国际贸易综合配套改革试点总体方案,以建设全球最具影响力的小商品国际贸易中心为龙头,力争在建立与小商品国际贸易相适应的管理体制、政策体系、服务平台、贸易方式等方面取得新的突破,带动中小企业联动发展,推动浙中城市群协同发展,积极争取列入国家试点。

加快推进调结构、促转型的体制改革

推进产业转型升级的体制机制改革。探索建立产业集聚区规划建设机制。完善宁波—舟山港一体化建设机制和全省港口联盟发展机制。建立战略性新兴产业培育引导机制和传统产业改造提升促进机制,扩大现代产业集群转型升级示范区试点。研究制定加快服务业10大重点行业发展的政策意见,继续推进企业主辅分离改革,创新现代服务业集聚区发展的体制机制。探索建立以"现代农业园区建设"为载体的农业投入发展新机制,完善农业标准化和品牌化创建机制,建立农技推广、动植物疫病防控、农产品质量监管"三位一体"的基层农业公共服务体系。

推进企业转型发展的体制机制改革。继续深化国有和国有控股企业战略性调整,健全现代企业制度。探索建立促进企业研发设计和品牌营销的激励机制,推进民营企业加快制度、管理、市场、技术创新。制定出台鼓励和促进民间投资的政策意见,鼓励民间资本进入基础产业和基础设施、市政公用事业、社会事业、金融服务等领域。研究制定企业并购重组的信贷、土地资产处置等方面的激励政策,健全央企对接合作机制,积极推进企业并购重组。加快地方未上市公司股权交易平台建设。加强企业"走出去"促进体系和服务体系建设,健全国际贸易预警和摩擦应对机制。

推进加快自主创新的体制机制改革。全面推进国家技术创新工程试点,开展创新型企业试点,完善公共创新平台建设的体制机制。支持企业联合高等院校、科研机构建立技术创新战略联盟机制。深化完善自主创新的投融资体制,扩大创业投资引导基金规模,探索开展设立科技银行试点,积极推进科技保险创新试点。研究制订省级重点创新团队管理办法,完善培养和集聚创新型领军人才的激励机制。

着力推进要素保障的体制改革

深化土地使用制度改革。全面推进城乡建设用地增减挂钩试点,建立健全低丘缓坡和滩涂围垦综合开发利用机制,积极推进工业用地分阶段出让改革试点,探索建立低效利用土地退出机制。扩大农村宅基地换城镇住房、生产生活用房相分离改革试点。探索农村集体经营性建设用地流转试点和宅基地有偿使用试点。

加快地方金融创新。继续推进地方商业银行跨区域经营的体制改革,进一步深化农村信用合作社改革,全面推进小额贷款公司、村镇银行试点,扩大农村资金互助社试点,探索开展邮政储蓄和小额贷款公司合作发展的体制改革试点。全面推广"丰收小额贷款卡"、"金穗惠农卡"等新型农村金融产品,继续推进农村住房、土地承包经营权、林权、海域使用权等抵押贷款。扩大中小企业短期融资券试点,发展中小企业集合债

券和中小非金融企业集合票据。加快推进股权投资基金发展。积极开发政策性农业保险新险种,探索开展大灾气象理赔指数定损试点,全面推进政策性农业保险和农房保险。

完善节能减排的体制机制。研究制订市县电力体制和农电体制改革方案。继续实施高耗能行业差别电价政策,积极推进居民用电用水阶梯价格制度改革,推进农业节水与农业水价改革,开展钱塘江流域水权制度改革试点方案研究。全面推进排污权有偿使用和交易制度改革试点,完善污水处理收费机制,全面实施跨行政区域交接断面水质目标考核制度。实施重点耗能行业能耗限额制度,探索开展建设项目环评"区域限批"制度改革试点,建立"两高"行业信贷限制制度。全面推进循环经济试点省建设,制定出台循环经济评价指标体系和统计制度。开展生态文明建设试点,完善生态省建设的体制机制。

着力推进统筹城乡发展的体制改革

推进城乡一体的规划建设体制机制改革。探索建立城乡规划一体化协调机制,积极推进"两规合一"的规划编制机制改革,完善县(市)—中心镇—中心村规划体系。探索开展城乡基础产业、基础设施、公用事业、社会事业规划共编、工程共建、设施共养、功能共享的体制改革,统筹城乡公共设施建设管理。选择有条件的地区开展电信网、广播电视网、互联网"三网融合"改革试点。

完善中心镇培育政策。深入实施中心镇培育工程,制定出台加快发展中心镇、培育小城市的政策意见,开展小城市培育试点。着力推进中心镇户籍、就业保障、土地、金融、投融资、财政、行政管理等七个方面的体制创新,促进人口集聚和产业集约,提高公共服务水平,提高人民群众生活质量和水平,把中心镇培育成为统筹城乡发展的战略节点。

全面推进强镇扩权改革。制定出台强镇扩权改革指导意见,积极推进中心镇扩权改革,赋予进入小城市培育的中心镇县级经济社会管理权限,其他中心镇部分县级经济社会管理权限。探索开展中心镇行政执法体制改革。

着力推进改善民生的社会体制改革

全面推进医药卫生体制改革。制定出台2010年医改实施方案和相关配套政策。探索开展基本医疗保险市级统筹,积极推进医保异地结算制度改革。分步实施基本药物制度,在首批30个县(市、区)实施基本药物制度基础上,年底前扩大到60个。研究制订全省公立医院布局规划,制定出台公立医院改革指导意见,稳步推进嘉兴市公立医院改革试点。稳慎推进公共卫生和基层医疗卫生事业单位绩效工资改革。继续推进县乡村医疗卫生机构管理服务新体制的改革试点。

深化教育、文化体制改革。深化完善农村义务教育经费保障机制,继续抓好义务教育教师绩效工资改革。继续推进城乡教师合理流动、名校集团化、国有民办学校体制调整等改革。全面推进中等职业教育专业设置调整改革。继续推进高职学校自主招生改革试点。全面推进经营性文化单位转企改制,确保年底前基本完成改革任务。深化文化事业单位内部机制改革。创新公共文化服务方式,促进公共文化服务的多元化和社会化。

完善就业和社会保障制度。完善创业带动就业的政策制度。完善就业援助制度,加强集信息发布、就业介绍、法律维权于一体的基层就业服务体系建设。调整完善收入分配制度,全面实施最低工资制度,扩大工资集体协商覆盖范围,健全职工工资正常增长机制。全面实施城乡居民养老保险制度,稳步推进职工基本养老保险省级统筹,制定企业职工基本养老保险关系省内转移接续办法,深化事业单位养老保险制度改革。

着力推进行政管理体制改革

深化行政审批制度改革。积极推进以减少审批部门、审批事项、审批环节、审批时间为主要内容的行政审批制度改革,制定出台行政审批"四减少"改革方案,选择有条件的市县开展改革试点。建立健全投资项目联动审批机制。继续推进市县非行政许可审批事项清理规范及行政机关内部行政许可职能整合的改革

深化公共财政体制改革。深化预算改革,建立健全政府预算体系,完善政府公共预算、国有资本经营预算和社会保险预算制度,积极推进专项资金清理整合改革。深化完善国库集中支付改革。完善政府采购管理体制和运行机制。积极推进公务用车制度改革。建立政府性债务收支计划编制制度,完善政府性债务风险预警机制。

第四部分

2004—2009 年,从主要经济指标的变动情况来看,社会生产总值、固定资产投资总额、消费品零售总额三项指标呈现持续稳定的线性增长特征,经济发展的增长型波动特征明显;2008 年浙江消费品零售总额增幅达到几年间峰值;消费品零售总额和消费品价格涨幅两项指标的波动趋势一致。

从国民经济各主要行业的情况来看,2008—2009 年间,工业增加值、规模以上工业企业增加值、轻工业增加值、重工业增加值,增幅都有回落。

2008—2009 年,规模以上工业企业实现销售收入、国有及国有控股企业增加值、集体企业增加值、外商及港澳台资企业增加值、私营企业增加值,增幅都有大幅回落,外资企业增加值 2009 年甚至出现零增长。

2008—2009 年间,建筑业增加值增幅、房地产投资增幅都有显著提高,与工业领域增加值增幅显著降低的变动方向相反。2008 年,建筑业和房地产投资增幅既低于全部工业领域增加值的增幅,也低于重工业、国有及国有控股企业、私营企业增加值的增幅,仅高于轻工业、集体企业和外商投资企业增加值的增幅。2009 年,建筑业增加值和房地产投资增幅都远高于全部工业和各类工业企业增加值的增幅。

2005—2009 年间,浙江省常住人口由 4894 万人增加到 5180 万人,同期人均GDP、城镇居民人均可支配收入、农民人均纯收入都保持了持续增长。

人均 GDP 增幅小幅波动、总体上呈下降趋势,城镇居民人均可支配收入增幅在波动中基本保持平稳,农民人均纯收入增幅变化比城镇居民人均可支配收入增幅波动要小,但两者波动趋势基本一致。在 2004—2008 年,人均 GDP 增幅一直高于城镇人均可支配收入增幅和农民人均纯收入增幅,这显示在收入分配中不均等状况持续加深;2009 年开始,城镇居民人均可支配收入增幅、农民人均纯收入增幅两项开始超越人均GDP 增幅,显示居民收入在收入分配中份额逐步提高,分配不均的局面开始改变。

2005—2009 年间,浙江城镇家庭的恩格尔系数低于农村家庭的恩格尔系数,城镇居民家庭的恩格尔系数经历波动在期初和期末基本持平,农村家庭的恩格尔系数经历波动总体水平有所降低。此间恩格尔系数波动很小,看不出金融危机冲击的影响。

2005—2009 年间,浙江农村基尼系数高于城镇基尼系数,农村基尼系数基本保持平稳,城镇基尼系数在 2009 年出现明显下降。综合比较,2009 年城乡居民实际生活水平有一定程度提高。

2006—2009 年,浙江金融机构年末各类存款余额呈现稳定持续增长,历年末贷款余额持续增长。历年末存贷款余额之差增长显著。按照五级分类统计,2008 年末主要银行业机构不良贷款率为 1.31%,比年初上升 0.44 个百分点。R&D 经费占全省生产总值的比例由 2008 年的 1.6% 提高到 2009 年的 1.7%。

2004—2009 年间,浙江国际贸易总额、国际贸易顺差增势在 2008 年达到峰值,2009 年浙江省国际贸易总额、进口额和出口额都显著下降。

国际金融危机冲击下,浙江国际贸易领域出现古典型经济波动,发生绝对额增减;在其他领域,国际金融危机冲击至多引发增长型波动,即增长率波动。

2008—2009 年,浙江三次产业结构、增长格局基本保持稳定。工业增加值和利润保持合理的增幅,工业生产结构变化明显;建筑业增加值增幅变化很大,房地产投资和商品房销售变化剧烈;固定资产投资增幅差异显著,非国有控股主体的固定资产投资占据大部分;物价在合理区间变动,升降幅度不大;消费增长强劲并显示出消费品零售结构变化;浙江特色的商品交易市场数量略有增加,网上市场兴起;利用外资下降幅度很大;处于起步阶段的对外经济发展迅猛,对外承包工程、对外劳务合作、对外设计咨询,境外投资项目总额显著增长;旅游业快速发展,上市公司数量保持较快增长。

浙江地方政府在应对国际金融危机冲击过程中前进,中央政府关于中小企业促进、重大产业规划、长江三角洲一体化、全国功能区规划等一系列政策、措施和规划,在浙江被具体化为诸多产业政策和规划,把浙江经济和浙商发展融入全局和长期发展规划中。

2007 年 6 月,中共浙江省十二大上提出,突出走创业富民、创新强省之路,作为坚持科学发展、促进社会和谐、全面建设小康社会、继续走在前列的总战略。转变经济发展方式,是创业富民、创新强省的主攻方向。全面推进个人、企业和其他各类组织的创业再创业,大力培育创业创新主体,把创业富民、创新强省落实到经济建设、政治建设、文化建设、社会建设和党的建设各个方面,贯穿于改革开放和现代化建设全过程,加快建设全民创业型社会,努力打造全面创新型省份。

几年来,在经济转型升级、经济管理调整、省级综合配套改革"11+1"、中小企业发展、外贸促进、金融改革、制度推进等方面取得明显进展。

加快中介机构改革发展、政策性农业保险、促进外贸发展、金融业深化改革加快发展、企业上市、小额贷款公司试点、做好行业龙头企业资金链安全保障工作、加快发展服务业、节能降耗推进工业循环经济、力促开拓国际国内市场、中小企业扶持资金使用、中小商贸企业融资担保费用补贴、促进中小企业加快创业创新发展等方面,实施了许多积极措施。

为促进转型升级,浙江省大力发展服务业,着力发展商贸、金融、物流、信息、科技、商务、旅游、文化、房地产和社区服务等与经济转型升级和改善民生密切相关的 10 大重点产业;编制和组织实施《浙江省服务业发展规划》、《浙江省现代服务业集聚区总体布局与建设规划》。

第九章

近年来浙江社会经济发展情况

改革开放 30 年来,浙江在迈向市场经济、融入全球化的贸易和生产体系的进程中,一直以独特的方式走在全国前列。在低成本、低技术加工和低技术产品为主要特征的浙江经济社会发展,其可持续性自新世纪以来就受到学术界的质疑。金融危机冲击下外需萎缩,自然使人们对浙江的出口导向型经济发展模式给予了更多的关注和关心。为应对国际金融危机冲击,中国中央政府采取了迅猛的政策调整。在今天看来,扩张性宏观经济政策和中央政府主导的庞大投资计划,的确给中国经济注入了坚强信心和强大动力。在金融危机对全球经济产生巨大负面影响的情况下,中国经济实现了保持经济发展平稳较快增长势头不减。浙江经济社会发展也经受了最严峻的考验。

近年来主要经济指标情况

自 2004 年以来,浙江省生产总值、固定资产投资、消费品零售总额,均呈现连年递增的局面。2007—2009 年,在美国金融危机向全球蔓延的情况下,浙江省的生产总值三年依次为 18780 亿元、21487 亿元、22832 亿元,固定资产投资三年依次为 8433 亿元、9300 亿元、10742 亿元,消费品零售总额三年依次为 6214 亿元、7442 亿元、8622 亿元。如图 9-1 所示。2004—2009 年间,浙江省生产总值、固定资产投资、消费品零售总额三项主要经济指标数据,呈现持续稳定的增长。2004—2009 年间,这三项指标的线性增长趋势特征明显。在国际金融危机爆发之前和金融危机的国际冲击下,浙江省的社会经济发展呈现了持续稳定增长,没有出现波动。生产总值的年均增长幅度,高于固定资产投资和消费品零售总额的年均增长幅度。

主要经济指标的变动情况

从主要经济指标的变动情况来看,社会生产总值、固定资产投资总额、消费品零售总额三项指标都是持续增长的,但不同年度的增长幅度有波动,经济发展的增长型波动特征明显。生产总值的增幅在 2004—2007 年间基本平稳,变动很小,2007 达到最高 14.7%,2008—2009 年间下降为 10.1% 和 8.9%。2004—2009 年间,浙江省的固定资产投资增幅波动明显,各年度依次为 21.3%、10.5%、13.4%、11.1%、10.4%、15.2%,其中 2008 年的增幅最低,固定资产增幅波动呈现期初高、期末高、其中保持低而平稳的特征。消费品零售总额的变化与固定资产投资增幅波动趋势相反,2004—2007 年间

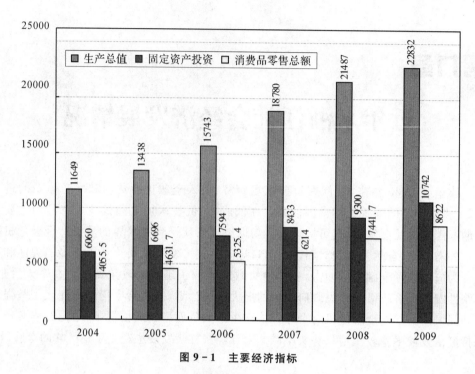

图 9 - 1 主要经济指标

消费品零售总额增幅依次为 15.5%、14.2%、15.0%、16.7%,在公认的危机冲击最严重的 2008 年,浙江消费品零售总额增幅反而达到几年间最高的 19.8%,2009 年又回落到 15.9%。2004—2009 年这六年间,消费品价格涨幅依次为 3.9%、1.3%、1.1%、4.2%、5.0%、-1.5%,期间经历了一个波动过程。六年间,消费品零售总额和消费品价格涨幅两项指标的波动趋势是一致的。2008 年下半年,中国开始提出应对金融危机冲击的严峻任务,事实上,无论是消费状况的纵向比较,还是消费与固定资产投资增幅变化、生产总值增幅变化的比较,都说明 2008 年浙江省的消费是旺盛的。如图 9 - 2 所示。

近年来浙江经济若干主要领域的变动情况

从国民经济各主要行业的情况来看,2008—2009 年间,工业增加值分别为 10359.8 亿元和 10457 亿元,比上年增幅分别为 10.1% 和 5.9%,规模以上工业企业增加值分别为 8083 亿元和 8232 亿元,增幅分别为 10.1% 和 6.2%;轻工业增加值分别为 3587.1 亿元和 3639.24 亿元,增幅分别为 9.1% 和 5.5%;重工业增加值分别为 4495.9 亿元和 4592.46 亿元,增幅分别为 10.9% 和 6.7%。如图 9 - 3 所示。

2008—2009 年,规模以上工业企业实现销售收入分别为 39973.1 亿元和 39629 亿元,增幅分别为 13.7% 和 2.1%;国有及国有控股企业增加值分别为 1251.2 亿元和 122 3.2 亿元,增幅分别为 11.8% 和 3.6%;集体企业增加值分别为 57.2 亿元和 33.8 亿元,增幅分别为 5.5% 和 3.9%;外商及港澳台资企业增加值分别为 2144.5 亿元和

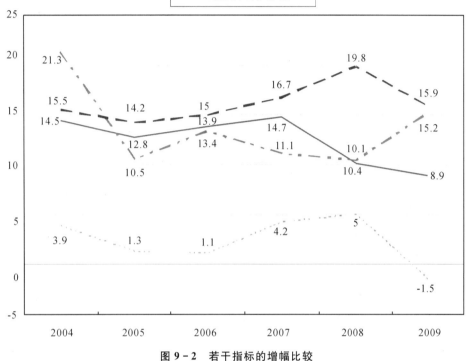

图 9 - 2　若干指标的增幅比较

2145.08 亿元,增幅分别为 7.3％和 0;私营企业增加值分别为 3004.2 亿元和 3228.02
亿元,增幅分别为 13％和 3.6％。如图 9 - 3 所示,2008—2009 年间,在金融危机冲击
下,浙江省工业领域增加值仍然有增长,但是,无论是大企业还整个工业系统,无论是
国有或国有控股企业、集体企业,还是外商及港澳台资企业、私营企业,工业增加值的
增幅都有显著回落。

　　2008—2009 年间,建筑业的增加值分别为 1220.6 亿元和 1386 亿元,增幅分别为
3％和 15.3％;房地产投资分别为 1999.3 亿元和 2254 亿元,增幅分别为 9.8％和
11.4％。与工业领域增加值增幅的变动情况相反,两年间建筑业和房地产投资的增幅
也有显著提高。2008 年,建筑业和房地产投资增幅既低于全部工业领域增加值的增
幅,也低于重工业、国有及国有控股企业、私营企业增加值的增幅,仅高于轻工业、集体
企业和外商投资企业增加值的增幅。2009 年,建筑业增加值和房地产投资增幅都远高
于全部工业和各类工业企业增加值的增幅。

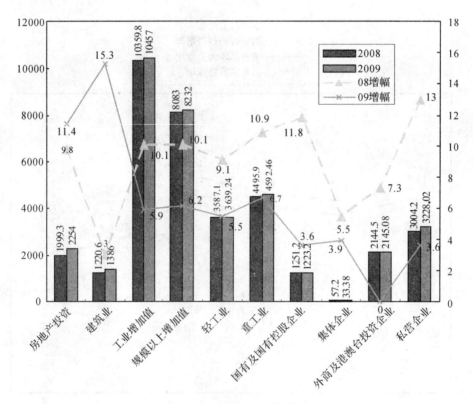

图 9-3 浙江经济成分情况

近年来浙江居民收支水平及其变动

2005—2009 年间,浙江省常住人口由 4894 万人增加到 5180 万人[①],同时人均 GDP 水平由 27552 元提高到 44335 元。城镇人均可支配收入由 16294 元提高到 24611 元,农村居民纯收入由 6660 元提高到 10007 元。人均 GDP、城镇居民人均可支配收入、农民人均纯收入都保持了持续的增长。如图 9-4 所示。

从人均收入水平增幅来看,人均 GDP 增幅经历了小幅波动,总体上呈下降趋势;2004 年人均 GDP 增幅最高到达 13.5%,其后两年略有降低,2007 年又回升到 12.7%,2008 和 2009 年降低为 8.6% 和 7.6%。2004—2009 年,城镇居民人均可支配收入增幅依次为 7.4%、10.4%、10.9%、8.4%、5.4%、9.7%,在波动中整体实现基本平稳。历年农民人均纯收入增幅依次为 7.4%、6.4%、9.3%、8.2%、6.2%、9.5%。农民人均纯收入增幅变化比城镇居民人均可支配收入增幅波动要小,但两者波动趋势基

---

① 根据抽样调查的人口数据,2005 年 11 月 1 日居住在城镇的人口 2742 万人,占总人口的 56.02%;居住在乡村的人口 2152 万人,占总人口的 43.98%;2009 末居住在城镇的人口为 2999.2 万人,占总人口的 57.9%;居住在乡村的人口为 2180.8 万人,占总人口的 42.1%。

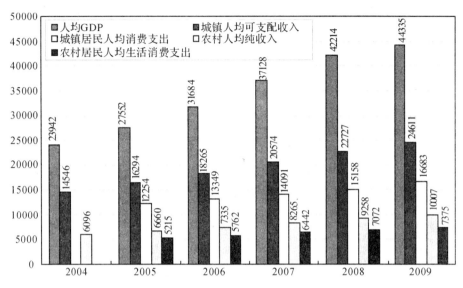

图 9-4 人均收入支出状况

本一致。在 2004—2008 年,人均 GDP 增幅一直高于城镇人均可支配收入增幅和农民人均纯收入增幅,这显示在收入分配中不均等状况持续加深;2009 年开始,城镇居民人均可支配收入增幅、农民人均纯收入增幅两项开始超越人均 GDP 增幅,显示居民收入在收入分配中份额逐步提高,有利于缩小收入分配差距,分配不均的局面开始改变。如图 9-5 所示。

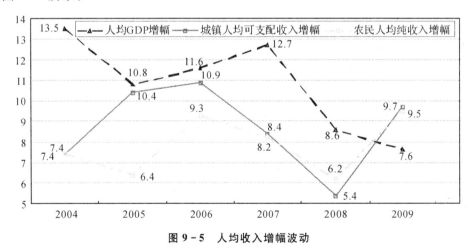

图 9-5 人均收入增幅波动

2008 浙江省人均 GDP 按年平均汇率折算为 6078 美元,2009 年按常住人口计算的人均 GDP 为 6490 美元(按 6.831 的年平均汇率折算),2009 年比 2008 年增加了 412 美元,增长 7.6%。

2005—2009 年间,浙江恩格尔系数(居民家庭食品消费支出占生活消费总支出的比重)在城乡之间有比较明显的差异,城镇家庭的恩格尔系数低于农村家庭的恩格尔系数,这是正常的。城镇家庭历年恩格尔系数依次为 0.338,0.329,0.347,0.364,0.336,农村家庭历年恩格尔系数依次为 0.386,0.372,0.364,0.380,0.374,城镇居民家庭的恩格尔系数在期初和期末基本持平,期间经历略有降低到逐步提高再恢复的过程,农村家庭的恩格尔系数经历了下降、上升再回落的过程,总体水平有所降低。此间恩格尔系数波动很小,从收入水平上,看不出金融危机冲击的影响。如图 9-6 所示。

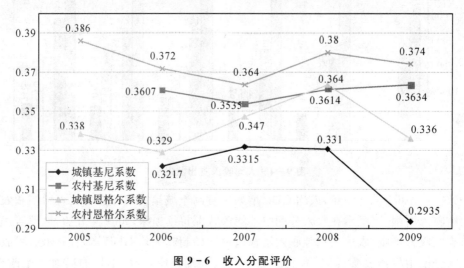

图 9-6　收入分配评价

2005—2009 年间,浙江的基尼系数(衡量居民内部收入分配差距的指标)在城镇和乡村之间也存在显著差异,农村基尼系数高于城镇基尼系数。2006—2009 年间城镇基尼系数依次为 0.3217,0.3315,0.3310,0.2935,农村基尼系数依次为 0.3607,0.3535,0.3614,0.3634。农村基尼系数基本保持平稳,城镇基尼系数在 2009 年出现明显下降。综合比较,2009 年城乡居民实际生活水平有一定程度提高。如图 9-6 所示。

金融

2006—2009 年,浙江金融机构年末各类存款呈现稳定持续增长,年末各项存款余额依次为 25005.9 亿元,29030.33 亿元,35481.2 亿元,45112 亿元,其中企事业单位存款依次为 8609.7 亿元,11456.83 亿元,11490.12 亿元,16791.7 亿元,城乡居民储蓄存款依次为 10801.7 亿元,11381.16 亿元,14804.54 亿元,18169.4 亿元,人民币本币存款依次为 10473.5 亿元,11160.73 亿元,14501.49 亿元,17833.4 亿元。2006—2009 历年末贷款余额依次为 20757.8 亿元,34939.89 亿元,29658.67 亿元,39223.9 亿元,其中,短期贷款依次为 11953.6 亿元,14825.62 亿元,17219.69 亿元,21684.3 亿元,中长期贷款依次为 7532.9 亿元,8975.24 亿元,10742.81 亿元,15324.5 亿元。历年末存贷款余额之差依次为 4248.1 亿元,4090.44 亿元,5822.53 亿元,5888.1 亿元。如图 9-7 所示。

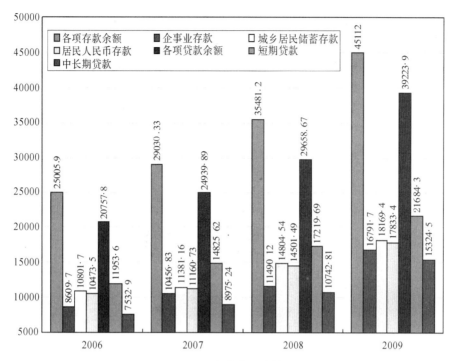

图 9-7　存贷款变动情况

2006—2009 年,各项存贷款都有增加,但不同项目增幅和各年度增幅差异很大。各项存款余额基本稳定上升,2009 年增幅最高达 27.4%;历年末贷款余额增幅依次为 21.2%、20.2%、18.8%、32.4%,略有下降再冲高。企事业单位存款增幅波动较大,在 2008 年最低为 9.7%,2009 年猛增到 46.8%。居民储蓄增幅依次为 18.4%、5.4%、30%、22.8%,波动明显,但是与企事业单位存款增幅反向波动短期贷款增幅呈 U 型曲线 2006 和 2009 年增幅较高,2007 和 2008 年增幅较低。2006—2008 年,中长期贷款余额增幅小幅稳定提高依次为 18.8%、19.2%、19.5%,在 2009 年大幅冲高到 42.8%。如图 9-8 所示。

国际贸易

浙江省国际贸易发达,2004—2009 年间,历年国际贸易总额依次为 852.3 亿美元、1074 亿美元、1391.5 亿美元、1768.4 亿美元、2111.5 亿美元、1877.3 亿美元,历年国际贸易顺差依次为 310.9 亿美元、462 亿美元、626.5 亿美元、797.6 亿美元、974.3 亿美元、782.9 亿美元。巨额的国际贸易顺差,支撑浙江成为国内经济发展领先的地区。

经过近 30 年的外向型经济发展,2009 年浙江省国际贸易总额出现回落,进口额和出口额都有显著下降。进出口总额下降 11.1%,出口额下降 13.8%,进口额下降 3.7%,国际贸易顺差下降 19.6%。在出口中,一般贸易下降 12.5%,加工贸易下降 13.5%,机电产品出口下降 18.4%,高新技术产品出口下降 28.2%。

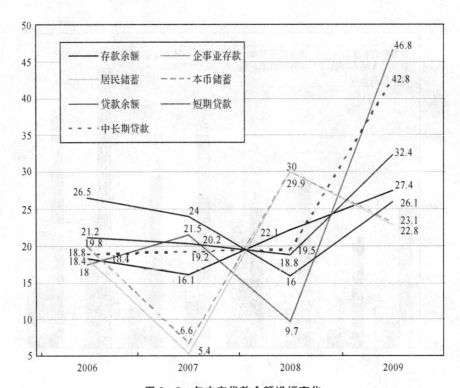

图9-8 年末存贷款余额增幅变化

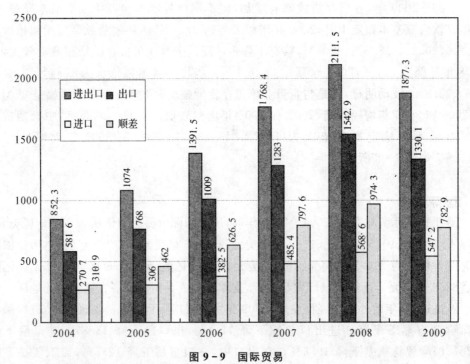

图9-9 国际贸易

在国际金融危机蔓延的情况下,浙江经济社会发展的主要所有领域,只有国际贸易出现绝对的下降。就浙江经济整体状况来看,如果说国际金融危机带来经济波动的话,只有在国际贸易领域带来了古典型经济波动,即存在绝对额的降低。在除此之外的所有其他领域,即是说国际金融危机对社会经济形成冲击的话,也只是引起了社会经济的增长型波动,也就是说,金融危机最多只是影响了增长速度。图9-9、表9-1更全面描述了浙江国际贸易状况的变化。

表 9-1　国际贸易状况变化

	2004	2005	2006	2007	2008	2009
绝对额(亿美元)						
进出口总额	852.3	1074	1391.5	1768.4	2111.5	1877.3
出口额	581.6	768	1009	1283	1542.9	1330.1
一般贸易			773.2	993.8	1218.7	1066.5
加工贸易			226.3	273.1	308.6	249.1
机电产品			423.9	555.9	680.7	555.1
高新技术产品			101.7	101.8	106.5	98.5
进口额	270.7	306	382.5	485.4	568.6	547.2
一般贸易			214.3	292.3	344	374.4
加工贸易			101.8	123.4	150.3	117.6
机电产品			123.8	137.9	150.3	119
国际贸易顺差	310.9	462	626.5	797.6	974.3	782.9
比上年增幅(%)						
进出口总额	38.8	26	29.6	27.1	19.4	−11.1
出口额	39.8	32.1	31.4	27.2	20.3	−13.8
一般贸易			28.3	28.5	22.7	−12.5
加工贸易			39.6	20.7	13	−13.5
机电产品			40.1	31.2	22.5	−18.4
高新技术产品			68.9	0.1	4.7	−28.2
进口额	36.6	13	25.1	26.9	17	−3.7
一般贸易			15.3	36.4	17.7	8.8
加工贸易			25.8	21.2	21.4	−21.7
机电产品			34.3	11.5	9	−20.8
国际贸易顺差		48.6	35.6	27.3	22.2	−19.6

资料来源:根据历年《浙江国民经济和社会发展统计公报》整理。

2008—2009 年的经济社会发展情况

2008 年下半年，国际金融危机对中国经济的冲击和影响开始显现，其中沿海地带所受到冲击比较明显，我们特别关注这两年来浙江社会经济发展状况。

从经济结构变动情况看，三次产业比例结构、增长基本格局基本保持稳定。

2008 年，浙江省第一产业增加值 1095.43 亿元，第二产业增加值 11580.33 亿元，第三产业增加值 8811.16 亿元，分别增长 3.9%、9.4% 和 11.8%，三次产业增加值结构由上年的 5.3∶54∶40.7 调整为 5.1∶53.9∶41。2009 年，浙江第一产业增加值 1162 亿元，第二产业增加值 11843 亿元，第三产业增加值 9827 亿元，分别增长 2.3%、6.8% 和 12.5%，三次产业增加值结构为 5.1∶51.9∶43。如表 9 - 2 所示。

表 9 - 2　浙江三次产业结构变动

	增加值（亿元）		增长率		结构比例		
	2008	2009	2008	2009	2007	2008	2009
第一产业	1095.43	1162	3.9%	2.3%	5.3	5.1	5.1
第二产业	11580.33	11843	9.4%	6.8%	54	53.9	51.9
第三产业	8811.16	9827	11.8%	12.5%	40.7	41	43

资料来源：根据相应年度《政府工作报告》整理。

工业增加值和利润仍保持合理的增幅，工业生产结构变化明显

2008 年，规模以上工业企业完成销售产值 39917 亿元，比上年下降 1.3 个百分点；其中出口交货值 9859.5 亿元，比上年增长 7.9%，占销售产值的比重为 24.7%；高技术产业总产值 3112.7 亿元，比上年增长 7.0%，占销售产值比重为 7.6%；全省新产品产值为 6804.4 亿元，比上年增长 21.2%，新产品产值率为 16.5%，比上年提高 0.9 个百分点。规模以上工业企业实现利润 1513.6 亿元，比上年下降 11.7%。其中，国有及国有控股企业 870.9 亿元，比上年下降 59.5%；股份制企业 363.3 亿元，下降 30.1%；外商及港澳台投资企业 500.7 亿元，下降 9.0%；私营企业 543.8 亿元，增长 1.3%；工业企业产品销售率 97.3%，比上年下降 0.4 个百分点。2008 年，汽车产量 22.6 万辆，增长 8.9%，其中轿车产量 19.3 万辆，增长 10.5%；集成电路、移动电话、微型电子计算机产量，则有显著下降。

2009 年，规模以上工业销售产值 39629 亿元，增长 2.1%；规模以上工业企业完成出口交货值 8561 亿元，下降 10.8%，出口交货值占销售产值的比重为 21.6%，比上年下降 3.1 个百分点。规模以上工业企业新产品产值为 7361 亿元，比上年增长 12.6%，新产品产值率为 18.1%，比上年提高 1.7 个百分点。规模以上工业增加值 8232 亿元，增长 6.2%，轻、重工业增加值分别增长 5.5% 和 6.7%。国有及国有控股工业企业增加值 1223 亿元，比上年增长 3.6%。全年规模以上工业企业实现利润 2041 亿元，比上

年增长 34.4%。其中,国有及国有控股企业 283 亿元,增长 234.4%;股份制企业 260 亿元,增长 137.4%;外商及港澳台投资企业 651 亿元,增长 26.1%;私营企业 656 亿元,增长 18.5%。工业企业产品销售率 97.3%,比上年提高 0.1 个百分点。制造业中高新技术产业增加值 1771 亿元,比上年增长 6.9%,占规模以上工业的比重为 21.5%。汽车产量为 28.2 万辆,增长 77.2%,其中轿车产量为 22.4 万辆,增长 73.1%。如下页表 9-3 所示。

建筑业增加值增幅变化很大,房地产投资和商品房销售变化剧烈

2008 年,建筑业增加值 1220.6 亿元,比上年增长 3.0%;资质以上建筑企业利润总额 210 亿元,比上年增长 15.1%;税金总额 252 亿元,增长 17.4%。房地产开发投资 1999.3 亿元,比上年增长 9.8%,增幅比上年回落 5.9 个百分点。商品房销售额 1816.4 亿元,比上年下降 30.9%。2009 年,建筑业增加值 1386 亿元,比上年增长 15.3%。全年资质以上建筑企业利润总额 250 亿元,比上年增长 16.3%;税金总额 280 亿元,增长 15.7%。全年房地产开发投资 2254 亿元,比上年增长 11.4%。商品房销售额 4303 亿元,增长 1.3 倍,如表 9-4 所示。

表 9-4 建筑业和房地产业情况

	建筑业增加值(亿元)		资质以上企业利润(亿元)		税金(亿元)		房地产开发投资(亿元)		商品房销售(亿元)	
	总额	增幅	总额	增幅	总额	增幅	总额	增幅	总额	增幅
2008	1220.6	3.0%	210	15.1%	252	17.4%	1999.3	9.8	1816.4	-30.9%
2009	1386	15.3%	250	16.3%	280	15.7%	2254	11.4%	4303	136.9%

资料来源:根据统计公报整理。

固定资产投资增幅差异显著,非国有控股主体的固定资产投资占据大部分

2008 年,浙江省固定资产投资中,限额以上投资 8523.0 亿元,比上年增长 10.6%,增幅和上年持平;限额以上非国有控股投资 5610.5 亿元,增长 11.2%,占全部限额以上投资的 65.8%。在限额以上固定资产投资中,第一产业投资 35.8 亿元,比上年增长 8.5%;第二产业投资 3936.0 亿元,增长 8.8%,工业投资 3910.1 亿元,增长 8.5%;第三产业投资 4551.2 亿元,增长 12.3%。全年限额以上投资项目 25892 个,比上年增长 6.1%。其中,新开工项目 12227 个,比上年下降 0.7%。

2009 年,全社会固定资产投资 10742 亿元,比上年增长 15.2%,其中限额以上投资 9906 亿元,增长 15.8%;限额以上非国有控股投资 6265 亿元,增长 10.8%,占全部限额以上投资的 63.2%。在限额以上固定资产投资中,第一产业投资 57.5 亿元,比上年增长 59.3%;第二产业投资 4291 亿元,增长 8.9%,其中工业投资 4253 亿元,增长

表9-3　规模以上工业企业情况

项目	合计 2008	合计 2009	国有及国有控股企业 2008	国有及国有控股企业 2009	股份制企业 2008	股份制企业 2009	外商及港澳合投资企业 2008	外商及港澳合投资企业 2009	私营企业 2008	私营企业 2009	轻工业 2008	轻工业 2009	重工业 2008	重工业 2009
销售产值（亿元）	39917	39629 2.1%												
出口交货值（亿元）	9859.5 7.9%	8561 −10.8												
出口交货值占比	24.7% −1.3	21.6% −3.1												
新产品产值（亿元）	6804.4 21.2%	7361 12.6%												
新产品产值率	16.5% +0.9	18.1% +1.7												
工业增加值（亿元）	8083 10.1%	8231.71 6.2%	1251.2 11.8%	1223.3 6.2%	2173.0 8.3%		2144.5 7.3%	922.13 6.7%	3004.2 13%	3228.02 8.9%	3587.1 9.1%	3639.24 5.5%	4495.9 10.9%	4592.46 6.7%
工业利润	1513.6 −11.7%	2041 34.4%	870.9 −59.5%	283 234.4%	363.3 −30.1%	260 137.4%	500.7 −9.0%	651 26.1%	543.8 1.3%	656 18.5%				
高技术产业总产值（亿元）	3112.7 7.0%													
高技术产业产值占比	7.6%													

注：单元格中数字，第一行表示绝对值，第二行百分比表示比上年增长率，小数表示比上年增减的百分点。数据系根据浙江省统计公报整理。

8.7%;第三产业投资5557亿元,增长21.5%。全年限额以上投资项目29977个,比上年增长13.9%,其中,新开工项目15868个,增长27.1%。如表9-5所示。

表9-5 固定资产投资情况

| | 全社会固定资产投资总额(亿元) | 限额以上非国有控股投资(亿元) | 限额以上非国有控股投资占限额以上投资比例 | 限额以上固定资产投资 | | | | | 限额以上项目数 | 新开工项目数 |
				总额(亿元)	一产(亿元)	二产(亿元)	工业(亿元)	三产(亿元)		
2008	8523 10.6%	5610.5 11.2%	65.8%	8523 10.6%	35.8 8.5%	3936 8.8%	3910.1 8.5%	4551.2 12.3%	25892 6.1%	12227 -0.7%
2009	10742 15.2%	6265 10.8%	63.2%	9906 15.8%	57.5 59.3%	4291 8.9%	4253 8.7%	5557 21.5%	29977 13.9%	15868 27.1%

注:第一行为投资额,第二行为增长率。

物价在合理区间变动,升降幅度不大

2008年,居民消费价格上涨5.0%,其中居住类上涨5.0%,食品类上涨13.9%。商品零售价格上涨6.3%,农业生产资料价格上涨18.9%,工业品出厂价格上涨4.3%,原材料、燃料、动力购进价格上涨10.6%,固定资产投资价格上涨9.3%。房屋销售价格上涨7.4%。2009年,全省居民消费价格比上年下降1.5%,其中居住类下降7.3%,食品类上涨0.7%,商品零售价格下降1.2%,农业生产资料价格下降4.1%,工业品出厂价格下降5.1%,原材料、燃料、动力购进价格下降7.4%,固定资产投资价格下降3.3%。如表9-6所示。

表9-6 价格涨幅

| | 居民消费价格 | | | 商品零售价格 | 农业生产资料价格 | 工业品出厂价格 | 原材料燃料动力购进价格 | 固定资产投资价格 |
	综合	居住类	食品类					
2008	5.0%	5.0%	13.9%	6.3%	18.9%	4.3%	10.6%	9.3%
2009	-1.5%	-7.3%	0.7%	-1.2%	-4.1%	-5.1%	-7.4%	-3.3%

资料来源:根据统计公报整理。

消费增长强劲并显示出消费品零售结构变化

2008年,社会消费品零售总额7441.7亿元,比上年增长19.8%,扣除价格因素,实际增长12.7%。其中,城市消费品零售额4960.4亿元,比上年增长20.2%,县及县以下消费品零售额2481.3亿元,增长18.8%。其中,批发零售贸易业6521.5亿元,增长19.7%;住宿餐饮业869.4亿元,增长21.2%;其他行业50.8亿元,增长6.5%。在限额以上批发零售贸易业销售额中,汽车类比上年增长5.6%,通信器材类下降9.2%,建筑及装潢材料类下降25.7%,服装、鞋帽、针纺织品类增长25%,家具类增长

13.4%，食品饮料烟酒类增长 19.6%，石油及制品类增长 23.9%，文化办公用品类增长 11.4%，家用电器和音像器材类增长 6.1%。

2009年，全年社会消费品零售总额 8622 亿元，比上年增长 15.9%，扣除价格因素，实际增长 17.3%。其中，城市消费品零售额 5771 亿元，比上年增长 16.3%；县及县以下消费品零售额 2851 亿元，增长 14.9%。分行业看，批发零售贸易业零售额 7576 亿元，增长 16.2%；住宿餐饮业零售额 994 亿元，增长 14.1%；其他行业零售额 52 亿元，增长 1.1%。在限额以上批发零售贸易业销售额中，汽车类零售额比上年增长 30.2%，中西药品类增长 18.0%，通信器材类下降 17.8%，建筑及装潢材料类下降 11.7%，服装、鞋帽、针纺织品类增长 13.1%，家具类增长 14.2%，日用品类增长 13.0%，粮油食品饮料烟酒类增长 6.6%，石油及制品类增长 3.1%，家用电器和音像器材类增长 5.4%。如表 9－7 所示。

表 9－7　社会消费状况

	社会消费品零售总额（亿元）	其中：					其中限额以上各类增幅：									
		城市（亿元）	县及县以下（亿元）	住宿餐饮类（亿元）	其他（亿元）	批发零售贸易（亿元）	汽车类	中西药品	通信器材	建筑装潢材料	服装鞋帽针纺织	家具类	日用品	粮油食品饮料酒类	石油及制品	家用电器和音像器材
2008	7441.7 19.8% 12.7%	4960.4 20.2%	2481.3 18.8%	869.4 21.2%	50.8 6.5%	6521.5 19.7%	5.6%		−9.2%	−25.7%	25%	13.4%		19.6%	23.9%	6.1%
2009	8622 15.9% 17.3%	5771 16.3%	2851 14.9%	994 14.1%	52 1.1%	7576 16.2%	30.2%	18.0%	−17.8%	−11.7%	13.1%	14.2%	13.0%	6.6%	3.1%	5.4%

注：社会消费品零售额下面两行百分比，第一行为名义增长率，第二行为扣除物价变动的实际增长率。

浙江特色的交易市场基本饱和稳定，网上市场兴起

2008年末，浙江有 4087 个商品交易市场，比上年减少 9 个。其中交易额超十亿元的 139 个，比上年增加 6 个；超百亿元的 15 个，与上年持平。商品交易市场成交额 9793 亿元，比上年增长 5%。新型流通业态发展较快，"千镇连锁超市"、"万村放心店"工程全面完成，全省已建立乡镇连锁超市 1773 个，村级连锁便利店 14702 个，16 个县（市、区）实现了行政村连锁便利店全覆盖。

2009年末全省共有商品交易市场 4232 家（含 38 家网上交易市场），全年成交总额 11688 亿元，其中有形市场成交总额 10745 亿元，比上年增长 9.7%。成交额超亿元的市场 633 个，超十亿元的市场 162 个，超百亿元的市场 18 个。全省累计已建立乡镇连锁超市 1843 个，已有 14109 个行政村开设便利店 16776 个，覆盖率为 47.2%。如表 9－8所示。

表 9-8　商品交易市场发展状况

	总成交额	商品交易市场总数	其中		乡镇连锁超市	村级连锁便利店
			超百亿元	超十亿元		
2008	9793 5％	4087 −9	15	139 +6	1773	14702
2009	11688 10745 9.7％	4232(38)	18	162	1843	16776

资料来源:根据统计公报整理。

利用外资下降幅度很大

　　2008 年,全省新批外商直接投资项目 1858 个,比上年减少 1061 个,合同外资和实际到位外资分别为 178.2 和 100.7 亿美元,分别比上年下降 12.6％和 2.8％;第三产业合同利用外资 53.5 亿美元,实际利用外资 30.6 亿美元,分别比上年下降 22.1％和增长 2.4％,分别占外资总额的 30％和 30.3％。2009 年,全省新批外商直接投资项目 1738 个,比上年减少 120 个,合同外资 160 亿美元,实际到位外资 99 亿美元,分别比上年下降 10.1％和 1.3％。第三产业合同外资 57 亿美元,实际外资 34 亿美元,分别比上年增长 7％和 11.4％,各占外资总额的 35.7％和 34.2％。如表 9-9 所示。

表 9-9　利用外资情况

	新批外商直接投资项目	合同利用外资额	实际到位外资额	第三产业	
				合同利用外资额	实际到位外资额
2008	1858 −1061	178.2 −12.6％	100.7 −2.8％	53.5(30％) −22.1％	30.6(30.3％) 2.4％
2009	1738 −120	160 −10.1％	99 −1.3％	57(35.7％) 7％	34(34.2％) 11.4％

资料来源:根据统计公报整理。

处于起步阶段的对外经济发展迅猛

　　2008 年,对外承包工程、对外劳务合作、对外设计咨询完成营业额 20.9 亿美元,比上年增长 0.4％。批准境外投资项目 427 个,总投资 9.2 亿美元,其中中方投资 8.6 亿美元,总投资和中方投资分别增长 39.1％和 42％。2009 年,对外承包工程、对外劳务合作、对外设计咨询完成营业额 24 亿美元,比上年增长 38.7％;批准境外企业和机构共计 475 家,其中产业项目 149 家,贸易公司 235 家,境外办事处 91 家;总投资 13 亿美元,其中中方投资 12 亿美元,总投资和中方投资分别增长 45.7％和 43.5％。如表 9-10 所示。

表 9-10　对外经济发展状况

	对外承包工程、对外劳务合作、对外设计咨询营业额（亿美元）	对外投资（亿美元）		
		项目数	总投资	中方投资
2008	20.9 0.4%	427	9.2 39.1%	8.6 42%
2009	24 38.7%	475	13 45.7%	12 43.5%

资料来源：根据统计公报整理。

旅游业快速发展

2008 年，国内旅游者 2.09 亿人次，比上年增长 5.6%；国内旅游收入 2040 亿元，增长 12%。接待境外入境旅游者 539.67 万人次，增长 5.6%；其中外国人 366.13 万人次，增长 6.6%；香港、澳门和台湾同胞 167.54 万人次，增长 3.6%。国际旅游外汇收入 30.24 亿美元，增长 11.7%。全年旅游总收入 2250 亿元，增长 11.1%。2009 年，实现旅游总收入 2644 亿元，比上年增长 17.5%。其中，接待国内旅游者 2.44 亿人次，增长 16.8%，实现国内旅游收入 2423.5 亿元，增长 18.8%；接待入境旅游者 570.6 万人次，增长 5.7%，实现旅游外汇收入 32.2 亿美元，增长 6.6%。如表 9-11 所示。

表 9-11　旅游业发展状况

	总收入（亿元）	国内旅游		入境旅游	
		人数（亿人次）	收入（亿元）	人数（万人次）	收入（亿美元）
2008	2250 11.1%	2.09 5.6%	2040 12%	539.67 5.6%	30.24 11.7%
2009	2644 17.5%	2.44 16.8%	2423.5 18.8%	570.6 5.7%	32.2 6.6%

资料来源：根据统计公报整理。

上市公司数量保持较快增长

2008 年，新增上市公司 16 家（其中境内上市 11 家，境外上市 5 家）。年末共有境内上市公司 131 家，累计融资额 796.92 亿元，其中中小板上市公司 54 家，占全国中小板上市公司总数的 19.8%；境外上市公司 39 家，累计融资额 445.64 亿元。2009 年末，全省共有境内上市公司 141 家，累计融资 1101.64 亿元，其中中小板上市公司 60 家，占全国中小板上市公司总数的 18.3%；创业板上市公司 5 家，占全国创业板总数的 13.9%。现有境外上市公司 45 家，累计融资 456.72 亿元。2009 年，新增上市公司 16 家，其中境内上市 10 家，境外上市 6 家。如表 9-12 所示。

表 9-12 上市公司数量

	境内上市公司年末总数(家)	累计融资额(亿元)	中小企业板(家)	创业板(家)	境外上市公司年末总数(家)	境外上市累计融资额(亿元)	当年新增(家)	其中	
								境内(家)	境外(家)
2008	131	796.92	54(19.8%)		39	445.64	16	11	5
2009	141	1101.64	60(18.3%)	5(13.9%)	45	456.72	16	10	6

资料来源:根据统计公报整理。

金融行业基本稳定,保险业进入快速稳定发展阶段

2008 年,按照五级分类统计,年末主要银行业机构不良贷款余额 306.95 亿元,比年初增加 135.13 亿元,不良贷款率为 1.31%,比年初上升 0.44 个百分点。

2008 年,保险业实现保费收入 576.33 亿元,比上年增长 30.4%。其中,财产险保费收入 203.39 亿元,比上年增长 15.9%;人身险保费收入 372.95 亿元,增长 40%。支付各类赔款及给付 212.99 亿元,寿险业务给付 71.58 亿元,健康险和意外伤害险赔款及给付 12.67 亿元,财产险赔款 128.74 亿元。2009 年,保费总收入 645.5 亿元,比上年增长 12%。其中,财产险保费收入 247.4 亿元,比上年增长 21.7%;人身险保费收入 398.1 亿元,增长 6.8%。支付各类赔款及给付 220.1 亿元。其中,寿险业务给付 75.4 亿元,健康险和意外伤害险赔款及给付 16 亿元,财产险赔款 128.7 亿元。如表 9-13 所示。

表 9-13 保险业发展状况(单位:亿元)

	保费总收入	其中		赔款及给付	其中		
		财险收入	人身险收入		寿险给付	健康和意外伤害给付	财险赔款
2008	576.33 30.4%	203.39 15.9%	372.95 40%	212.99	71.58	12.67	128.74
2009	645.5 12%	247.4 21.7%	398.1 6.8%	220.1	75.4	16	128.7

资料来源:根据统计公报整理。

科技投入保持快速稳定增长

2008 年,全社会科技活动经费投入 600 亿元,比上年增长 16.1%;占全省生产总值的比例为 2.79%,比上年提高 0.11 个百分点。R&D 经费占全省生产总值的比例为 1.6%,比上年提高 0.08 个百分点。地方财政科技投入 86.8 亿元,比上年增长 21.3%;地方财政科技拨款占地方财政支出的比重为 3.93%。2009 年,全社会科技活动经费投入 720 亿元,比上年增长 16.2%,占全省生产总值的比例为 3.15%,比上年提高 0.27 个百分点。R&D 经费占全省生产总值的比例为 1.7%,比上年提高 0.09 个

百分点。地方财政科技投入 101 亿元，比上年增长 16.7%，地方财政科技拨款占地方财政支出的比重为 3.82%。如表 9-14 所示。

表 9-14 地方科技投入（单位：亿元）

	全社会科技活动经费投入（亿元）	占 GDP 比重	R&D 密度	地方财政科技投入（亿元）	地方财政科技拨款占地方财政支出比重
2008	600 16.1%	2.79% +0.11	1.6% +0.08	86.8 21.3%	3.93%
2009	720 16.2%	3.15% +0.27	1.7% +0.09	101 16.7%	3.82%

资料来源：根据统计公报整理。

第十章

前进中的政府与政策

作为公权力代表的政府,无论是在自由市场经济体制还是中央计划经济体制下,都具有经济管理职能,区别的只是经济管理的体制和机制不同,管理经济活动的方式、方法、手段、工具的差别。在西方主流经济学家看来,整个 20 世纪里政府的经济管理职能都是不断强化的。

在经济发展遇到问题时,正是政府公权力和经济管理职能发挥作用的时候。现代宏观经济学正诞生于 20 世纪 20—30 年代的宏观经济波动和应对大萧条时期。2007 年以来的国际金融危机,在美国诱发了关于金融监管的体制机制和监管制度的讨论,并在近期最终通过了近一个世纪以来最严厉的金融监管法案。

作为与美国经贸关系紧密的发展中国家,中国政府毫不迟疑地、清醒地意识到国际金融危机冲击的影响,及时果断地启动扩张性宏观经济政策和政府主导的庞大投资计划。在中国大陆单一制的国家体制内,各地方政府紧紧追随中央政府的决策,迅速行动。鉴于浙江经济出口导向特征更明显,中央政府为应对国际金融危机冲击所做的决策,更贴合东部沿海发达地区经济发展中的突出矛盾,浙江地方政府与中央政府在利益取向、政策目标和政策措施上,具有高度认同。

在应对国际金融危机冲击过程中,浙江各级政府机构做了很多努力,在服务基层、服务企业上取得不小的进展。近年来浙商发展,显然不能脱离不断进步的政府和政策。本章的讨论涉及这样一些方面:中央政府发起的全国性宏观政策在浙江的具体落实,浙江省政府发起的地方性政策和各地市基层政权机构的贯彻落实,地方政府在"调结构"、"保增长"方面的具体措施。

自 2008 年下半年开始,中央政府为应对国际金融危机冲击,采取了力度罕见的扩张性宏观经济政策,财政政策和货币政策并用,在启动四万亿庞大投资计划的同时,信贷规模空前扩张,以支撑基础设施投资和企业融资需要。以"调结构"为主要目标的一系列政策和法律法规都因"保增长"成为主要目标而取代或者放松,此前关于房地产以及产能过剩高能耗等若干产业的严厉政策措施被大大放松或者搁置。在这种临时紧急措施之外,中央政府出台一些列产业发展规划和区域发展规划,则更具有长期性和全局性意义,把应对国际金融危机冲击的临时措施与解决中国经济发展中更深层次矛盾的长久治本之策结合起来。

中央政府关于中小企业促进、重大产业规划、长江三角洲一体化、全国功能区规划一系列政策、措施和规划,在浙江被各级地方政府具体化为诸多产业政策和规划,把浙江经济和浙商发展融入全局性和长期性发展规划中。

浙江地方政府和政策概要

国际金融危机冲击发生前后,浙江省形成制定发布了一系列的决议决定政策。这些大致可以分为"创业富民创新强省"总战略、经济转型升级、经济管理调整、省级改革"11/1"、中小企业发展、外贸促进、金融改革、制度推进等,以下做概述。

2007 年 4 月 17 日,根据《中共浙江省委浙江省人民政府关于 2007 年社会主义新农村建设的若干意见》精神,就加快发展蔬菜、茶叶、果品、畜牧、水产养殖、竹木、花卉苗木、蚕桑、食用菌、中药材等 10 大农业主导产业,推进现代农业建设提出了《浙江省人民政府关于加快发展农业主导产业推进现代农业建设的若干意见》。近些年来,浙江省每年年初都出台统筹城乡发展、建设新农村、解决"三农"问题的政策文件。该政策主要致力于在高效生态农业中"刨"得更多"金子"、更多地共享工业化、城市化成果、不断提升农民就业竞争的能力、城乡发展将更趋平等、欠发达地区扶贫开发力度更大,这样可以给全省 3000 多万农民带来更大的实惠。

2007 年 10 月 17 日,为进一步转变政府职能,规范中介机构行为,维护中介服务市场秩序,促进中介服务业发展,根据中央和省委关于推进中介机构改革与发展的精神、要求和有关法律法规规定,浙江省提出《浙江省人民政府关于加快中介机构改革发展的若干意见》。

2008 年 3 月 5 日,为了进一步扩大政策性农业保险试点成果,促进现代农业建设,保障农民群众创业致富,浙江省政府提出《浙江省人民政府关于在全省开展政策性农业保险的通知》,该政策确定对国家和省确定的政策性农业保险品种由浙江省政策性农业保险共保统一经营,共保经营范围扩大到全省有农业生产的所有县(市、区),并在保险品种、参保对象和方式、保障程度、保费补贴、风险分担等方面做出了规定,这样可以确保政策性农业保险试点扩面工作顺利进行,着力控制农业灾害风险。

2008 年 5 月 6 日,为贯彻落实党的十七大精神和国家有关金融工作的方针政策,围绕浙江省省委、省政府提出的"创业富民、创新强省"总战略,现就进一步加快浙江省金融业改革与发展,提出了《浙江省人民政府关于浙江金融业深化改革加快发展的若干意见》。该政策确定了今后五年金融业发展的总体要求和主要目标,在加快银行业金融机构改革发展步伐、努力拓展上市等直接融资途径、充分发挥保险功能、有效防范化解金融风险、优化金融生态环境等方面做出了规定,旨在通过不断深化改革,转变发展观念,鼓励金融创新,逐步实现金融业从规模和总量的扩张向服务功能提升和结构优化转变,从单纯资金要素保障功能向综合的金融服务转变,使金融业成为现代服务业的重要产业。

2008 年 5 月 6 日,为抓住我国资本市场快速发展的机遇,推动更多的优质企业上市融资,更好地落实"创业富民、创新强省"总战略,实现浙江省经济又好又快发展,省政府提出了《浙江省人民政府关于进一步加强浙江企业上市工作的意见》。该政策在加大上市后备企业培育力度、加大政策引导与扶持力度、加大多层次多渠道上市融资力度、提高上市公司质量、支持上市公司做强做优、充分发挥上市公司作用、加强对上市公司运行风险的防范和化解、大力培育和发展省内证券中介机构、不断完善对在浙江开展上市融资业务的证券中介机构的评价和监督工作、加强组织领导、开辟绿色通道,提供高效服务等方面做了规定,旨在营造企业上市的良好氛围。

2008年7月2日,为进一步落实浙江省金融工作会议精神,增加小企业和"三农"贷款的供给,根据中国银监会、中国人民银行《关于小额贷款公司试点的指导意见》要求,提出了《浙江省人民政府办公厅关于开展小额贷款公司试点工作的实施意见》。

2008年8月25日,为贯彻国家宏观调控政策,维护浙江经济金融稳定健康发展,合力提高风险防范和化解能力,充分发挥政府、银行和企业在防范和处置可能发生的资金链断裂风险过程中的功能和作用,浙江省经贸委和银监局提出了《浙江省人民政府办公厅转发省经贸委浙江银监局关于做好行业龙头企业资金链安全保障工作若干意见的通知》。

2008年9月25日,为认真贯彻落实《国务院关于加快发展服务业的若干意见》和《国务院办公厅关于加快发展服务业若干政策措施的实施意见》精神,围绕实施"创业富民、创新强省"总战略,现就进一步优化浙江省服务业发展环境,引导和促进服务业加快发展,浙江省提出了《浙江省人民政府关于进一步加快发展服务业的实施意见》。编制完成并组织实施《浙江省服务业发展规划》《浙江省现代服务业集聚区总体布局与建设规划》。着力发展商贸、金融、物流、信息、科技、商务、旅游、文化、房地产和社区服务等与经济转型升级和改善民生密切相关的10大重点产业。

2008年9月26日,为全面实施"创业富民、创新强省"总战略,切实加快转变经济发展方式、推进经济转型升级,促进浙江经济又好又快发展,中国共产党浙江省第十二届委员会第四次全体会议通过《中共浙江省委关于深入学习实践科学发展观 加快转变经济发展方式 推进经济转型升级的决定》。

2008年10月,结合贯彻实施国家《物流业调整和振兴规划》,根据《浙江省现代物流发展纲要》,结合浙江省实际发布《浙江省人民政府关于进一步加快发展现代物流业的若干意见》。围绕港航强省建设,大力推进港口物流发展,加快编制《宁波—舟山港域现代物流发展规划》,大力发展煤炭、矿石、石油、成品油、粮食等大宗商品物流体系,大力发展以保税物流为重点的国际物流体系,逐步将宁波—舟山港建设成为上海国际航运中心的重要组成部分,引进和培育现代物流骨干企业,鼓励和支持物流公共服务平台建设。

2008年12月19日,为认真贯彻落实《中共浙江省委关于深入学习实践科学发展观加快转变经济发展方式推进经济转型升级的决定》,加快浙江省工业转型升级,提高工业综合实力、国际竞争力和可持续发展能力,浙江省制定了《浙江省人民政府关于加快工业转型升级的实施意见》。

2008 年，为了加快优化浙江省外贸结构，确保稳定健康发展，浙江省政府提出了《浙江省人民政府办公厅关于促进全省外贸稳定健康发展的意见》。该政策从财政对外经贸发展的扶持力度、出口商品结构调整、出口品牌建设、企业开拓国际市场等方面提出了建议，旨在克服浙江省外贸出口因面临的国内外市场不确定因素，外贸企业受人民币升值、原材料和劳动力成本上涨、资金成本提高以及出口退税率调整等因素影响而产生的生产成本大幅提高，传统产业利润明显下降，国际竞争力减弱问题，努力实现全省外贸的持续健康发展。

2009 年 5 月 13 日，为贯彻落实《中华人民共和国循环经济促进法》，深入实施《资源节约和环境保护行动计划》以及《浙江省节能降耗实施方案（2009 年）》，进一步加快浙江省工业循环经济发展，促进资源循环利用，推进全省工业转型升级，浙江省提出《浙江省人民政府办公厅关于进一步推进工业循环经济发展的意见》。

2009 年 7 月 17 日，为应对国际金融危机，稳定外贸出口，扩大国内销售市场，稳定浙江经济平稳较快发展，浙江省颁布了《浙江省人民政府办公厅关于进一步加大力度开拓国际国内市场的若干意见》。

2009 年 8 月 6 日，浙江省提出了《浙江省人民政府关于推进台资企业加快转型升级的意见》，提出了鼓励台资企业转型升级和自主创新、加强对台资企业的融资支持、落实台资企业税费优惠政策的意见，帮助浙江省台资企业渡过难关，实现平稳发展，促进台资企业转型升级。

2009 年 9 月 2 日，浙江省制定了《浙江省中小企业扶持资金使用管理办法》，9 月 9 日，又制定了《浙江省中小商贸企业融资担保费用补贴资金使用管理操作办法》，对扶持中小企业发展的相关政策做出了规定。

为认真贯彻落实国务院的文件，浙江省加快了政策制定步伐，于 2010 年 1 月 25 日正式出台了《浙江省人民政府关于促进中小企业加快创业创新发展的若干意见》，该意见的主要内容包括指导思想和主要任务、鼓励中小企业创业促发展、支持中小企业创新促升级、改善中小企业融资环境、强化中小企业社会化服务、加强中小企业扶持和指导等 6 大部分、共 40 条政策措施。

"创业富民创新强省"总战略

2007 年 6 月，中国共产党浙江省第十二次代表大会上提出，突出走创业富民、创新强省之路，作为坚持科学发展、促进社会和谐、全面建设小康社会、继续走在前列的总战略。

创业富民、创新强省，是把浙江未来发展放在中央要求浙江率先发展、走在前列的战略定位上，放在科学发展、共建和谐的全国发展大格局中，放在全方位、宽领域、深层次合作与交流的长三角区域发展新格局中，确定的重大部署。在这一战略下，力争在加强自主创新、深化改革、提升民营经济发展水平、统筹城乡区域发展、节约资源保护环境、全面改善民生等方面实现新突破。最终的目的就是要让发展的成果惠及人民，激发全省人民创业创新的热情,通过创业创新的途径来实现富民强省的目标。

改革开放以来,浙江经济社会和人民生活发生了巨大变化,实现了由资源小省向经济大省的历史性跨越。"创业富民、创新强省"战略,也是对具有浙江特色的富民强省之路的概括。创业富民、创新强省是浙江省增创新优势、推动新发展、实现新跨越的必然选择,是一项长期而艰巨的任务。

创业富民、创新强省的根本之举,就是要支持人民群众干事业、干成事业,大力推进全民创业和全面创新,充分发挥人民群众首创精神,高起点、宽领域、全方位推进创业创新,不断提高创业创新的层次和水平。解放思想、改革开放是创业富民、创新强省的动力源泉。转变经济发展方式,是创业富民、创新强省的主攻方向。实现好维护好发展好人民群众的根本利益,是创业富民、创新强省的出发点和落脚点。人力资源建设,是创业富民、创新强省的关键环节。建设先进文化,是创业富民、创新强省的重要内容。加强党的领导,是创业富民、创新强省的坚强保证。

中国共产党浙江省第十二届委员会第二次全体会议讨论通过了《中共浙江省委关于推进创业富民创新强省的决定》,进一步明确:

全面推进个人、企业和其他各类组织的创业再创业,全面推进理论创新、制度创新、科技创新、文化创新、社会管理创新、党建工作创新和其他各方面的创新,形成全民创业和全面创新的生动局面。

大力培育创业创新主体,积极弘扬创业创新文化,不断健全创业创新机制,加快完善创业创新政策,着力优化创业创新环境,把创业富民、创新强省落实到经济建设、政治建设、文化建设、社会建设和党的建设各个方面,贯穿于改革开放和现代化建设全过程,加快建设全民创业型社会,努力打造全面创新型省份。

进一步增强推进创业富民、创新强省的紧迫感、责任感。深入推进工业化、信息化、城市化、市场化、国际化。自主创新能力还不强,体制机制的先发性优势在减弱,经济增长的资源环境代价过大,国际竞争日趋激烈。

提高人民群众创业创新层次和水平。切实尊重和保障人民群众创业创新的权益。坚持和完善社会主义基本经济制度。国有、集体、个私、外资等各种所有制经济共同发展,是浙江的特色和优势,也是推进创业创新的重要基础。

完善和落实促进民营经济发展的政策举措,鼓励和支持民营企业加强技术创新、制度创新、管理创新、市场创新,着力培育和形成一批创新型企业,不断做大做强、做精做专,促进民营经济新飞跃。

深化要素配置市场化改革。深化行政管理体制改革。全面推进产业结构优化升级。全面推进城乡统筹发展。全面推进区域协调发展。大力培养和引进创业创新人才。加快形成人尽其才的体制机制。积极营造尊重人才的社会氛围。巩固全省人民创业创新的共同思想基础。

全面推进文化创新。大力弘扬浙江精神。坚持用以创业创新为核心的浙江精神凝聚力量、激发活力、鼓舞斗志,进一步发扬浙江人民特别能吃苦、特别能创业的优秀品行，弘扬浙江人民善于创业、勇于创新的精神品格和文化传承，形成鼓励创业创新、宽容失败挫折的社会氛围，在创业创新中不断实现新的发展。

广大共产党员要自觉成为创业创新的先锋模范。

推进经济转型升级

2008 年 9 月 26 日，中国共产党浙江省第十二届委员会第四次全体会议通过了《中共浙江省委关于深入学习实践科学发展观，加快转变经济发展方式、推进经济转型升级的决定》指出：深入贯彻落实科学发展观，加快转变经济发展方式、推进经济转型升级，是事关浙江经济社会发展全局紧迫而重大的战略任务。长期积累的素质性、结构性矛盾尚未解决，经济增长主要依靠物质资源消耗支撑的格局没有根本改变，产业层次低、布局散、竞争力弱的格局没有根本改变，企业主要依靠低成本、低价格竞争的格局没有根本改变。全面提升工业化、信息化、城市化、市场化、国际化水平的关键时期，国际国内发展环境正在发生一系列带有转折性、阶段性特征的新变化，在一定时期内浙江将面临世界范围的经济增长减缓和通货膨胀的双重压力，面临资源环境约束和要素价格高企的双重压力，面临市场竞争日趋激烈和自身竞争优势弱化的双重压力，面临保持经济平稳较快发展和维护社会稳定的双重压力。解决当前浙江发展面临的各种矛盾和问题、应对未来各种压力和挑战、保持经济又好又快发展，必须切实增强加快转变经济发展方式、推进经济转型升级的紧迫感、责任感，积极探索具有浙江特色的科学发展之路。

积极推进"全面小康六大行动计划"，着力推动经济增长由主要依靠投资、出口拉动向依靠消费、投资、出口协调拉动转变，由主要依靠第二产业带动向依靠第一、第二、第三产业协同带动转变，由主要依靠增加物质资源消耗向主要依靠科技进步、劳动者素质提高、管理创新转变，全面提高综合实力、国际竞争力和可持续发展能力，增强发展的稳定性、协调性、可持续性和普惠性，推动浙江制造向浙江创造的跨越、经济大省向经济强省的迈进，加快建设惠及全省人民的小康社会。

基本原则：坚持把保持经济持续平稳较快发展作为基本目标，实现速度和结构、质量、效益的有机统一；坚持把调整结构作为主要途径，大力推动产业结构、需求结构、生产要素结构、空间布局结构调整，加快建设现代产业体系；坚持把改革开放作为根本动力，统筹谋划与重点突破相结合，着力推动科技创新、体制创新、管理创新和对内对外开放，加快提高技术、人才、管理等创新要素的贡献率，加快形成有利于经济发展方式转变的体制机制；坚持把改善民生作为出发点和落脚点，推行有利于扩大就业的经济发展方式，全面提高城乡群众生活水平和生活质量，加快建设惠及全省人民的小康社会。

主要目标：力争到 2012 年经济发展方式转变和经济转型升级取得重大进展：自主创新能力取得重大突破，全社会科技投入、科技活动人员数、发明专利授权量、新产品销售收入均比 2007 年增长一倍以上，研究与试验发展经费支出占生产总值比例达到

2%以上,全省科技综合实力、区域创新能力位居全国前列,为率先建成创新型省份打下坚实基础;调整产业结构取得重大突破,信息化与工业化融合、一二三次产业联动发展,力争服务业增加值占生产总值的比重达到47%,高新技术产业、装备制造业增加值占工业增加值比重分别达到26%和32%,传统产业技术水平达到20世纪90年代末国际先进水平,初步形成具有较强竞争优势的现代产业体系;节约资源和保护环境取得重大突破,循环经济形成较大规模,新能源、可再生能源比重明显上升,单位生产总值能耗、主要污染物排放总量在确保"十一五"期间下降20%和削减15%的基础上,继续保持全国先进水平;统筹城乡区域发展取得重大突破,城市化水平超过60%,城市基础设施和公共服务加速向农村延伸覆盖,大力推进城乡交通、供水、供电、污水和垃圾处理一体化,城乡区域之间教育、医疗、文化、体育、社会保障等基本公共服务差距明显缩小。

优化产业结构,加快构筑现代产业发展的新格局

加快发展服务业:大力发展现代物流、金融服务、科技服务、信息服务、文化服务和商务服务等产业,生产性服务业增加值占服务业比重达到55%左右。鼓励服务领域技术创新、业态创新和商业模式创新,大力发展连锁经营、物流配送、电子商务等现代流通方式,加快改造提升传统商贸业和专业市场,加快发展旅游业,积极促进房地产业平稳健康发展,推动社区服务等各类生活性服务业的创新发展。引导和支持服务业集聚发展,科学规划建设各类软件园、科技创业园、动漫和创意产业园、现代物流园和中央商务区,形成一批特色鲜明、主业突出、功能完善的现代服务业集聚区,大力发展总部经济、楼宇经济和服务外包,促进中心城市加快形成以服务业为主的产业结构,杭、甬、温三个中心城市(市区)服务业增加值占生产总值比重均超过50%。

加快推动工业结构优化升级:支持各类科技企业孵化器、高新技术产业基地、重大高技术产业化项目建设和具有核心技术的高新技术企业发展,特别要在通信设备、生物与新医药、电子元器件、仪器仪表和新能源等重点行业发展上取得较大突破。大力推进电站装备、大型石化装备、轨道交通设备、纺织装备等重要领域装备的本地化。加快建设一批产业链长、带动力强的石化、能源、汽车、船舶和钢铁等临港重化工业项目。实施行业龙头骨干企业技术赶超计划、万亿技改促进升级计划和万家企业信息化工程,引导促进企业加快由一般加工和贴牌生产为主向自主研发设计和品牌营销为主转型,使浙江纺织服装、皮革塑料、化学原料及化学制品、通用设备制造、建筑材料等重点行业的技术水平和规模、效益居全国前列。积极整合提升各类开发区(园区),加快建设现代产业集群,高新技术产业开发区(园区)和基地产值占全省高新技术产业产值比重达到75%以上。

加快发展高效生态的现代农业:着力改变农业组织化、规模化、产业化水平低和比较效益低的状况。积极推动农业经营体制创新,坚持农村基本经营制度,建立健全耕地、林地承包经营权流转市场,按照依法自愿有偿的原则,积极鼓励多种形式的适度规

模经营,探索建立以规模化专业大户经营与专业合作社、龙头企业服务相结合的新型农业经营体制。大力推进农业结构战略性调整,加强农业基础设施建设,落实粮食安全行政首长分级负责制,切实保护好 1500 万亩标准农田,确保 300 亿斤粮食生产能力,做强做优蔬菜、茶叶、果品、畜牧、水产养殖、竹木、花卉苗木、蚕桑、食用菌、中药材等 10 大主导产业,做大做强主要动植物种子种苗、农业生物技术、农产品精深加工等 10 个农业高科技产业,加快推进农业标准化、机械化,加强农产品质量管理和品牌建设,打造一批农业特色产业强县强镇强村。建立健全农业科技创新和社会化服务体系,实施农业科技创新工程和农业科技重大专项,完善新型农技推广体系,全面推行责任农技员和科技特派员制度,加快培育专业服务组织,加强"农民信箱"、农村党员现代远程教育等农业信息服务网络建设,完善农村金融和农业保险体系建设。

优化要素支撑结构,加快构筑节约集约创新发展的新格局

大力推动自主创新:坚持把提高自主创新能力作为转变经济发展方式的中心环节,实施"自主创新能力提升行动计划",不断增强科技创新对经济的驱动力,引导各类创新主体加大研发投入,推动创新要素向企业集聚。组织实施科技创新平台建设和重大科技创新工程,积极引进大院名校,进一步发挥在浙部属高校科研院所的作用,围绕提高科技资源使用效率,建设科技基础条件平台;围绕主要行业和重点区域技术创新,建设 50 个左右行业创新平台和区域创新平台;围绕关键技术、共性技术攻关,组织实施重大科技专项,鼓励和支持高校、地方、企业和科研院所建立产学研战略联盟,引导高校重中之重学科建设成为面向行业、企业的科技创新服务平台。大力实施知识产权战略、标准化战略和品牌战略,培育知识产权优势企业 4000 家以上,国内专利授权总量 6 万件以上,法人企业商标拥有率达到 70% 以上,争取为主制修订国家标准 200 项左右,规模以上企业重点产品采用国际标准和国外先进标准比例达到 90% 以上。

扎实推进人力资源强省:强化人才资源是第一资源的理念,更好地实施人才强省、科教兴省战略。加强素质教育,普及 15 年教育,义务教育完成率每年不低于 98%,85% 以上的中小学达到建设标准,75% 的中等职业学校达到省等级标准,等级幼儿园覆盖面 85% 以上,每万人在校大学生数达到 250 人左右,完善继续教育、终身教育体系,大力开展企业职工、农民专业技能培训。深入实施浙江省特级专家制度、"新世纪 151 人才工程""百千万科技创新人才工程""钱江人才计划""海外留学人才回归计划"紧缺急需高层次人才引进计划和高技能人才培养工程,大力推进创新团队建设。实施企业人才优先开发战略。深化人才体制机制改革,营造有利于人才集聚和脱颖而出的良好环境。人才总量达到 860 万人,每万人专业技术人员数达到 500 人左右,企业 R&D 科学家和工程师占全社会 R&D 科学家和工程师的比重超过 60%,高技能人才超过 150 万人。

切实加强资源节约和环境保护:实施"资源节约和环境保护行动计划""节能降耗十大工程",制定 12 项节能降耗强制性地方标准,推广实施 500 余项重大节能降耗新技术、新工艺、新产品,千家重点企业万元工业增加值能耗下降 20％,五年综合节能 3300 万吨标准煤以上。切实加强建筑节能和节水节材等工作。实施"节约集约用地六大工程",单位生产总值与固定资产投资增长的新增建设用地消耗量分别减少 20％和 15％。深入实施污染减排、水污染防治、工业污染防治、城镇环境综合整治、农业农村环境污染防治、近岸海域污染防治、生态修复保护和生态创建等八大工程,地表水环境功能区水质达标率达到 62％以上,80％以上的省控城市空气质量达到二级标准,35％以上的县(市)达到省级生态县(市)标准,全省生态环境状况指数位居全国前列。全省工业固体废弃物综合利用率达到 94％以上,规模以上企业用水重复利用率达到 72％,秸秆综合利用率达到 85％以上。

优化需求结构,加快构筑消费投资出口协调拉动的新格局

促进消费持续快速增长:把稳定消费预期,增强消费能力作为工作的主要着力点,不断扩大消费需求。建立健全全覆盖、保基本、多层次、可持续的社会保障体系,建立健全配置公平、发展均衡的社会事业体系,加快形成布局合理、城乡共享的公用设施体系,进一步稳定群众的消费预期,培育新的消费增长点。调整优化收入分配结构,提高城乡居民收入水平,实施"低收入群众增收行动计划",低保农户除外的 70％以上低收入农户家庭人均收入超过 4000 元,低保家庭除外的 70％以上城镇低收入家庭人均可支配收入超过 2007 年当地城镇低保标准的 4 倍。

优化投资结构:充分利用规划、土地要素配置、技术和环境标准等手段,引导和推动社会资金投向现代产业、基础设施和社会民生项目。实施"重大项目建设行动计划",组织推动千亿基础网络、千亿惠民安康和千亿产业提升等"三个千亿"工程建设,五年总投资 6460 亿元,新增铁路 600 公里,高速公路 1000 公里,港口货物吞吐能力 3.1 亿吨、集装箱吞吐能力 800 万标箱,机场旅客吞吐能力 2000 万人次,发电装机容量 1700 万千瓦,加固病险水库 980 座、海塘 500 公里、钱塘江干堤 300 公里,完成 4.8 万户农村困难群众危旧房改造,新开工经济适用住房 1200 万平方米,建设通村公路 10000 公里,解决 500 万人的饮用水安全,新建 400 个镇级以上污水处理厂和 3000 公里以上污水管网。加大农村宅基地整理和土地复垦力度,积极盘活和优化配置土地资源;积极推动金融创新和资本市场发展,完善地方金融体系,促进民间资金转化为发展资本。

转变外贸增长方式:引导企业调整出口商品结构,积极实施出口品牌战略,拥有自主知识产权的高新技术产品出口额占出口总额的比重不断提高。推动优势企业多形式建立健全国际营销网络和创建国际品牌,积极推动加工贸易转型升级,大力发展服务贸易,加大先进技术装备和紧缺资源性商品进口力度。健全国际贸易预警和摩擦应对机制,加强对企业、行业组织应对反倾销、反补贴、保障措施和贸易壁垒等工作的指导和服务。

优化空间布局结构,加快构筑城乡区域协调发展的新格局

积极推动产业布局优化和区域协调发展:深入推进环杭州湾、温台沿海和金衢丽高速公路沿线三大产业带建设,进一步明确重点开发区域战略定位和重点开发区块产业空间布局,完善区域现代基础设施网络体系和要素支撑保障体系,推动环杭州湾地区加快提升国际化、现代化水平,推动温台沿海地区和金衢丽高速公路沿线地区加快开发开放步伐。大力发展港航业和海洋生物、海洋能源、海洋旅游等产业,大力发展山区特色农业和山区休闲旅游等产业,建设"海上浙江"、"山上浙江"。加大财政转移支付力度,深入实施新一轮"山海协作"工程,推动欠发达地区与发达地区产业和劳动力双向转移。

积极推动城乡经济社会一体化发展:坚持新型城市化与新农村建设双轮驱动,加快构建杭州、宁波、温州都市经济圈和浙中城市群,大力发展中小城市和中心镇。积极推进扩权强县改革,全面实施县市域总体规划,推动县域特色经济发展提升。健全以城带乡、以工促农的长效机制,扎实抓好"千村示范、万村整治"等工程,促进城乡教育、医疗卫生、文化、体育等事业均衡发展,全面改善农村生产生活环境。

积极构筑对内对外开放新格局:坚持"走出去"与"引进来"相结合,创新利用外资方式,加强保税区、出口加工区、经济技术开发区等开放平台建设,大力引进对产业升级具有重大带动作用的大项目和先进技术、管理经验、高素质人才。创新区域经济合作方式,加强与兄弟省份的经济技术合作,深入推进长三角区域一体化发展,积极与央企开展多种形式的战略合作,大力吸引国内外优势企业来浙设立总部、地区总部、研发中心、采购中心、营销中心,引导省内企业以浙江为总部跨区域发展。创新对外投资和合作方式,支持企业在研发、生产、销售等方面开展国际化经营,积极推进跨国并购和境外经贸合作区建设,加快培育浙江的跨国公司。

加强对经济发展方式转变、经济转型升级的体制政策保障

不断创新和完善促进企业主动追求经济发展方式转变、经济转型升级的体制机制:充分发挥市场在资源配置中的基础性作用与政府的引导监管作用,形成倒逼机制,使政府导向目标内化为企业的自觉行动,支持企业重组做强做大,鼓励专利、商标等知识产权参与收入分配,探索推行期权期股制度,加快培育一批核心竞争力强的大企业、"专精特新"的行业龙头企业和科技型中小企业。深化水价、电价改革,完善水权、排污权交易和土地优化配置制度,建立健全反映市场供求关系、资源稀缺程度和环境损害成本的生产要素和资源价格形成机制。加大知识产权保护执法力度,完善企业能耗、物耗、污染物排放以及安全、质量、技术等市场准入标准,健全项目、规划环境影响评价制度,建立能源、资源消耗审核制度,推行产品认证和标识制度,完善社会信用体系。

不断创新和完善促进政府自觉推动经济发展方式转变、经济转型升级的体制机制:全面实施"公民权益依法保障行动计划",深入推进行政管理体制改革,深化事业单

位分类改革。完善体现科学发展观和正确政绩观要求的干部考核评价体系和政府绩效管理体系,强化对转变经济发展方式工作成效的考核。健全科学民主决策机制,加强人大依法监督、政协民主监督和司法保障,推进政府依法行政。健全行政效能和行政监督机制,大力推进综合配套改革试点,深化行政审批制度改革,探索推行行政审批全程代理制度,加强行政监察、审计监督,完善食品药品安全监管体系,推行政府信息公开。

不断创新和完善促进经济发展方式转变、经济转型升级的引导支持政策:完善落实财政投入政策,按照整合存量、优化增量的原则,对分散在各部门的省级财政性专项资金进行整合,扩大资金规模,围绕经济发展方式转变的重点领域优化配置,最大限度地发挥财政资金的杠杆作用。完善落实税收扶持政策,宣传和落实好企业研究开发费加计扣除、高新技术企业和服务业等税收优惠政策;省对市县营业税当年增收上交省部分予以返还奖励;对省级金融保险业营业税当年增收部分给予市县 20% 的奖励;对当年引进的全国性金融保险机构总部(或跨国公司区域性总部),给予引进地财政一次性奖励;各地政府应拟定鼓励工业企业二、三产业分离的有关政策。完善落实要素保障政策,引导促进各地优先安排现代服务业、高新技术产业、装备制造业、先进临港重化工业等重大项目用地指标,引导促进各类金融机构加大对重点项目和成长性中小企业的信贷支持,大力推进优势企业上市,设立产业投资基金和创业投资引导资金,鼓励各类创业投资机构发展,制定实施有利于高层次人才集聚的政策。完善落实价格引导政策,加快实现商业用电、鼓励类服务行业用水与一般工业同价,加大差别电价和阶梯式水价政策实施力度,逐步推行行业超限额标准用能加价政策,加快建立能够反映污染治理成本的排污价格和收费机制。

在长江三角洲发展定位中谋划新一轮发展

2009 年 11 月 2 日,《浙江省人民政府贯彻国务院关于进一步推进长江三角洲地区改革开放和经济社会发展指导意见的实施意见》发布,提出了发展目标、发展定位和主要做法。

发展目标是:到 2020 年,浙江率先基本实现现代化。

发展定位

成为亚太地区国际门户的重要区域。围绕上海国际金融和国际航运中心建设,大力发展海洋经济,以宁波—舟山港为核心,打造全国重要的海上运输通道和战略物资储运基地,提高开放型经济水平,成为我国参与全球合作和对外开放的重要窗口。

成为全球先进制造业和现代服务业的重要基地。加快区域创新体系建设,促进产业转型升级,提升制造业层次和水平,发展培育若干具有国内外竞争优势的现代产业集群;大力发展现代物流、金融服务、文化创意、科技服务、信息服务、商务服务、旅游休闲等产业,形成"高增值、强带动、宽辐射、广就业"的服务经济体系;继续成为我国经济最具活力的地区之一。

成为长三角世界级城市群的重要组成部分。杭州、宁波、温州三大都市经济圈和浙中城市群的综合承载能力和服务功能大幅提升,与长三角其他城市的要素流动和功能整合更加充分,经济、技术、文化等联系更加紧密,为提高长三角城市群的国际影响力和竞争力提供重要支撑。

主要任务和做法

加快现代服务业发展,促进产业转型升级。引导和支持发展形成一批特色鲜明、主业突出、功能完善的现代服务业集聚区;接轨上海国际金融中心,加快杭州、宁波、温州等中心城市金融集聚区建设,吸引金融机构总部的后台服务中心、小企业金融服务专营机构、金融服务外包、金融市场分中心等落户浙江,做强做大地方金融业;建设"信用浙江",扩大长三角信用数据共享范围,建立区域社会信用平台与体系;致力于发展和形成分工合理的城乡服务业合作体系和协调发展格局;推进服务业管理体制改革,形成科学的服务业发展统计与考核评价体系。

做大做强支柱产业,提升制造业发展水平。积极运用高新技术和先进适用技术改造提升纺织服装、皮革塑料、化学原料及化学制品、通用设备制造、建筑材料等传统及重点行业的技术水平,加强信息技术在工业领域的推广应用,全面推进工业结构优化升级。大力发展总部经济和研发、设计、营销中心,促进产业链向高端延伸。立足特色优势产业,构建国内重要的软件、家电、轿车、客车、汽车零部件等研发生产基地。积极发展生物和医药、新材料、新能源和高新节能产品等高科技产业,加快建设以舟山为重点的沿海海洋生物医药产业基地、以宁波为重点的新材料研发中心,以及台州、湖州的新材料研发转化生产基地。提高装备制造业系统集成能力和核心技术研发能力,重点推进电站装备、大型石化装备、轨道交通设备、纺织装备等重要领域装备的本地化。在装备制造、汽车、船舶、医药、钢铁、电子信息、石化、纺织、轻工、有色金属、建材、新能源等领域,加快培育一批拥有自主知识产权、具有较强竞争力的行业龙头骨干企业,鼓励和支持优质资本、优势企业跨行政区并购和重组。完善生产性服务体系,构建公共服务平台,加强专业化配套协作,着力推进块状经济向现代产业集群转型升级。优化产业布局,加快推进环杭州湾、温台沿海和金衢丽高速公路沿线产业带建设。

着力推进农村农业发展,加快城乡一体化进程。完善土地承包经营权流转的政策,全面深化集体林权制度改革,建立健全耕地、林地承包经营权流转市场,对于流入和流出承包经营权、宅基地的主体给予优惠政策。推行林权、大型农用生产设备等抵押贷款,探索开展农房抵押和海域使用权抵押贷款试点,全面推进政策性农业保险和农房保险。全面实施千万亩标准农田质量提升工程,积极发展现代高效生态农业,成为长三角地区优质农副产品的重要生产供给基地。建立以规模化家庭农场经营与农民专业合作社、农业龙头企业相结合的新型农业经营体制,完善专业合作、供销合作、信用合作"三位一体"合作机制。加强现代农业基础设施和基层农业公共服务体系建设,大力发展设施农业和生态循环农业,加快发展现代生态渔业和远洋渔业。积极推进农产品批发市场升级改造,构筑农村食品消费安全网。推动村内道路硬化、卫生改厕、安全饮水、污水治理和垃圾处理等设施建设,按照布局优化、要素集聚、用地节约的要求,有序推进农村住房改造建设。实施下山搬迁、培训就业、产业开发等行动,加强长三角区域扶贫协作,切实促进农民增收。

构建现代海洋产业体系,大力发展海洋经济。择优发展临港重化工业,高水平发展以炼油和乙烯为龙头、三大合成材料及多种有机化工原料为重点的石化工业,着力打造宁波国家级石化产业基地和温台石化产业基地。加快形成集船舶现代设计、建造、修理、船用设备、船舶交易为一体的产业体系,重点发展高附加值的特种精品钢铁生产,规划建设浙江省特种船舶制造基地和宁波钢铁基地。提升海洋装备业技术集成化和设备成套化水平。以宁波—舟山港一体化建设为核心,组建全省港口联盟,进一步突出全国大宗散货和集装箱运输干线港的地位。进一步完善港口集疏运网络,促进港口物流与内陆物流联动发展。推进港口、航道等基础设施建设,以洋山、梅山、金塘、衢山、六横港区开发为重点,提升港口服务功能,建成我国重要的石油、煤炭、成品油、矿砂、粮食、液体化工等大宗战略物资储备和供应基地。继续推进电子口岸和"大通关"覆盖范围。创新海洋经济发展体制机制,营造充满活力的体制先行区。努力建设海洋生态示范区。

大力推动自主创新,积极建设创新型省份。完善区域创新体系,充分发挥企业在适用技术创新及应用中的主体作用,推动有条件的企业与高等院校、科研院所进行技术合作,有效利用国内外现有单项和分散技术,加强综合集成。做强一批国家级、省级工程实验室、工程研究中心、企业技术中心和研发中心。构建各类创新载体和公共创新平台,建设科技企业孵化器、中试基地、高新技术产业基地等成果转化和产业化基地,组织实施一批高技术产业化示范项目,完善创新成果产业化的机制,提升科技创新平台载体的支撑能力,实现关键领域和核心技术的创新突破。组织实施一批重大科技专项和百千万科技创新人才工程,实施企业人才优先开发战略,提高企业从事研发的科学家和工程师占全社会科学家和工程师的比重。加强区域知识产权保护工作,充分利用增值税转型和财政贴息等政策,增加财政对技术创新的引导性投入,加大对公益性科技项目的支持力度。会同上海、江苏共同组建国家级自主创新综合试验示范区,协同开展产业核心技术、共性关键技术的联合攻关,提高区域整体创新能力和国际竞争力。

做强"三圈一群",优化城镇空间布局。加快构建杭州、宁波、温州三大都市经济圈和浙中城市群,不断增强区域中心城市的综合实力和集聚辐射能力。编制实施《浙江省城镇体系规划(2008—2020)》,大力发展中小城市和中心镇,走资源节约、环境友好、经济高效、社会和谐、大中小城市和小城镇协调发展、城乡互促共进的新型城市化道路。推动县域特色经济发展提升,以中心镇为重要节点和载体,促进产业和人才、技术、资金、信息等要素的集聚,实现城镇集约集聚发展。重点推进城市综合交通系统、安全供水供能系统、现代信息网络系统、污水垃圾处理环保系统、防洪排涝防灾系统、绿化生态系统的建设。完善城市的综合服务功能，提高基础设施利用效率，改善城市的投资环境和生活环境，提高对产业和人口的承载能力。

加快基础设施建设，提高区域设施网络化水平。重点构建结构优化、功能完善的综合交通、能源、水利和信息等现代基础设施网络体系。加快建设高标准铁路客运专线和城际轨道交通，推进全省现代化轨道交通网建设，完善沟通周边省市的快速通道网络；完善高速公路、干线公路、农村公路三大路网建设，优化省内路网，畅通出省通道；推进涉海基础设施网络建设，完善公路、铁路、水运、电力和油气管网等集疏运体系；加强航空枢纽港与支线机场建设，构建具有国际竞争能力的国内国际航线网络。进一步优化能源结构，鼓励发展新能源和可再生能源等清洁能源。统筹区域水利设施建设，完善防洪御潮、排涝和改善水环境的骨干工程体系，提高水库、海塘和堤防的安全保障水平，构筑防洪减灾体系、水资源合理配置和高效利用体系、饮用水安全保障体系以及水生态环境保护体系。完善信息网络基础设施，加快推进区域信息一体化，统一数据标准，完善信息资源共建共享机制。

大力发展循环经济，加快生态省建设步伐。抓好循环经济试点基地和重点项目，继续实施循环经济"991行动计划"，在企业、园区、社会三个层面构建循环经济产业体系、政策支持体系、技术创新体系和激励约束机制，努力创建全国循环经济发展示范区。落实"365"节约集约用地实施方案，努力保持耕地占补平衡，继续保持土地资源利用效率和综合利用水平处于全国领先水平。出台节能降耗法规，制定节能降耗强制性地方标准和计量技术规范，大力开发和推广节水、节煤、节材和废弃物资源化的关键共性技术，推进新建建筑节能、太阳能和浅层地热利用。在冶金、电力、化工、生物医药、纺织服装等行业探索循环经济发展模式，提高全省资源利用效率和再生资源回收利用率。加强环境保护和生态修复，全面完成"811"环境保护新三年行动和环境保护八大工程，加强钱塘江、太湖等重点流域水环境综合治理和监管。协同上海市、江苏省推进区域环境综合整治，健全区域环境监管联动机制，开展长三角地区环保联合执法。加强陆海污染综合治理，推进跨区域海洋生态环境联合建设。完善生态环境补偿机制，力争主要污染物减排和生态环境质量继续保持全国领先水平。

转变外贸增长方式，提高开放型经济竞争力。以纺织、服装、轻工、工艺和机电产品为重点，培育一批拥有自主知识产权、自主出口品牌的大型外贸企业，提高出口商品的质量、档次和附加值。推进优势企业采用国际先进标准、建立国际营销网络。建立应对国际贸易摩擦的预警机制和维权机制。以先进制造业和现代服务业为主导，引导外资投向电子信息、现代医药、生物环保、现代物流、产品研发、金融保险、旅游文化等领域，推动民营企业与外商开展营销合作、品牌合作和技术合作。大力实施"走出去"战略，充分发挥纺织、服装、轻工等行业竞争优势，鼓励有条件的企业走出去开展加工贸易、投资建设生产基地和营销网络，加强能源、森林、矿产等境外资源合作开发，促进浙江经济积极参与全球生产要素配置。重点鼓励企业投标承包境外船舶修理等大中型工程项目,发展服装、建筑、电子以及国际海运、捕鱼等专业型和技术型劳务输出。大力推进空港综合保税区建设,积极发挥海关特殊监管区域的平台作用。

加快社会事业建设,提高基本公共服务水平。着力加强公共文化服务,率先建成覆盖城乡、较为完善的公共文化服务体系;重点发展影视业、新闻出版业、文化艺术服务业、旅游文化服务业、会展业、动漫业等文化产业,制定和实施《文化产业振兴规划》及《文化创意产业发展规划》,规划实施一批重大文化产业项目,做大做强一批大型文化企业集团,重点培育一批民营龙头文化企业;创优文化发展环境,推进文化内容形式、体制机制和传播手段的创新。提升教育发展水平,建设人力资源强省,加大高层次、创新型人才的引进和培养力度,加强高级职工技能人才的培养;构建覆盖城乡的公共卫生服务体系、医疗服务体系、医疗保障体系、药品供应保障体系;积极发展体育产业,加快构建全民健身服务体系。建立覆盖城乡的就业和社会保障体系。完善基本养老、基本医疗、最低生活保障、住房保障和专项救助制度。加快实施企业职工基本养老保险省级统筹,稳步建立农村养老保险制度;协同上海市、江苏省探索建立长三角地区医疗、养老等社会保险的转移接续制度。加强外来人口服务和管理,全面推行居住证制度,逐步实现区域流动人口劳动就业、子女教育、公共卫生、社会保障等与常住人口享有同等待遇。

继续深化改革开放,再创体制机制优势。加快推进行政管理体制改革,深入推进扩权强县和扩权强镇改革,深化行政审批制度改革,完善投资项目审批联动机制,推行重大项目联合审批制和限时办结制,建立统一的固定资产投资项目管理信息系统。促进民营经济发展,推进公平准入,改善融资条件,优化政策环境,支持有条件的中小企业做大做强,运用多种有效方式,推动国有资本、民营资本和外资的融合,积极发展混合所有制经济。积极借鉴上海浦东综合配套改革试点成熟经验和有效做法,加快推进浙江综合配套改革。加快推进要素保障改革,探索推进工业用地分阶段出让改革试点,建立健全建设用地退出机制,形成有利于土地集约节约利用的体制机制,完善水、电价格调节机制,实施污水处理收费及排污权交易制度。加快地方金融创新,进一步深化农信社改革,发挥对"三农"提供金融服务的主导作用;支持和规范发展小额贷款公司,鼓励有条件的小额贷款公司转为村镇银行;鼓励发展各类股权投资基金,推动科技型、创新型中小企业上市融资,进一步拓宽中小企业融资渠道。加快建立内外联动、互利共赢、安全高效的开放型经济体系,扩大开放领域,优化开放结构,提高开放质量,构筑全方位、宽领域、多层次的开放新格局。进一步加快区域市场化进程,共同建立统一开放的产品、技术、产权、资本、人力资源等各类市场,促进生产要素合理流动和资源优化配置,构建长三角相对统一和规范的政策法制环境。

具体措施

协同上海市、江苏省联合开展长三角地区综合交通运输、长三角区域城际轨道交通等重点专项交通规划,以及长三角区域信息化合作、区域创新体系建设和区域信用体系建设等规划的研究编制。编制实施《浙江省主体功能区规划》、《浙江海洋经济发展带规划》、《浙江省农业主导产业发展规划》、《浙江省现代服务业集聚区总体布局规划》、《浙江省低丘缓坡重点区块开发规划》、《浙江省滩涂围垦实施计划（2010—2012年）》；编制实施全省现代商贸业、金融服务业、现代物流业、信息服务业、科技服务业、旅游业、文化服务业、房地产业、社区服务业、服务外包产业等10个服务业重点行业发展规划，引导服务业创新发展；加快实施钢铁、汽车、船舶、石化、纺织、轻工、有色金属、装备制造、电子信息、建材、医药等产业转型升级规划，加快产业结构调整。

谋划推进一批重大建设项目。大力推进"六线两枢纽"重点铁路项目，积极实施杭黄、沪乍嘉湖铁路项目，加快建设杭州地铁、宁波地铁；加强以高速公路为重点的公路网建设，实施甬台温高速公路复线（沿海高速）、杭新景高速公路等项目；建设宁波—舟山港铁矿石码头、原油码头和宁波梅山保税区集装箱码头等一批码头项目，完善宁波—舟山港及浙南沿海港口的大宗散货和集装箱集疏运网络；提高杭州萧山机场国内干线运输能力，增辟国际客货运航线，加快宁波栎社国际机场扩建工程，大力发展国际货运航线。大力开发利用核能、风能、潮汐能、太阳能等可再生能源和清洁能源，加快推进沿海50—100万千瓦风电，110kV以上主干电网，宁波—舟山煤炭储备和配送基地，舟山油气储备基地，洋山港区、大榭港区、台州大陈岛等油品储运设施，宁波—台州—温州和金华—丽水—温州天然气管网等项目建设。共同推进太湖流域水环境综合治理，实施浙东引水工程和水资源保障百亿工程，推进"三大清水环境工程"等项目建设，解决重点地区的区域性缺水和城乡居民优质饮用水供应问题。积极推进电信网、广播电视网、计算机网三网融合，共同推进基础地理空间信息、互联网交换中心互联等共享平台建设。

统筹布局一批重点开发区块。着重抓好一批海洋产业区块的规划建设，合理推进一批滩涂资源的开发利用。重点发展物流园区、现代商务区、总部基地、科技创业园、创意产业园、生产性服务集聚区、软件与服务外包基地、文化商旅综合体、新型专业市场等一批现代服务业集聚区。整合提升各类开发区（园区），建设研发设计、营销、物流和信息等公共服务平台，促进块状经济向现代产业集群转型。以优化农业布局、促进产业集聚、强化科技辐射、资源循环利用为重点，集中力量建设一批现代农业示范园区。在再生资源回收利用、中水回用、海水淡化、余热利用、垃圾发电等领域着力打造一批循环经济试点基地。着重在湖州、衢州、金华、丽水等地区推进一批低丘缓坡建设用地和耕地垦造重点区块的开发。

探索实施一批重大改革试点。力争在统筹城乡、民营经济创新发展、对外开放、社会主义新农村建设、海洋经济综合开发、生态经济创新发展等重点领域和关键环节改革上创新突破。深入实施三大省级综合配套改革试点，杭州市着力推进创业创新、社会管理、行政管理等体制改革，嘉兴市、义乌市着力打破城乡二元体制，深化城乡规划一体化、基本公共服务均等化、资源要素配置市场化等体制改革，温州市、台州市着力破解民营经济发展的体制机制障碍，推进制度创新、技术创新、市场准入、要素供给、政府转型等体制改革。宁波市开展扩大对外开放综合配套改革试点、湖州市开展社会主义新农村建设综合配套改革试点、绍兴市开展工业转型升级综合配套改革试点、金华市开展现代服务业发展综合配套改革试点、衢州市开展产业集聚发展综合配套改革试点、舟山市开展海洋开发综合配套改革试点、丽水市开展生态经济创新发展综合配套改革试点。推进建立嘉善县域科学发展示范点。培育中心镇、中心村成为连接城乡的节点和繁荣农村、服务农业、集聚农民的重要载体。

进一步加强区域合作。建立和完善以决策层、协调层、执行层为基本构架的"三级运作、统分结合、务实高效"的区域合作机制。进一步发挥"长三角地区主要领导座谈会"决策机制的作用,不断健全"长三角地区合作与发展联席会议"协调机制,强化"长三角联席会议办公室"、"长三角合作办公室"、"长三角重点合作专题组"、"长三角地区城市经济合作组"等执行机制,会同上海市、江苏省切实落实长三角地区主要领导座谈会决策事项,着力推进交通、能源、信息、科技、环保、信用、社保、金融、涉外服务、工商管理等10个重点合作专题组的工作。同时加强长三角地区城市间的经济合作交流,主动配合和积极参与做好上海世博会的各项工作。注重发挥社会各界参与长三角合作的积极性和主动性,有序组织开展会展、论坛、经贸洽谈等合作交流活动,构筑一批有效交流平台,不断增强长三角区域合作的活力和影响。

农业、工业、服务业等产业发展规划和产业政策

浙江省人民政府关于在全省开展政策性农业保险要点:

围绕农业增效、农民增收的目标,以保护灾后恢复生产能力为出发点,充分考虑财政承受能力、保险企业可持续经营能力和农户参保意愿,以保大灾、保大户、保主要品种为重点,坚持政府推动、农户自愿、市场运作的原则,采取"共保经营"为主、"互合作"等形式为辅的运行方式,积极稳妥地推进政策性农业保险,为发展现代农业提供有力保障。

对国家和省确定的政策性农业保险品种由浙江省政策性农业保险共保体(以下简称共保体)统一经营,共保经营范围扩大到全省有农业生产的所有县(市、区)。

受共保体委托,首席承保的商业保险公司承担具体业务经营。共保体经营范围为农险、以险养险、涉农险三类,实行"单独建账、独立核算、盈利共享、风险共担"。对国家和省定政策性农业保险品种参保实行保费财政补贴,原则上多保多补,不保不补。共保体章程和农险条款、费率的制定(变更、修改)须按程序报批,商省政策性农业保险试点工作协调小组确定。继续支持农业互助合作保险,进一步完善渔业互助合作保险。共保经营和省定的互助合作保险试点时间截止到2008年12月31日。

保险品种分为必保品种和选保品种两类,其中能繁母猪、奶牛、油菜、水稻为必保品种。由各地从大棚蔬菜、露地西瓜、柑橘、林木、生猪、鸡、鸭、鹅、淡水鱼中选择不超过6个品种开展保险。

能繁母猪、奶牛、油菜的参保对象为符合条件的所有农户;水稻、大棚蔬菜、露地西

瓜、柑橘、林木、生猪、鸡、鸭、鹅、淡水鱼的参保对象为符合条件的农业龙头企业、种养大户和农民专业合作社,鼓励农业龙头企业为自建基地或与农户紧密联结的生产基地实行统一投保,鼓励农民专业合作社为社员统一投保,鼓励特色农产品生产基地以村为单位联户投保。县(市、区)承保面原则上要求达到符合参保条件对象的50％以上。

以保障承保对象物化成本为主,保险金额为承保对象物化成本的50％左右。保险责任以保大灾为主,主要包括热带风暴级以上热带气旋(具体责任见条款)、暴雨、洪水、冻害、常见病虫害、大规模疫病等主要灾害。具体保险责任和参保条件另行制定。

省与县(市、区)财政安排专项资金,对参加政策性农业保险的农户给予保费补贴。其中,水稻保费补贴为75％;大棚蔬菜、露地西瓜、柑橘、林木、生猪、鸡、鸭、鹅、淡水鱼等9个品种的保费补贴为45％;能繁母猪保费补贴为80％;奶牛、油菜的保费补贴按国家政策执行。水稻、大棚蔬菜、露地西瓜、柑橘、林木、生猪、鸡、鸭、鹅、淡水鱼保费的财政补贴部分,由省财政与欠发达地区按"六四"比例分担,与其他地区按"四六"比例分担。能繁母猪保险财政补贴按《浙江省人民政府办公厅关于全面开展政策性能繁母猪保险工作的通知》(浙政办发明电〔2007〕111号)执行。有条件的地方可增加对参保农户的保费补贴。各级财政与共保体以"按实补贴、一年一结"的形式结算。财政安排的保费补贴、超赔补贴和购买再保险等资金应纳入年度财政预算,并以县为单位设立核算账户,省和县(市、区)财政对补贴资金实行专户管理、专账核算,每年预算安排的结余部分,应及时转入专户,用于以后年度的"以丰补歉"。

全省农业保险赔款在当年农业保险保费2倍(含)以内的,由共保体承担全部赔付责任;赔款在当年农业保险保费2—3倍(含3倍)的部分,由共保体与政府按1∶1比例承担;赔款在当年农业保险保费3—5倍(含5倍)的部分,再由共保体与政府按1∶2比例承担。政府承担的超赔责任由省与县(市、区)财政分担,分担比例按照财政保费补贴比例执行。各县(市、区)在年农业保险赔款总额超过当年农业保险保费5倍的情况下,实行先预摊、再年度结算,其中,政府承担的预摊超赔责任,由省与县(市、区)政府按"二八"比例执行。在保险年度末统计全省全年总赔款后,再按全省范围内5倍封顶的要求,实行封顶系数(全省农业总保费×5/全省总赔款,下同)转换后统一结算。

理赔支付。政策性农业保险实行全省范围内农业保险风险责任在当年全省保费5倍以内的封顶方案。在定损后,共保体分两次向农户支付保险赔款,先由共保体向农户预付核定赔款的50％,再在保险年度末统计全省全年总赔款后,进行个案清算。全省全年总赔款在保费5倍之内的,则按核定的赔款扣除预付赔款后全额支付;若全年总赔款超过全省农业保险保费5倍的,则个案清算赔款额为:核定赔款额×封顶系数—预付赔款额。

各市、县(市、区)要把政策性农业保险作为一项民心工程、实事工程来抓,列入社会主义新农村建设考核内容,切实加强领导,精心组织部署,广泛宣传政策性农业保险的具体内容,强化农民群众的保险意识。要根据本通知精神,抓紧选好参保品种,核准农户基数,制定实施方案,落实财政补贴、以险养险等政策措施,尽快开展政策性农业保险工作。各级发展改革、财政、农业、林业、渔业、民政、气象等相关部门要认真履行职责,加强协作配合,确保政策性农业保险试点扩面工作顺利进行。

各地要加大对政策性农业保险的支持力度,重点组织农业龙头企业、种养大户和农民专业合作社参保,积极引导农户自愿参保。财政补助以农户自愿交费参保为基础,农户不参保,财政不补助。各市、县(市、区)要把农户是否参加政策性农业保险作为享受有关农业扶持政策的重要前提条件,对参保农户在财政扶持等方面优先考虑。要积极落实以险养险配套政策,县及县以下财政拨款机关事业单位的商业车辆险、综合财产险等,由共保体承保。各县(市、区)要从促进农业保险可持续发展角度,采取有效措施支持共保体相关业务的拓展和落实,积极支持共保体发展其他涉农保险业务。

各级政府要建立政策性农业保险风险预警和运行监管机制,加强巨灾防范意识,建立大灾应急预案,筹建巨灾超赔准备金。要积极创造有利条件,向国内外再保险市场购买再保险。共保体要进一步优化服务,提高经营管理水平,降低运行成本。互助合作保险组织要进一步规范管理,努力扩大保险覆盖面,切实抓好防灾防疫工作,着力控制农业灾害风险。

建立健全市级政策性农业保险试点工作机构,特别是新扩面的县(市、区),要抓紧建立由政府分管领导担任组长的政策性农业保险试点工作协调小组,加强协调和指导。各市、县(市、区)要充分发挥农产品行业协会、农民专业合作社、农业龙头企业的作用,紧紧依靠乡镇干部和农技员等基层队伍,建立健全专家理赔定损队伍,将服务网络延伸到行政村。

浙江省人民政府关于加快工业转型升级的实施意见(浙政发〔2008〕80号)要点:

加快工业转型升级,刻不容缓,是有效化解浙江工业发展过程中各种困难和挑战的有效手段,是实现工业节约发展、清洁发展、安全发展、可持续发展的治本之策,也是推动经济发展方式转变的关键之举。把工业转型升级这项紧迫、艰巨而又长期的任务,放在经济全球化的大视野中,放在经济发展方式转变的大格局中,放在工业化和信息化融合、制造业和服务业互动的大背景下,深刻认识,科学规划,扎实推进。

确保工业平稳较快发展,力争工业转型升级走在全国前列,加快实现工业发展动力从资源消耗为主向创新驱动为主转变。到2012年,科技进步贡献率达55%,规模以上企业研发经费支出占销售收入比例达1.5%左右,新产品产值率达18%以上,高新技术产业、装备制造业增加值占工业增加值比重分别达到26%和32%,大中型企业综合经济指标达到20世纪90年代末国际先进水平,资源利用和节能减排等指标继续保持国内先进水平,现代产业集群产值占工业总产值比重明显提高。

工业转型升级的指导原则是:"标本兼治、保稳促调",体制机制改革,自主创新,企业主体,增量投入和存量调整并举,发挥政府促进作用。

大力发展装备制造业。《关于加快发展装备制造业的若干意见》(浙委〔2007〕76号),围绕替代进口、扩大出口、增强竞争力,抓住国内外市场机遇,提高核电、水电、火电、风电、太阳能发电等电站设备以及轨道交通设备、大型石化装备等重要领域装备的制造水平,积极发展先进纺织、轻工、医药、化工、农业等专业机械以及数控精密机床、节能环保装备。大力发展节能环保型轿车、中高档客车、专用车、特种车等整车及相关产业,做大做强发动机、自动变速箱、制动器总成及系统、离合器、传动系统等关键零部件。

加快发展高新技术产业。按照重点突破、跨越发展、掌握核心技术的原则,力争到2012年,形成通信与网络设备、生物与新医药、电子元器件、仪器仪表、新能源、新材料、软件服务等7个重点优势产业,高新技术企业数量增长1倍以上。

积极发展先进临港工业,着力在石化、船舶、钢铁三个产业领域实施一批技术含量高、产业带动强、经济效益好、节能环保的重大项目,力争到2012年,全省先进临港工业增加值占工业比重达10%以上。初步形成与下游化工产业协调发展的临港石化产业体系;建成国内重要并在国际上具有一定影响的船舶制造、修理和配件生产基地;建成布局合理、装备先进、产业链相对完整的钢铁生产基地。

继续实施"958"行业龙头企业技术赶超计划、万亿技改促升级计划和企业技术改造"双千工程",引导和扶持企业加大技术改造力度,加快实施一批投资规模和产业关联度大、技术水平高、市场前景好的重点技术改造项目,实现主要行业的技术装备达到国内领先水平。实现省级重点技术改造项目引进技术投入与消化吸收再创新投入的比例达到国内先进水平。

加强信息技术在工业领域的推广应用,着力推进产品研发、设计的信息化,推进生产装备与过程的信息化和自动化,推进企业管理的信息化,推进产品流通信息化。实施中小企业电子商务推进工程,支持中小企业利用浙江重点培育的电子商务公共平台开展内外贸业务。

依托大企业建设一批国家级和省级企业技术中心、工程研究中心及重点实验室。鼓励企业与高等院校、科研院所联合建设实验室、研发中心、技术联盟等创新组织。积极引进大院名校来浙江建设创新载体,充分发挥社会各方力量建设科技基础条件平台、行业创新平台、区域创新平台。引导和支持各类创新主体加强原始创新、集成创新和引进消化吸收再创新,着力开发专利技术,提高发明专利的数量和比重,加强对现有专利技术的利用和产业化,重视对过期专利技术资源的再利用、再开发。进一步创新浙江网上技术市场功能,发挥其在信息发布、产学研对接、成果转让中的积极作用,促进科技成果产业化。

加快研究开发并投产一批有自主知识产权、有自有知名品牌、有较高附加值、有市场竞争力的新产品,尤其是高新技术新产品和重大装备国产化首台(套)产品,促进浙江产品由产业链低端向产业链高端提升、由价值链低位向价值链高位提升。重视传统产品的二次创新,引导企业以技术创新为支撑,提高研发设计水平,在技术、工艺、款式、性能、品种、品牌、包装等方面开展差别化竞争,提高非价格竞争力。

鼓励有条件的企业依托品牌优势,采取收购、兼并、控股、联合以及委托加工等方式,整合众多无牌加工企业的生产能力。力争到2012年,规模以上工业企业重点产品采用国际标准和国外先进标准的比重提高到 95％以上。加强质量、标准、认证等公共平台建设，为企业提高产品质量、争创名牌提供强有力的技术保障。

引导有制造优势的企业努力向研发设计和品牌营销两端延伸，加快从单纯生产型向"生产＋服务"型转变。鼓励支持具有研发、设计和品牌、营销网络优势的企业，从制造主导型向服务主导型转变，带动加工制造企业共同发展。

推进重大工业投资项目实施。大力推进千亿产业提升工程，每年编制重大工业项目年度计划，按照综合管理和对口管理相结合的原则，推动企业抓紧实施一批对全省经济发展方式转变和产业结构优化升级有积极促进作用的重大工业项目。

加大对工业转型升级的财政扶持力度。统筹安排省级部门现有工业类、科技类财政性资金，加大整合力度，建立统一的工业转型升级专项资金，在原有资金整合基础上，2009 年再增加 2 亿元，重点用于企业技术改造贴息，以推动企业产品创新、技术创新、管理创新、节约能源资源、减少污染排放和引进培育人才等；省级财政科技投入的增长幅度明显高于经常性财政收入的增长幅度。对欠发达和海岛地区工业转型升级重点项目予以支持。

加大对工业转型升级的金融支持力度。优先支持符合转型升级方向的企业在境内外上市，发行债券、短期融资券、中期票据以及上市公司再融资。建立政府与金融机构的沟通协调机制，搭建银企对接合作平台，主动向金融机构推荐符合浙江工业转型升级要求的工业项目，促进金融机构加大信贷支持力度。支持金融创新，探索开展出口退税、保单、仓单以及知识产权等质押贷款，规范发展股权质押贷款。省财政每年安排一定的中小企业信用担保和风险补偿专项资金，用于引导和支持中小企业信用担保机构和区域性再担保机构发展。省政府设立创业投资引导资金，用于支持在浙江境内从事创业投资的企业以及初创期科技型中小企业。鼓励民间设立创业投资、风险投资机构，开展对高技术创业型企业的投资。鼓励设立产业投资基金。

落实企业研究开发费用加计扣除政策。企业为自主创新活动而引进专利技术，其用于研发活动的专利技术摊销费用可纳入研究开发费用范围。企业的固定资产可以加速折旧。从 2009 年 1 月 1 日起，企业（增值税一般纳税人）可抵扣其购进机器设备所含的增值税。对经认定的高新技术企业，减按 15％的税率征收企业所得税。创业投资企业采取股权投资方式投资于未上市的中小高新技术企业 2 年以上的，可以按照其投资额的 70％在股权持有满 2 年的当年抵扣该创业投资企业的应纳税所得额；当年不足抵扣的，可以在以后纳税年度结转抵扣。新开办高新技术企业 3 年内，可免征水利建设专项资金。

对从事国家非限制和禁止行业的小型微利企业，减按 20％的税率征收企业所得税。从 2009 年 1 月 1 日起，增值税小规模纳税人的征收率统一下调到 3％。对向规模以下小企业特别是初创型小企业出租标准厂房的出租方，按规定纳税确有困难的，可按税收管理权限报税务机关审批后给予减免房产税的照顾。为中小企业提供公共服务，非营利性的科研、咨询、检测等机构，允许其注册为民办非企业法人单位。企业从事环境保护、节能节水项目所得免征、减征企业所得税，以及企业资源综合利用收入减计收入总额等方面的所得税优惠政策，对符合条件的资源综合利用企业以及购置并实际使用环境保护、节能节水和安全生产专用设备的企业，经批准可减征或免征水利建设专项资金。鼓励企业"零增地"技改，对企业利用老厂房翻建多层厂房和利用厂内空地建造三层以上厂房，其需缴纳的土地出让金和城镇基础设施建设配套费的地方留成部分，经批准可予减征或免交；建成使用后次月起 3 年内，给予减免房产税照顾。

省政府每年表彰一批创新型企业和创业创新优秀企业家。对企业引进国内外技术研发前沿的创新团队领军人才，在省级重大科技项目、重大工程项目和重点技术创新项目安排上，给予优先支持。支持各地通过商业保险等途径，为在企业从事技术开发的高层次人才建立补充养老、医疗保险。各地要通过增加财政投入、优化城市教育费附加使用和表彰奖励等，鼓励支持企业培养高技能人才。鼓励事业单位人员自主创业或到企业工作，支持高校毕业生自主创业。

切实保障煤电油的正常供应和重要物资的正常运输，为企业生产经营创造良好条件。探索推行行政审批全程代理制度，进一步规范涉企收费和行政执法行为。

设立省科技发展战略研究机构，加强对国内外科技发展趋势和动态的前瞻性、战略性研究，为全省工业转型升级和产业技术进步提供宏观指导。加快省工业科研创新基地建设，引进国内外高水平工业科研机构，创新管理体制和运行机制，集聚优质科技资源，激活各类创新要素。

浙江省人民政府关于进一步加快发展服务业的实施意见（浙政发〔2008〕55 号）要点：

凡是法律法规没有禁止进入的服务业领域，各类资本均可进入；凡是向外资开放的服务领域，都向内资开放；凡是对本地区开放的服务领域，全部向外地企业开放。对一般性服务业企业注册资本最低限额（除另有规定外）一律降低到 3 万元人民币；对创新性、示范性强的服务企业，在营业场所、投资人资格、业务范围等方面适当放宽条件。除有特殊规定外，服务企业设立连锁经营门店可持总部的连锁经营相关文件和登记材料，直接到门店所在地工商行政管理部门办理登记手续。教育、文化、广播电视、新闻出版、社会保障、医疗卫生、体育、建设等部门对本领域能够实行市场化经营的服务，也要研究提出放宽市场准入、清理进入壁垒等方面的具体措施。

引导和鼓励各类金融机构开发和推广适应服务业发展需要的个性化金融产品，推进应收账款融资业务顺利开展，探索逐步扩大收费权、股权质押贷款范围。将服务业贷款比例纳入金融机构年度评价依据，引导金融机构逐步增加服务业贷款规模，加大对符合条件的重点服务企业的授信额度。对鼓励发展领域的中小服务企业贷款风险补偿，在省小企业贷款风险补偿标准的基础上再提高 0—3 个百分点，在省和地方服务业发展引导资金中安排。积极支持符合条件的服务业企业通过发行股票债券等多渠道筹措资金。在上市重点培育企业中增加服务业企业数量。优先批准符合条件的服务企业集团设立财务公司等非银行金融机构。鼓励产业投资基金、私募股权基金（投资公司)、创业投资机构以及合格的信用担保机构积极面向中小服务企业开展业务。

在编制主体功能区规划、土地利用总体规划、市县域总体规划和城市总体规划时，应明确保障服务业发展用地的措施；各市、县(市、区)在制定年度用地计划时，要根据本地服务业发展需要，逐步提高服务业用地比例；省安排地方年度土地利用计划时，要把各地服务业发展水平作为用地指标分配的依据之一。编制年度服务业重大项目计划，对列入计划的项目所需新增建设用地指标由相关市、县(市、区)优先安排，其中特别重大的项目，省里酌情给予支持。积极支持以划拨方式取得土地的单位利用工业厂房、仓储用房、传统商业街等存量房产、土地资源兴办信息服务、研发设计、创意产业等现代服务业，土地用途和使用权人可暂不变更。鼓励中心城市市区企业"退二进三"，对符合规划、整体搬迁的，各地政府可给予原企业一定的补助。

对鼓励发展的服务行业实行税费减免优惠。切实抓好现行国家税收优惠政策的落实。企业从事国家规定的符合条件的环境保护、节能节水项目所得，居民企业技术转让所得，符合规定的科技企业孵化器所得，政府鼓励的新办文化企业所得，对于国家规划布局内的重点软件生产企业所得，可按有关规定享受所得税优惠政策。经认定的新办软件生产企业和集成电路设计企业，按规定享受增值税和所得税优惠政策。

对试点物流企业和从事货运、拆迁、保险、知识产权、广告、会展等代理企业取得的代理业务收入，实行差额征收营业税。对创意产业及其集聚区、新办高新技术服务企业和连锁超市、省重点物流企业和农产品流通企业，按规定纳税确有困难的，经地税部门批准，酌情减征房产税、城镇土地使用税和水利建设专项资金。物流、连锁超市等企业在省内设立跨区域分支机构并符合相关条件的，企业所得税可由总部统一缴纳。

调整服务业用水、用电、用气价格及收费政策。服务业用水(除桑拿、洗浴、洗车等高耗水行业外)、用气价格实现与一般工业同价，实现商业用电与一般工业用电价格并轨，各有关部门抓紧清理对服务企业行政性收费，根据不同情况实施缓交、暂停、免收、取消等措施。

优化财政收入结构，对市县营业税比上年增收上交部分予以返还奖励。对省级金融保险业营业税按收入来源，对当年新增收部分给予市县20%的奖励；引进全国性金融保险机构总部(或跨国公司区域性总部)，给予引进地财政一次性奖励。

省各部门根据《浙江省服务业发展规划(2008—2012年)》和年度服务业工作要点确定的发展重点，对服务业专项资金集中配置。2009年安排服务业发展引导资金5000万元，主要用于中小服务企业贷款风险补偿、服务业国债项目配套和服务业重大项目贴息补助等。各市、县(市、区)政府也要根据需要安排服务业发展引导资金，引导社会资金加大对服务业的投入。

争取用五年时间培养1000名左右既了解省情特点、又熟悉国际规则的现代服务业国际化高端人才，鼓励高校、企业合作开办人才实训基地，政府有关部门可给予适当资金补助；支持国(境)外从事现代服务业培训的职业资格认证组织来浙创办、合办培训认证机构，开展相关活动。

抓紧制定并组织实施《浙江省现代服务业高端人才引进计划》,加快引进文化创意、工业设计、现代物流、金融商务、营销管理和软件与信息服务等高级专业人才。

对个人获得省政府、国务院部委及以上单位科学技术奖取得的奖励,免征个人所得税;对于报经省政府、国务院部委或国务院认可后发放的对优秀博士后、归国留学人员、浙江省特级专家等高层次人才和优秀人才的奖励,免征个人所得税。引进人才支付的一次性住房补贴、安家费、科研启动经费等费用,可据实在企业所得税前扣除。对做出突出贡献的服务业人才,根据其实际贡献程度给予资助和补贴。鼓励以智力资本入股或参与分红。

大力发展面向生产的服务业,促进先进制造业与生产性服务业有机融合、互动发展。鼓励生产制造企业将技术中心、重大产业技术平台组建成为专业化的具有科技研发、技术推广、工业设计和节能环保功能的服务型企业;鼓励生产制造企业利用现有的仓储能力和库房、运输车辆以及原材料等资产,投资组建发展独立的第三方物流公司;鼓励有条件的生产制造企业成立独立核算的进出口贸易公司,发展第三方贸易并促使其发展成为综合型、国际化的服务企业;鼓励工业企业盘活闲置的厂房、设施等现有资源,吸引培育研发设计、建筑设计、咨询策划、文化传媒和时尚消费等文化创意产业;鼓励生产制造企业将售后服务、后勤物业、餐饮和教育培训等内部服务功能剥离,整合组建专门的服务企业。

开展制造企业二、三产分离试点,分离后高出部分的税负由各地财政予以扶持补助,鼓励分离后的服务企业为社会服务,其自用的生产经营房产应缴纳的房产税、占地面积较大的服务企业应缴纳的城镇土地使用税等,可在设立初期三年内减征,所购固定资产可加速折旧。对工业企业组建生产性服务业企业,在市场准入、登记注册、资质认证等方面简化手续、降低费用。

对研发、设计、创意等技术、知识含量较高的服务企业,可认定并享受相应高新技术企业优惠政策。支持产学研联盟研究开发服务业共性和关键技术,对提升电子商务、现代物流、文化传媒、数字教育、协同医疗和社会保障等服务业领域原始创新能力和集成创新能力的重大项目,予以优先立项。

引导推进总部经济、创意经济、网络经济、会展经济、商务经济和生态旅游、文化旅游、工业旅游、商务旅游等服务业新业态发展,鼓励发展连锁经营、特许经营、电子商务、物流配送、专卖店、专业店等现代流通组织形式。鼓励企业积极开展商业模式创新,鼓励风险资本投资采用新商业模式的服务企业。对于开展业态创新和商业模式创新的服务企业,应在土地保障、资金融通和税费减免等方面予以支持,各级财政资金也要给予重点扶持。

因势利导推进现代服务业集聚区建设,重点发展科技创业园、文化创意产业园、物流园区、服务外包基地、生产性服务集聚区、新型专业市场和特色街区等。编制全省现代服务业集聚区总体布局规划。规划集聚区中建设项目同等条件下优先纳入省服务业重大项目计划,优先安排用地计划和投资贴息补助,对规划集聚区的公共服务平台建设给予一定资金补助,其中鼓励发展的服务企业,可享受房产税、城镇土地使用税和水利建设专项资金等税费减免优惠。

鼓励服务业规模化、网络化、品牌化经营,尽快形成一批拥有自主知识产权和知名品牌、具有较强竞争力的服务业龙头企业。积极推动省属国有服务企业股份制改革和战略性重组,鼓励省属服务企业和其他服务企业通过股权并购与置换、相互参股等方式进行重组,鼓励非公有制企业参与国有服务企业的改革、改组、改造。推进生产经营性事业单位转企改制。支持社会法人、民间资本参与城市公用事业和文化科技改革。努力争取国家服务业综合改革试点和杭州空港物流"区港联动"试点,积极开展各类省级服务业创新发展试点。

稳步推进服务领域开放合作。鼓励引进国内外著名服务企业总部、地区总部、采购中心、研发中心,各级政府对引进企业自建、购买或租赁办公用房上给予支持;对新引进的企业集团总部,可给予三年内免征房产税、城镇土地使用税和水利建设专项资金。支持杭州等城市建设国家服务外包基地,支持外包企业通过联合、兼并、股权置换等方式做大做强。积极推进宁波梅山保税港区等特殊功能区的服务业开放创新探索实践。

积极开展浙港、浙澳服务业合作,支持浙江企业参与两岸服务领域经贸合作。深化长三角服务业区域合作,重点围绕上海国际金融中心和国际航运中心建设,

积极创建服务企业品牌,对具有"中国名牌产品"、"中国驰名商标"、"中华老字号"和"浙江名牌产品"、"浙江著名商标"、"浙江知名商号"的服务企业,应予鼓励支持。

抓紧制定并实施《浙江省服务业标准化发展规划》,在现代物流、旅游、交通运输和社区服务等领域开展服务业标准化试点示范,对试点地区和企业给予资金支持。

建立省服务业工作部门联席会议制度,加强对全省服务业发展的组织领导、统筹规划、政策制定和问题协调。联席会议办公室设在省发改委。

完善服务业统计调查方法和指标体系,健全服务业信息发布制度,做好服务业发展形势的监测与分析工作。考核结果经联席会议审议决定,纳入省政府直属单位工作目标考核体系。

浙江省人民政府关于进一步加快发展现代物流业的若干意见(浙政发〔2008〕64号)要点:

进一步完善现代物流市场体系、设施网络体系和信息体系,构建具有国际竞争力的港口物流服务系统、环境负荷低的绿色物流服务系统、适应社会多样化需求的快捷物流服务系统。到2012年,形成若干集聚辐射功能较强的港口物流枢纽、航空物流枢纽和综合交通物流枢纽,规划建设一批钢材、有色金属、化工原料、建筑材料、汽车、医药、粮食和农副产品等专业物流基地,培育发展一批规模较大、信息化水平较高、整合资源能力较强的现代物流企业,物流成本明显降低,现代物流业成为服务业的重要产业,长三角重要的现代物流和国际货运枢纽建设取得明显进展。

改革货运代理行政性管理体制,加强后续监督和服务。

以发展第三方物流为重点，开展物流服务标准化试点，使物流技术、装备、信息、管理、服务和安全等环节都有标准可依，提高物流业标准化管理水平，为发展先进制造业提供有力支撑。以建设"数字浙江"为契机，加快浙江物流公共信息系统和标准化物流软件建设，完善浙江物流网、浙江电子口岸、交通物流公共信息系统、中国联运物流网等平台，构建全省性、区域性、行业性的物流公共信息平台。支持企业采用自动化、智能化的物流设施设备，全面提升物流信息化水平。

交通、物价等部门要尽快调整物流车辆、船舶等规费征收办法和收费标准。继续完善浙江集装箱车、专用车、厢式车、甩挂车的公路规费和通行费优惠政策；所有车辆总吨位在 2000 吨以上，平均吨位在 8 吨以上的企业，营运货车养路费和货运附加费实行全年 9 个月包缴；内河自有运力达 5 万吨以上的航运企业运管费减半征收。规范收费公路的通行费征收，抓紧研究制定计重收费方案。进一步降低浙江车辆通行收费标准，继续清理整顿普通公路收费站点。不得向仓储服务企业收取运管费。5 年内暂停出台新的面向物流企业的行政事业性收费。

物流业用水、用气价格实现与一般工业同价，物流业用电价格与一般工业用电价格基本并轨。引导和支持工商企业剥离低效的运输仓储功能和业务，发展专业化、社会化物流服务企业。在工业转型升级中鼓励制造业与物流业联动发展，采取多种措施支持现代物流业集聚区建设。

优化以宁波—舟山港为龙头、嘉兴和温台港口群为两翼的港口物流布局结构，加快空港经济发展规划研究，积极推进杭州、宁波空港国际物流中心建设。实现港口货运集疏运网络、干线公路集疏运网络和城市及农村配送网络的有效衔接。

围绕杭州、宁波、温州和金华—义乌四个物流枢纽，依托产业集聚区和大型专业批发市场等，通过新建、改建、扩建、整合等方式，培育发展一批现代物流企业聚集的区域性、国际性物流中心。继续推进宁波—舟山港口一体化，加快梅山保税港区保税物流功能的开发建设。推动港口与内陆国际物流中心联动，一般性进出口物流园区和保税物流园区联动。加快粮食、医药、农副产品、钢材和有色金属、化工原料、建筑材料等专业物流中心建设。

推进城乡物流配送体系建设，结合实施"千镇连锁超市、万村放心店"工程，配套建设村、镇配送网络体系，发挥农村班车小件快运和农村客货运一体场站作用，保障城乡物流配送的安全、环保、节约和通畅。

进一步贯彻实施 CEPA，加强与港澳台地区及日本静冈、福田在物流领域的交流与合作，承接国际转移，引导外资投向现代物流业基础设施和前沿领域。

加强长三角区域间物流合作，优化资源配置，实现资源共享、要素集聚、信息互通、共同发展。

促进无水港发展。继续深化杭州地区国际物流平台的方案研究，加快杭州海关嘉兴港区监管模式的改革。

每年从省服务业发展引导资金中安排一部分用于重点物流项目建设、物流人才培训、物流标准化推进、物流新技术、新工艺、新材料的应用推广；从省级交通规费中安排一定数量的资金用于鼓励发展节能减排车辆、船舶，以及大吨位和特种（专用）车辆、船舶，并支持物流基地建设和信息化建设。各市、县（市、区）应安排相应的财政专项资金扶持现代物流业发展。

根据国家物流企业税收试点工作办法，在纳入试点名单的物流企业中落实试点物流企业税收政策。落实国家有关企业购置用于环境保护、节能节水、安全生产等专用设备投资抵免的企业所得税政策。对占地面积较大的现代物流企业，如按规定纳税确有困难的，报经地税部门批准，可减免城镇土地使用税。对在浙江设立总部的大型物流企业确有困难的，可按管理权限报经批准，给予减免水利建设专项资金。

鼓励金融机构对信用等级资质较高的物流企业给予重点支持。推动政策性担保公司为中小物流企业提供短期资金贷款担保，鼓励民营担保公司为物流企业提供信贷担保。

继续开展社会物流企业联网直报工作，扩大社会物流企业统计调查范围，建立和完善浙江物流统计直报制度，加强物流统计信息的预测和分析。支持物流行业协会发展，充分发挥其制定行业管理规范、推广技术标准、交流行业发展信息、沟通和联系行业内企业等作用。

政府改革和经济管理改进

省委省政府明确，在11个设区市和义乌市分别选择1个主题，开展转变经济增长方式综合配套改革试点，力争通过5—10年的努力，基本形成充满活力、富有效率、更加开放、有利于科学发展的体制机制。各地试点主题分别是：杭州综合配套改革试点，宁波市扩大对外开放综合配套改革试点，温州、台州两市开展民营经济创新发展综合配套改革试点，湖州市开展社会主义新农村建设综合配套改革试点，嘉兴市开展统筹城乡综合配套改革试点，绍兴市开展工业转型升级综合配套改革试点，金华市开展现代服务业发展综合配套改革试点，衢州市开展特色产业发展综合配套改革试点，舟山市开展海洋开发综合配套改革试点，丽水市开展生态经济创新发展综合配套改革试点，义乌市开展国际贸易和统筹城乡综合配套改革试点。

杭州在建立创业创新人才支撑体制、建立投资审批服务代办制、建立政府民主决策和阳光运行机制等方面的突破。温州、台州在围绕民营经济创新发展，放宽市场准入、推进企业兼并重组、加强金融土地要素保障、搭建共性技术创新服务平台、开展行业协会（商会）承接政府职能转移改革等方面取得突破。义乌国际贸易综合改革试点。

扩权和审批制度改革进展。出台政府规章，推进34个省级放权部门和11个市规范化法制化放权，下放给义乌市618项、其他县443项经济社会管理权限，放权事项已经全部落实。杭州、宁波、温州、绍兴、嘉兴5个市和义乌、温岭、南湖等22县市区探索开展扩权强镇改革。1/3的市县区已经完成非行政许可审批事项清理工作，2/3以上县已经完成行政机关内部行政许可职能整合改革任务，宁波市探索开展了"批管分离"

的体制改革,实现审批和监管职能分离。

建立投资项目审批联动机制,以减少审批部门、减少审批事项、减少审批环节、减少审批时间为主要内容,制订改革方案。

省政府大部门体制机构改革完成,探索部分政府职能向行业协会(商会)转移试点,温州市已经将18项政府职能转移给行业协会承担。

减轻企业负担的体制改革不断深化。通过实施增值税、出口退税、高新技术企业税收、城镇土地使用税等税制调整改革,通过取消、暂停、降低行政事业性收费,统一调整基本养老保险缴费比例和临时性下浮社会保险费率等体制改革,共计为企业减负1420亿元[1]。

对企业发展的帮扶机制。加大工业、服务业、农业、科技、环保等专项资金整合力度,发挥财政资金的整体效能,省财政安排3.5亿元外贸发展资金鼓励企业开拓国际市场,安排5亿元专项资金用于企业技术创新改造,安排9000万元用于小企业贷款和农业贷款风险补偿,促进企业投入和市场拓展机制进一步健全。深入开展"服务企业、服务基层"为主题的专项行动。积极探索"政府扶持一点、银行承担一点、存量盘活一点"的困难企业债务风险化解机制。

12个省级以上开发区开展整合提升试点,推行工商用电同价改革,出台鼓励国际服务外包的政策意见,加快服务业集聚区建设,开展千家企业主辅分离改革试点。制定出台高新技术促进条例,科技成果转化奖励办法,建立区域自主创新能力评价制度。新建国家级技术中心3家和国家级工程实验室2家,新引进大院名校共建创新载体70家。吉利集团、中控科技等5家企业被列为国家级创新型企业,全面启动临安青山湖省级科研创新基地建设。

企业并购激励政策。杭钢集团引进宝钢集团重组宁波钢铁,能源集团合并水利水电集团,省建设投资集团完成产权多元化改革,新杰克、吉利等10多家民营企业积极实施海外并购。温州市泵阀、汽摩配行业以龙头企业为主整合重组100多家相关企业提升行业整体竞争力。台州市完成飞跃、善好酒业等24家重点骨干企业的产权重构。

节能减排,全面推进排污权有偿使用和交易制度改革,25个县市区实质性开展排污权交易347笔,涉及交易金额1.57亿元。

金融业开放和创新。"浙商保险"成为首家总部设在浙江的全国性财产保险公司,杭州银行、宁波银行、浙江泰隆等7家城市商业银行实现跨区域经营,在北京、上海、成都等地设立分支机构。小额贷款公司试点成效显著,88家开业运营,累计放贷465亿元。村镇银行已有8家开业,注册资本14.3亿元。农村资金互助社在温岭、临海、德清、缙云4县市开展试点,首家"忘不了农村资金互助社"已在临海市涌泉镇开业运行。

专利权、商标专用权、股权、林权、农房产权、海域使用权等质押抵押贷款试点,以上各类放贷分别为0.5,7,386,9,47,0.2亿元。银团贷款取得突破性发展,已经组建

---

① 浙江省改革办公室:《2009年浙江体制改革十大亮点》,载于《政策瞭望》2010年第1期。

21 个银团,贷款总额 264 亿元,发行短期融资券和中期票据 123 亿元。"抱团增信"、"网络联保"等各具特色的中小企业金融服务模式。海盐等地开展土地承包经营权抵押贷款试点,临海市探索开展"丰收小额贷款卡"的农村小额信贷融资。

构建多层次股权投资基金,出台促进股权投资发展意见,设立 5 亿元规模的创业投资引导基金和 50 亿元规模的浙商产业投资基金。杭州市县联动总额 7.5 亿元的政府创业投资引导基金,设立 10 亿元规模的服务业产业基金,政府出资设立的工业债权基金经银行放大规模已经达到 30 亿元。各地市都在筹建各类股权投资基金。

2009 年,通过减免企业相关税收、取消、暂停和降低行政事业性收费,下调养老保险费率和临时下浮社会保险费,预计全年减轻企业负担超过 400 亿元[①]。

土地流转和农民专业合作社体制改革进程加快。浙江制定了全国首份承包地流转合同范本,45 个县市区、658 个乡镇和 8392 个行政村建立了土地流转服务中心(站)。2009 年 1—10 月份,全省土地流转面积达 611 万亩,占总承包耕地的 30.9%。农民专业合作社,2009 年末,以农村土地承包经营权作价出资的农民专业合作社已有 170 家。推广仙居县经验加快推进基层农业公共服务体系建设。

2010 年初,浙江省内备案的创业投资企业 70 家,创业投资总资本 61.1 亿元,列全国各省区第二。

在小额贷款公司开放之初面临困难重、问题多、前景不明时,工商部门向省政府建议出台扶持措施,对小额贷款公司经营数据实现网络非现场监管、报表生成、网络考评等,向小额贷款公司开放信息查询服务,经被查询人授权,小额贷款公司可以查询企业或个体工商户的登记、年检和相关信用信息。工商行政管理部门监管工作常态化,零距离、一对一沟通服务。浙江省工商行政管理部门,积极推出企业股权出资出质、商标权质押等措施,化解企业融资难。

截至 2009 年一季度,工商部门办理股权出质登记 228 户,出质数额 19.6 亿元(股),融资金额 132.3 亿元。股权质押初期,质权人几乎全部是金融机构,集中在少数几家银行。目前,股权质押已经普遍为银行业金融机构接受,并扩大到非金融机构的企业和个人,非银行经融机构如担保公司、信托公司、实业公司、控股公司等,以及个人,已经占到质权人的总数的近 1/3。

2010 年开始实行省域出口商品直行通关放行政策,浙江省检验检疫局实施通关模式改革,开辟绿色通道,实施产地监装、离境口岸不再开箱查验。获国家总局"绿色通道"资格企业累计达 777 家居全国第一,至 2010 年 5 月,浙江检验检疫局辖区内共有直通放行企业 1633 家。

体制改革和制度演进

2010 年 3 月,《浙江省农村土地承包经营权作价出资农民专业合作社登记暂行办

---

① 吕祖善:《在全省经济工作会议上的讲话》,载于《政策瞭望》2010 年第 1 期。

法》发布,颁发了全国首份以土地承包经营权作价出资设立的合作社营业执照。2010年4月,《浙江省林地承包经营权作价出资农民专业合作社登记暂行办法》发布,安吉尚林毛竹专业合作社等七家合作社正式领取营业执照。根据浙江省林业厅数据,以10019.55万亩林地计算,每亩平均每年作价350元,该办法每年可以激活350亿元资本。家庭承包经营制度从耕地延伸到林地,,在保证林地承包经营制度不变的前提下,大大提高林农组织化程度促进林业经营产业化。该办法实现了从农户经营转变为法人经营,提升林地经营的层次和集约化程度,推进林经营实现规模效应,专业化、标准化、品牌化程度加深,提高劳动生产率和土地产出率。同时,通过落实"创造条件让更多群众拥有财产性收入"、"放手让一切劳动、知识、技术、管理和资本的活力竞相迸发,是一切创造社会财富的源泉充分涌流",将静态财富赋予流动性,对激活社会生产力具有极大地促进。

林地承包经营权作价出资新设农民专业合作社,也可以林地承包经营权作价向农民专业合作社增资;出资人可以是户主或者其他家庭成员,根据家庭成员意思自治的原则确立;林地作价由全体社员根据承包经营期限、预期收益等评估,合作社申报出资总额,不需验资;设立大会纪要、章程、出资清单,林地出资作价的数额比例等,作为工商登记事项,"成员出资总额"后需加注"林地承包经营权作价出资＊＊＊万元"。

工商部门专门开设"绿色通道",设置专人专窗,为农民专业合作社登记和咨询提供方便,并免除农民专业合作社登记费用。

2010年4月27日,浙江省工商行政管理局发布《浙江省股权投资企业、股权投资管理企业登记办法》,同时发布的《浙江省公司债权转股权登记管理暂行办法》。股权投资企业应当采取公司、合伙企业形式,股权投资管理企业应当采取公司形式。有限公司或者合伙形式设立的,股东、合伙人不得超过50人,股份有限公司形式,发起人、股东不得超过200人。股权投资企业的注册资本、出资数额不得低于3000万元,其中股东、个人出资额不得低于500万元,股东合伙人应当以货币出资。有限责任公司的股权投资管理企业注册资本不应低于100万元,股份有限公司的注册资本不应低于500万元。股权投资企业核定经营范围为"股权投资及相关咨询服务",股权投资管理企业核定经营范围"股权投资管理及相关咨询服务"。

中小企业发展

支持中小企业创新促升级

促进产业优化升级,大力推动传统产业和劳动密集型产业的中小企业改造提升。支持中小企业向通信与网络设备、生物与新医药、电子元器件、仪器仪表、新能源、新材料、节能环保等高新技术产业拓展,向现代物流、融资服务、科技服务、信息服务、文化创意、软件服务、电子商务等现代服务业领域提升,向高效生态农业发展。加强中小企业集聚平台建设,引导集聚发展。促进中小企业向工业园区、工业功能区集聚。支持家庭作坊向现代家庭工业提升发展。

加快技术更新改造。按照国家产业振兴规划和省重点产业转型升级规划要求,加快淘汰落后工艺技术、设备和产品,鼓励中小企业积极采用新技术、新工艺、新设备、新材料进行技术改造,推广应用节能减排技术及高效节能环保产品和设备,并按规定加速折旧。中小企业购买并实际使用企业所得税优惠目录规定的环境保护、节能节水、安全生产等专用设备,其专用设备投资额的10%可从当年应纳税额中抵扣,当年不足抵扣的,可在今后五年内结转抵扣。

增强自主创新能力。支持中小企业开展发明创造和产品外观、实用新型等技术创新,积极实施一批关键性技术改造项目,大力开发自主知识产权和自主品牌产品,不断提高产品质量和档次。鼓励有条件的中小企业与高校、科研院所开展多种形式的科技合作,寻求技术依托,建立技术研发机构。中小企业研究开发新产品、新技术、新工艺所发生的研究开发费,未形成无形资产计入当期损益的,在按照规定据实扣除的基础上,按照研究开发费用的50%加计扣除;形成无形资产的,按照无形资产成本的150%摊销。对符合条件的初创期科技型中小企业给予一定的种子资金扶持,并鼓励申请国家科技型中小企业创新基金。积极引导科技型中小企业发展成为高新技术企业,经省有关部门认定,享受高新技术企业税收减免等优惠政策。鼓励和支持中小企业引进各类创新型人才,为技术创新提供人才智力支持。

加强知识产权保护,广泛开展保护知识产权的宣传和指导,增强中小企业知识产权保护意识。积极引导中小企业加强知识产权管理,依法保护自主创新成果。支持知识产权中介服务机构为中小企业提供专利诉讼与代理等服务。鼓励社会专利机构为中小企业提供专利查询、申报指导、专利维权等服务。中小企业申请专利、注册商标和获得中国名牌产品、中国驰名商标的,给予适当补助和奖励。加大对假冒侵权违法行为的查处力度,维护知识产权创新、创造、应用和保护秩序。

促进专业化协作配套。鼓励和引导各类中小企业围绕上下游产业链和价值链,积极与大企业、行业龙头企业开展专业化协作配套,建立稳定的产、供、销和技术开发等协作关系,形成专业分工、紧密协作、优势互补的新型生产组织形式,提高专业化生产水平。重点支持块状经济中的行业龙头企业,通过专业分工、服务外包、订单生产等方式,加强与中小企业协作配套,积极提供技术、人才、设备、资金等支持,实现规模化集约经营,加快传统块状经济向现代产业集群提升发展。

推动联合兼并重组。大力支持有核心竞争优势的中小企业积极开展兼并重组,实现低成本扩张发展。对企业兼并重组发生的土地使用权、不动产所有权和相关股权转让,均不征收营业税,并免收变更过户手续费。被兼并重组的中小企业原有房屋、土地应缴的房产税和土地使用税地方留成部分,可按一定比例用作奖励。鼓励和支持有条件的中小企业到境外开展并购等投资业务,收购技术和品牌,促进技术进步和国际化发展。

鼓励体制机制创新。引导和鼓励中小企业建立健全符合现代市场经济发展要求的企业制度和经营机制。对生产经营已有一定规模的个体工商户和家庭工业，积极引导其向法人企业转变；对已具备法人条件的中小企业，积极引导其向现代公司制企业转变，不断完善和提升中小企业的法人治理结构和企业组织形式。

提高企业管理素质。积极开展中小企业管理创新活动，引导中小企业苦练内功，强化基础管理、营销和风险管理，推进企业管理创新。督促中小企业严格遵守安全、环保、质量、卫生、劳动保障等法律法规，诚实守信经营，履行社会责任。各地要采取多种形式，努力提升中小企业经营者的经营决策、市场开拓、企业管理等素质。积极培育和宣传中小企业经营管理的创新典型，以典型示范带动面上中小企业创新发展。

改善中小企业融资环境

鼓励银行加大信贷支持。进一步落实和强化支持中小企业融资的货币信贷政策，通过专项再贷款、再贴现等货币政策工具，开展中小企业信贷政策导向绩效评估，引导和鼓励银行业金融机构加大中小企业信贷投放。加强国家支持小企业信贷六项机制建设，积极鼓励银行业金融机构建立小企业服务专营机构，简化贷款程序，完善信贷考核体系。监管部门对支持小企业的银行实行差异化监管政策，建立健全小企业信贷人员尽职免责机制，不断完善金融支持小企业的长效机制。进一步健全和完善各级政府鼓励银行加大对小企业信贷支持的风险补偿政策，继续对金融机构发放小企业贷款按增量给予适度的风险补偿和补助，更好地发挥政府的政策导向和激励作用。

支持地方金融服务创新。支持符合条件的地方法人金融机构发行金融债、次级债，增强主要为中小企业服务的金融机构资金实力。充分发挥浙江民间资本雄厚的优势，加快发展各类以服务小企业为主的小额贷款公司和村镇银行。支持小额贷款公司扩大试点并增资扩股，支持有条件的小额贷款公司发展为村镇银行，增强融资服务能力。支持金融机构进一步强化中小企业金融产品和服务创新，不断完善中小企业信贷经营机制。进一步探索完善动产、应收账款、仓单、海域使用权、股权和知识产权等抵质押方式，完善抵质押物登记、评估、转让等相关规则，缓解中小企业贷款抵质押不足的矛盾。

努力拓宽直接融资渠道。各地要抓住国家大力发展资本市场的有利时机，积极推动有市场、有技术、有发展前景、成长性好的中小企业，在中小企业板和创业板上市融资；鼓励已上市的中小企业创造条件持续融资，不断扩大融资规模。鼓励各类金融机构与担保机构及其他投融资机构紧密合作，积极发行中小企业集合债券、信托基金、短期融资券和中小企业信贷资产支持证券等直接融资产品，拓宽中小企业直接融资渠道。鼓励各类股权投资机构、创业投资基金等向中小企业战略投资，为中小企业提供股权融资。积极发挥融资租赁、典当、信托等融资方式在中小企业融资中的作用。各地政府对中小企业上市融资、债权融资和股权融资等直接融资方式，应给予一定的政策支持，进一步培育发展有利于中小企业直接融资的资本市场。

开拓融资性保险服务。试行中小企业贷款保证保险服务，大力推广中小企业科技保险等新型保险业务。积极发展中小企业出口信用保险,推进保单项下融资、买方资信调查等特色服务。鼓励中小出口企业充分利用信用保险融资,增强抵御国际市场风险能力。充分发挥保险机构支持中小企业增强贷款风险保障的作用。

加强融资服务平台建设。积极依托国家和社会各种金融资源,通过资源整合、优势互补、信息沟通、机制创新,积极搭建由政府指导协调,金融机构、担保机构及其他投融资机构等合作参与的中小企业融资服务平台。支持有条件的银行依托网络信息服务机构,努力扩大对中小企业融资面。各地和有关部门对中小企业融资服务平台建设要积极给予政策支持。

加强信用担保体系建设。中小企业行政主管部门要会同财政、工商、人民银行、银监等有关部门,加强对中小企业融资性担保机构的指导、服务和相关业务监管工作,支持和规范发展多层次、多形式的融资担保机构。各级财政要加大支持力度,综合运用资本注入、风险补偿和奖励补助等多种方式,提高担保机构对中小企业的融资担保能力。落实好对符合条件的中小企业信用担保机构免征营业税、准备金提取和代偿损失税前扣除的政策。省财政设立担保风险补偿资金,重点对为中小企业担保服务业绩突出的担保机构,给予适度的风险补偿和补助。探索建立中小企业信用再担保体系。

促进产权交易流转。为促进各类中小企业产权流转和资产重组,依托现有产权交易体系,探索建立面向中小企业的专项产权交易和流转服务平台,为中小企业产权和股权规范化交易、流转,提供专业化、规范化、市场化服务。建立健全中小企业产权和股权投资进入与退出机制,不断深化中小企业产权流转制度改革。

建立贷款风险救助机制。鼓励市、县(市、区)由财政出资,并引导社会资金积极参与,建立中小企业贷款风险救助基金,重点支持和帮助有市场、有技术、有发展前景的中小企业融资解困,积极改善中小企业贷款融资服务环境。

强化中小企业社会化服务

加强公共服务体系建设。各地和中小企业行政主管部门要根据中小企业服务需求,进一步建立健全中小企业服务机构,加强中小企业公益性服务。同时,积极组织和整合各种社会资源,联系和引导各类社会专业服务机构,为中小企业提供专业化服务,逐步形成上下联动、社会参与、功能健全的中小企业社会化公共服务体系。各地可通过购买公共服务的形式,对各类社会化服务机构提供中小企业的服务项目,给予一定的经费支持。

加强人才培训服务。各地要积极为中小企业创业者提供创业培训,帮助提高创业能力。鼓励高校开设创业教育课程,对成长型中小企业经营管理者进行专业培训,着力培养具有现代经营理念、视野宽阔、社会责任感强的企业家。积极组织各类社会教育培训机构,多形式、多层次地开展面向中小企业的专业技能培训,全面提升员工素质。对为中小企业提供培训服务业绩突出的高校和教育培训机构,可给予一定的经费支持。推进校企合作,鼓励高等院校在中小企业建立实习基地,提高大学生择业就业技能。

加强共性技术服务。各地要积极整合社会资源,充分发挥各类科技创新服务平台作用,实现科技创新资源共享。鼓励高等院校、科研院所和各类社会科技人才,积极创办为中小企业提供产品研发、技术创新、质量检测等服务的共性技术服务平台。在各类工业园区、产业集聚区和小企业创业基地创办的共性技术服务机构,可注册为民办非企业单位。对认定为省级以上的中小企业共性技术服务机构,可根据其技术服务业绩,给予一定的经费支持。

加强信用建设服务。积极探索建立适合中小企业特点的信用征集、信用评级、信用信息发布以及失信惩戒机制,引导中小企业强化信用意识,改善信用形象,提高信用等级。鼓励和支持银行征信机构和有资质的社会信用评价机构开展中小企业信用评级服务,建立信用信息档案,提供信用信息查询,完善信用共享机制,切实加强中小企业信用制度建设。

加强市场拓展服务。进一步提高政府采购信息发布透明度,完善政府公共服务外包制度。在同等条件下,各地应优先采购中小企业的商品和服务,并逐步提高采购比例。积极支持和帮助中小企业参加国际国内各类大型产品、技术展览展会和合作交流活动。对组织参加境内外大型展览展销活动的中小企业和展会服务机构,各地可给予一定的展位费、公共布展费等资助,帮助中小企业开拓国内外市场。

加强信息化建设服务。进一步建立健全公共信息服务平台,更好地为中小企业提供政策法规、经济信息、市场动态、人才招聘等公共信息服务。大力支持各类信息运营服务机构创新信息服务模式,积极与政府有关部门合作,为中小企业提供电子政务、电子商务、网上融资、市场营销等信息化服务,促进中小企业创业创新发展与信息化建设紧密融合。

加强管理咨询服务。各地可依托高校和社会研究机构,加强中小企业管理咨询和研究机构建设,为中小企业提供发展规划、经营管理、法律维权等研究和咨询服务,帮助中小企业管理创新,不断提高经营管理水平。

加强行业自律服务。各地可根据中小企业的行业特点,支持发展各类以产品为纽带、以产业集群为基础、以中小企业自我服务为主体的专业协会,建立健全专业协会服务平台。积极鼓励专业协会参与制定行业标准,开展同行业信息传递,加强行业技术交流,反映中小企业呼声和要求,维护中小企业合法权益,促进行业自律和自我服务。

加强对中小企业扶持和指导

加强组织领导和协调。省政府成立促进中小企业发展工作领导小组,加强对中小企业工作的统筹规划、组织领导和政策协调。要求各地市也建立相应的组织机构和工作机制。进一步明确指导服务中小企业的工作机构和工作职能,加强中小企业工作队伍建设,把指导服务中小企业的工作职责落实到乡镇(街道)。

加大专项资金扶持,切实按照《中华人民共和国中小企业促进法》和《浙江省促进中小企业发展条例》的规定,在现有财政安排扶持企业发展专项资金中明确专门用于中小企业发展专项资金预算科目,根据财政收入增长情况,逐年增加扶持资金规模。

加强分类指导。各地要根据中小企业不同发展阶段和不同规模的特点,在统筹兼顾发展各类中小企业的同时,把关注重点放在年销售收入 1000 万元以下的小企业,把帮扶对象集中在年销售收入 500 万元以下的微小企业和初创型企业,分别制定相应的政策措施。进一步深化实施中小企业成长计划,切实加大对初创型、成长型中小企业的扶持和鼓励。力争每年有 5000 家微小企业发展为规模以上企业,有 500 家规模以上小企业发展为中型企业,不断提升中小企业规模和素质。

构建和谐劳动关系。加大对劳动密集型中小企业的支持,鼓励企业不裁员、少裁员,稳定和增加就业岗位。对受金融危机影响较大的困难中小企业,将阶段性缓缴社会保险费政策执行期延长至 2010 年底,完善临时性下浮社会保险费率政策,并按规定给予一定期限的社会保险补贴或岗位补贴、在岗培训补贴等。中小企业可与职工就工资、工时、劳动定额进行协商,符合条件的,可向当地人力社保部门申请实行综合计算工时和不定时工作制。

切实减轻企业负担。进一步加大中小企业负担专项治理工作力度。全面清理整顿涉及中小企业的收费,重点是行政许可和强制准入的中介服务收费、具有垄断性的经营服务收费,能免则免,能减则减,能缓则缓。今后凡涉及中小企业的收费项目出台前,必须认真听取中小企业代表及相关部门意见,任何单位和部门不得随意增加或变相增加中小企业负担。严格执行税收征收管理法律法规,不得违法违规向中小企业提前征税或摊派税款。不得通过强制中小企业购买产品、接受指定服务等手段牟利。如有乱收费、乱摊派、乱处罚等行为,一经查实,由行政监察部门公开通报并严肃查处。

加强运行监测分析。省统计部门要会同省中小企业行政主管部门根据浙江中小企业发展实际,研究制定有关中小企业发展的统计指标体系,建立健全中小企业统计监测制度,加强中小企业运行情况监测分析特别是对规模以下小企业的统计分析,及时掌握发展动态,为各级政府指导中小企业工作提供决策依据。

鼓励全民自主创业,加强创业教育、创业咨询、创业实训、创业孵化、创业辅导、创业扶持等创业服务,大力支持高校毕业生、转业退伍军人、下岗失业人员、农业富余人员创办各类中小企业,以自主创业促就业。重点鼓励留学归国人员、高校毕业生和各类技术发明人等高素质人才,自主创办科技研发、工业设计、文化创意、软件开发、信息咨询、服务外包等现代服务企业,积极走新型创业发展路子。

放宽创业经营条件,对失业、残疾、退役、毕业两年以内的普通高校毕业生创办小企业或从事个体经营,自工商部门首次注册登记之日起三年内免收管理类、登记类和证照类等相关行政事业性收费,依法允许创业者将家庭住所、租借房、临时商业用房等作为创业经营场所。

加强创业基地建设,按照土地利用总体规划和城乡建设总体规划,每年安排一定数量的用地指标,有计划地在各类开发区、工业园区、乡镇工业功能区和经济发达村,建造多层标准厂房，建设小企业创业基地，实行低价租赁或政府财政补贴等方式，降低小企业创业成本。对认定为省级小企业创业基地的多层标准厂房租赁收入及占地，1－3年内可给予减征房产税、城镇土地使用税的照顾。

广泛开展创业辅导，建立健全省、市、县（市、区）三级中小企业创业辅导服务网络，组织整合行业专家、职业咨询师、优秀企业家等为中小企业提供多种形式的创业辅导。把中小企业创业辅导作为公益性服务，对提供创业辅导成效突出的机构，给予适当的经费资助和奖励。

对小型微利企业的税收优惠，符合税法规定条件的小型微利企业减按20％的税率征收企业所得税，年应纳税所得额低于3万元（含3万元）的小型微利企业自2010年起所得减按50％计入应纳税所得额，按20％的税率缴纳企业所得税。适时调整土地登记划分级数、范围和适用税额标准，对纳税确有困难的中小企业，可给予减免城镇土地使用税的照顾。

"创业促发展"主要包括鼓励全民自主创业、放宽创业经营条件、加强创业基地建设、广泛开展创业辅导、对小型微利企业实行所得税优惠、完善城镇土地使用税征收办法等6个方面；"创新促升级"主要包括促进产业优化升级、加快技术更新改造、增强自主创新能力、加强知识产权保护、促进专业化协作配套、推动联合兼并重组、鼓励体制机制创新、提高企业管理素质等8个方面；"改善中小企业融资环境"主要包括鼓励银行加大信贷支持、支持地方金融服务创新、努力拓宽直接融资渠道、开拓融资性保险服务、加强融资服务平台建设、加强信用担保体系建设、促进产权交易流转、建立贷款风险救助机制等8个方面；"强化中小企业社会化服务"主要包括加强公共服务体系建设、加强人才培训服务、加强共性技术服务、加强信用建设服务、加强市场拓展服务、加强信息化建设服务、加强管理咨询服务、加强行业自律服务等8个方面；"加强对中小企业扶持和指导"主要包括加强组织领导和协调、建立健全工作体系、加大专项资金扶持、加强分类指导、构建和谐劳动关系、切实减轻企业负担、加强运行监测分析等7个方面。

在鼓励创业方面：放宽创业经营条件。对登记的失业人员、残疾人员、退役士兵，以及毕业两年以内的普通高校毕业生创办小企业或从事个体经营的，按有关规定，自其在工商部门首次注册登记之日起三年内，免收管理类、登记类和证照类等相关行政事业性收费。按照法律、法规规定条件、程序和合同约定，允许创业者将家庭住所、租借房、临时商业用房等作为创业经营场所。对认定为省级小企业创业基地的，其多层标准厂房的租赁收入及占地，自新认定年度起1－3年内，报经地税部门批准，可给予减征房产税、城镇土地使用税的照顾。在鼓励创新方面：中小企业研究开发新产品、新技术、新工艺所发生的研究开发费，未形成无形资产计入当期损益的，在按照规定据实扣除的基础上，按照研究开发费用的50％加计扣除；形成无形资产的，按照无形资产成本的150％摊销。对符合条件的初创期科技型中小企业给予一定的种子资金扶持，并鼓励申请国家科技型中小企业创新基金。积极引导科技型中小企业发展成为高新技术企业,经省有关部门认定,可享受高新技术企业税收减免等优惠政策。鼓励中小企业积极采用新技术、新工艺、新设备、新材料进行技术改造,推广应用节能减排技术及高效节能环保产品和设备,并按规定加速折旧。中小企业购买并实际使用企业所得税优惠目录规定的环境保护、节能节水、安全生产等专用设备,其专用设备投资额的10%可从当年应纳税额中抵扣,当年不足抵扣的,可在今后五年内结转抵扣。中小企业申请专利、注册商标和获得中国名牌产品、中国驰名商标的,各地可给予适当补助和奖励。在税收优惠方面:对小型微利企业实行所得税优惠。凡符合税法规定条件的小型微利小企业,均减按20%的税率征收企业所得税。对年应纳税所得额低于3万元(含3万元)的小型微利企业,自2010年起,按国家有关规定,其所得减按50%计入应纳税所得额,按20%的税率缴纳企业所得税。完善城镇土地使用税征收办法。各地可根据本地区经济社会发展变化,适时调整土地登记划分级数、范围和适用税额标准,对纳税确有困难的中小企业,报经地税部门批准,可给予减免城镇土地使用税的照顾。对企业兼并重组发生的土地使用权、不动产所有权和相关股权转让,均不征收营业税,并免收变更过户手续费。被兼并重组的中小企业原有房屋、土地应缴的房产税、土地使用税地方留成部分,可按一定比例用作奖励。在资金扶持方面:要求各地依照中小企业法律法规,在现有财政安排企业发展的专项资金中明确专门用于中小企业发展的专项资金预算科目。已经设立的,要根据财政收入增长情况,逐年增加扶持资金规模。

融资难是制约中小企业发展的主要瓶颈,在鼓励银行加大信贷支持方面,明确继续对金融机构发放小企业贷款按增量给予适度的风险补偿和补助,鼓励银行继续加大对小企业的金融支持。在支持地方金融服务创新方面,明确要充分发挥浙江民间资本雄厚的优势,加快发展各类以服务小企业为主的小额贷款公司和村镇银行。在加强信用担保体系建设方面,明确省财政设立担保风险补偿资金,重点对为中小企业担保服务业绩突出的担保机构,给予适度的风险补偿和补助。探索建立中小企业信用再担保体系。在促进产权交易流转方面,明确要探索建立面向中小企业的专项产权交易和流转服务平台,为中小企业产权和股权规范化交易、流转,提供专业化、规范化、市场化服务。在建立贷款风险救助机制方面,鼓励市、县(市、区)由财政出资,并引导社会资金积极参与,建立中小企业贷款风险救助基金,重点支持和帮助有市场、有技术、有发展前景的中小企业融资解困。

外贸促进

在国际金融危机冲击下,浙江外贸出口首当其冲,企业订单下降、收入减少、裁员等衰退迹象最先显现。在一定程度上,保外贸出口,是关系浙江能否实现"保增长"的关键。

浙江省人民政府办公厅关于促进全省外贸稳定健康发展的意见(浙政办发〔2008〕45号)要点:

外贸企业受人民币升值、原材料和劳动力成本上涨、资金成本提高以及出口退税率调整等因素影响,生产成本大幅提高,传统产业利润明显下降,国际竞争力减弱。剔除人民币汇率变化和出口提价因素,外贸出口实际增长水平回落较大。

从2008年1月1日起,省级财政安排一定资金,支持各地对外贸易发展,调整外经贸结构,确保全省外贸出口稳定增长。

积极推动外贸企业实施"科技兴贸"战略,重点支持高新技术和机电产品研发项目。努力提升出口农产品质量和档次,鼓励农产品出口企业建立质量可追溯体系和开展境外宣传推广。

加强出口品牌培育和宣传工作,支持外贸企业争创国家级和省级出口品牌。鼓励外贸企业设立境外自主品牌专营店、研发或售后服务机构,重点支持企业以并购等方式获取国际知名品牌。

深入实施"走出去"战略,鼓励企业开展各类国际标准认证和境外商标注册,支持企业参加境外展(博)览会和境内重点区域性国际展(博)览会,推动企业开展境外经贸合作园区建设、境外设立营销网点或生产加工企业、境外工程承包、资源开发和劳务合作,着力打造自主国际会展平台。

认真贯彻落实省委、省政府《关于推进欠发达地区加快发展的若干意见》(浙委〔2005〕22号),加大支持欠发达地区调整外经贸结构、转变发展方式的力度,推动区域经济协调发展。

积极推动企业为开拓新兴市场、巩固欧美等传统市场和实施"走出去"战略投保出口信用保险,降低其经营及投资风险。

加强对企业、行业组织应对反倾销、反补贴、保障措施和贸易壁垒等工作的服务和指导。加强公平贸易培训工作,加快完善对外贸易预警体系。

支持服务外包业务发展,推动服务外包企业和培训机构开展业务人才培训;支持服务外包企业购置新设备和进行国际通行的资质认证。支持文化艺术、出版影视等企业参加境外国际展(博)览会,鼓励自主知识产权的文化艺术、影视动漫产品出口。

在全省范围内开展申报出口退税免予提供纸质收汇核销单试点。加快退税单证审核审批进度。进一步整合征退税衔接工作内容和流程,简化有关手续,加快审核进度。

加大外汇贷款投放力度,继续开展出口退税账户托管贷款等金融产品业务。扩大出口押汇、出口保付代理业务、出口商业发票融资。

简化进口货到付汇项下付汇手续,提高进口付汇效率。开展异地付汇集中备案改革,简化企业付汇手续。积极采用科技手段全面推进出口收汇核销无纸化进程。开展大型外贸企业集团公司内部外汇资金统一运用试点。

完善电子口岸、通关协作、创新监管,进一步深化、推广"5＋2"天和24小时预约通关工作制、绿色通道、"提前申报、落地验放"、"多点报检报关,口岸放行"以及电子申报系统等监管模式。

2009年7月17日,又发布《浙江省人民政府办公厅关于进一步加大力度开拓国际

国内市场的若干意见》,主要内容包括:

全省各地组织企业参加境外展销会的展位数力争突破1万个,比去年增长10%以上,成交额增长20%以上;举办或组团参加境内100场重点国内贸易类展会(省内80场、省外20场)。力争推动重点企业新建立400个境外营销机构,支持20家重点企业建立境外营销网络,其中重点培育10个地区营销中心。在境内外组建若干个"浙江产品贸易(展示)中心"。新建1000家村连锁便利店,重点培育省级大型农产品批发市场和省级大型农产品流通企业各20家。

省财政对企业参加境内外展会发生的摊位费、公共布展费等给予一定的资助,其中对参加省组织的重点展会的摊位费给予全额资助。各地财政要加大对企业参加境内外国际贸易展会的展位费等费用资助力度。着力提升境外展会层次,认真办好商务部与省政府联合在美国、日本举办的出口商品展销会,努力办好浙江在阿联酋迪拜等地举办的重点展会。精心组织义乌国际博览会、中国国际日用消费品博览会、中国食品博览会、中华老字号精品博览会等展会,充分利用这些平台开展内外贸对接。积极创新展销方式,组织浙江企业抱团参加境内外重要展会。开展"浙江市场万里行"活动,在请进来采购的同时,主动走出去推销,扩大浙江产品的市场销售。各级外事、侨务、贸促会、商会、协会等部门和中介组织要千方百计邀请更多境内外客商到会采购。

推动一批有品牌优势和市场基础的企业到境外设立地区销售总部、专卖店或贸易代表处,鼓励通过并购获得国际销售网络。对浙江企业在境外新开设的专卖店,省财政给予当年度租用场地等费用一定比例的资助。推动浙江老字号企业到台湾地区开设分号。积极扶持浙江企业入股国内大型超市集团,努力培育浙江生活消费品连锁商业集团。支持浙江优势企业在省内外建立名特优新产品连锁销售网络,在省内外大型百货商场、超市以及市场开设销售专柜,选择服装、鞋帽、箱包、电器等10个行业的100家企业试点。加快浙江农村流通网络建设,推进"千镇连锁超市万村便利店"工程,加快培育农资连锁经营龙头企业,并继续给予政策支持。建设若干大中型农产品交易中心,推进农产品批发市场升级改造和标准化建设,扶持供销合作社发展农村现代流通业,培育农产品购销组织和经纪人队伍。深入推动工业品下乡,尽快出台浙江优势工业品下乡的产品目录和扶持措施。简化家电下乡补贴审核兑付程序,进一步扩大家电下乡的政策效应。完善城乡商业网点布局,有序引导购物中心、大型超市、专卖店、便利店等零售业态发展,进一步做好省重点流通企业培育工作。

积极开展多种形式的境内外商务对接活动。积极推动企业联合组织推销团赴欧美、日韩、西亚、非洲、东欧及东盟等地,鼓励企业派出各类出国(境)推销小组,与境外地方政府或商务机构洽谈合作。大力推进"海外浙江人经济"与浙江本土经济的互动双赢。精心组织企业参加上海跨国采购会、广交会跨国采购会等重要采购活动。邀请境外大型采购商、联合国采购团来采购商品。外事、公安、边防、海关、检验检疫等相关部门要对境外客商邀请和出入境提供必要的便利措施。大力推进工商对接,实施"浙江名品进名店"行动,组织工业企业与省内外大型商贸流通企业的工商产销对接,推动浙江名特优新产品更多地进入国内大型零售企业的采购体系。引导大型连锁超市与农民专业合作社实行产销对接,扩大浙江农产品销售。

借助电子商务等手段开拓国际国内市场。引导和帮助企业借助阿里巴巴、网盛生意宝、环球资源网等电子商务平台获取商务信息和出口订单。深入实施"万企电子商务推进工程",推动3万家中小企业开展"诚信通"业务,开展60场以上电子商务应用培训。完善交易、支付和商品配送等保障体系。对借助电子商务销售的企业免费开展电子商务培训。对现有电子商务平台进行资源整合,积极扶持若干按行业或按销售市场区域划分的"浙江产品网上展示销售专区"。加快实现"村村通宽带",逐步建立覆盖全省村级的电子商务平台。

加大浙江企业和产品的推广促销力度。支持企业借助各种有效手段开展产品、品牌的宣传,对企业在境外进行广告宣传促销、产品商标注册等给予适当资助。对企业参加由省商务厅确认的境外促销活动所发生的国际交通费、生活费给予一定资助。加强与境外专业商务机构合作,建立浙江产品的海外仓储分拨中心。在境内外有重点地选择若干地区,组建"浙江名牌产品贸易(展示)中心",有针对性地选择一批浙江名特优新产品进驻展示中心,进行推广和促销。鼓励各地探索"温州名品购物中心"等市场开拓模式,在省内外开设当地名特优新产品展示(购物)中心,各级财政对企业支付展示中心的场租费给予一定的资助。引导支持专业市场转型升级,使之成为中小企业的公共销售平台。

千方百计加大对企业开拓市场的服务力度。加大开拓国际国内市场的政策扶持。商务、工商、质量技术监督、海关、检验检疫等部门要加大对企业开拓市场的服务力度,帮助企业及时解决实际困难。进一步完善出口退税政策,简化出口退税手续,加快出口退税进度,确保退税资金及时足额到位,扩大"先退税后核销"政策的实施范围。外汇管理、银行、保险等部门要加大对企业开拓市场的外汇结算、贸易融资、资金信贷等支持力度,积极开展出口订单抵押贷款、出口退税质押融资、出口信保质押融资等信贷业务。对重点商贸流通企业给予税收优惠政策,规范银行卡收费秩序,降低商贸企业刷卡收费标准,对企业连锁经营和农产品配送中心建设给予用地、用电和用水支持。各地、各部门要加大清费减负的力度,"减、免、缓、停"一批行政事业性收费和服务类收费,进一步规范中介服务收费。加强政策宣传,组织符合条件的企业积极申报中央和地方的政策扶持项目,指导企业用足用好相关政策。

完善出口信用保险,提高企业开拓国际市场的抗风险能力。支持和引导企业投保出口信用保险,加大对企业投保出口信用保险的保费资助比例,对省级企业投保一般贸易项下短期出口信用保险保费的资助力度提高到50%,对市县企业投保一般贸易项下短期出口信用保险保费由省级财政提供10%的资助,各地根据实际情况再给予一定比例的资助。省里设立3000万元出口信用风险补偿资金,提高出口信用保险机构的风险承担能力,力争超额完成国家下达的出口信用保险承保任务指标。降低企业投保出口信用保险的成本,引导企业"全风险投保",扩大出口风险保障的覆盖范围,力争全省平均投保费率下降 30%。开展信用证不符点风险投保在浙江的试点工作,积极开展代理出口业务投保工作,加快出运前保险承保业务的开展。加快出口信用保险理赔速度,对案情清楚、单证齐全的出口信用保险理赔案件,在 10 个工作日内核赔。

着力提高产业和产品核心竞争力。大力吸引以出口为主、产业链较长的大型外资项目来浙江落户,加快外资项目技术的消化、吸收和再创新,提高浙江传统产业层次,再创产业优势。积极实施品牌战略,提高浙江产品的国际国内竞争力,以技术、品牌、价格等竞争优势抢占市场份额。加大力度扩大进口,积极推进企业自主创新、扩大投资,鼓励企业引进先进技术设备,加快产业升级,延长产业链、提升价值链、提高竞争力,以产品创新和营销手段创新,创造市场需求,抢占国际国内市场份额。加快服务业对外开放,积极拓展服务业市场。大力发展服务贸易,加快发展服务外包产业,积极发展生产性服务业,以服务贸易弥补货物贸易下滑的不足,提升浙江服务业对外开放水平。

加快浙江在境内外商务促进机构的建设,重点在欧美、日本、香港等地区建立浙江贸易投资促进中心,协助做好浙江在境内外的贸易投资活动。充分发挥目前浙江在境内外已有的政府派驻机构、国有及民营大型企业在境内外商务机构、浙江在外商会的作用和优势,聘任或选派一批"浙江省商务代表",协助开展与市场开拓相关的工作,重点收集市场、展会、重大投资建设项目等信息,走访当地商务机构、商会和企业,宣传浙江产业与产品,组织协调和邀请境内外客商到浙江来采购产品,协助做好政策与信息咨询、市场调查、政企关系沟通等服务。

金融改革和金融业发展

浙江省人民政府关于浙江金融业深化改革加快发展的若干意见(浙政发〔2008〕34号)要点:

金融是现代经济的核心,在经济社会发展中发挥着保障资金需求、优化资源配置、调节经济运行、分散经济社会风险等功能。浙江省传统制造业转型升级、存量资产整合重组、新兴产业投融资、城乡人民创业发展和消费模式转变等,都提出了加快金融业发展的问题。

逐步实现金融业从规模和总量的扩张向服务功能提升和结构优化转变,从单纯资金要素保障功能向综合的金融服务转变,使金融业成为现代服务业的重要产业。

围绕"保障、创新、防范",着力健全金融组织与服务体系,着力提升金融机构的核心竞争力和抗风险能力,着力优化金融生态环境,着力维护金融稳定安全,增强金融业对经济的支撑力和渗透力,提高金融要素集聚水平,打造浙江金融业的特色优势,努力把浙江建设成金融改革的先行区、金融发展的繁荣区、金融生态的优质区、金融运行的安全区。到 2012 年末,全省金融业增加值占 GDP 和第三产业的比重有较大提高;存贷款年均增量和信贷资产质量继续保持全国领先水平;直接融资比重有较大提高,新增上市公司家数翻一番,继续位居各省市前列,债券融资规模以及占直接融资的比重明显提高;保险深度和保险密度达到全国平均水平以上,保险业的经济补偿、社会管理和资金融通三大功能显著提高;金融要素集聚能力显著提升,杭州、宁波区域金融中心建设初见成效,并成为上海国际金融中心的有机组成部分;地方金融机构实力显著增强,多种所有制和多种经营形式、结构合理、功能完善、高效安全的具有浙江特色的地方金融体系初步形成。

支持各大中型商业银行分支机构,积极为其提供产业规划布局等方面的信息,促进银企合作,保持信贷适度增长,为浙江初创型、成长型中小企业和"三农"发展提供更好的金融服务。

引导和督促地方法人商业银行完善公司治理,提高内控与风险管理能力。支持浙商银行、杭州市商业银行和宁波银行做大做强,实现跨省域发展,转变发展模式,提高核心竞争力。鼓励具备条件的城市商业银行在省内跨区域或向县域延伸发展,提高本省的金融服务覆盖面。支持民营商业银行做专做精,发挥机制优势,立足服务本地经济、服务中小企业、服务"三农"。支持其他城市商业银行做优做新,通过引进战略投资,优化股权结构或者联合重组、整合资源,实现规模发展。

坚持服务"三农"方向,以县级行社为主体做大做强,以改革促发展。坚持因地制宜,分类指导原则,对城市化程度较高、农贷比重较低、资产规模较大、经营实力较强、管理服务较规范的农村合作金融机构试行股份制改造;一般的县级行社通过优化股本结构,完善股份合作制,健全法人治理,加强内部管理,提高综合竞争力和服务"三农"的能力;少数基础较薄弱的县级行社通过地方政府扶持、强弱联合、加快组织形式改革和加强内部管理,不断增强经营活力和服务"三农"的能力。在继续保持县级法人地位不变的前提下,积极探索省农信联社发展模式,进一步提高管理水平,拓宽服务领域,强化差别化管理,充分调动县级行社的积极性和创造性。及时总结推广村镇银行试点工作经验,跟踪国家政策取向,稳妥推进各类新型农村金融组织的发展。

大力推动符合条件的优质企业上市融资。抓住国家大力发展资本市场的良机,各级政府要把企业上市工作作为提升骨干企业素质,带动区域经济发展的重要载体,积极培育上市后备资源。优先推动高新技术产业、装备制造业、金融、现代物流、文化、教育、旅游以及海洋经济领域的企业上市融资,促进浙江经济结构调整和产业升级。鼓励省属国有企业上市融资,推动国有经济战略重组。推动民营企业赴境外上市融资。推动和支持优质 H 股上市公司发行 A 股,支持企业借助境外资本市场,通过收购、兼并等方式,实施"走出去"发展战略。鼓励优质上市公司扩大再融资规模,提高对外投资控股能力。鼓励优质企业买壳或收购控股上市公司。支持各地对已丧失融资功能的上市公司进行整合重组,提高上市公司质量。

以债券发行管理体制改革为契机,努力扩大企业债发行规模,推动重点基础设施、技术改造项目等发行企业债。鼓励上市公司发行公司债,积极探索中小企业集合发行债券,鼓励符合条件的企业发行短期融资券,积极探索资产证券化试点。鼓励金融机构积极创造条件申请发行次级债等资本性债务工具和金融债。

积极发展证券期货信托等金融组织。积极支持财通证券、浙商证券增资扩股,立足服务地方经济,走专业化、特色化发展道路,争取上市融资,形成资本补充机制。顺应趋势,推动期货公司的金融期货准备工作,优化股东结构,增强资本实力,进一步发挥期货公司利用农产品期货服务"三农"的作用,促进期货市场与现货市场融合发展。积极争取信托业务牌照,支持信托公司规范开展创新型信托业务。积极支持金融租赁公司发展,特别是发挥其支持中小企业技术改造和创新上的作用。积极支持和引导业绩优良、管理规范、符合国家产业政策的大型集团公司成立财务公司。鼓励企业投资入股省内外的非银行金融机构。优先为省内非银行金融法人机构提供业务及发展机会,尽快将其培育成实力较强、治理完善、内控健全、资质齐备的地方金融机构。

大力发展基金投资类组织。推动地方金融机构为主发起设立或投资控股证券投资基金管理公司,争取设立产业投资基金,主要对涉及全省的重大基础设施建设和产业转型升级项目进行引导性、战略性投资。吸引国内外知名基金类、投资类公司落户浙江。设立省级创业投资引导基金,鼓励民营资本为主体的创业(风险)投资基金、成长型企业股权投资基金的发展。对创业投资企业采取股权投资方式投资于未上市中小高新技术企业 2 年以上的,可按其投资额的 70% 在股权持有满 2 年的当年抵扣该创业投资企业的应纳税所得额;当年不足抵扣的,可在以后纳税年度结转抵扣。

健全地方产权交易市场,引导全省各地产权交易机构通过联合、合作、兼并、托管等方式进行整合,逐步形成以省产权交易所为中心,各地交易所联动的全省产权交易统一市场。积极探索争取非上市股份公司股权转让和场外交易股权流转试点。支持高新技术开发区内股份公司进入股份转让报价系统进行融资和股份转让。争取建设规范化的区域性柜台交易市场,中小型企业投融资市场的重要平台。

积极培育保险机构。支持浙商保险、信泰人寿加快发展,不断完善公司治理水平,加快实现上市融资,提高为经济社会提供风险管理服务的能力和水平。引导各类优质资本投资设立总部在浙江的保险公司。鼓励责任险、养老险、健康险和汽车险等中外特色保险公司来浙江设立分支机构。通过重组和并购等市场化方式,培育一批品牌信誉好、专业技术强、管理水平高的龙头保险专业公司。

积极发展服务地方社会经济的特色保险业务,作为保险业创新的主导方向和特色。探索政府补贴与商业运作相结合的具有浙江特色的保险发展模式;着力拓展责任保险,在公众场所、食品安全、旅游行业、高危行业以及环境保护等方面取得突破。加快养老健康保险,重点开发补充型保险产品,参与和推动社会养老和医疗保障体制改革。积极支持保险公司进行资金运用扩权试点,引导保险资金以设立产业基金、投资入股等方式支持浙江重点基础设施项目和重大产业项目,参与地方金融机构改革。

发挥各类金融机构防范金融风险的主体作用。支持各金融机构多渠道充实资本金,完善法人治理结构,提高内控管理水平,有效防范各类经营风险。进一步加强全省银行、证券、保险行业协会的建设,引导金融机构加强行业自律、合规经营。积极争取存款保险试点。

明确民间融资和非法金融业务的界限,满足民间资金投资多元化需求,鼓励并引导民间资金有序进入符合国家产业政策的行业,及时分析和监测民间融资情况,防止不法分子以民间融资名义开展非法金融活动,促进民间融资健康发展。

加强省金融办与中央驻浙金融监管机构的沟通与合作,建立信息及工作动态互通、合作、交流机制。

设立浙江省金融业发展专项资金,专项用于对"三农"、小企业提供金融服务的支持等。条件成熟时,探索组建金融控股平台,推动地方金融业的改革发展,提升浙江金融业整体竞争力。

按照建设"信用浙江"要求,以信贷征信体系建设为切入点,加快建立金融业统一征信平台,大力推进和完善行业信用建设,促进信用信息共享,扩大信息入库面和使用范围。进一步完善企业和个人信用评价制度,强化失信惩戒机制。遵循国际通行的基本金融监管规则,逐步对金融机构实行强制信息披露制度,强化市场制约机制。适应金融改革发展需要,规范发展会计、审计、法律、资产评估、资信评级、投资理财等中介机构。

依法取缔非法集资、地下钱庄、地下保单、非法外汇、非法发行股票及证券交易等非法金融机构和非法金融活动。坚决打击金融欺诈、高利贷等非法活动。加强典当、担保、寄售(寄卖)、非融资租赁信用评级等相关行业的发展规划。

建设金融机构集聚区。以长三角金融一体化为契机,以杭州、宁波为核心区块,推进区域金融中心建设,吸引境内外银行、证券、保险等金融机构及其后援服务机构集聚,尤其是国内外知名的,实力雄厚的基金类、投资类专业机构,把杭州培育成为长三角地区一个重要的资产管理中心,增强金融的集聚和辐射功能。省内金融较发达的其他市,可以加强规划,建设有特色的专业化金融街区。对省内新设立或新引进的金融机构总部,经省有关部门确认,报经地税部门批准,可给予三年内免征房产税、城镇土地使用税和水利建设专项资金的照顾。

2008年5月6日,《浙江省人民政府关于进一步加强浙江企业上市工作的意见》(浙政发〔2008〕35号)提出,企业上市工作的目标是:到2012年末,努力推动300家企业进入改制上市工作;新增150家上市公司,实现上市公司数量在2007年基础上翻一番;大幅度提高企业上市融资能力,上市首发融资和上市公司再融资金额在2007年基础上增加50%,历年累计融资额超过1500亿元。进一步打造具有浙江特色的"浙江板块",培育一批具有自主创新能力和国际竞争力的优势上市公司,实现"证券大省"向"证券强省"转变。

按照积极引导、科学规划、分类指导、精心培育的原则,选择一批质地优良、成长性好、具备上市条件的企业作为培育对象,加强跟踪指导和服务。发展改革、环保、财政、税务、国资、工商等有关部门要提前介入省级重点培育企业的上市工作,给予重点支持。

各级政府及有关部门对企业历史沿革中涉及国有、集体企业改制以及历年来因享受国家和地方有关优惠政策而形成的扶持资金等问题,要根据有关政策和实际情况,予以积极妥善解决;减轻企业改制上市成本,对经工商部门变更登记为股份有限公司的,国土资源、房地产等相关部门应当办理产权人名称等变更登记手续,免收行政过户费用;同等条件下优先安排重点上市培育企业技术改造、技术开发与创新等专项资金;规范上市公司环保核查制度,降低上市公司因环境污染带来的投资风险。

充分利用主板、中小板市场,优先推动高新技术产业、金融、现代商贸物流、文化、教育、旅游以及海洋经济领域的企业上市融资;抓住创业板市场机遇,及时选择一批科技含量高、成长性好、商业模式新,具有自主创新能力的企业尽快进入改制上市程序;推动民营企业赴境外上市融资,鼓励优质企业买壳上市。

各级政府及有关部门要督促上市公司完善法人治理结构,规范股东大会、董事会、监事会的运作,完善独立董事制度,加强内控制度建设和高级管理人员的诚信教育。

充分发挥上市公司的融资平台作用,鼓励上市公司通过增发、配股、公司债等形式实施再融资。支持上市公司通过吸收合并、定向增发、整体上市等方式进行资产优化重组,促进优质资源向上市公司集中,培育一批具有国际竞争力优势企业。对上市公司因重组做强而产生的过高成本,当地政府可根据实际情况参照改制上市政策予以适当减免或补助。

引导上市公司将募集资金用于改造提升传统产业和发展高新技术产业,增强自主创新能力。鼓励上市公司利用资本纽带,做大做强地方金融业、科技服务业、旅游业、商贸物流业,

支持浙江地方证券公司通过增资扩股、收购兼并等方式充实资本、增强实力。支持省内证券公司、会计师事务所、律师事务所、评估公司在省内企业上市过程中发挥主导性作用。

各级地方政府要将推动企业上市融资列入地方经济工作的重要议事日程,加强上市工作机构和队伍建设,完善机构职能,落实工作责任。省政府设立由金融、证监、财政、税务、发展改革、经贸、国资、国土资源、工商、环保、劳动保障等部门参加的企业上市工作联席会议制度,联席会议的日常工作由省金融办承担。对进入上市程序的省级重点培育企业,省有关部门要结合各自职能,开辟"绿色通道"。

浙江省人民政府办公厅关于开展小额贷款公司试点工作的实施意见(浙政办发〔2008〕46号):

根据中国银监会、中国人民银行《关于小额贷款公司试点的指导意见》(银监发〔2008〕23号)要求,积极稳妥开展小额贷款公司试点工作,进一步改善农村地区金融服务,有效配置金融资源,规范和引导民间融资,推进社会主义新农村建设,为改善民生、促进就业、构建和谐社会提供多层次的金融要素支持。

省金融办是全省小额贷款公司试点工作的省级牵头协调部门,会同省工商局、浙江银监局和人行杭州中心支行建立联席会议,制订试点工作实施意见及相关管理办法,审核市、县(市、区)试点方案,指导县(市、区)政府及相关部门的监督管理和风险处

置;市政府及市级有关部门负责统筹安排小额贷款公司的布局,转报县级政府有关试点方案,监测分析防范本地小额贷款公司的风险;试点县(市、区)政府负责确定试点对象,审定小额贷款公司组建方案,对小额贷款公司申报材料初审,承担小额贷款公司监督管理和风险处置责任,组织工商、公安、银监、人行等职能部门跟踪监管资金流向,打击非法集资、非法吸收公众存款、高利贷等金融违法活动。县级工商部门承担小额贷款公司的日常监管职能。

开展小额贷款公司试点的具体方案是:原则上在每个县(市、区)设立1家小额贷款公司;列入省级综合配套改革试点的杭州市、温州市、嘉兴市、台州市可增加5家试点名额,义乌市可增加1家试点名额。在一个市内,若有县(市、区)没有提出试点申请的,其试点名额可在同一市域范围内调剂。

2008年下半年全面推进试点工作,2009年进一步完善小额贷款公司的各项制度,根据实际情况和县级政府的要求,在风险可控的前提下,逐步加大在全省的推广力度。

小额贷款公司主发起人要从管理规范、信用优良、实力雄厚的当地民营骨干企业中选择,要求净资产不低于5000万元(欠发达县域不低于2000万元)、资产负债率不高于70%、连续三年赢利且利润总额在1500万元(欠发达县域600万元)以上。在县级政府的组织指导下,由主发起人为主协商选择其他股东,其他股东应在诚信记录、经营管理上符合相应的资格,主发起人持股不超过20%,其他单个股东和关联股东持股不超过10%。根据浙江实际情况,提高小额贷款公司注册资本,设立为有限责任公司的,不得低于5000万元(欠发达县域不低于2000万元);设立为股份有限公司的,不得低于8000万元(欠发达县域不低于3000万元)。试点期间,注册资本的上限为2亿元(欠发达县域为1亿元)。对于切实服务小企业和"三农"、规范经营的小额贷款公司,1年后允许增资扩股。

小额贷款公司不得进行任何形式的内外部集资和吸收公众存款,从银行业金融机构获得融入资金的余额,不得超过资本净额的50%。坚持按照"小额、分散"原则发放贷款,小额贷款公司的70%资金应发放给贷款余额不超过50万元的小额借款人,其余30%资金的单户贷款余额不得超过资本金的5%。小额贷款公司不得向其股东发放贷款。

准入把关、日常巡查和信用监管,强化年度检查,确保合规经营;银监部门对非法或变相非法吸收公众存款及非法集资的行为,要及时认定;人行分支机构要加强对小额贷款公司资金流向的动态监测,强化对贷款利率的监督检查,及时认定和查处高利贷违法行为。

对依法合规经营、没有不良信用记录的小额贷款公司,向银监部门推荐按有关规定改制为村镇银行。

各地市做法

嘉兴增加有效投入,强化国资带动,突出民资主体畅通民资投资渠道。优化产业结构,围绕生产生活生态,大力发展休闲旅游、教育培训、健康医疗等生活和公共服务业,抓好现代服务业集聚区建设。强化科技创新。把接轨上海扩大开放战略,提升为"与沪杭同城"战略。

舟山海洋科学城,船舶修造作为临港先进制造业的大产业,培育和壮大矿砂、成品油、煤炭、钢铁、粮油等大宗生产资料交易中心。

2008年,慈溪工业的GDP、财政贡献和就业分别占全社会的59%、65.7%和60%。自1992年以来,慈溪出口增幅保持在年均35%以上,2009年一季度下滑至19.3%。2010年初,慈溪外贸依存度高达80%,出口依存度高达70%。GDP超过600亿元。培育大企业,扶持15家左右的大企业,争取三年内使得销售10亿元以上企业达到15家,销售30亿元以上企业达到3家。5年内上市公司超过12家。

湖州优化调整产业结构"做大做强先进制造业、做精做特高效生态现代农业、做优做大现代服务业",重点抓生物医药、新能源、装备制造、金属管道与不锈钢、特色纺织、木地板等六大特色工业,农业抓好特种水产、蔬菜、茶叶、水果、粮油、蚕桑、畜牧、笋竹、花卉等,提升休闲旅游和现代商贸、物流业、文化创业产业,推动生产性服务业与先进制造业融合发展。

台州致力于成为中国经济型汽车、摩托车、医药、缝制设备、模具、塑料制品、家用电器、阀门泵类、石油化工、电力能源、船舶修造、再生金属之都,提升改造鞋帽服装、食品饮料、工艺美术等传统劳动密集产业。重点发展现代物流、金融保险、总部经济、创业服务、商务会展等现代服务业。鼓励发展商贸、旅游休闲、文化娱乐、社区服务等消费性服务业。重点发展石油化工、电力能源、船舶修造、装备制造、资源再生利用等临港型工业。

绍兴滨海新城定位于:长三角地区的特色产业基地、浙江省工业转型升级的示范区、绍兴构建现代产业体系的大平台、具有江南风貌和滨海风光的现代化综合性新城。提升改造纺织、医药化工、食品饮料等传统优势产业,积极发展清洁能源、新材料、生命健康、智能设备等高新技术产业,加快培育节能环保等新兴产业。

衢州实施省级特色产业发展综合配套改革试点,推进产业高端化、集群化、集约化、品牌化发展,着力培育以氟硅为重点的新材料、以空气动力机械为重点的装备制造、以光伏LED为重点的电子信息三大产业集群,以高档特种纸、绿色食品、新型建材为重点的传统优势产业群。GDP增幅连续8年高于全省平均水平,2009年全市实现生产总值617.5亿元,增长11.1%;全市水质达标率100%全年空气质量达到二级以上的天数提高到358天,所有县市区均获得国家级生态示范区命名。培育了一批销售超100亿元、50亿元的企业,清洁生产、能源综合利用循环利用项目走在全国前列。

第五部分

改革开放以来,伴随市场经济体制的不断完善,企业作为独立法人在市场中的主体地位越来越实在。从创办程序、资质要求、行政办事效率、政府服务等方面,限制越来越少,办企业成为社会上越来越常见的事情。

保持一个企业持续发展壮大、永续经营,并不容易,在改革开放初期引领改革潮流的不少企业和企业家都随时间流逝悄无声息或者偃旗息鼓。尽管企业的新陈代谢是社会经济中的常态,长盛不衰仍然是所有企业和企业家的不懈追求。

在 30 多年来的改革开放和市场经济发展进程中,浙商涌现了不少持续经营企业。鲁冠球及其领导的万向集团,把积极进取的企业家精神融合进稳健发展的具体步骤,成为当代中国企业和企业家中的"常青树"。

在鲁冠球和万向集团发展历程中,对人的投资和人力资源管理、生存实验—专业化—相关多元化—不相关多元化、企业体制机制演进、服务于主业经营的兼并收购、多元化的尝试和退出、走向未来之路,是当代浙商为人们提供的精神成果。

李书福及其领导的浙江吉利控股集团有限公司,则为人们展示了民营汽车企业的创新发展之路。迄今为止的吉利崛起之路足可引以为豪,尽管吉利发展前景仍面临不确定性。

起步于 1986 年的吉利汽车,至今已经在汽车、摩托车、汽车发动机、变速器、汽车电子电气及汽车零部件等领域取得辉煌业绩;是首批国家"创新型企业"和首批"国家汽车整车出口基地企业",是"中国汽车工业 50 年发展速度最快、成长最好"的企业。吉利被国家统计局评为全国自主创新 10 强企业。

第十一章

长盛浙商：万向集团和鲁冠球

自改革开放以来，企业的独立法人地位不断完善、强化，企业在市场中的主体地位越来越实在。从创办程序、资质要求、行政办事效率、政府服务等方面，限制越来越少，办企业成为社会上越来越常见的事情。然而，保持一个企业持续发展壮大、永续经营却并不容易，在改革开放初期引领改革潮流的不少企业和企业家都随时间流逝悄无声息或者偃旗息鼓。尽管企业的新陈代谢是社会经济中的常态，长盛不衰仍然是所有企业和企业家的不懈追求。

在30多年来的改革开放和市场经济发展进程中，浙商涌现了不少持续经营企业，其中尤以鲁冠球及其领导下的万向集团最为突出。本章通过一个典型案例，简析浙商如何崛起并保持长盛不衰。以下的阐述次序是：万向当前状况、万向企业领袖鲁冠球、万向发展分析、万向的历程。

蓬勃发展和实力强大的万向集团

万向集团，是国务院120家试点企业集团、全国创新型企业，荣获"中国世界名牌"、首届"中国工业大奖"。万向集团主业集中于汽车零部件产业，拥有万向节、轴承、等速驱动轴、传动轴、制动器、减震器、滚动体、橡胶密封件8大系列，以及悬架、制动2大系统产品，是目前国内最大的独立汽车零部件企业之一。经营范围涉及汽车零部件制造、新能源汽车、农业及产业化、农产品加工、服务、金融、资源经营、服务、研发技术服务等，建有国家级技术中心、国家级实验室、企业博士后科研工作站。以成为国际一流汽车零部件系统供应商是万向发展战略目标，其发展方针是"联合一切可以联合的力量，利用一切可以利用的资源，调动一切可以调动的积极因素"，以"联合"为主线，实现从零件到部件到系统模块的战略步骤。当前万向集团已经进入多元化经营阶段，新能源电动汽车、资源开发经营、农产品加工等"三农"产业，逐步开始成为万向集团的重要业务领域。至2009年春，万向集团运营万向电动汽车、万向研究院、万向钱潮、万向美国、万向资源、万向财务、顺发恒业等15家主营公司，拥有国家级技术中心、国家级实验室、10个国家级高新技术企业。

自产生以来，万向集团历经近半个世纪特别是改革开放以来的创业历程，已经发展成为面向全国和全球经营、实力强大、稳健发展的著名企业集团。万向集团及其领袖鲁冠球被视为当代中国企业界的常青树。至2010年初，根据企业之间的控制关系，万向集团企业群的第一层次由万向工业(集团)有限公司、万向三农集团有限公司、万向美国公司、顺发恒业有限公司、万向资源有限公司、万向电动汽车有限公司、中国万向控股有限公司组成。第一层次企业通过资本纽带等形式控股、控制了更多的企业。

万向工业(集团)公司是万向集团的核心企业,万向集团的发源、成长、扩张都源于此,其主营业务至今仍集中于汽车零部件和新能源电动汽车领域。万向工业(集团)有限公司,秉持"联合一切可以联合的力量,利用一切可以利用的资源,调动一切可以调动的积极因素"的方针,沿着从零件到部件再到系统模块化供货的路线,追求成为国际一流汽车零部件系统供应商的发展战略目标。

万向三农集团有限公司,成立于2002年,是万向集团投资组建的农业类综合产业集团,贯彻发展工业、回馈农业的战略举措。经营范围涉及农、林、牧、渔,现已形成远洋渔业(捕捞)及深加工、玉米种业及玉米深加工、杏仁露、饲料及其添加剂、山核桃种植及其加工、木业及深加工、测土配方复混肥、新型建材等。远洋渔业(捕捞)、新型建材贴面板、杏仁露、玉米种业处于行业领先地位。目前运营万向德农、承德露露、远洋渔业、德华木业等6家主营公司,其中包括控股2家上市公司、2家国家级高新技术企业、1家国家级农业龙头企业、2家省级龙头企业、1家市(区)级龙头企业;持有露露、兔宝宝等多个驰名品牌。万向三农集团的成长目标:规划若干个优势产区,加快推进农业现代化,形成在相应行业中的主导或优势地位。万向三农集团投巨资营造2万亩的山核桃基地,致力于发展集科研、生产、加工、销售于一体的农业产业化企业,与浙江林学院等科研单位合作,实行"公司+农户"管理模式,带动当地农户致富。品向位则是集鳗鱼及其他淡水养殖、加工、储运、销售于一体的综合农业龙头企业。

万向资源有限公司,立足有色金属、黑色金属、石油化工三大业务领域,以产业投资、专业贸易、金融和服务为经营核心,致力于发展资源配置能力,不断促进公司由传统贸易型成长为国际资源型品牌公司。铜、铝、锌三大产品年销售规模名列华东市场前矛,形成包括国内外知名冶炼企业、大型商社、终端用户的多层次合作关系和较完善市场网络,黑色金属、贵金属和有色矿产年销售规模快速增长。拥有上海黄金交易所会员资格、成品油(燃料油)进口经营资质和国内批发企业经营资质。与中国有色金属建设股份有限公司等八家单位共同发起设立中色国际氧化铝开发有限公司,开发澳大利亚、越南等国家氧化铝资源。收购中国有色金属建设股份有限公司部分国有股成为其第二大股东,形成与中色集团战略合作关系,共同开发海外矿产资源。在浙江舟山设立万向石油储运(舟山)有限公司,投资建设成品油仓储物流项目。公司地址位于上海市浦东新区。

万向美国公司,是万向集团海外发展的主要平台和依托。自成立以来,承担为万向集团汽车零部件产品开拓国际市场主要职能,逐步成为万向集团的海外带料加工企业。多年来,万向美国公司收购控股或者参股美国密执安州草原河农场、美国舍勒公司、BT公司、IPPD公司、麦克公司、洛克福特公司、GBC公司、PS公司、AI公司等,对美国同行的大量兼并收购,促使万向集团成为跨国经营的企业集团。万向美国公司还在美国直接投资开发多个工程项目，促进万向集团进军高科技领域。自1994年万向集团通过海外并购方式打入美国市场至今，总部位于伊利诺伊州埃尔金市的万向美国公司在美国已拥有4100名员工，业务区域覆盖欧洲和澳洲。万向美国公司通过实施"市场营销本土化、管理体系本土化、资本本土化"战略，业已成功打入美国主流社会，成长为美国中西部最大的中资企业。

中国万向控股有限公司，成立于2001年，位于上海浦东，主要从事长期战略投资，目前已在上海、浙江、陕西、北京、新疆等地有投资项目，投资领域有工业装备制造、矿产资源、清洁能源、发电、租赁等，围绕"资源社会化、资产证券化、资本国际化、股权公众化"，运行、治理，现有民生保险、浙江银行、工商信托、通联支付、琥珀能源、硝石钾肥、汉川机床等10家主营公司。中国万向控股公司是专业从事股权投资、行业管理的产业投资者，拥有多个海外运行平台，着重对装备行业、能源行业、涉农矿化工行业、金融与服务业投资。

万向电动汽车有限公司成立于2002年，是万向集团全资子公司，公司致力于掌握清洁能源技术，发展节能环保汽车。按照"电池－电机－电控－电动汽车"的发展战略，在大功率、高能量聚合物锂离子动力电池、一体化电机及其驱动控制系统、整车电子控制系统、汽车工程集成技术以及试验试制平台等方面取得了显著的成果，具备了动力电池产业化能力，汽车底盘系统设计/CAE分析能力，概念设计/造型/车身结构设计能力，概念样车的设计开发和试制试验能力，电传动的动力系统总成设计与小批量产业化能力，在国内率先同时具备电池、电机、电控等电动汽车关键零部件和动力总成系统产业化能力。部分项目成果已经成功实现产业化，成功开发了轿车、电动公交车、双能源电车、电动电力服务车、电动电力工程车等车型。装备万向动力电池和动力系统的纯电动公交车在杭州西湖Y9公交线路已经运行3年。公司近期目标是：建成10亿瓦时锂离子动力电池产业化基地，积极参与"十城千辆"电动汽车大规模示范运行，建设年产1000辆纯电动商务车生产基地；中长期目标是：形成60亿瓦时锂离子动力电池产业能力，以动力总成系统平台技术为核心，形成新能源汽车与核心零部件模块供应能力，建设纯电动汽车产业化基地。万向电动汽车开发，已经承担众多国家级重大科研项目，在业界领先。随着电动汽车时代到来，万向电动汽车有限公司正在进入万向集团企业群的第一层次。

自1962年鲁冠球的创业探索开始，经1969年七位农民集资4000元、宁围农机厂成立以至后来发展为万向集团，至2009年，在40年发展历程中，万向集团保持了25.89%年均增长率。"奋斗十年添个零"，既是万向的发展目标追求，也是万向集团发展历程的一种真实写照，是万向集团切实做到了发展目标。"奋斗十年添个零"的具体内容是：

1970年代，企业实现日创利润10000元，员工最高年收入突破10000元；在20世纪70年代最先达到年收入1万元的第一个员工，是靠体力凭干劲的操作工。

1980年代，企业实现日创利润100000元，员工最高年收入突破100000元；在20

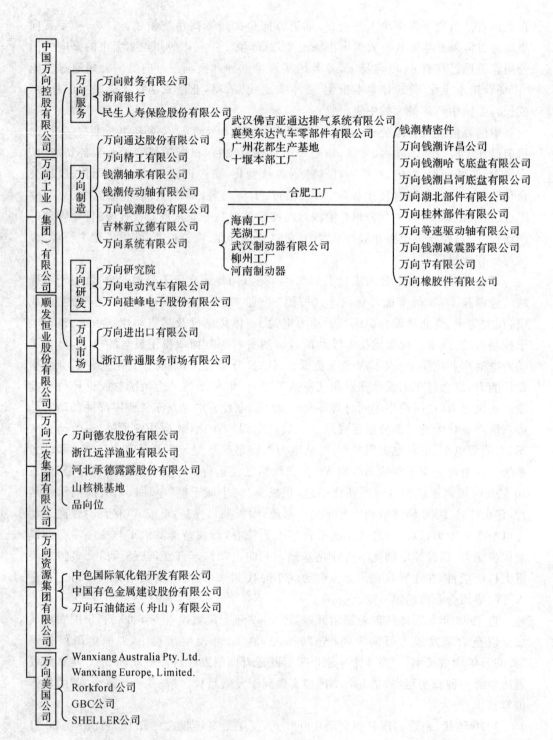

中国万向控股有限公司

万向工业（集团）有限公司
- 万向服务
  - 万向财务有限公司
  - 浙商银行
  - 民生人寿保险股份有限公司
- 万向制造
  - 万向通达股份有限公司
    - 武汉佛吉亚通达排气系统有限公司
    - 襄樊东达汽车零部件有限公司
    - 广州花都生产基地
    - 十堰本部工厂
  - 万向精工有限公司
  - 钱潮轴承有限公司
  - 钱潮传动轴有限公司 —— 合肥工厂
  - 万向钱潮股份有限公司
  - 吉林新立德有限公司
  - 万向系统有限公司
    - 海南工厂
    - 芜湖工厂
    - 武汉制动器有限公司
    - 柳州工厂
    - 河南制动器
    - 钱潮精密件
    - 万向钱潮许昌公司
    - 万向钱潮哈飞底盘有限公司
    - 万向钱潮昌河底盘有限公司
    - 万向湖北部件有限公司
    - 万向桂林部件有限公司
    - 万向等速驱动轴有限公司
    - 万向钱潮减震器有限公司
    - 万向节有限公司
    - 万向橡胶件有限公司
- 万向研发
  - 万向研究院
  - 万向电动汽车有限公司
  - 万向硅峰电子股份有限公司
- 万向市场
  - 万向进出口有限公司
  - 浙江普通服务市场有限公司

顺发恒业股份有限公司

万向三农集团有限公司
- 万向德农股份有限公司
- 浙江远洋渔业有限公司
- 河北承德露露股份有限公司
- 山核桃基地
- 品向位

万向资源集团有限公司
- 中色国际氧化铝开发有限公司
- 中国有色金属建设股份有限公司
- 万向石油储运（舟山）有限公司

万向美国公司
- Wanxiang Australia Pty. Ltd.
- Wanxiang Europe, Limited.
- Rorkford 公司
- GBC公司
- SHELLER公司

图 11 - 1　万向集团

世纪 80 年代,最先实现年收入 10 万元的第一个员工,是跑市场的销售人员。

1990 年代,企业实现日创利润 1000000 元,员工最高年收入突破 1000000 元;在 20 世纪 90 年代,最先实现年收入 100 万元的第一个员工,是搞管理的经营者。

到 2010 年,企业实现日创利润 10000000 元,员工最高年收入也要争取突破 10000000 元;在 2009 年,万向集团已经产生第一个年收入 1000 万元的员工。

进入新世纪以来,在日益完善的市场经济体制下,伴随中国日益融入全球贸易体系、全球生产体系、全球资本投资体系、全球金融体系的进程,随着中国大陆汽车产业发展高潮来临,万向集团的多元化进程加速,整体经营状况也提升更快。万向集团已经进入高速扩张期,万向集团近年经营业绩如表 11-1 所示。

表 11-1　万向集团经年来经营业绩

	2004	2005	2006	2007	2008	2009
营业收入(亿元)	208.57	252	305	408.47	455	514.8
利税总额(亿元)	16	12.4				57.27
出口创汇(亿美元)		8.18	*64.6			
净资产(亿元)						
企业排名**			127	112	128	118

注:*亿元人民币,海外销售收入,**企业排名为根据当年营业收入在中国 500 强排名中的名次。

万向集团控股、参股上市公司状况:

2000 年 6 月,万向集团持股 23.75,为华冠科技第二大股东。

2000 年 1 月,万向拥有承德露露集团总股本的 26%,为第二大股东。

2004 年 6 月,万向三农有限公司购买了黑龙江富华集团持有的 961 万股华冠科技的股权,成为其第一大股东。

2004 年 8 月,拥有航民股份 21.75 的股份,为其第二的股东。

2004 年 8 月,拥有兰宝信息 37% 的股份,成为其第二大股东。

2004 年 11 月,拥有中色股份 42.89% 的股份,为其第二大股东。

万向企业群中第二层次的主要企业:

万向工业(集团)有限公司产品众多、机构庞大,按业务类别划分为四大类:万向制造,是万向汽车零部件生产业务的集中,包括万向企业群中几十家第二层次的企业,专业生产底盘及悬架系统、汽车制动系统、汽车传动系统、轮毂单元、轴承、精密件、工程机械零部件等汽车系统零部件及总成,其中,底盘及悬架系统率先在国内实现系统集成化、模块化供货;万向研发,集中了万向集团汽车相关产业领域(包括零部件和新型电动车整车)研究开发力量,以及太阳能电子相关研究开发力量,包括万向北美技术中心等 8 个直属机构,5 个专业产品的研究所,万向研究院、万向电动汽车有限公司、万向硅峰电子股份有限公司列入万向研发系列;万向市场,包括万向集团营销、贸易业务领域的两家公司(万向进出口有限公司和浙江普通服务市场有限公司);万向服务,包括万向财务有限公司、浙商银行、民生人寿保险股份有限公司等,是万向集团对涉足金融领域的组织形式和称谓。

万向钱潮股份有限公司创建于1969年,是万向集团发源企业、汽车零部件专业公司。主要产品是汽车底盘及悬架系统、制动系统、传动系统、汽车橡胶密封件、轴承、滚动体、工程机械部件等汽车系统零部件及总成。具备自主开发能力、完备实验检测及先进制造技术装备,拥有一个技术中心、五个主体公司以及30多个专业产品制造工厂,国内最大的独立汽车零部件系统供应商之一。1993年底,"万向钱潮"(000559)股票在深圳证券交易所挂牌上市。公司位于杭州市萧山区。万向钱潮关联控制企业包括:杭州钱潮精密件有限公司、许昌万向钱潮中亚有限公司、哈尔滨万向哈飞汽车底盘系统有限责任公司、昌河汽车底盘系统有限公司、湖北万向汽车零部件有限公司、万向钱潮(桂林)汽车底盘部件有限公司、万向钱潮等速驱动轴有限公司、万向钱潮减震器公司、万向节厂、橡胶件工厂。

浙江万向精工有限公司(原浙江万向汽车轴承有限公司)是生产汽车零部件的专业公司,创建于1988年。主要产品:汽车轮毂轴承单元(第一代、第二代、第三代带ABS电子速度传感器)、汽车轮毂轴承、短圆柱滚子轴承、深沟球轴承、汽车方向机轴承、离合器轴承、变速箱轴承、汽车涨紧轮轴承及非标系列轴承等近1000多个品种。公司属国家火炬计划重点高新技术企业,轮毂轴承和轮毂轴承单元产品试验能力达到国际先进水平。产品已远销到美国、欧洲、东南亚、中东等40多个国家和地区。第三代轮毂轴承单元(带ABS电子速度传感器)产品是国家级重点新产品,填补国内空白,目前向年产2000万套的目标努力。公司位于杭州市萧山区。

杭州钱潮轴承有限公司,系2003年根据万向整体产业发展需要而设立的轴承产业公司,主导产品:圆锥滚子轴承、圆柱滚子轴承、球轴承、微型轴承、汽车水泵轴连轴承、超精密高速磨头主轴轴承、汽车水泵总成等系列产品,并重点向系列化、高精尖产品方面发展。产品广泛应用于汽车、轿车、拖拉机、矿山机械、纺织机械、机床等领域,远销美国、加拿大、意大利、德国、澳大利亚、日本、中东等国家和地区。下辖淮南万向特种轴承有限公司(淮轴)、淮南钱潮轴承部件有限公司(淮轴部件)、江苏钱潮轴承有限公司(江苏轴承)、钱潮轴承宁波工厂(宁波微轴)等全资企业。公司位于杭州市萧山经济技术开发区。

湖北通达汽车零部件(集团)有限公司,始建于1967年,目前主导产品是汽车燃油箱、硅油风扇离合器、汽车排气消声系统。是中国汽车消声排气系统协会及汽车燃油箱行业协会理事长单位,是全国消声器、燃油箱、催化转化器行业技术标准主要起草单位。主要生产基地:十堰本部工厂、武汉佛吉亚通达排气系统有限公司、襄樊东达汽车零部件有限公司、广州花都生产基地。公司位于湖北省十堰市。

万向集团吉林新立德部件有限公司成立于1991年,是东北地区最大的汽车工程塑料加工基地、汽车塑料保险杆、塑料内饰主要供货商。注塑能力为年产 75 万套保险杠;涂装能力为年产 80 万套保险杠;年产 150 万件风道产品。公司位于吉林省长春市。

　　杭州钱潮传动轴有限公司拥有 5 个专业工厂、1 个研究所,专业研发、制造各类传动轴、电涡流缓速器、转向管柱等汽车零部件产品,是目前国内唯一的一家集传动轴与缓速器研发、制造为一体的汽车零部件生产企业,年生产能力 200 万根,是国内最大的传动轴生产厂家与出口企业。累计获得传动轴、电涡流缓速器、转向管柱等产品的国家专利达 30 余项。公司位于杭州萧山经济技术开发区。杭州万向传动轴有限公司,钱潮传动轴公司的核心制造企业,创建于 1990 年 12 月,年生产能力 150 万根传动轴总成。产品广泛应用于微型车系列、轻型车(SUV、MPV、皮卡)系列、中型车系列、重型车系列、军用装备车系列、工程机械系列、轧钢及船舶系列。公司业务额的 45% 出口到美国、意大利、荷兰、伊朗等 10 多个国家和地区,高性能汽车传动轴总成项目被认定为国家火炬计划项目。合肥万向钱潮汽车零部件有限公司由杭州万向传动轴有限公司于 2003 年投资组建,产能各类传动轴每年 30 万根、其他底盘类零件每年 15 万件。主要应用于高档商务车、重型车、中型车、轻型车及其他专用工程车。公司位于安徽省合肥市合淮公路岗集镇。

　　浙江万向系统有限公司成立于 1999 年,专业开发制造汽车底盘系统及其零部件,产品有汽车前悬架总成、后悬架总成、后轴总成、盘式制动器总成、鼓式制动器总成、真空助力器总泵总成、离合器、总泵、分泵、比例阀、刹车片以及球墨铸铁等。年产前后付车架 50 万台套、转向节带盘式制动器总成 100 万辆份、后支架带盘式制动器总成 100 万辆份、后支架带鼓式制动器总成 100 万辆份、真空助力器总成 50 万辆份、制动总泵 50 万辆份、制动分泵 250 万辆份、车桥总成 20 万辆份、刹车片 200 万辆份、气刹制动器总成 50 万只、铸件 5 万吨的年生产能力。公司所属企业有武汉制动器、杭州工厂、河南制动器、车桥公司、芜湖工厂、海南工厂、柳州工厂、铸造工厂等。公司位于杭州市萧山区。

　　武汉万向汽车制动器有限公司 成立于 1999 年 8 月,专业生产汽车盘式制动器,是武汉市高新技术企业,"湖北省工业企业综合实力 500 强"。年产 50 万辆份制动器的生产能力。公司位于武汉市江夏区纸坊镇、武汉市沌口经济技术开发区。芜湖工厂系万向系统的全资子公司,年产 15 万台套制动鼓、10 万台套后制动器,基本满足奇瑞汽车的底盘系统集成供货要求;海南分公司独家配送海南马自达汽车前后轴总成;柳州工厂是万向集团实现整个汽车底盘系统产品配套最全工厂;河南万向系统制动器有限公司始创于 1973 年,集研制、开发、生产、安装服务于一体,专业设计、制造重型车、中型车、轻型车、微型车、轿车、工程车六大系列汽车制动器总成。产能为鼓式制动器 160 万只,钳盘式制动器 35 万只,气刹制动器 50 万只,各种轮缸 250 万只,球墨铸件 7000 吨。产品质量、综合效益、市场占有率均名列全国同行业前三位。公司位于河南省原阳县城关镇。

在万向工业(集团)有限公司旗下,属于万向集团第二层次的企业还有：

万向研究院前身是万向集团技术中心,2002年改组成公司化运行。1996年被原国家经贸委、财政部、海关总署联合批准为国家级技术中心。多年蝉联全国企业技术中心评比前10名内,企业博士后科研工作站为依托,拥有215名专业研发技术人员。国家级汽车零部件实验室出具的实验报告获得44个国家和地区的互认资格。万向每年在科研方面的投入超过销售总额的4.5%。1999至今,万向累计完成科技攻关项目680项,其中国家级10项、省级52项、市级18项,累计申报专利400余项；累计完成开发新产品、新品种数千种,新增产值20余亿元,第三代轮毂单元等18个项目被列入国家重点新产品计划。

万向硅峰电子股份有限公司是信息产业部所属唯一的半导体硅材料专业生产厂,单晶产量在全国同行业中名列第三位,已形成年产硅单晶100吨,切割、研磨硅片3500万平方英寸的生产能力。万向硅片一直广泛应用于我国航天航空领域。公司地址位于浙江省开化县城。

万向进出口有限公司(Wanxiang Import & Export Co., Ltd.)成立于1997年4月,是一家生产型的综合型进出口公司。万向集团的外贸业务可以追溯到1984年,万向进出口公司主要负责万向汽车零部件产品的国际营销网络构建及海外商家资源管理,客户遍及世界50多个国家和地区。主要行销万向节、等速驱动轴、传动轴、滚动体、轴承、制动器、减震器等汽车零部件产品和技术服务,同时开拓太阳能光伏组件、聚合物锂电池、芯片等高新产品业务。2006年度营业收入10.2亿元,出口创汇1亿美元,创利2100万元。

浙江普通服务市场有限公司成立于2003年6月,是集汽车零配件仓储、配送、分销于一体的第三方连锁服务机构。在杭州萧山经济开发区设有运营管理总部,6个区域采购与物流分拨中心分别位于上海、武汉、北京、长春、成都、广州,18个区域配送渠道开发与管理中心分别位于上海、武汉、北京、长春、成都、广州、南昌、郑州、西安、兰州、贵阳、长沙、合肥、沈阳、济南、杭州、太原、哈尔滨等城市。每月通过1500多家一二级授权经销商向各类维修厂商配送12000多种、价值3800多万元的汽车常用及易损零配件。

万向财务有限公司,2002年7月经中国人民银行批准成立、中国银行业监督管理委员会监管的非银行金融机构,由万向控股设立,注册资本金5.4亿元人民币。为浙江省唯一企业财务公司,其发展目标：创建一流财务公司,成长为万向国际化经营的全球金融运作中心。业务范围广泛,包括：贷款/银团贷款、融资租赁、买方/消费信贷、票据贴现、应收账款保理等资产业务,吸收客户存款、发行金融债券、金融同业业务等负债业务,支付结算、现金管理、网上结算服务、担保、承诺、代理等中间业务,承销债券、财务顾问、咨询等投资银行业务,以及股权投资、有价证券投资等业务。公司位于杭州市庆春路。

民生人寿保险股份有限公司,成立于2002年,总部位于北京,由全国工商联牵头发起设立,现有股东21家,实收资本金27亿元,是由中国保险监督管理委员会直接管理的七家全国性保险公司之一。主要股东有:万向财务有限公司、中国泛海控股集团有限公司、中国有色金属建设股份有限公司、海鑫钢铁集团有限公司、江西汇仁集团医药科研营销有限公司、东方希望集团有限公司、四川新希望农业股份有限公司、北京电信经济技术开发公司、新加坡亚洲联合控股有限公司等。经营范围包括人寿保险、健康保险、意外伤害保险、上述保险业务的再保险业务和资金运用业务。险种包括:定期寿险、终身寿险、短期健康保险、长期健康保险、个人和团体意外伤害保险、两全保险和年金保险。至2007年,民生人寿已在北京、浙江、江苏、河北、山东、福建、辽宁、四川、河南、上海、湖南、江西、黑龙江设立了13家省级分公司。自2003年开业以来,期缴保费收入、规模保费收入增速均大大高于行业平均水平。全国人大财政经济委员会委员、全国工商联原副主席谢伯阳任董事长,中国泛海控股集团有限公司董事长卢志强、万向财务有限公司董事长鲁伟鼎任副董事长,新希望集团董事长刘永好任监事长,原财政部监督检查局长段景泉担任董事、总裁。

浙商银行的前身是1993年3月20日设立的"浙江商业银行",系经中国人民银行批准由中国银行、南洋商业银行、交通银行和浙江省国际信托投资公司四家共同出资4000万美元设立的中外合资银行。2004年6月30日,银监会批准浙江商业银行重组为以浙江民营资本为主体的中资股份制商业银行,更名为浙商银行股份有限公司,成为全国第十二家股份制商业银行,注册资本150073万元,2004年8月18日浙商银行正式开业,总部从宁波迁杭州。浙商银行的14家股东中有13家是民营企业,民营资本占85.71%。

在万向三农集团有限公司旗下,列入万向集团第二层次的企业有:

万向德农股份有限公司,从1998年以来凭借突出的农业高科技化、产业化和生态化特征被命名为省级高新技术企业;主要业务是种业及玉米为主的农副产品深加工和以玉米杂交种为主的农产品种子的技术研究和生产经营,产品包括啤酒专用糖浆、麦芽糊精以及玉米、水稻、大豆、牧草、油葵优良种子等;在北京、黑龙江、甘肃、内蒙、山东等地拥有生产基地,业务网络遍及全国。2002年9月16日在上海证券交易所挂牌上市,是黑龙江省第一家农业类高科技上市公司。2004年10月,万向三农集团有限公司成为万向德农的第一大股东。万向德农的种子业务已覆盖黄淮海夏播区和北方春播区等主要玉米种植区域,国内市场占有率达8%,名列国内玉米种业公司第一。拥有多个优良玉米专有品种,如适合黄淮海夏播区种植的郑单958、硕秋系列以及适合北方春播区种植的丰禾10、兴垦系列等。现有玉米加工能力10万吨,淀粉糖产品在东北区域市场(黑、吉、辽、内蒙)占有率达到50%以上,大庆、齐齐哈尔、呼和浩特等局部市场占有率超90%。

河北承德露露股份有限公司,以生产露露系列天然饮料为主业,开发出纯净水、矿泉水、果汁饮料、酸奶系列等八大门类40多个品种规格的优质系列产品。公司地址位于河北省承德市高新技术产业开发区。

浙江远洋渔业有限公司于 1999 年 4 月根据浙江省委省政府决定经工商登记成立,注册资本为 9100 万元,经营范围是远洋捕捞、水产品加工和销售及各类商品的进出口贸易等。自创建以来,从无到有、从小到大,经历了一边奠定产业基础一边抓住机遇高速发展的过程,公司拥有国内装备最先进、规模领先的远洋捕捞船队,3 个大中型水产品贮运加工基地和稳定的进出口供销渠道,是一家专业性企业集团公司。2001 年底和 2004 年中,万向根据其发展"三农经济"的战略,瞄准远洋渔业的发展前景,先后出资受让原国有股东的股份和独家增资共 2.5 亿元。目前公司的注册资本 2.91 亿元,其中万向占总股本 85%。公司地址位于中国杭州市。

万向资源集团有限公司旗下列入万向集团第二层次的企业包括:中色国际氧化铝开发有限公司、中国有色金属建设股份有限公司、万向石油储运(舟山)有限公司。

万向集团企业领袖鲁冠球

他是民营企业家中的常青树,他的故事续写了 20 多年。把一个小作坊发展成通用、福特汽车的合作伙伴,一举开创民营企业收购海外上市公司的先河,人们从他身上见证了乡镇企业的过去,也看到了乡镇企业的未来,他向我们展示了一个乡镇企业家与时俱进的真实传奇。

——2001 年 CCTV 中国经济年度人物颁奖词这样评价鲁冠球

我是生在农村,长在农村,现在工作在农村,搞乡镇企业 39 个年头了。这 39 个年头,甜酸苦辣都尝到了。今天我来领奖,证明了我们乡镇企业得到了社会的肯定,也是对乡镇企业的支持和鼓励,那么我下一步就是要抓住这个机遇。新世纪了,加入世贸组织以后,我要通过发展生产力,为农民、为农业、为农村做更大的贡献。

——2001 年 CCTV 中国经济年度人物颁奖晚会上鲁冠球获奖演讲

鲁冠球,1945 年 1 月出生于浙江省杭州市。从 20 世纪 60 年代开始做过锻工,自办个体修车铺、粮食加工厂,因属个体而得不到发展;1969 年创办萧山宁围农机厂,后来发展为万向集团公司。现任万向集团董事局主席兼党委书记,香港理工大学荣誉博士。

鲁冠球认为:世界上没有比对人的投资更能见到效益的;企业做大做强最核心的因素是员工,企业发展最需要重视的是员工,员工既是企业的宝贵资源,更是企业的真正资本和首要财富。在他看来万向集团能够在 2009 年遭遇国际金融危机冲击下,如期完成了第 4 个"奋斗十年添个零"目标,企业日创利润、员工最高年收入双双突破 1000 万元、保持 40 年间年均 25.89% 的增长、持续 159 个季度盈利,不仅是企业规模扩张,更是人力资源增加、人才资本升值,未来将继续加大对人本身的投入、让人才资源支撑万向集团"奋斗十年添个零"继续前进。

在鲁冠球带领下,由 7 个农民集资 4000 元的铁匠铺发展成为实力雄厚的现代企业集团,被誉为企业界的"常青树"。媒体称赞其精神世界"坦荡洁净"。在发展中国乡镇企业、带领农民致富走出新路的同时，他还撰写了大量理论文章，在《求是》《人民日报》《光明日报》《经济日报》等发表论文多篇，被誉为"农民理论家"。担任中国企业联合会副会长、中国企业家协会副会长、中国机械工业联合会副会长、中国乡镇企业协会会长、机械工业发展规划审议委员会委员、浙江省企业联合会、企业家协会会长等。几十年来，鲁冠球先后荣获：全国新闻人物、全国优秀企业家、全国劳动模范、全国十大杰出职工、中国经营大师、中国乡镇企业功勋、中国改革风云人物、紫荆花杯中国杰出企业家、CCTV 中国经济年度人物、国际优秀企业家、全国全国首届"袁宝华企业管理金奖"等荣誉。当选为中共十三大、十四大代表和九届全国人大代表、十届全国人大主席团成员、十一届全国人大代表。

　　鲁冠球的思想观念及其为万向集团确立的企业精神理念：

　　经营目标：奋斗十年添个零。

　　管理目标：人尽其才、物尽其用、钱尽其值、各尽其能。

　　岗位目标：一天做一件实事，一月做一件新事，一年做一件大事，一生做一件有意义的事。

　　经营哲学：财散则人聚，财聚则人散；取之而有道，用之而同乐。

　　经营理念：大集团战略，小核算体系；资本式经营，国际化运作。

　　管理原则：人人头上一方天，个个争当一把手。

　　人本原则：两袋投入，使员工身心与物质受益。

　　企业宗旨：为顾客创造价值，为股东创造利益，为员工创造前途，为社会创造繁荣。

　　企业精神：讲真话，干实事。

　　企业道德：外树诚信形象，内育职业忠诚。

　　企业作风：务实、创新、卓越。不赶时髦，不搞形式，不讲假话，走自己的路，圆自己的梦。思路决定出路，作为决定地位；一切都是人力，时间检验行为。想主人事，干主人活，尽主人责，享主人乐。

　　用人观：有德有才者，大胆聘用，可三顾茅庐，高薪礼聘；有德无才者，委以小用，可教育培训，促其发展；无德无才者，自食其力；无德有才者，坚决不用，如伪装混入，后患无穷。

　　公私观：舍己为公，大公无私，公而忘私，是先进的；先公后私，公私兼顾，是允许的；先私后公，私字当头，是要教育批评的；假公济私，损公肥私，是要制止与打击的；表面为公，暗中为私，是伪君子，不可重用，是要防止的。

　　奖罚观：奖罚分明，多奖少罚。

　　万向的前身是乡镇企业，工人绝大多数为农民工。鲁冠球致力于改造农民工，不厌其烦地促进农民工转变观念。要求他们树立时间观念、质量观念和组织观念，并最终把他们改造为合格的现代企业员工，使之具备企业主人翁和国家主人翁的思想意识。对员工实施"先上学后上班"制度,办起了职工业余学校,让职工学文化、学技术;最后规定"先制度后制造",制订了严格的管理制度,推行全面质量管理,把责任落实到每个部门,每道工序。

1988 年的治理整顿中一些乡镇企业难以为继,鲁冠球却兼并了本乡范围内 8 家乡村办集体企业。

1984 年,在股份合作制概念提出之初,鲁冠球果敢地冲破重重阻力,通过让职工集资投入企业、年终按资金利润率分红的做法,当年吸引 135 名职工集资 30 多万元,年终兑现分红回报率在 20% 以上。随后职工入股集资额曾超过 1 亿元。1986 年,企业吸收中汽投资公司等社会法人向企业投资入股,不断完善股份合作制。

1993 年,在证券市场主要为国企改革服务的年代,鲁冠球引领企业争取到上市发行股票指标,万向钱潮股份有限公司于 1994 年初在深圳证券交易所上市,成为全国乡镇企业中第一家上市公司。

2001 年,鲁冠球带领万向集团率先开创在美国收购 NASDAQ 上市公司 UAI 公司,此举列入当年中国企业界 10 件大事之一。在国内上市、收购兼并上市公司等举措,均领先业界。鲁冠球还把资本运作的触觉延伸到金融租赁、保险经纪(与美国霍顿保险集团公司合资成立了万向—霍顿保险经纪公司)、期货、风险投资、财务管理公司等领域。

2001 年 2 月 15 日,鲁冠球为万向美国公司推出了经营者基金,尝试"激活智慧、分配未来"的人力资本奖励模式,为万向加快海外发展,营建跨国集团奠定了人力资本开发的政策基础。

积极进取与稳健发展:长盛不衰之源

万向发展,总是实实在在的进步,万向实践体现的改革思想、探索精神和企业家的时代意识,同时又具有万向自身的特色。动荡年代"求实、图新",在改革初期"立足国内,面向国际,扎根企业内部,脚踏实地工作",在扩张阶段"高起点投入,高精尖设备,高层次人才,高档次产品",及至收购兼并的海外战略,和新世纪多元化发展和全球开拓战略,万向的历程,实现了积极进取与稳健发展结合的典范。

"奋斗十年添个零"

"讲真话、干实事"

"有目标、沉住气、悄悄干"

三级跳:省级集团——国家级集团——跨国集团,省内前 10 位——国内前 100 位——国际前 1000 位

温家宝总理称赞:"艰苦创业、大胆创新、克难攻坚、勇往直前"的万向精神和浙江精神。

中国 WTO 首席谈判代表龙永图称赞:"在洋人的地方,用洋人的资源,做洋人的老板,赚洋人的钞票"。

对人的投资和人力资源管理

万向集团的企业宗旨包含"为员工创造前途"。"奋斗十年添个零"把企业发展目标和员工收入目标并重。"两袋投入"不仅要让员工的钱袋满，还要让员工的脑袋满，确保员工的前途。

万向集团人力资源指导思想：坚持"三个必须"，运用"三个一切"，落实"三个围绕"，实践"三个代表"，力求为每位员工创造一个良好的工作环境，最大限度地调动一切积极因素，做到人尽其才、才尽其用，为集团快速成长和高效运作提供保障。

"三个必须"：要想联合，必须拥有；要想利用，必须付出；要想调动，必须善待。

"三个一切"：联合一切可以联合的力量，利用一切可以利用的资源，调动一切可以调动的积极因素。

"三个围绕"：围绕企业生产力发展，围绕员工素质提高，围绕为社会做贡献。

定岗、定编、定责任、定目标、定人、定考核、定收入的"七定"分配体系，岗位分配考核办法、岗位薪酬分级制度、技工等级评聘制度、项目管理师考评制度等，构建一个公平、公开、公正的分配体系，独具特色的"项目工资制"突出对科技人员、高级技工、熟练工的分配。这些促成了万向员工"想主人事，干主人活，尽主人责，享主人乐"。

作为大型汽车零部件企业，作为制造业生产型公司，基层一线管理的关键还是人。万向集团不间断地对员工收入状况做统计分析，及时提高基层一线和关键、艰苦岗位的收入标准，对月收入低于 2500 元的员工，帮助剖析其工作状况、寻找造成其收入过低的原因，进而帮助其克服困难、提高收入水平。

集团全面实施社会保障体系，把全体员工纳入医疗、养老、工伤、失业、生育等社会保险，还享受重大节日、定期旅游、体检等一系列福利，连续多年劳动年检 A 级，被评为浙江省劳动保障诚信示范单位。

2009 年春节，万向电动汽车有限公司 300 多名员工，为了满足上海世博会及广州亚运会对新能源的需求，主动要求加班加点，从大年 30 到正月元宵一直没有休息。2010 年初，"用工荒"席卷沿海地区，万向集团应聘者排成的长队令许多大公司羡慕不已。应聘者说，在就业市场，万向意味着稳定的就业和自身的成长。当前两万多名员工中获得大专以上学历的有 4500 多人，有博士、硕士 160 余人，并拥有一支 400 多人的高级技工队伍。每年招聘高校毕业生 200 人左右进入万向工作。2001 年引进院士 3 名、外国专家 15 名、博士及博士后 7 名、硕士 27 名、大学以上近 300 人。

20 世纪 80 年代中期开始，万向集团就派出多批较高素质人员到各地大专院校进修；90 年代中期建立起自己的教育培训体系，制订 26 支专业队伍标准，实施年度员工（专业队伍）培训计划并逐月执行；2000 年以来逐步建立起一支专业督导师队伍，引导新入职大学生融入企业、熟悉工作，同时还与国内多所重点院校积极开展教育培训合作，共同开展远程教育、高级经理人培训以及创办 MBA 研究生班，邀请著名专家学者来企业讲习等等。

万向集团逐步确立起独具特色的"新员工培训计划—员工再培训计划—精英培训计划"三大层次、"入职培训—在职培训—发展培训"三大模块、"集团培训——级培训（公司）—二级培训（车间、部门）—三级培训（班组）"多层级培训开发网络。以自我教育和自我实现为目的的自我开发以及公司奖励性培训，形成持续、动态、全员的培训开发体系。

每年用于员工培养方面的经费支出均在 1500 万元以上，还先后投资了 200 多万元建设了三个培训教室，总面积达 300 多平方米，在员工宿舍区内还建有阅览室、活动室等文化设施。[①]

探索中前进：生存实验—专业化—相关多元化扩张

在创业初期，为谋求生存，万向集团生产过万向节、犁刀、铁耙、船钉、失蜡铸钢等，产品五花八门。做生存型实验探索。在当时一缺资金二无人才三无管理经验情况下，凭精神、意志、体力、苦干，积累起最初生存本钱，在动荡的 20 世纪 70 年代，能够是企业和创业行为存活下来。

创业 10 年后的 1979 年，万向人果断砍掉 70 多万元年产值的"多元化"产品，集中力量专业生产进口汽车万向节，这也许是缺乏自觉意识地走上专业化道路的开始。后来的发展延续了以产品专业化为基础的规模扩张之路，是万向集团崛起的关键。其时，万向被确定为全国三家万向节定点生产专业厂之一，产品被评为省优、部优并获国家银质奖。

专业生产万向节为企业发展积累起资本实力，也为企业发展奠定了相关多元化扩张的基础。在保持万向节产品"优者更优"的前提下，逐步发展轿车等速驱动轴、汽车传动轴、轴承、滚动体、密封件、轿车减震器、制动器等产品，走向产品系列化之路，也是汽车零部件产业领域的相关多元化之路。

此后，在电动汽车开发的长期坚持、稳扎稳打，是相关多元化的继续。

企业体制机制演进：发展之路

从承包制、股份合作制、总厂式管理，发展到"大集团模式，小核算体系，资本式运作，国际化经营"的集团化管理模式。

1980 年，率先提出"先生产后生活"，规定每年税后利润的 80% 必须用于技术投入，改 15 年折旧为 7 年折旧。集中资金进行技术改造，追求"高起点投入、高精尖设备、高层次人才、高档次产品"。早在 1980 年，在鲁冠球力主下，价值 43 万元不合标准的 3 万套万向节被送废品收购站，全体员工半年没发奖金，由此将质量意识融入企业员工心中。

---

① 《对员工的投资获得了最大效益——万向集团连续四次"奋斗十年添个零"的奥秘》，载于《农民日报》2010 年 7 月 2 日。

1983年，试行承包制扩大企业自主权。其后，以"花钱买不管"，从当时企业1500万元净资产中划出750万元归乡政府，使乡政府变成一般股东，这种"股份制"使企业变成事实上的"无上级企业"，获得更大自主权。鲁冠球很早就认识到全球统一市场对企业发展和产品开发的意义，强调万向着眼于国际市场，把市场摆在销售前头，把销售摆在生产前头，才能最终打开国际市场的大门。万向汽车零部件产品自1984年开始出口美国，1986年又获国务院批准拥有自营进出口权并被确定为万向节出口基地。其后，万向集团汽车零部件产品长期保持"1/3出口，1/3为国内主机配套，1/3用于国内维修市场"的格局。1980年到1989年期间，在钢材提价1.3倍，煤炭提价5倍的情况下，万向产品价格基本不变，职工年收入增加了6倍，经济效益年均增长40％以上。

随着企业规模扩张，推出了"总厂式"管理模式放权。各分厂向总厂承包，分厂主要抓生产，总厂则统管用人、分配、供销等事项。

1992年新增两家中外合资企业，总厂式的管理体制已不能适应企业发展的需要，供销、用人、分配都经过一个口子，不利于下属各分厂直接面对市场迅速壮大。1992年底，开始推行以放权为中心的企业改组，采取"三管三不管"（即管外部不管内部，管宏观不管微观，管结果不管过程）的集团化管理办法，把用工、分配、供销等权力全部下放给下属企业，把总厂长一个人的担子分给大家一起挑。集团仅仅作为一个指导、协调、监督、服务机构为下属企业解决实际问题，"下属企业的权力归下属企业，下属企业不能解决的问题归集团"，只要有利于集团发展的项目下属企业都有权上马，只要有利于经济效益提高的事业下属企业均可大力发展。

1993年《公司法》颁布后，把原先作为集团核心的万向节总厂改造成规范化的股份有限公司——万向钱潮股份有限公司，作为集团的最大子公司。随后，把集团下属所有企业全都改组为有限责任公司，让集团的全资企业、控股企业都变成有独立法人地位的、直接面向市场的竞争主体。

集团层面的股份制改造：在下属企业改组为有限责任公司和股份有限公司的基础上，把集团历年积累的资产划分为四块基金，一块归政府作为政府资金投入，一块归属全体员工作为发展基金投资于集团内部，一块归属集团管理层的开拓基金用于开拓事业、对外投资，一块保障基金主要用于集团福利事业、社会慈善事业等。这四块基金为股份组成万向集团公司，成为一家规范化的有限责任公司，股东会是最高权力机构，董事局为最高决策机构，并建立监事会。集团高层领导从日常经营管理事务中解放出来，管资本投向、管关键人、关键事，使集团公司成为投融资中心。

市场导向的"联合"：万向与舍勒的交道

美国舍勒公司创建于1923年，是世界上万向节专利最多的企业，也是1983年第一个来万向集团考察的外商企业。1984年，舍勒公司开始经销万向集团生产的万向节。1987年，舍勒公司老板专程赶到杭州万向节厂，提出独家代理万向公司产品，其目的很明确：控制万向集团海外市场，尽可能使万向企业发展处于舍勒公司可控规模。

万向集团拒绝了这一提议，舍勒公司老板决定和万向集团中止业务往来、断绝一切关系。

其后的整整一年，海外销售严重受挫，万向度过其发展史上最困难的时期，舍勒公司也没有找到与万向集团生产的万向节同样价廉物美的替代品。一年后，舍勒公司与万向集团再签合同，重新开始业务合作。

在后来多年发展历程中，万向集团蒸蒸日上，舍勒却每况愈下，万向集团开始冲击舍勒公司的市场和业务。2004年4月份，万向集团与舍勒公司签订协议，万向集团收购舍勒公司。

从万向与舍勒关系发展中看，万向注意把握市场，从在实力尚不济的发展阶段拒绝舍勒独家代理要求以致造成一定业务损失，到积累了足够实力后收购兼并舍勒公司，其主要意义都在于控制市场和业务能力，不拘泥于一时得失、为自己留足发展空间，及时把握机会通过收购兼并，提升市场力量。

在抓紧进入整车厂配套供货系统，进而与国内外汽车整车生产企业建立战略性合作关系的进程中，同样注重与国内外同行建立业务合作关系，提升自生产品销路。

服务于主业经营的兼并收购：万向收购美国UAI公司

万向在1996年第一次接触UAI公司。当年UAI公司发展势头强劲，一口气收购、兼并了好几家企业，其中之一是万向美国公司的客户。万向美国公司一直在关注UAI的经营发展情况。2001年，市场大幅度缩水，UAI销售尚可但财务状况极度恶化，面临被警告退市威胁，UAI公司出售股份引进战略投资人，这为万向集团提供了并购机会。

经过一系列的谈判，万向集团终于在2001年8月以280万美元购得200万股年息为8%的可立即转换的优先股，这些优先股可转换为2014830普通股（价格1.39美元，为当时1.52美元的10%折扣价），万向获得这些优先股相当于普通股的投票权。为回避潜在风险和分享未来收益，万向在交易中取得了3种认股权：期限1年的80万股的认股权，价格为2美元；期限1年的80万股的认股权，价格为2美元或交易前60天平均股价90%的价格高者；250万股的违约认股权，如UAI公司违反约定，万向可用150%的净资产或600%税息前收益与所有已发行股票比值的价格购买该数量的股票。如万向集团行使前两种认股权，其投票权可达公司的31%；如全部行使，投票权将达43.8%。在两种情况下，万向将成为UAI的第一大股东。

收购条款规定：UAI必须每年向万向购买2000万美元的产品，且万向可拒绝UAI向其他中国厂商购买同类产品。万向集团董事局主席鲁冠球称：此次海外收购将为"万向"在全球汽车零部件市场新增7000万美元的份额，同时也可为国内相关企业每年增加2000多万美元的订单。这一收购案，使万向进一步获得先进技术支撑，进一步打通世界市场渠道。从此，万向集团在国内外都控制有上市公司。

多元化的尝试和退出：电信增值业务

在中国大陆宽带互联网热潮的浮躁和喧嚣最盛之时，万向集团也进入此一领域，2001 年 11 月，万向通信有限公司成立，鲁伟鼎担任法人代表。2001 年 11 月 5 日，鲁伟鼎签字的公司设立登记申请书中，经营范围主要涉及电信系统集成、通信软件、移动网产品、接入网产品、风险投资和股权投资、通信系统咨询以及信产部批准允许开展的通信类业务。这几乎包括当时可以接触到的所有通信增值业务。

在 10 天后获颁发的营业执照上，万向通信的经营范围已经被无限扩大，"法律、法规禁止的，不得经营；应经审批的，未获审批前不得经营；法律、法规未规定审批的，企业自主选择经营项目，开展经营活动。这或许意味着，10 亿元注资到位、万向通信有限公司已经成立的情况下，主营电信增值业务的设想并未有具体落实方案。2001 年 12 月，万向通信获得电信与信息服务业务经营许可（京 ICP-010573）；2002 年 6 月，万向通信获得因特网接入业务许可（2-1-2-2002002）；2002 年 7 月，万向通信获得呼叫中心业务许可（2-1-2-2002006）。万向通信的电信增值业务开始进入实质运作。

2002 下半年开始，互联网泡沫破灭、电信增值业务市场低迷不振，但万向通信的业务量增长迅速。业内人士推测 2003 年万向通信的业务量增幅高达 10 倍，其中移动增值业务和网络游戏贡献突出。当年中国短信市场井喷令行业内所有企业复苏，对主营电信增值业务的万向通信来说，在已推出数 10 种短信业务、覆盖 26 个省市区、用户超过千万的情况下，理应所获甚多才是。

万向通信年检报告显示，2002 年公司资产总额 99317 万元，营业额 681 万元，税后实际亏损 2225 万元；2003 年公司资产总额 99766 万元，营业额大幅增长到 6883 万元，税后亏损 1226 万元。

2003—2004 年间，万向通信先后代理《辉煌》、《神州天戈》、《大海战Ⅱ》和《机甲战神》四款游戏，并于 2003 年 10 月 20 日获得文化部颁发的网络文化经营许可证。代理网游业务曾令多家相关上市公司在资本市场收益网游概念，万向钱潮还一度被视作中国四大网游概念公司之一，股价多次涨停。

不过，万向通信对以上几款网络游戏的代理情况均不理想。从 2004 年起，万向通信逐渐放弃了网络游戏代理，转向自有游戏研发。2004 年 9 月，万向通信对外宣布出资 1 亿元，与张艺谋合作开发《十面埋伏》游戏。万向通信还放弃了一度曾经抱以期望的 ISP 业务。2004 年 9 月中信产部发出公示，多家企业申请注销跨地区因特网接入服务，并退回这些业务 95 字头的 5 位接入号码，万向通信在列。

走向未来之路：万向电动汽车发展历程

1999 年，充满希望的起点，设立"万向电动汽车项目筹备小组"，踏上发展新能源汽车的征途。

2000 年，寻找前进的方向，初步拟定通过与整车厂联合发展电动汽车思路，并赴湖北十堰与东风汽车集团签订合作意向书；10月，派员随浙江省考察团赴加拿大考察并参加第十七届国际电动车年会展览会。

2001年，选中锂离子聚合物电池，由万向集团、浙江大学电气工程学院共同承担的"电动汽车关键技术研究"项目列入2001年浙江省重大科技攻关计划

2002年，成立电动汽车开发中心。形成电池—电机—电控—电动汽车的发展思路，万向电动汽车第一辆样车研制成功，聘请时任国家863计划电动汽车专项首席科学家、同济大学汽车学院院长万钢等4名专家为技术顾问，收购嘉兴埃泰克电池工业有限公司，浙江万向动力电池有限公司正式注册成立，万向自主知识产权一体化驱动电机研制成功，《万向集团公司2002—2007年电动汽车发展纲要》发布，万向自主知识产权车用120AH聚合物锂离子电池研制成功，浙江省委书记的习近平视察万向电动轿车和电动大巴车。

2003年，进入国家863计划。启动电动汽车电池管理系统研发项目，第一代电池管理系统配套装车，万向纯电动汽车动力总成系统项目列入国家863计划。

2004年，环西湖Y9线路实际路况空载试验运行。万向负责的"杭州市典型工况下电动汽车示范运行项目"列入国家863计划，万向牌WXEV-B型大客车通过国家质量监督检测中心检验；10月9日在国家主席胡锦涛和法国总统希拉克见证下，万向集团鲁伟鼎与法国达索集团罗朗达索在北京人民大会堂就双方电动汽车合作签署备忘录；纯电动公交车在杭州环西湖Y9线路进行实际路况空载试验运行，与杭州公交集团合资成立杭州电动汽车运营有限公司。

2005年，正式启动杭州市电动汽车示范运行。杭州市电动汽车示范运行智能充电站一号站竣工投入使用，万向纯电动大客车通过省公安厅车辆性能测试，5辆纯电动公交车在Y9线投入载客试运行。

2006年，863项目通过验收。万向电动汽车承担国家863电动汽车重大专项"WX纯电动汽车动力总成研发项目"和"杭州市工况下电动汽车运营考核试验研究项目"顺利通过国家科技部专家组验收，杭州市电动汽车示范运行启动仪式在杭州黄龙体育中心隆重举行，首台纯电动大巴汽车销往台湾。

2007年，纯电动电力服务车投入运行。为浙江省电力公司开发纯电动电力服务车成功投入运行，万向自主品牌纯电动轿车样车研制成功并参加了北京国际清洁汽车展，与国家电网公司合作在国内15个省市投入了63台纯电力专用车、建立26座充电站。

2008年，动力电池产业化。纯电动电力服务车、电力工程车、纯电动微型车、公务车通过国家发改委车辆公告试验、获准上牌照。

2009年，动力电池产业化。杭州市成立"杭州市节能与新能源汽车发展协调小组"，财政部、科技部联合发布《关于开展节能与新能源汽车示范推广工作试点工作的通知》，杭州列为试点城市。

经过10年的努力，万向电动汽车公司先后承担了5项国家863项目和4项浙江省

重大科技攻关项目，在电池、电机、电控、电动汽车以及示范运行领域的自主开发方面取得了丰硕的成果；

聚合物锂离子动力电池单体循环寿命从 500 次提高到 2000 次，成本下降 48%，成组电池里程寿命达到 10 万公里，电动轿车续驶里程达到 380km，最高车速达到 126km/h，均处于国内领先水平；

动力总成系统重量比功率、噪音、控制器效率等关键技术取得重大突破；以车载信息平台为核心的整车 CAN 总线数字化控制网络也实现了数控驱动和高智能化，均到达了国内领先水平；

目前，在杭州 3 条公路上示范运行的 16 辆电动公交车已累计行驶超过 50 万公里；与国家电网合作在 15 个省市投入 63 台纯电动电力专用车，建立 26 座充电站，累计运行近 50 万公里，均取得了良好的社会效应。

万向集团的历程

1962 年：鲁冠球创业开始。

1969 年：7 月 8 日，宁围人民公社农机修理厂组建成立。

1970 年：9 月，建立中共宁围公社农机修理厂支部。

1971 年：5 月，宁围公社党委任命祝炳善为厂党支部书记。

1973 年：12 月，改名为萧山宁围公社农机厂。

1975 年：10 月，改名为萧山宁围公社万向节厂。

1978 年：1 月，公社决定撤销厂革命领导小组，任命鲁冠球为厂长；7 月 10 日，改名为萧山宁围万向节厂。

1979 年：12 月将其他产品调整下马，集中力量生产汽车万向节。

1980 年：3 月 26 日改革招工制度，首批通过考试录用的 43 名高中生进厂工作；9 月 6 日第三次"质量月"动员大会在公社会堂举行并召开报废产品现场会；9 月 7 日领导决定 3 万套不符合标准的万向节作废品处理；9 月 18 日改名为萧山万向节厂；12 月 9－12 日按机械工业部企业整顿验收 12 项标准，省、市、县组成的验收团来厂验收以 99.4 分的成绩通过。

1981 年：6 月 21－24 日浙江省汽车工业公司对厂实行万向节工艺验收合格；8 月 4 日公布实施销售员浮动工资和费用包干制度。

1982 年：9 月 1 日企业实行联利计酬责任制；9 月浙江省人民政府授予厂浙江省先进集体称号；10 月 CA10、JN150、EQ140 万向节被浙江省计委评为省优质产品。

1983 年：3 月 14 日鲁冠球厂长个人风险承包企业，与公社经联社签订了为期 3 年承包合同，合同由萧山县司法局公证处公证；12 月"钱潮"牌万向节被农业部授予部优产品。

1984 年：1 月 4 日鲁冠球厂长从京丰宾馆致信宁围乡党委，表示不拿 1983 年承包个人奖金 8.7 万元，把它作为企业智力投资和扩大再生产的资金；2 月 9 日中共杭州市委书记厉德馨等 5 名常委来厂吹改革之风,肯定企业改革成绩,支持企业改革举措;3月 26 日国务院副总理张劲夫来厂视察,并建议将萧山万向节厂改为杭州万向节厂;4月 7 日企业向上级部门写报告,要求实行股份制,以还权于民,以利于民;4 月 21 日中共浙江省委书记王芳来厂视察;4 月 24 日第一次试制美商多伊尔公司的万向节样品;5月 1 日改萧山万向节厂为杭州万向节厂;10 月 21 日美国舍勒公司舍勒兄弟来厂洽谈合作事项。

1985 年:7 月 18 日日本五十铃公司 4 位客商来厂考察,外商称赞"这样整洁的机械工厂在中国了不起";10 月 12 日鲁冠球被《半月谈》评为 1985 年全国十大新闻人物之一;12 月 12 日浙江省人民政府授予鲁冠球浙江省特等劳模光荣称号。

1986 年:1 月机械工业部授予"钱潮"牌万向节为部优产品;4 月 10 日新华社记者采写的反映杭州万向节厂及鲁冠球厂长业绩的长篇通讯《乡土奇葩》在人民日报、中央人民广播电台等全国各大报刊、电台刊(播)发;4 月 18 日由外交部组织的美、苏、日、德、奥、印度、南斯拉夫、捷克等 12 个国家的 37 家通讯社记者来厂参观、采访;4 月 30日中共浙江省委作出决定,在全省开展学习和推广农民企业家、杭州万向节厂厂长鲁冠球的先进思想和企业精神;5 月 1 日中共中央政治局常委、中纪委第一书记陈云在杭州接见鲁冠球厂长,江华、王芳、薛驹等领导在场并一起合影留念;5 月 23 日国务委员、中国人民银行行长陈慕华来厂视察;6 月 2 日鲁冠球捐助资金 10 万元建造的宁围中心学校落成,浙江省省长薛驹,副省长李德葆,杭州市政府陈端,虞荣仁前来剪彩,薛驹题写了校名;6 月 10—19 日鲁冠球进京参加农业部先进人物演讲,在中南海怀仁堂受到习仲勋、田纪云、邓力群等中央领导接见;8 月 22 日机械工业部部长邹家华来厂视察;9月国务院机电产品出口办公室批准企业为中国万向节出口基地;11 月国家经委主任吕东、副主任张彦宁来厂视察;11 月 25—12 月 2 日鲁冠球厂长上京参加中央组织部召开的全国优秀党员、先进党支部事迹交流会,鲁冠球在会上作《为国争光,为民造福》的发言,受到邓小平、胡耀邦、万里、习仲勋、乔石、余秋里、王震、薄一波、宋任穷等党政领导同志的接见;12 月 23 日投资 60 多万元新建的测试中心磨损、疲劳、静扭 3 个试验台通过部级鉴定。

1987 年:3 月被中国企业管理协会授予 1986 年全国企业管理优秀奖——金马奖;7 月鲁冠球厂长被中央电台、中央电视台、中国乡镇企业报评为全国十位最佳农民企业家之一;9 月 14 日国务院副总理乔石来厂视察;11 月 25 日鲁冠球进京参加中共第十三次全国代表大会。

1988 年:1 月万向节产品被国家质量奖评审委员会评为国家银质奖;4 月 30 日中华全国总工会授予鲁冠球全国优秀经营管理者称号和全国五一劳动奖章;6 月被农业部授予出口创汇金龙奖;7 月 13 日鲁冠球作为全国企业承包责任制座谈会代表在中南海受到李鹏、姚依林、田纪云、吴学谦等接见;8 月 6 日改杭州万向节厂为杭州万向节总厂。

1989 年:1 月 4 日鲁冠球获第二届全国优秀企业家称号;4 月 19 日被列为全国 10

家股份制试点企业之一;9月28—10月3日鲁冠球厂长被授予全国劳动模范后赴京出席表彰大会,在人民大会堂作了《破小农经济狭隘眼光,靠优质产品走向世界》的发言,此间受到了邓小平、江泽民、李鹏等国家党政领导的接见;10月13日农业部部长何康来厂视察;10月14日浙江省省长沈祖伦在萧山市委书记王良仟、市长马友梓等的陪同下前来视察;11月16日中共浙江省委书记李泽民前来视察指导。

　　1990年:1月10日经浙江省人民政府批准,企业成为省级计划单列集团;4月4日通过职工教育国家一级企业水平验收;8月17—18日在由农业部牵头的国家一级企业考评考证中,产品质量、物质消耗、经济效益三项指标及企业管理,安全生产均达到或超过国家一级企业标准,一致通过了国家一级企业正式验收考评;12月1日国务委员、国家科委主任宋健在李德葆副省长、李志雄副市长陪同下来厂视察,并为厂题词:"科技兴厂,前途无量"。

　　1991年:1月5—6日被评为乡镇企业思想政治工作先进集体;1月12日杭州万向节总厂正式被国务院命名为国家一级企业;5月6日鲁冠球作为封面人物刊登在美国《新闻周刊》上,《新闻周刊》以《把他的职工引向致富大道》为题,报道了杭州万向节总厂的业绩及有关鲁冠球厂长的创业风采;9月26日企业档案管理通过国家一级正式考评;12月16日经中共萧山市委常委讨论同意、中共萧山市委组织部批准,建立中共杭州万向节总厂委员会。

　　1992年:4月16日中共中央顾问委员会委员、中国企业管理协会会长袁宝华在省有关领导陪同下来厂视察,并题词"走向世界";8月27日被国家对外经济贸易部批准拥有自营进出口权;10月10日鲁冠球同志赴京参加中共第十四次全国代表大会;12月21日企业出台并运作集团化管理模式。

　　1993年:4月28日机械工业部部长何光远在浙江省机械厅领导陪同下来公司考察,并题词"为建成我国汽车零部件基地而奋斗";4月30日被评为中国百家知名企业,在国务院机电产品办公布的1992年出口500万美元以上生产企业名单,以780万美元排列第247位;8月23日浙江省证监委通知,万向潮股票获准在深圳交易所上市发行;9月5日在"明确目标,乘胜前进"的工作会议上明确了"三级跳"的目标,即"省级集团—国家级集团—跨国集团","省内前10位—国家前100位—国际前1000位";11月25日受中共中央政治局常委胡锦涛同志邀请,鲁冠球参加在杭举行的乡镇企业座谈会,并汇报了公司股份制情况;12月30日集团被评为浙江省"重合同,守信用"先进单位。

　　1994年:1月10日"万向钱潮"股票在深圳上市;7月6—7日召开第一次员工代表大会、一届一次董事局会议,确定集团二次创业的任务目标,并产生了最高权力机构——董事局,鲁冠球当选为董事局主席、鲁伟鼎当选为总裁;11月11—16日鲁冠球被评为"中国乡镇企业业十大功勋";12月20日万向钱潮股份有限公司ISO9000质量体系通过国家认证机构认证并注册。

　　1995年:4月22日被评为首届"中国机械十大杰出企业"之一;5月15日中共中央

总书记、国家主席江泽民在中央和省市领导陪同下视察万向集团,江总书记肯定了万向集团取得的辉煌业绩,鼓励集团在现代企业制度建设方面继续大步迈进,向高层次方向发展,并题词留念;11月2日国家农业部公布了以万向集团为首的首批全国乡镇企业集团名单;11月18日中共万向集团公司第二次代表大会召开,大会选举产生了中共万向集团公司第一届委员会,鲁冠球担任党委书记,鲁伟鼎担任副书记;11月23日集团再次被列入全国最优500家排名第225位,并获得全国质量效益型先进企业殊荣;12月18日万向集团董事局一届四次会议召开,会议审议并原则通过了《万向集团"九·五"发展规划及2010年远景目标总报告》,明确了集团今后发展的总思路及目标;12月19—21日万向钱潮股份有限公司质量体系获得世界权威认证机构美国UL公司认证书。

1996年:1月12日被国家教委列入1996年国家重点就业单位;2月19日万向美国公司总经理倪频应邀作为在美亚裔的杰出人士代表之一前往白宫,受到美国总统克林顿、副总统戈尔接见并合影留念;11月25日,万向钱潮股份有限公司召开临时股东大会,表决通过收购浙江万向机械有限公司等3家公司60%的股权,从而向实现建成系统零部件供应商的目标迈进了一大步;12月30日国家经贸委、国家税务总局、海关总署确认万向集团技术中心为第四批享受优惠政策的国家级企业技术中心。

1997年:4月29日国务院颁发国发〔1997〕15号文件,认定万向集团为国家120家试点企业集团之一;6月2日中国乡镇企业协会公布"中国乡镇企业排序",万向集团公司列中国最大经营规模乡镇企业1000家第36位,中国最高利税总额乡镇企业1000家第17位,中国交通设备制造行业最大经营规模乡镇企业1000家第3位,中国最大出口创汇乡镇企业1000家第25位;6月22—26日鲁冠球、鲁伟鼎出席国家试点企业集团工作会议,李鹏总理称赞"万向集团发展很快、很好,地位越来越巩固";7月11日浙江省政府专门下发[1997]171号《关于加速万向集团发展若干政策的通知》文件,进一步明确支持万向集团加速发展的十项政策;7月12日中国企业管理协会,中国企业家协会全国会员代表大会在天津宾馆举行,会上鲁冠球当选为第六届理事会副会长;8月18日正式获得美国通用汽车公司生产订单,成为第一家进入美国一流主机配套市场的中国汽车零部件企业;8月26—27日通用汽车公司考察团来集团考察,并称"你们拥有世界一流的工厂和非常敬业的员工";12月18日集团董事局一届八次会议召开,会议决定万向公司与万向钱潮股份有限公司分设运作,同时向董事局负责。

1998年:1月万向美国公司成功收购位于美国密执根州的草原河高尔夫球场。该高尔夫球场面积约130英亩,为18洞国际标准球场;1月19—22日美国UL认证机构对钱潮公司QS9000质量保证体系进行正式审核,确立钱潮公司正式通过QS9000质量体系认证;3月2—22日作为九届全国人大代表,鲁冠球赴京参加九届全国人大一次会议;6月30日《万向集团"整体营销"管理模式的创立与实践》获中国机械行管理重大创新成果奖;9月浙江省政府经报转国务院批准,授予万向集团一定的派遣临时出国人员和邀请外国经贸人员来华事项审批权;10月8日鲁冠球赴上海参加国家经贸部与英国贸工部联合举办的第二届中央国际研讨会,并代表中方演讲,同时受到英国首相布莱尔的接见;10月万向荣获农业部、国家对外贸易经济合作部授予的"全国乡镇企业出口创汇十强企业"及"全国出口创汇先进乡镇企业"称号;10月22日由国家经贸委组织的"部分国家大型企业集团试点工作座谈会"在万向大酒店召开,国家经贸委副主任郑斯林、浙江省省长柴松岳、副省长叶荣宝等到会,鲁伟鼎在会上作了典型发言,国家经贸委把万向母子公司运作体系作为经验向全国试点企业集团推广;11月浙江省委组织部发文"同意中共万向集团公司委员会为因公临时出国(境)人员审批单位",负责万向集团公司全资及控股子公司的因公临时出国(境)人员的审查审批;11月19日农业部部长陈耀邦来集团视察;11月29日中央政治局委员、上海市委书记黄菊、上海市长徐匡迪率上海市代表团在浙江省委书记张德江、省长柴松岳、省委副书记、杭州市委书记李金明等的陪同下视察万向;12月4—8日万向召开1999年度经济工作会议,会议明确1999年及今后一段时间的工作方针是保障企业能够长远发展的市场、体现企业经营能力和创造性的科学管理、拥有核心能力的核心价值;12月国家外经贸部正式授予万向集团公司"外派劳务人员许可证"。

1999年:全年实现主营业务收入446807.08万元、利润总额33792.98万元、出口创汇10207.84万美元,同比分别增长69.64％、29.94％、33.61％;为庆祝创业30周年报告会上,鲁冠球提出"奋斗十年添个'零'"目标,即在2010年,万向要力争实现每天创造利润1000万元;推出"中国万向控股有限公司"组织战略,围绕"控制、组织、发展"职责,10月对部门设置及职能进行相应调整:撤销办公厅设立董事局工作室、监察室,为董事局及董事局主席服务,设立首席代表工作室为总裁及首席代表服务,财务部总监管理职能转入监察室,经警中队纪检、审计职能转入监察室,人力资源部党、团、工、妇组织管理联络职能转入董事局工作室,企业文化建设管理职能转入人力资源部,财务部、人力资源部、发展部、财务结算中心、北京代表处、经警中队等机构其他职能保持不变;以万向美国公司为代表的集团跨国经营和海外市场建设取得新突破,万向美国公司正式成为境外带料加工装配企业,同时还被吸收成为中美总商会主席委员会成员,万向美国公司负责人倪频当选美国中西部地区中资企业联谊会会长;全年共开发新产品、新品种1259个,完成科技攻关项目214项,新增产值1.39亿元,新增效益2368.95万元,其中捷达等速驱动轴总成、TFR五十铃万向节总成等产品列入国家级重点新产品;8月下旬鲁冠球作为乡企唯一代表应邀参加全国技术创新大会;集团聘请美国前总统布什之兄普雷斯科特·布什先生为高级经济顾问;集团资本扩张开端良好:一是万向钱潮公司收购成立武汉万向汽车制动器有限公司,直接进入二汽神龙富康配套,二是上海投资公司顺利收购了浦江期货经纪公司,三是万向美国公司收购了美国QA1公司200万美元的股权成功实现以股权换市场;万向作为全国唯一的一家汽车零部件企业被国务院确认为520户国家重点企业;外交部授权万向集团公司在权限范围内向驻外使、领馆和拟被邀请来华的外国人发通知签证函电(含邀请函);获得"中国企业管理杰出贡献奖"等荣誉;鲁冠球作为浙江省唯一农业劳模代表赴京参加新中国成立 50 周年国庆观礼;人事部发文批准万向集团建立企业博士后科研工作站。

2000 年:全年实现主营业务收入 677500.95 万元,利润 50500 万元,出口创汇 13370.85 万美元,三项指标全部超额完成年度计划,分别较去年增长了 51.63%、49.52% 和 30.99%,实现了日创利润 100 万元向日创利润 200 万元的突破;李鹏、李瑞环等党和国家领导人到集团视察工作;11 月 29 日,以万向集团为主要发起人的万向创业投资股份有限公司正式创立,先期注册资本 3 亿元,成为全国民营及浙江省规模最大的风险投资公司;6 月 10 日,鲁冠球当选为中国乡镇企业协会会长,成为第一个当选为全国性行业协会会长的企业家。9 月 3 日,鲁冠球在获"中华十大管理英才"荣誉称号;11 月 11 日,鲁冠球受聘担任浙江大学 MBA 特聘导师;7 月 10—14 日,中华全国青年联合会第九届委员会委员鲁伟鼎赴京出席全国青联九届一次全委会;万向美国公司收购美国舍勒公司、BT 公司、IPPD 公司和麦可公司等,标志着海外建立国际性的生产基地、配置国际资源的跨国发展战略又迈出坚实一步;10 月,万向集团成功收购广州轴承厂万向节生产线和商标品牌,获得"万向"商标所有权和使用权;11 月 28 日,中国万向控股有限公司名称获国家工商行政管理局核准;继万向节为通用汽车公司配套后,传动轴产品进入福特汽车公司的配套生产线。

2001 年:全年实现营收 86.36 亿元,利税 9.25 亿元,出口创汇 1.78 亿美元,同比增长 27.47%、38.18%、33.23%,超额完成年度增长目标;11 月 11 日,鲁冠球荣膺香港理工大学荣誉工商管理博士学位;12 月 29 日,鲁冠球入选"CCTV 中国经济年度十大人物";8 月 28 日,成功收购美国 UAI 公司(全称 Universal Automotive Industries INC.)21% 的股份,加上期权、担保、契约和有关经营合同共计拥有 58.8% 的表决权,实现跨国界的市场融通、技术共享和优势互补;系统零部件主机配套步伐加快,对国内十大主要汽车主机厂业务增长 80% 以上,万向钱潮获评 2001 年度优秀供应商、A 级供应商;实现从零件、部件到系统部件的模块化配套;继制动器配套后,前轮毂轴承、减震器等产品又实现了批量配套,等速驱动轴通过了"ē"级认可;5 月 28 日,万向千岛湖旅游投资股份公司正式成立,注册资本 1.5 亿元;12 月 26 日,万向千岛湖羡山公路及万向千岛湖羡山旅游度假区项目正式启动。12 月 28 日,万向收购承德露露 26% 的股权,为集团实施大农业战略又跨出了坚实的一步;完成科技攻关项目 247 项,新产品、新品种设计投产 902 个;获得国家级重点新产品、国家级火炬项目、国家级创新基金各一项,获得"九·五"国家技改优秀项目和国家重点技术改造"双高一优"项目共 4 项,34 个项目获得国家专利权;国家 863 计划 CIMS 应用示范企业、全国 CAD 工程应用示范企业,零部件实验室获得国家审批,技术中心被评为全国优秀企业技术中心;新增 4 家公司被评为国家级、省级和市级高新技术企业;作为唯一汽车零部件主业企业列入国家经贸委公布 2000 年度重点企业百强榜,获得首批全国 520 户"重合同守信誉"企业等荣誉;11 月 29 日,经中国人民银行总行批准,万向集团财务有限公司获准筹建,为浙江省第一家获准筹建的企业集团财务公司;在国际国内寻求机会实施兼并、收购、重组和投资,成功运作投资项目共计 19 个。

2002年：完成营收118亿元，利税10.47亿元，出口创汇2.8亿美元。鲁冠球获杭州市委、市政府300万元特殊贡献奖；技术中心在全国289家国家级技术中心综合评比中名列第3位，企业自主知识产权列全国第9位；在美国新增并实施DET等5个高科技及创新项目，美国伊利诺伊州政府命名每年8月12日为"万向日"；万向钱潮分别与海南马自达、上汽安徽奇瑞、昌河汽车就系统模块化技术与供货签署合作协议；在西部贵州，与中国普天信息集团合作成立普天万向物流技术股份公司；在浙江开化收购改造成立万向硅峰电子股份公司；成立浙江万向电动汽车开发中心，收购埃泰克电池工业公司，完成电动轿车、电动大客车样车开发；收购浙江远洋渔业集团，远洋船队出征大西洋；万向财务有限公司正式开业运行；投资民生人寿保险并成为第一大股东。

2003年：万向集团实现营收152亿元，利税13.3亿元，进出口总额5.64亿美元，同比分别增长29％、28％和49％；在国家统计局发布的按新标准划分的1588家全国大型工业企业名单中，万向集团公司名列第45位；在浙江省工商局公布的浙江省百强非公（民营）企业名单中名列榜首；荣获首届全国企业管理创新特别成就奖；万向研究院在301家国家认定企业技术中心年度评价中名列第二；纯电动汽车动力总成开发项目，列入国家"863"重大专项系列，硅峰空间太阳能硅片被神州五号载人飞船采用，"万向制造"与神州五号同游太空；万向国家级汽车零部件实验室成为中国质量认证中心签约实验室，取得汽车行业第一张现场检测资格证书；万向节产品获"CQC"1号认证证书；在美国创建万向制造基金，一批政界商界知名人士成为股东；收购浙江省工商信托投资股份有限公司，新增信托、证券金融资格，构筑主业支持平台，万向金融牌照累计已达10项；6月20日，应全国人大常委会、中共中央宪法修改小组邀请，鲁冠球作为企业界代表，在北京人民大会堂参加由中共中央政治局常委、全国人大常委会委员长吴邦国主持召开的"中共中央宪法修改座谈会"；万向被授予"中国名牌产品生产企业"称号，"钱潮QC"牌万向节被评为"中国名牌产品"，成为国内汽车及零部件行业惟一荣获此殊荣的产品；收购美国"百年老店"——翼形万向节传动轴的发明者和全球最大的一级供应商——洛克福特（Rorkford）公司33.5％的股权；收购美国历史最悠久的轴承生产企业GBC公司，与TRW、DANA等形成战略合作关系，跨国生产体系形成；鲁伟鼎总裁作为惟一中国大陆企业家，被美国《时代》杂志（TIME）和美国有线新闻网（CNN）联合评定为"2003全球最具影响力企业家"。

2005年：实现营收252亿元，利税12.4亿元，出口创汇8.18亿美元；鲁冠球荣获首届全国企业管理创新大奖"袁宝华企业管理金奖"；神州六号载人飞船上两对太阳能帆板采用的硅片全部由万向硅峰提供，全年国内外申报专利130项，获得专利70项，"钱潮"商标被认定为中国驰名商标，轴承又获中国名牌产品称号；技术中心在334家国家级企业技术中心综合评比中列第8位，连续五年列全国前10位；杭州市工况下电动汽车运行考核试验研究、电动汽车示范运行综合信息管理系统开发两个项目，再次列入国家863计划，电动公交车正式在杭州环西湖游九线路商业示范运行；西进收购湖北通达，直接进入汽车燃油箱及排气消声系统制造，为东风、神龙独家供货，为郑州日产、广州风神和厦门金龙等配套，在湖北石堰建设的零部件基地——万向通达工业园正式开工；北上控股长春立德，增加轿车前后保险杠、风道产品，巩固了与一汽等的配套关系；南下参股成为广汽汽车集团股份有限公司第二大股东，为进入广汽零部件配套体系优化了环境，为学习广汽的管理经验创造了条件；东跨太平洋收购美国PS公司，成为美国福特公司方向连杆最早和核心配套供应商之一，也成为克莱斯勒和通用的一级供应商；远洋渔业再传捷报，拥有世界先进装备的"新世纪102号"围网船5月25日在印度洋上一网捕得金枪鱼300吨，为远洋渔业历史所罕见。同时，20艘新造金枪鱼船全部投入使用，阿根廷捕捞基地建设完成；中国汽车网完成与美国著名风险投资公司GGV的战略股份融资，为巩固在国内汽车电子商务服务方面的强势地位，及对接美国先进的商业模式，发展成为世界优秀汽车服务品牌起到了积极的促进作用。

2007年：全年实现营收突破400亿元，日进营收超亿元，日创利税超千万，月缴税金超亿元，月出口超亿美元；9月11日，万向集团公司生产的"钱潮QC"牌万向节荣获"中国世界名牌产品"称号，为中国汽车工业和浙江省实现中国世界名牌"零"的突破；10月5日，"万向"被授予中国驰名商标称号。至此，万向企业、产品和商标三者合一。这也是万向继"钱潮"之后的第2件中国驰名商标；12月26日，中国工业领域最高奖、首届"中国工业大奖"在北京人民大会堂正式揭晓并予表彰，在9家"中国工业大奖"和"中国工业大奖表彰奖"的企业和项目中，万向集团公司是获表彰的唯一一家民营企业；作为国内万向节标准的独立起草企业，万向拥有约500项中国专利、20多项美国专利，是全球规模最大、专利最多的万向节制造企业，占全球市场份额12%左右；美国中部时间7月6日，万向收购总部位于底特律的美国AI公司30%的股权，成为其第一大股东，AI公司是通用、福特、克莱斯勒的"零级供应商"，在美国7个州拥有12个装配工厂，2006年AI公司向汽车厂组装模块化供货业务规模约为80亿美元，几乎美国每5辆车中就有一辆要用上AI产品，扩大万向制造在国际主流市场份额，有效提升全球经营制造能力；10月31日，万向通过万向资源的全资子公司——中矿国际与朝鲜采掘工业省直属惠山青年铜矿共同组建合资企业惠中矿业合营公司，双方将共同开发朝鲜最大的铜矿——惠山青年铜矿；12月底，万向电动汽车与国家电网合作的电动汽车充电站杭海路站正式投入运营，这也是万向电动汽车参与建设的第4个类似的充电站。这种可换可充的多功能充电站主要用于保障电动汽车的续航和维护，万向电动汽车为新能源建设工作起到了积极的推动作用；2007年，万向投资3亿元，引进170余台套国际一流设备的韩国威亚等速驱动轴项目建成投产，并一次性通过项目评审；在国家发改委对国家级企业集团技术中心的年度综合评价中，万向集团以92分的成绩，在438家国家认定企业技术中心评价中荣膺第3名，位居国内企业技术创新的第一集团军。同时，这也是万向连续6届评价列全国前8名，其中多次进入前3名，省经贸委贺信称"不仅是万向的光荣，更是浙江企业的骄傲"；12月19日，在中国共青团十五届六中全会上，总裁鲁伟鼎被光荣地递补为共青团第十五届中央委员会委员。

万向的发展离不开社会各界的支持，发展起来了的万向不忘回报社会。在"素质决定命运"、"知识改变命运"指导思想下，万向积极支持发展贫困地区教育，由万向捐建、命名的学校已达 13 所。万向公益事业例举：

1996 年 7 月，万向捐款 60 万元，帮助受灾的淳安县人民重建家园；

1998 年，向遭受洪灾的东北人民捐款 150 万元，以帮助重建家园；

1998 年，捐资 200 万元，资助苍南五凤万向中学、淳安梓桐万向中学等 13 所中学新建教学楼；

1998 年，捐资 200 万元，建设希望小学；

1998 年，捐资 1000 万元，设立新闻基金；

2000 年，捐资 300 万元，建造"万向公园"；

2001 年，捐资 1000 万元，建立万向慈善基金，实施开展"四个一百工程"（一百个孤寡老人、一百个孤儿、一百个残疾人、一百个失学儿童）；

2002 年，出资 768 万元，扩建浙江大学城市学院，捐助扶贫建校 227 万元；

2003 年，出资 8500 万元，筹建万向学院；

2004 年，出资 1000 万元，建造万向中学。

第十二章

创新浙商:吉利汽车和李书福

在众多浙商创新发展实例中,民营企业起家的吉利汽车发展之路,提供了一个创新发展的很好例证。尽管吉利发展前景还有很长的路要走,迄今为止的吉利崛起之路也足以引以为豪。

浙江吉利控股集团有限公司是中国汽车行业 10 强中唯一一家民营轿车生产经营企业,始建于 1986 年,经过 20 年的建设与发展,在汽车、摩托车、汽车发动机、变速器、汽车电子电气及汽车零部件方面取得辉煌业绩。1997 年进入轿车领域以来,凭借灵活的经营机制和持续的自主创新,取得了快速的发展,资产总值超过 140 亿元。连续六年进入中国企业 500 强,连续四年进入中国汽车行业 10 强,被评为首批国家"创新型企业"和首批"国家汽车整车出口基地企业",是"中国汽车工业 50 年发展速度最快、成长最好"的企业。

吉利汽车基本情况

吉利集团总部设在杭州,在浙江临海、宁波、路桥和上海、兰州、湘潭、济南建有七个汽车整车和动力总成制造基地,拥有年产 40 万辆整车、40 万台发动机、40 万台变速器的生产能力。现有吉利自由舰、吉利金刚、吉利远景、吉利熊猫、上海华普、中国龙等八大系列 30 多个品种整车产品;拥有 1.0L—1.8L 八大系列发动机及八大系列手动与自动变速器。上述产品全部通过国家的 3C 认证,并达到欧Ⅲ排放标准,部分产品达到欧Ⅳ标准,吉利拥有上述产品的完全知识产权。集团在国内建立了完善的营销网络,拥有近 500 个 4S 店和近 600 家服务站;投资近千万元建立了国内一流的呼叫中心,为用户提供 24 小时全天候快捷服务;率先在国内汽车行业实施了 ERP 管理系统和售后服务信息系统,实现了用户需求的快速反应和市场信息快速处理。吉利汽车累计社会保有量已经超过 120 万辆,吉利商标被认定为中国驰名商标。浙江吉利集团的企业文化战略思想是"总体跟随、局部超越、重点突破、招贤纳士、合纵联横、后来居上",企业精神是"敬业、创新、沟通、拼搏",企业使命是"造老百姓买得起的好车,让吉利汽车走遍全世界"。

集团投资数亿元建立了吉利汽车研究院,总院设在临海;目前,研究院已经具备较强的整车、发动机、变速器和汽车电子电器的开发能力,每年可以推出 4—5 款全新车型和机型;自主开发的 4G18CVVT 发动机,升功率达到 57.2kW,处"世界先进,中国领先"水平；自主研发并产业化的 Z 系列自动变速器，填补了国内汽车领域的空白，并获得 2006 年度中国汽车行业科技进步唯一的一等奖；自主研发的 EPS，开创了国内汽车电子智能助力转向系统的先河；同时在 BMBS 爆胎安全控制技术、电子等平衡技术、新能源汽车等高新技术应用方面取得重大突破；目前已经获得各种专利 718 项，其中发明专利 70 多项，国际专利 26 项；被认定为国家级"企业技术中心"和"博士后工作站"，是省"高新技术研发中心"。

本着"造最安全、最环保、最节能的好车，时刻对品牌负责，永远让顾客满意"的质量方针，集团狠抓质量体系建设，已通过了 ISO9000 质量体系认证、TS16949：2002 质量管理体系认证和绿色环境标识认证；为适应国际市场需要，全面启动了欧盟的 ECE、EEC、海湾 GGC 等国际认证工作。

本着"总体跟随、局部超越、重点突破、招贤纳士、合纵连横、后来居上"的发展战略，制定了 10 年中长期发展规划：到 2015 年，吉利汽车将拥有以左、右舵兼顾，满足各国法规和消费习惯的 15 个系列 42 款整车；拥有满足国内外法规要求的汽、柴油兼顾的 8 个系列发动机、7 个系列手动、自动变速器；到 2015 年，吉利将在海外建成 15 个生产基地，实现 2/3 外销的目标。

浙江吉利控股集团有限公司在国际市场开拓方面也取得突破性进展，截至 2005 年底，在海外已建有 18 家代理商和 108 个销售服务网点，累计出口近 16000 辆吉利汽车。浙江吉利汽车控股集团有限公司投资数亿元建立了吉利汽车研究院，其总部设在临海，在杭州建有分院，在宁波建有发动机研究所、变速器研究所，在路桥建有电子电气研究所。吉利汽车研究院拥有较强的轿车整车、发动机、变速器和汽车电子电器的开发能力，每年可以推出 2－3 款全新车型和机型。在汽车造型设计开发、发动机、变速器和汽车电子电气设计开发方面拥有行业顶尖的技术专家和技术力量，2005 年获得各种专利 101 项，发明专利 7 项；自主开发的 4G18 发动机，升功率达到 57.2kW，处于国际先进水平；自主研发的自动变速器，填补了国内汽车领域的空白；自主研发的 EPS，开创了国产品牌的汽车电子助力转向系统先河。2005 年，吉利集团被评定为"国家级企业技术中心"和"省级高新技术研究开发中心"。

浙江吉利控股集团有限公司现有员工近 7000 人，其中工程技术人员 900 余人，占总人数的 14% 以上；集团现有院士两名、外国专家八名、博士数十名、硕士数百名、高级工程师及研究员级高级工程师数百名。特别是近几年从国内外知名汽车公司引进的一大批高级技术人才和高级管理人才，在吉利教育产业、产品研发、技术质量、生产经营、市场营销等方面发挥了重大作用，成为吉利汽车后来居上的重要保障。

浙江吉利控股集团有限公司投资数亿元建立的北京吉利大学、海南吉利三亚学院、临海浙江吉利汽车技师学院等高等院校，在校学生已达 3 万人，培养出的近万名毕业生就业率达到 95% 以上，为中国汽车工业人才战略作出重大贡献。

浙江吉利控股集团有限公司及其下属子公司现已全部通过了 ISO9000 质量体系认证，为了适应国际市场的需要和集团的战略发展，集团和各子公司全面启动了

TS16949 体系建设与认证、欧盟的 ECE 认证、美国的 DOT 和 EPA 等认证工作。浙江吉利控股集团有限公司为实施国际化战略,已制定出未来 10 年的规划蓝图,即到 2010 年,将推出 15 款全新车型,8 款发动机,6 款手动变速器,6 款自动变速器,3 款电子无级变速器,一个油电混合动力项目和一个赛车项目;到 2010 年,将实现产销 100 万辆目标,其中国内市场份额达到 8%,吉利汽车将成为国内经济型轿车的首选品牌;到 2015 年,将实现产销 200 万辆,其中 2/3 出口,在国际市场份额将达到 2。5%,吉利汽车将成为国际知名品牌。为实现上述战略目标,吉利集团已经在品牌营销规划、业务流程再造、经营管理创新、人力资源整合、企业文化建设、全面实施信息化等方面展开卓有成效的工作。

吉利汽车创新发展历程

1986 年 11 月 6 日,李书福以冰箱配件为起点开始了吉利创业历程 1989 年,转产高档装潢材料,研制出第一张中国造镁铝曲板。

1994 年 4 月,进入摩托车行业,1994 年 6 月,中国第一辆豪华型踏板式摩托车诞生。

1996 年 5 月,成立吉利集团有限公司,走上了规模化发展的道路。

1997 年,进入汽车产业。1998 年 8 月 8 日,第一辆吉利汽车在浙江省临海市下线。

2001 年 11 月 9 日和 12 月 26 日 JL6360、HQ6360、MR6370、MR7130 四款车登上国家经贸委发布的中国汽车生产企业产品公告,使集团成为中国首家获得轿车生产资格的民营企业。

2002 年 5 月 25 日,原浙江省财政厅党组成员、地税局总会计师徐刚出任集团首席执行官,标志着吉利集团开始从家族制企业向现代股份制企业的转型。

2002 年 10 月 1 日,亚洲第一飞人——柯受良驾驶吉利·美日轿车在世界屋脊布达拉宫广场激情飞越,作硬碰硬着陆表演,取得成功,同时很好地展示了吉利汽车的品牌形象。

2002 年 12 月份,分别与韩国大宇国际株式会社、意大利着名汽车项目集团签约联合开发 CK-1 与 CI-1 轿车项目。

2002 年 12 月,与省内和上海若干家商业银行建立了战略性银企合作关系。

2002 年,进入全国"3+6"主流轿车制造厂家行列。又排入全国企业 500 强,名列浙江省百强企业第 28 位。

2003 年 1 月 16 日,集团管理总部迁入杭州高新产业开发区。

2003 年 1 月 28 日,规划年产 30 万台轿车的台州吉利轿车工业城总装厂竣工,被第二届中国工业设计论坛评为"中国工业设计创新特别奖"的吉利?"美人豹"跑车在此下线。

2003 年 2 月,董事长李书福当选为第十届全国政协委员,出席两会并于年度内荣膺"中国汽车工业 50 周年 50 位最有影响的人物"奖和"中国优秀企业家"奖。

2003 年 3 月 6 日,吉利自主研发的 MR479Q 系列发动机通过国家计划单列市级新产品鉴定。

2003 年 3 月,吉利轿车顺利通过"3C"认证。

2003 年 3 月 24 日,主营吉利集团汽车产业发展的浙江吉利控股集团有限公司成立。

2003 年 3—11 月,吉利先后被评为"中国汽车质量放心用户满意十佳诚信企业"、"浙江省首届市民最喜爱的轿车"、"浙江省百强企业",排名第 28 位、"中国汽车工业 50 周年发展速度最快的企业"、"2003 年中国机械企业 500 强"排名第 60 位、"2003 年度中国企业信息化 500 强"第 171 位。

2003 年 5 月,浙江吉利国润汽车有限公司成立。

2003 年 4 月,吉利第十万辆轿车在宁波基地下线。

2003 年 7—9 月,吉利轿车勇夺"全国汽车拉力赛"长春站、北京站两连冠和龙游站季军的佳绩。

2003 年 8 月,首批吉利轿车出口海外,实现吉利轿车出口"零的突破"。

2003 年 9 月,首辆吉利"美人豹"都市跑车被中国国家博物馆永久收藏并展示。

2003 年 10 月,上海华普轿车推出中级轿车—华普 M203,同日华普汽车二期工业园奠基。

2003 年 11 月,总裁徐刚荣获第四届"中华管理英才"奖。2004 年 3 月又荣获"2003 年度汽车行业全明星阵容最佳民营企业 CEO/总裁"荣誉 2003 年 11 月,"中国汽车知识产权第一案"由北京市第二中级人民法院宣判,吉利全胜,法院驳回了日本丰田自动车株式会社的全部诉讼请求。

2003 年 12 月,吉利"美人豹"跑车被评为"中国风云车最佳跑车"。

2004 年 1 月,国润控股有限公司宣布:国润控股董事局建议将公司名称由"国润控股有限公司"更改为"吉利汽车控股有限公司"(简称"吉利汽车"),标志着国润与吉利的合作进入一个新的阶段。

2004 年 3 月,全国汽车拉力锦标赛上海站比赛,华普飙风车队荣获 S2 组冠军,吉利车队荣获 S2 组亚军。S2 组前五名中,吉利荣获四位。

2004 年 4 月,吉利控股集团入选浙江省企业联合会、浙江省企业家协会排序的"浙江百强企业",位列第二十五名。

2004 年 4 月 10 日,原韩国大宇公司总裁沈奉燮加盟吉利,任吉利控股集团研发副总裁。

2004 年 5 月,研究院完成豪情 JL7100、JL7101,华普 SMA7151,美日 MR7130X3 新车型获得国家公告。

2004 年 5 月 21 日,第 21 万辆吉利轿车用户产生,在台州吉利汽车城举行交车仪式,同日举行吉利控股集团被授予"中国汽车工业 50 年 50 家发展速度最快、成长性最好的企业奖"，李书福董事长被授予"中国汽车工业 50 年 50 位杰出人物奖"的颁奖仪式，李书福董事长、徐刚总裁、沈奉燮副总裁、顾伟明副总裁、刘金良副总裁、潘巨林副总裁参加仪式，以及省、市政府有关领导参会。

2004 年 6 月 6 日，在中国国际汽车周上，吉利轿车获得"消费者喜爱的自主汽车品牌"，"美人豹"都市跑车获得"外形设计独特车型"大奖，当选"年度节能车型"，总裁徐刚出席了颁奖仪式。

2004 年 7 月 19 日，美人豹都市跑车"魅惑版"在西安上市。2004 年 8 月 9 日，国家经贸委政策法规司司长王福昌在安聪慧副总裁的陪同下参观宁波基地。

2004 年 8 月 3 日，M303 在华普制造公司下线。

2004 年 10 月 20 日，上海华普海域 303 在上海科技馆前举行上市发布会。

2004 年 11 月 6 日，吉利集团成立 18 周年庆典活动在临海基地隆重举行，台州市市委、市政府、市人大、市政协四套班子主要领导、上海市金山区、杭州市滨江区等政府领导出席了庆典活动；埃及驻华领事、阿尔及利亚驻华参赞、苏丹驻华参赞、美国杜邦、德国博世等供应商代表也参加了庆典；庆典活动由集团常务副总裁杨健主持，李书福董事长和徐刚总裁先后做了精彩的演讲，集团领导与来宾们检阅了集团的新产品方队和由各子公司各部门 3000 余名员工和北京吉利大学、吉利教育中心数百名师生组成的十八个方队的行进表演，整齐的步伐，响亮的口号和振奋人心的标语表现出集团上下一心、迎难而上、奋力拼搏、战无不胜的气势和力量。

2004 年 11 月 8 日，由全国总工会主办、吉利集团协办的"吉利轿车杯"全国职工风采大赛总决赛在路桥区举行，来自全国的 28 位选手在预选赛、小组赛和分区赛的数百名选手中脱颖而出参加决赛竞技。

2004 年 11 月 28 日，在浙江豪情汽车制造有限公司第一汽车制造分公司，庆祝路桥建市十周年暨吉利汽车路桥基地四大工艺竣工仪式隆重举行。

2004 年 12 月 27 日上海华普发动机有限公司举行隆重的项目竣工暨产品下线庆典，集团董事长李书福、总裁徐刚、常务副总裁杨健、副总裁安聪慧、陈寅、尹大庆、张爱群及上海金山区有关政府领导参加了庆典仪式。2004 年 12 月，中华人民共和国国家发展和改革委员会 2004 年第 78 号公告，公告了浙江吉利汽车研究院的优利欧三缸机共五种车型(JL7100X1、JL7100X2)申报成功；研究院完成了集团所有车型环保目录申报和 3C 认证。

2005 年 1 月 5 日，在北京 2005 年搜狐论坛年会上，董事长李书福获得"新民企领袖"奖，吉利轿车获得"年度风云车"奖；2005 年 1 月 18 日，浙江省委副书记夏宝龙视察豪情公司，亲自试驾了一辆腾龙黄美人豹跑车并给予高度评价。陪同视察的有台州市副市长胡斯球、台州市委副秘书长万敏杰、临海市委副书记、市长叶维军、市委副书记王以琅、副市长张招金等领导。

2005 年 1 月 28 日，国韩联合开发的"吉利自由舰"在宁波浙江吉利汽车有限公司总装厂成功下线。

　　2005 年 3 月 3 日全国政协十届三次会议在北京隆重举行,全国政协委员、浙江吉利控股集团董事长李书福出席了会议,作为汽车行业的代表向大会提交了《加大保护和扶持中国本土汽车品牌的力度》和《简化程序,增强实用性,取消或规范"道路货物的运单"的使用,促进物流业的发展》等两个重要提案。

　　2005 年 3 月 4 日上午,全国政协十届三次会议举行界别联席讨论会上,董事长李书福就《自主创新是中国汽车工业的根本出路》专题向温家宝总理进行了汇报,引起了国家领导和政协委员们的极大关注。

　　2005 年 3 月 27 日下午,国家商务部在北京召开了"促进汽车出口、完善进口管理,提高国际竞争力"的座谈会,李书福董事长出席会议并向薄熙来部长汇报了集团的生产经营情况和国际市场开拓情况,受到薄部长的充分肯定和赞扬;一汽集团、东风集团、上汽集团等全国九家重点汽车企业集团主要负责人参加了座谈会。

　　2005 年 4 月 5 日,马来西亚拿督苏锦鸿博士与上海吉利美嘉峰国际贸易股份有限公司在上海签署吉利汽车整车销售代理协议及 CKD 项目协议书。

　　2005 年 4 月 18 日,德国驻上海领事馆领事福格尔先生莅临宁波制造公司。

　　2005 年 4 月 19 日,"自由舰济南上市"发布会在山东济南举行。

　　2005 年 4 月 21—28 日,第十一届上海国际汽车展隆重举行,集团以吉利自由舰、美日 203、美人豹、吉利"城堡"概念车、上海华普海域 303、海迅 205 等车型组成的强大阵容与国际国内强手同场展示,传播了科技领先、安全主动的吉利自主研发理念,引起数万国内外观众的关注。

　　2005 年 4 月 30 日,《中国汽车工业发展趋势和自主研发模式》高峰论坛在临海举行,中国汽车报社长特别助理杜芳慈、国家发改委处级调研员李万里与李书福董事长分别就中国汽车工业发展趋势和自主研发模式发表了精彩的演讲。

　　2005 年 5 月,吉利在香港成功上市;2005 年 5 月 30 日,在马来西亚吉隆坡国会大厦,吉利汽车控股集团和马来西亚 IGC 集团就整车项目及 CKD 项目正式签约;中华人民共和国全国人大常委会委员长同志和马来西亚联邦议会下议院议长出席了签约仪式。

　　2005 年 6 月 21 日,吉利汽车控股有限公司与香港生产力促进局(生产力局)正式签署在香港合作开发新型轿车体系并带动有关零部件开发项目的合作备忘录,吉利汽车控股有限公司董事局主席李书福与香港生产力局主席兼立法会议员梁君彦签署了合作备忘录。

　　2005 年 8 月 3 日,浙江吉利控股集团创立"吉利未来人才基金",这是一项面对国内贫困学生的助学专项基金;12 月 17 日,"吉利未来人才基金"助学工程启动仪式在浙江吉利汽车研究院隆重举行。

　　2005 年 8 月 15 日,世界品牌实验室向全世界发布了"中国 500 最具价值品牌"榜单,"吉利"以品牌价值 55.37 亿元跻身前百强。

　　2005 年 8 月 21 日,2005 中国企业 500 强及其分析报告发布会暨加快培育具有国际竞争力的大企业高层论坛上公布了"中国企业 500 强"，浙江吉利控股集团已连续三次入榜。

2005 年 8 月 23 日，"中国吉利方程式国际公开赛"协议书签字仪式在宁波公司会议室举行了隆重举行。浙江吉利控股集团董事长李书福与中国汽车运动联合会主席石天曙在协议书上签字；杨健常务副总裁、安聪慧、刘金良、张爱群副总裁以及中央电视台、人民日报、中国汽车报、浙江电视台、浙江日报等四十余家新闻媒体参加了签字仪式和新闻发布会。

2005 年 9 月 12 日，第六十一届德国法兰克福车展上，浙江吉利控股集团的吉利轿车向世界各国参观者第一次正式亮相，实现了近百年来中国汽车自主品牌参加世界顶级车展历史性突破；在车展上，董事长接受了近百名中外记者专访，与数百个代理商进行合作意向洽谈。

2005 年 10 月 14 日，宁波公司举行自由舰第 10000 辆下线仪式；自由舰荣获"汽车科技典范奖"、"2005 年度国民车"等 7 个奖项。

2005 年 10 月 19—21 日，"全国首届汽车装配工职业技能大赛"在北京隆重举行，吉利选手以出色的技能摘下两项国家银奖和两项竞赛优胜奖，吉利集团荣获优秀组织奖。

2005 年 10 月 26 日，由国家科技部召开的《"吉利现象"——中国民族汽车工业发展道路研讨会》在京举行。国家科技部办公厅主任梅永红主持会议，科技部部长徐冠华亲自参加并做重要讲话；国家科技部研究研究中心资深汽车问题研究专家金履忠、国家科技部专职委员陈祖涛，中国机械工业联合会常务副会长、原机械工业部副部长陆燕荪，中国汽车工程学会副理事长、中国汽车工程学会副理事长、中国工程院院士郭孔辉，北京大学教授路风，浙江省科技厅副厅长罗卫红、吉利集团董事长李书福以及国务院科技部、国家发改委的专家、学者 30 余人参加研讨。

2005 年 10 月 30 日—11 月 2 日，兰州吉利汽车生产基地、湘潭吉利汽车生产基地的签字仪式分别在兰州市、湘潭市隆重举行。

2005 年 11 月 1 日，"吉利"商标荣获中国驰名商标的称号。

2005 年 11 月 30 日，中央电视台一套《焦点访谈》栏目播出"自主创新"吉利专题，吉利汽车的三个惊叹号：拥有中国唯一自主知识产权的自动变速器，"人人都是创新者"的企业文化，持续创新走向世界。

2005 年，在搜狐论坛年会上，李书福董事长获得"新民企领袖"奖，吉利轿车获得"年度风云车"奖；在首届台州商人大会上，李书福董事长荣获"2005 年度新台商十大风云人物"称号。

2005 中国企业领袖年会，李书福董事长荣获"2005 年度 25 位最具影响力的企业领袖"。

2010 年 8 月 2 日，吉利控股集团董事长李书福和福特首席财务官刘易斯·布思在英国伦敦共同出席交割仪式。中国浙江吉利控股集团有限公司 2 日在伦敦宣布，已经完成对美国福特汽车公司旗下沃尔沃轿车公司的全部股权收购。

吉利崛起的创新成就

吉利人认为没有创新的企业就等于没有灵魂，在激烈的市场竞争中生存和发展，必须走"自主创新、自主研发、自主知识产权"的道路。

首先，制定了吉利特色汽车工业发展的技术路线和发展战略。为了实现吉利的既定目标，除了建立人才队伍提供基础保证外，十分关键的一点就是制定切实有效的技术路线和科学合理的发展战略。吉利确定了"借鉴日本和韩国优秀企业的技术成果，结合中国汽车工业 50 年发展经验教训，总结吉利 10 年来自主研发、大胆创新、艰苦创业、不断积累的实践，形成有吉利特色的汽车工业发展的技术路线"。同时也确定了"总体跟随，局部超越，重点突破，招贤纳士，合纵联横，后来居上，全面领先"的发展战略。既顺应当前世界汽车工业的基本态势，也符合吉利汽车的实际情况，并充分表达了吉利人的雄心壮志。

其次，持续强化自主创新的力度。目前，投资数亿元建立起的吉利汽车各研究院拥有较强的轿车整车、发动机、变速器和汽车电子电器的开发能力，每年可推出 4－5 款全新车型和机型，被认定为国家级"企业技术中心"和"博士后工作站"。

吉利自主开发的 4G18CVVT 发动机，升功率达到 57.2kW，处"世界先进，中国领先"水平；自主研发的 Z 系列自动变速器，填补了国内汽车领域的空白，并获得 2006 年度中国汽车行业科技进步唯一的一等奖；自主研发的 EPS，开创了国产品牌的汽车电子助力转向系统的先河。

为加大自主创新步伐，吉利集团建立了创新成果应用平台，已在 BMBS 轮胎爆破安全技术、电子等平衡技术、新能源应用等专利技术应用方面取得重大突破。

吉利还相继研发出全中国第一台完全自主知识产权的自动变速器，第一台世界先进的超大升功率自然进气全铝发动机，第一台世界一流水平的电子智能助力转向系统（EPS）等产品。在中国本土汽车厂商中，率先实现了汽车核心部件的自给自足，目前已经有数款自主研发的汽车投放市场。

第三，创新增强了企业发展的活力。吉利十分重视员工的创新活动，认为理想与现实的差距就是创新的空间，每年由一线员工提出并实施的合理化建议有近万条，创经济效益近千万元。为鼓励员工刻苦钻研技术、善于发现问题、勇于解决问题，成为有理想、有智慧、有一身硬功夫的技术工人和一线管理人才，还以员工名字对员工创新成果进行命名。

吉利现已拥有各种专利 417 项，发明专利 38 项，居汽车行业自主品牌专利数前列，被国家统计局评为全国自主创新 10 强企业。

的确，吉利集团由小到大、由弱到强，逐渐从"草根"成长为枝繁叶茂的"大树"，形成发人深思的"吉利现象"。吉利成功的经验是多方面的，但创新是个永恒的成功主题。

吉利汽车创新品牌

吉利通过引入意大利设计理念，完全自主研发设计，兼收并蓄、由表及里的全方位改变，全面提升动力、操控性、舒适性和可靠性，开发了新美日之星，为用户提供了一款外观靓丽、动力性能优秀的个性时尚生活用车。新美日之星是专为消费者量身定做的一款时尚两厢车，在满足代步需求的同时，其入流的外形更是不失体面而有活力。不单是体面的代步工具，更能满足工作、生活、出游出行的需要。

豪情是吉利旗下开发最早、上市时间最长的一款车，是吉利目前最成熟的产品之一。在动力、内饰、外形等方面，都已经确立了经济型轿车领头羊的地位，产品更新换代日臻完善。新豪情的推出，是吉利"造老百姓买得起的好车"企业理念的进一步延续。作为精典的两厢轿车，新豪情流畅的造型设计，既稳重典雅，又富于时代感和创新精神。整体造型活泼而不夸张，沉稳而不保守，洋溢着自信和潮流的韵味。吉利人在成熟的生产工艺上进行着不断的技术创新和改善，使新豪情工艺更精细、价格更合理、配置更人性。正圆着中国越来越多老百姓的有车梦。

美人豹是中国第一辆国产都市跑车，2003年1月28日下线，11月28日批量投放市场，获得"中国工业设计创新特别奖"，并被中国国家博物馆永久性收藏与展示。2003年12月，被评为"中国风云最佳跑车"。2006年摘得本年度"最佳国产跑车"桂冠。

自由舰吉利集团与韩国大宇国际株式会社联合开发的自由舰，是1000余名中外技术研发人员历时三年的智慧结晶，堪称吉利自主品牌的高科技精品；金刚吉利金刚的诞生，是吉利品牌划时代的突破，吉利金刚代表了吉利汽车研发技术实力水平，是吉利汽车拓展国内及国际市场具有里程碑意义的车型，更是打开自主品牌与合资品牌分庭抗礼全新格局的2006年度黑马。

吉利金刚是为满足对理想坚持追求，勇于走自己的道路，寻求自我突破的一群新锐消费者。吉利金刚是吉利汽车的战略车款，是吉利汽车进入中级轿车市场的战略车型。

远景吉利1.8L CVVT远景——商务家轿崭新登场。国际领先的1.8L CVVT全铝发动机，澎湃动力，节能高效！车内空间宽敞舒适，内装配置以人为本，愉悦感受全程相伴！率先通过正面、侧面、尾部全方位碰撞测试的自主品牌轿车，安全典范，无懈可击！

G-Power动力强劲堪称自主品牌典范 2006年8月，吉利动力G-POWER CVVT系列发动机全面下线，国内自主发动机队伍迎来了一个标志性成员。吉利动力G-POWER CVVT发动机突破了我国发动机科技研发的瓶颈，是我国民族汽车工业发展的重要里程碑。

后　记

　　本书是《浙商发展报告》系列的第二部,其内容覆盖的时间跨度是 2008 年中至 2010 年中。本报告的资料准备长达半年,2010 年春开始着手布局谋篇和准备草稿,至 2010 年 8 月完成初稿,其间核对数据费时月余。

　　在做这份报告的过程中,令人欣喜地发现:在应对国际金融危机冲击过程中,浙商尤其是大企业在整体上进步很快,从多元化或回归主业战略、上市公司经营业绩等重要评价依据上看,浙商大企业在发展战略、财务状况、资产结构等方面,都有不小改善。企业的质量、能力在提高。

　　《浙商发展报告》系列后续版本,将继续总结和归纳浙商发展的新情况、新问题、新发展,并致力于为应对国际金融危机冲击之后的浙商发展提供警示和启迪。

　　囿于各种限制,《浙商发展报告:2010》仍然留下许多想做却没有做到的遗憾。

　　值本书出版之时,当向许多人致谢:

　　浙江省社科联主席、浙江工商大学党委书记蒋承勇教授的关心与支持;

　　浙江工商大学校长胡建淼教授的关心与支持;

　　浙江工商大学浙商研究院院长吕福新教授以及张旭昆教授的支持和帮助;

　　浙江工商大学硕士研究生王占兴、刘婷、王彬、张逾、王一琳、程自勇、本科生王春等,帮助收集原始资料;

　　浙江省工商行政管理局办公室提供了数据资料;

　　浙江大学韩玲梅博士在最紧张的时候提供了关于吉利的案例资料;

　　浙江工商大学出版社鲍观明社长和他的同事以及其他难以一一列明的人,为本书出版付出的辛劳;

　　感谢儿子,感谢母亲和兄嫂额外的辛劳,使我能有时间和精力来完成这份报告!

　　感谢所有对本报告表示了关心、支持、帮助和提出批评意见的人们!

李建华

2010 年 9 月于杭州